Varia / Feltrinelli

Antonio Capitani
Maria Grazia Parisi

IL TUO SEGNO LA TUA SALUTE

Conoscere più a fondo
il proprio segno zodiacale
per stare meglio
nel corpo e nella psiche

Feltrinelli

Prima edizione in "Varia" giugno 2006

ISBN 88-07-49047-1

Gli Autori ringraziano: Carlo Feltrinelli, per la fiducia loro accordata; Alberto Rollo, che ha creduto fin da subito in questo libro; l'amica Giovanna Salvia, per l'accurato lavoro di revisione del testo.

Introduzione

> Nulla accade in contraddizione con la Natura: le cose accadono in contraddizione solo con ciò che noi conosciamo della Natura.
>
> AGENTE DANA SCULLY, *X-Files*

Che cosa avranno mai da dirsi un astrologo e un medico? Qualcuno potrebbe rispondere, senza pensarci due volte: "Assolutamente nulla". Errato. Perché non è stato affatto difficile, per noi autori di questo testo, ritrovarci a parlare la stessa lingua. Addirittura con un'immediatezza che non sempre caratterizza la comunicazione fra professionisti di settori diversi. Astrologia e medicina costituzionale cercano infatti di esprimere, attraverso il linguaggio di immagini, simboli, archetipi in comune, le leggi che governano sia gli elementi sia le forze della natura. Oltre che le modalità con cui questi si manifestano e si dispiegano negli eventi del mondo circostante e negli organismi.

Gli studi dell'ultimo secolo hanno evidenziato che esiste un medesimo denominatore fra gli atteggiamenti prevalenti di ciascuno di noi, la nostra reattività psichica e fisica, la forma e il funzionamento del nostro corpo. La costituzione di ogni individuo, i suoi gusti, il suo stile di vita e di relazione – ma anche la predisposizione ad ammalarsi – sono collegati e coerenti fra loro, in base a un disegno preciso e specifico. E questo non è dato solo dall'incessante interscambio di informazioni che avviene tra la mente e il corpo, ma ancor più dal fatto che nella nostra stessa struttura vitale sono inscritte quelle qualità e attitudini che rendono ciascuno di noi un essere irripetibile, con una natura e un destino singolari e incomparabili: ciò che può fare la felicità di uno può rivelarsi pericoloso per un altro e viceversa. Conoscere la propria vera natura, accettarla, rispettarla (e farla rispettare) può quindi avere anche il senso di prevenire forzature e disagi di ogni tipo. Al fine di assolvere a questo compito non facile, l'astrologia può rivelarsi una valida alleata della medicina. L'antica scienza delle stelle ha infatti da sempre messo a disposizione dell'uomo strumenti unici e impareggiabili: i simboli astrali, i quali affondano le proprie radici nel racconto mitologico, ponte fra passato e presente e compendio delle esperienze psichiche comuni a tutta l'umanità.

L'uomo, prima ancora che figlio della Terra, è da considerarsi figlio del Cielo. Per questo, decifrare i disegni astrali che ne hanno accompagnato la nascita, osservare lo specchio celeste nel quale si riflette la sua immagine, può condurre sia a una maggior comprensione della sua natura più profonda, sia, di conseguenza, all'individuazione (anche sotto il profilo medico) di ciò che può permettergli di recuperare e mantenere il proprio equilibrio psicofisico. È dunque un percorso analogico quello che si compie quando si analizza l'oroscopo individuale, ovvero un lavoro razionale e al contempo creativo di decodifica, associazione e integrazione dei simboli, le cui diramazioni finiscono con l'intrecciarsi quasi sempre con quelle di numerose altre discipline. Medicina compresa. E questa non è certo una scoperta di stamattina: i sapienti di secoli e secoli orsono ne erano perfettamente consapevoli. Le medicine del passato amalgamavano infatti le proprie conoscenze con quelle astrologiche nel rispetto di un rigoroso postulato base: studiare e confrontare le costituzioni psicofisiche per comprendere e trattare la persona nel suo complesso, anziché limitarsi – come attualmente troppo spesso succede – a sopprimere il sintomo. Oggi riscopriamo le medicine orientali, caratterizzate da un'accurata classificazione delle tipologie costituzionali e ovviamente da cure differenti per ciascuna di esse. Ma anche l'Occidente vanta una propria medicina costituzionale – tra i cui fondatori vi è niente meno che Ippocrate –, in auge fino a non troppe generazioni fa. Ebbene, il linguaggio di queste molteplici tradizioni mediche, che puntavano l'attenzione soprattutto sulle caratteristiche qualitative e sulle configurazioni "energetiche" degli individui, è sempre molto simile, malgrado esse siano spesso geograficamente e storicamente molto lontane fra loro. D'altronde non potrebbe essere diversamente, considerando che abbiamo impresso nel nostro animo e nel nostro corpo ciascuno una nostra impronta energetica, un progetto potenziale da percorrere e dipanare secondo le nostre caratteristiche e i nostri talenti. Individuare e proteggere questo patrimonio, svilupparlo in modo sempre più consapevole, evitando gli scompensi per eccesso o per difetto ai quali ci potrebbero condurre le nostre qualità costituzionali, è quanto può insegnarci a scoprire l'antichissimo binomio fra astrologia e medicina.

Nota degli Autori

In questo libro, si parlerà di sintomi e di rimedi. I sintomi che esamineremo sono per la maggior parte espressione del tentativo dell'organismo di reagire, con gli strumenti che ha a disposizione, agli squilibri che di solito noi stessi abbiamo provocato (per esempio forzando troppo il nostro corpo o ostinandoci a fare cose lontane dalla nostra natura).

Le considerazioni e i rimedi qui indicati vogliono fornire uno strumento di confronto con la Tradizione o con le moderne acquisizioni della medicina complementare, oltre che un aiuto a riflettere sulle responsabilità che tutti noi abbiamo nei confronti della nostra salute. Non vogliono invece costituire un formulario di autocura, benché, dove è stato possibile, siano state indicate posologie che l'esperienza definisce efficaci e ben di rado controproducenti. È chiaro quindi che, prima di intraprendere un qualsiasi trattamento, il buonsenso consiglia di rivolgersi a chi ha gli strumenti tecnici e l'esperienza necessaria a personalizzarlo, pena l'inefficacia del trattamento stesso o, peggio, la perdita di tempo prezioso nella cura di un eventuale disturbo.

Guida alla lettura

Concordanze e analogie nel corpo umano La corrispondenza tradizionale fra segno astrologico, funzioni e organi del corpo spiegata dalle leggi dell'analogia. Vedremo che simboli, miti e conoscenze scientifiche, per una volta, vanno d'accordo.

Mente & Corpo Una sorta di cartella clinica del "personaggio" del segno, dove scopriremo che, date le premesse e le attitudini psicofisiche del soggetto esposte nella sezione astrologica, la reattività del suo organismo seguirà di preferenza alcune strade e potrà quindi imbattersi soprattutto in certe malattie.

Si parlerà poi (***Per eccesso e per difetto***), in prevalenza, di alcune malattie riconosciute come psicosomatiche (ma ce ne sono altre?).

I rimedi della Natura Non potendo parlare di *tutte* le malattie, il lettore non si aspetti di trovare qui *tutti* i rimedi! Abbiamo invece riportato solo quelli naturali, quelli che riteniamo più efficaci per la costituzione psicofisica del "personaggio", quelli più conosciuti (con qualche rara digressione nell'esotico), e alcune delle discipline più diffuse.

- *Alimentazione* Poiché è uno dei cardini del nostro benessere, è la prima della nostra carrellata. Alimenti e consigli semplicissimi, a volte integrati solo da un po' di buonsenso.
- *Erbe e gemme* La fitoterapia antica e moderna: gli infusi o tisane, gli estratti secchi o fluidi, le tinture, i macerati delle gemme delle piante... Dove è stato possibile, abbiamo aggiunto un'indicazione riguardante dosaggi e tempi di cura. Ma è necessario precisare che, se vogliamo curare un soggetto "vero" e non solo ipo-

tetico, occorre assolutamente personalizzare qualunque trattamento, perché quest'ultimo potrebbe rivelarsi innocuo ed efficace sulla carta, ma scarso alla prova dei fatti su quel particolare individuo. Quindi, sconsigliamo caldamente il fai-da-te: le indicazioni del libro sono appunto indicative ma, prima di passare all'azione, occorre chiedere lumi al medico di fiducia.

- *Aromi* Gli oli essenziali sono sostanze di una complessità stupefacente. Vengono prodotti dalle piante per difendersi da germi, insetti e predatori e sono quindi generalmente dotati di un potere antisettico formidabile. In più, hanno quasi sempre un odore gradevole e sono attivi contemporaneamente sulla psiche e sul corpo. Meglio di così!... Poiché essi costituiscono sostanze molto potenti (ne basta cioè una dose minima per ottenere un effetto massimo, anche su zone distanti da quella dell'applicazione) vanno usati con estrema parsimonia. Anche perché non sono del tutto privi di potenziale tossicità. Forse è una fortuna che non siano sempre a buon mercato, così siamo invogliati a valorizzarne ogni goccia... Abbiamo evitato di proporre oli essenziali che non siano generalmente sicuri e, ove vi siano delle controindicazioni, le abbiamo descritte. Sta di fatto che, anche qui, oltre al buonsenso deve valere la prudenza, fra l'altro perché l'aromaterapia è forse la branca della medicina naturale più vicina, nelle rapidità di effetto e nella potenza, alla farmacologia "normale", con quasi gli stessi rischi. Gli usi più intelligenti dell'aromaterapia sono le inalazioni, le applicazioni idroterapiche (compresse calde o fredde, bagni, pediluvi ecc.), il massaggio, che verranno di volta in volta spiegati. Gli oli essenziali vanno *sempre* diluiti, in olio vegetale, creme, acqua... In casi particolari, alcuni medici somministrano gli oli essenziali per bocca, ovviamente con gli opportuni accorgimenti, e per affezioni molto gravi. Quest'uso però, lo ribadiamo, è assolutamente da riservare al medico perché non è privo di rischi di tossicità. Le essenze, comunque, vengono assorbite forse anche meglio per via inalatoria o attraverso la cute.
- *Oligoelementi* Un capitolo complesso e affascinante riguarda l'uso degli elementi minerali che compaiono in piccolissima quantità nel nostro organismo e che regolano, dall'interno stesso delle cellule, reazioni complesse per le quali servono enzimi e coenzimi (è qui che intervengono in genere gli oligoelementi) specifici. Un grande contributo all'oligoterapia si deve alla scuola francese, che dagli anni trenta, grazie in particolare a Jacques Ménétrier, ha codificato questa terapia, identificando delle *diatesi* (predisposizioni ad ammalare) curate da miscele specifiche di oli-

goelementi (da *oligos*, poco, ed *elementi*, a sottolineare che queste sostanze sono presenti in minima quantità. E che anche le dosi terapeutiche sono veramente infinitesimali). Si tratta dunque di una terapia che si rivolge in particolare alla reattività del singolo individuo, al suo *terreno*, come si dice (e come abbiamo tentato di fare anche con le altre terapie presentate in questo libro). In commercio gli oligoelementi si trovano già pronti: si assumono per via orale e richiedono di essere tenuti in bocca per qualche minuto, per permetterne l'assorbimento. Raccomandiamo, anche in questo caso, per non incorrere in problemi dovuti all'inesperienza e alla mancanza di obiettività, di non improvvisare, ma di chiedere consiglio, per una prescrizione accurata e personalizzata, a chi ne ha la competenza.

Le controindicazioni principali dell'oligoterapia sono la contemporanea assunzione di farmaci ad azione neurolettica o di cortisonici e immunosoppressori (che ne annullano o mascherano in buona parte l'effetto).

- *Omeopatia* Il lettore troverà solo scarne indicazioni relative a questa disciplina, probabilmente la più complessa di quelle qui trattate. Questo perché in realtà non è assolutamente possibile, solo in base a pochi sintomi, formulare una diagnosi omeopatica. Essa richiede infatti una conoscenza del soggetto molto approfondita dal punto di vista psichico e fisico, dal momento che l'omeopatia non cura i sintomi, ma la persona. Ci siamo quindi limitati, non potendo proprio fare a meno di citarla nel novero delle terapie naturali, a indicazioni "da banco" e del tutto sintomatiche. L'omeopatia non è compatibile con l'aromaterapia, perché gli aromi forti annullano l'effetto dei rimedi omeopatici.
- *Fiori di Bach* Spesso useremo i fiori di Bach per sintomi fisici anziché emotivi (come tradizionalmente si fa), ma poiché parleremo soprattutto di psicosomatica, si potrà constatare che il passo dall'emozione alla reazione fisica è davvero brevissimo. I fiori di Bach sono dei macerati acquosi, poi diluiti in alcol, ricavati da trentotto diversi fiori particolari, le cui proprietà nell'equilibrare gli stati d'animo negativi furono scoperte dal dottor Edward Bach dalla fine degli anni venti. Appurato il legame fra stati d'animo e malattie, il dottor Bach mise a punto con i suoi fiori un prontuario terapeutico dall'utilizzo veramente estesissimo. Il meccanismo d'azione non è del tutto noto (come per l'omeopatia, del resto), ma oggi che si parla tanto di medicina "vibrazionale" e dell'influenza delle "vibrazioni" emotive sul lavoro delle cellule, non sembra poi così strano pensare che questi rimedi fungano da

"accordatori" per le nostre valenze emotive, e da qui riequilibrino poi tutto l'organismo. Non occorre "crederci": i rimedi floreali agiscono anche su persone svenute, bambini molto piccoli, animali e addirittura piante! I rimedi si assumono generalmente diluiti e si possono miscelare fra loro. Per un trattamento che prevedibilmente duri da qualche settimana a qualche mese (ovvero per situazioni croniche, sia fisiche sia emotive) si mettono 2 gocce del rimedio puro prescelto in una boccetta con contagocce da 30 ml (acquistabile in farmacia) riempita per tre quarti da acqua minerale naturale, si aggiunge un poco di alcol da liquore o di brandy o – se non si desidera l'alcol – di aceto di frutta (o anche nulla, ma in questo caso aumentano le probabilità che nella boccetta si installino dei batteri). Della miscela finale si assumono 4 gocce alla volta, direttamente sulla lingua, per un numero variabile di volte (di solito, 4) al giorno. Oppure, se la situazione su cui intervenire è acuta o si prevede che non debba durare molto, si mettono 2 gocce del rimedio in un bicchiere d'acqua e lo si assume a sorsi lungo tutta la giornata. Il solo rimedio composto Rescue Remedy – utile per gli choc e le emergenze – può essere usato anche puro, oppure nel bicchiere d'acqua, ma in tal caso se ne dovranno mettere 4 gocce anziché 2.

- *Cromoterapia* Ogni colore possiede una lunghezza d'onda specifica, che può interferire positivamente con le strutture nervose e vascolari del nostro corpo, oltre che esercitare una notevole influenza sulla nostra psiche. Niente di magico, quindi, anche se i colori si rivelano spesso davvero "magici" nel risolvere alcuni problemi e disturbi. Tratteremo in particolare dell'applicazione di luce colorata diretta, ma abbiamo citato anche usi un po' inusuali del colore. Come l'acqua solarizzata (colore da bere!) che si può ottenere esponendo al sole una bottiglia di vetro del colore prescelto riempita d'acqua, che si "caricherà" di quella particolare lunghezza d'onda. O come, più semplicemente, l'assunzione di frutta e verdura del colore che ci serve in quel momento...

ARIETE

(21 marzo-20 aprile)

Primavera: atto primo

Ariete: espressione del verbo *rinascere*. Con l'arrivo della primavera la natura ritorna a nuova vita dopo il lungo letargo invernale: tutto ha inizio, in un nuovo ciclo che si dipanerà in dodici fasi diverse (ognuna riconducibile, per assonanza simbolica, a un segno dello Zodiaco) e che si concluderà fra il 20 febbraio e il 20 marzo sotto il patrocinio celeste del segno dei Pesci. La Natura in questo periodo dell'anno vibra di *energie creative potentissime*, *magmatiche*, *disordinate*, quasi *violente*, che riemergono dalle profondità terrestri sotto la spinta di *forze misteriose* e *incontrollabili*. L'ambiente circostante si accende di colori nuovi, si anima di suoni festosi, spesso assordanti e caotici (basti pensare al garrire chiassoso delle rondini, che spesso arriva alle nostre orecchie a ondate, secondo le evoluzioni aeree dello stormo): ancora una volta si compie il *miracolo della vita*. Nei boschi, gli esemplari maschi di diverse specie animali si affrontano in lotte furiose ed estenuanti per assicurarsi i favori delle femmine (come gli uccelli, per esempio, o come certi piccoli mammiferi che hanno periodi gestazionali molto brevi); altri mammiferi di grandi dimensioni, invece, partoriscono i propri piccoli, seguendo i dettami di una programmazione biologica che li porta a procreare proprio nel periodo in cui non solo la Natura ritorna a offrire agli animali il nutrimento necessario, ma che dà anche il via alla fase ascendente dell'anno, garantendo per lungo tempo le condizioni climatiche e ambientali idonee alla sopravvivenza dei cuccioli.

Le fredde temperature invernali lasciano intanto spazio a un nuovo tepore, che si avverte progressivamente nell'aria e sulla pelle, il sole riemerge dall'emisfero sud (è infatti il momento dell'equinozio di primavera) e alle nostre latitudini sale sempre più alto sull'orizzonte: le ore di luce diventano man mano più numerose rispetto a quelle di buio, la gente ritrova il gusto di uscire e di trattenersi di più fuori casa. Sia benvenuta la bella stagione...

Rimandi biblici

La primavera rappresenta dunque la "resurrezione" della Natura, in perfetto parallelismo simbolico con il calendario liturgico cattolico, che pone proprio fra il 21 marzo e il 20 aprile la festività della Pasqua di Resurrezione, celebrazione della vittoria della vita sulla morte, della risalita dal buio degli Inferi ("fu crocifisso, morì e fu sepolto; discese all'inferno; il terzo giorno risuscitò da morte, salì al cielo, siede alla destra di Dio Padre onnipotente"). Nella religione cattolica, oltretutto, la stessa figura del Cristo viene assimilata a un'immagine ovina ("Agnello di Dio che togli i peccati del mondo") e numerosi sono i richiami al gregge e al pastore che si trovano nelle parabole e in altri passi della Bibbia, come nell'*Apocalisse* di san Giovanni ("Poi guardai ed ecco l'Agnello stava sul monte Sion...") o nel libro dell'*Esodo* a proposito delle celebrazioni pasquali ("Jahvè disse a Mosè e ad Aronne nel paese d'Egitto: '...il 10 di questo mese procuratevi ognuno un capo di bestiame piccolo per famiglia... L'animale sarà senza difetti, maschio, di un anno. Lo sceglierete fra i montoni e le capre'"). La connessione simbolica fra l'agnello biblico e l'Ariete zodiacale risiede dunque nei significati di *resurrezione* e *purezza* comuni a entrambi: così come Cristo risorge glorificato dalla morte, la Natura risorge in tutta la propria onnipotenza dopo il buio dei mesi invernali; puro è l'agnello sacrificale, pura e incontaminata è la vegetazione al momento della propria rinascita, e simbolo di purezza sono i cuccioli che vengono al mondo in questo momento. Un ulteriore esempio della purezza della pecora, come figura simbolica, lo si riscontra anche nel passo del Vangelo secondo Matteo denominato *Il giudizio finale*:

> Quando il figlio dell'uomo verrà nella sua maestà, accompagnato da tutti i suoi angeli, allora si siederà sul suo trono di gloria e davanti a lui saranno condotte tutte le genti; egli separerà gli uni dagli altri come il pastore separa le pecore dai capri, e metterà le pecore alla sua destra, i capri, invece, alla sua sinistra. Allora il re dirà a quelli che stanno alla sua destra: "Venite, benedetti dal Padre mio, prendete possesso del regno preparato per voi sin dall'origine del mondo".

Quindi dirà a quelli che stanno alla sinistra: "Andate via da me, o maledetti, nel fuoco eterno, preparato per il diavolo e i suoi seguaci".[1]

La destra, posizione privilegiata, è infatti riservata alle anime pure, rappresentate dalle pecore, la sinistra invece ai capri, figure che nel Medioevo sarebbero poi divenute raffigurazioni di Satana (per ulteriori spiegazioni, cfr. il capitolo dedicato al segno del Capricorno). Ciò si ricollega alla natura *semplice* e *genuina* dei nativi dell'Ariete, all'*innocenza di fondo* che li caratterizza, alla loro personalità quasi totalmente *priva di sovrastrutture*.

L'agnello dell'*Apocalisse* però esercita la propria collera (6,16), fa la guerra e riporta la vittoria (17,14), esprimendo caratteristiche ancora una volta perfettamente sovrapponibili a quelle del segno dell'Ariete, simbolo astrologico della *combattività* e dell'*ira*. In riferimento, invece, alla religione induista, la connotazione arietina dell'"eterno ritorno" (riferito al perpetuo sbocciare della vita ogni anno a primavera), può essere riconducibile al concetto reincarnazionista di *Samsara* (o "ruota delle esistenze"), secondo il quale, in termini molto semplici, ogni anima deve ritornare a incarnarsi varie volte sulla Terra prima di ricongiungersi per l'eternità alla Grande luce divina.

L'Ariete, padre di tutti i segni

Proprio perché primo segno del cerchio zodiacale, l'Ariete rappresenta il *seme* dal quale prenderanno vita tutti gli altri segni, è il loro *precursore*, la *cellula primigenia* che racchiude in sé, condensate, tutte le loro caratteristiche. Ci troviamo di fronte, in altre parole, al genitore di tutto lo Zodiaco, al segno che ingloba le *protoespressioni* di tutti gli altri segni, quello che dà la vita, ma che inevitabilmente dà lo "start" anche al cammino verso la *morte*, cui è destinato ogni organismo che nasce, sia esso animale o vegetale. E a questo proposito, il calendario offre un ulteriore spunto di riflessione: è infatti sotto il segno dell'Ariete, e precisamente il 25 marzo, che si celebra l'Annunciazione, simbolo per eccellenza del concepimento, della "scintilla iniziale", della vita che sta per scaturire dal mistero e dall'amore. Vita e morte sono concetti che ritroveremo anche nel segno dello Scorpione, ma in un'ottica oppo-

[1] *La Bibbia*, nuovissima versione dai testi originali, Paoline Editoriale Libri, Milano 1991, p. 1556.

sta: nell'Ariete infatti il punto di partenza è la *nascita*, quale inizio di un percorso (o di un compito) evolutivo personale che implica l'accumulo di esperienze, la maturazione della propria personalità, il dono di sé attraverso la procreazione, fino al raggiungimento della tappa ultima, che sancisce il compiuto assolvimento agli incarichi terreni. Nello Scorpione invece il punto d'inizio è la *morte*, intesa come trasformazione, "passaggio", fine delle cose in vista di una rigenerazione futura che prenderà origine proprio dalle ceneri e dal materiale putrefattivo. Insomma, nello Scorpione, segno della morte (intesa come trasmutazione), la vita ormai finita *ritorna* alla terra tramite la sepoltura; nell'Ariete invece la vita *scaturisce* dalle viscere della Terra e si proietta verso l'esterno. A tal proposito, è curioso notare come in Canada il *serpente* (animale simbolicamente riconducibile al secondo pianeta governatore dell'Ariete, Plutone) sia ritenuto la rappresentazione della vita che risorge dopo i lunghi mesi di freddo: in quel paese infatti, quando i ghiacci si sciolgono, migliaia di serpenti affiorano in superficie, finalmente liberi di guizzare fuori dalla fredda prigione invernale che li aveva ospitati durante il periodo del letargo.

Il concetto di *inizio del tutto* correlato all'Ariete viene proposto anche da Roberto Sicuteri, il quale accosta il primo segno dello Zodiaco alla *Genesi* biblica, che narra della Creazione e del principio della vita in ogni sua forma.[2] Sul piano dell'evoluzione fisica del cosmo, l'Ariete può essere ricondotto simbolicamente al Big Bang, momento in cui la massa energetica indifferenziata che pulsava nell'infinito deflagrò violentemente in mille direzioni, dando origine a tutti i corpi celesti. In riferimento al cammino esperienziale umano, infine, l'Ariete corrisponde alla *nascita*, momento in cui il bambino effettua il proprio ingresso nel mondo uscendo dal grembo materno con la *testa* (parte anatomica che, come si vedrà, è governata proprio dall'Ariete).

L'Ariete e gli Ariete

Riprendendo il filo del discorso puramente astrologico, il primo segno dello Zodiaco caratterizza dunque persone *schiette*, *franche* al limite della *brutalità*, ma comunque *leali*; individui *frettolosi* e *coraggiosi*, ma, ahiloro, anche privi di spirito strategico e, talvolta, di astuzia. L'Ariete vibra comunque nella personalità e nel destino

[2] SICUTERI, ROBERTO, *Astrologia e mito*, Astrolabio Ubaldini, Roma 1978, p. 30.

di ogni individuo, in quanto l'oroscopo di nascita si erige sullo Zodiaco, che contempla tutti e dodici i segni. La casa del tema natale che giace sul segno dell'Ariete rappresenta quindi i settori della vita in cui la persona vive la propria istintualità senza barriere, dove manifesta la propria irruenza, il proprio spirito battagliero, la propria aggressività e tutte le altre caratteristiche arietine. Ma nei settori rappresentati da tale casa, l'individuo può anche rivelarsi un pioniere, un innovatore, una sorta di genio creatore che apre la strada a nuove conoscenze e mostra la via a chi verrà dopo di lui.

Dallo Zodiaco ai Tarocchi

Fra le lame dei Tarocchi, Il Bagatto è quella che meglio di altre raffigura l'Ariete. Essa simboleggia infatti l'energia *yang*, la *spinta propulsiva*, l'*entusiasmo* che contraddistinguono l'avvio di ogni nuova attività (e, più in generale, di ogni nuovo ciclo di vita). Il Bagatto rappresenta inoltre il pionierismo, lo spirito d'iniziativa, l'irrompere quasi "ferino" nella vita di eventi apportatori di novità. Il fatto poi che Il Bagatto sia la carta numero uno del mazzo, sembra fornire un ulteriore aggancio simbolico al primo segno dello Zodiaco.

Dal punto di vista tecnico-astrologico, l'Ariete è un segno *cardinale*, di genere *maschile*, appartenente all'elemento *Fuoco*. Il Fuoco arietino non è tuttavia uguale a quello del Leone né a quello del Sagittario. Esso è piuttosto riconducibile al fuoco del vulcano, ai lapilli che vengono sparati nel cielo dal cratere, alla massa incandescente qual era il globo terrestre alle proprie origini. L'elemento igneo dell'Ariete è simile alla fiammata del colpo d'arma da fuoco, secco e improvviso, che può tanto balenare nel contesto di legittima difesa, quanto rappresentare l'espressione di uno spirito di offensiva incontrollato, deleterio e distruttivo. Ecco perché l'Ariete compie spesso mosse improvvise, ha parole di fuoco, gesti bruschi, reazioni incandescenti ("si scalda facilmente" si è soliti asserire) anche di fronte alle inezie. Ma le sue risposte sono spesso solo fuochi di paglia, che ardono impetuosamente per un breve periodo e si spengono con la stessa rapidità con la quale si erano accesi.

I pianeti dell'Ariete

Primo pianeta governatore: Marte

Il padrino zodiacale dell'Ariete è Marte, pianeta che nel sistema solare si pone fra l'orbita terrestre e quella di Giove. Esso compie un giro completo intorno al Sole in due anni circa. Percorre ogni segno dello Zodiaco mediamente in un mese e mezzo, ma ogni due anni, a causa della differente velocità di marcia della Terra – che diventa più veloce rispetto a quella di Marte –, quest'ultimo sembra fermarsi, indietreggiare e riprendere poi il proprio senso di marcia diretto. Tale movimento, che in astrologia viene chiamato "anello di sosta", dura dai sei agli otto mesi e può svolgersi in un unico segno o a cavallo fra due segni contigui. Abbiamo detto "sembra fermarsi", poiché tale sosta è in realtà un'illusione ottica, che si ricava osservando Marte dalla superficie terrestre in quel determinato periodo: in realtà, il rosso pianeta sta viaggiando regolarmente, e senza retromarcia ingranata, sulla rotta che le leggi astrofisiche gli hanno assegnato. Ma dal momento che l'astrologia è una disciplina antropocentrica (ovvero, considera l'uomo al centro dell'universo), essa ha senso solo in base a ciò che l'uomo vede accadere nel cielo dal proprio punto di osservazione (e non in base a ciò che avviene realmente nel sistema solare). Per questo motivo, anche le soste apparenti di Marte (come quelle molto più lunghe di altri pianeti) assumono un significato simbolico specifico, che spiegheremo però in altra sede.

Nel teatro delle vicende mitologiche, Marte ricopriva il ruolo del valoroso combattente, una sorta di figuro a metà fra Rambo e Terminator che aveva due hobby amatissimi: la guerra e le donne. Questa connotazione non proprio da gentleman gli derivò tuttavia solo con l'intensificarsi delle gesta belliche degli antichi romani. In realtà, originariamente, Marte era una divinità italica che presiedeva alla vegetazione primaverile e proteggeva i campi durante le guerre. L'imperatore Augusto dedicò a *Marte Ultore* (ovvero, vendicatore dell'omicidio di Giulio Cesare) un tempio e un culto importantissimi in occasione del processo di rinnovamento della religione romana. Le cronache rosa della mitologia lo descrivono fattivamente impegnato in amorose tenzoni con la bella Venere, moglie fedifraga dell'orrendo Vulcano, il quale, animato da ingegno sopraffino, vendicò il proprio onore imprigionando moglie e amante in una rete simile a quelle che si usano per la pesca. In questo ravvisiamo l'aspetto un po' *ingenuo* del pianeta, che se da una parte simboleggia la *forza*, lo *slancio volitivo*, la *combattività*, dall'altra è l'emblema della *scarsa furbizia*, del macho tutto muscoli e poco cervello. Ovviamente, anche se Marte governa il segno dell'Ariete, esso è comunque presente nell'oroscopo di nascita di ogni individuo e rappresenta quell'angolino individuale di "mente da troglodita" che può ricoprire aree cerebrali più o meno ampie a seconda della propria posizione natale. Nei suoi aspetti evolutivi, tuttavia, Marte simboleggia anche la combattività costruttiva che costituisce parte del prezioso propellente con il quale l'Ariete affronta e supera gli ostacoli.

In astrologia mondiale, Marte rappresenta le *guerre*, l'*esercito*, la *corsa agli armamenti*. Ma anche la *competizione*, lo *sport*, i *motori*, le *automobili*, le *moto* (forse è anche per questo che i nativi del segno manifestano spesso una spiccatissima *abilità nella guida* e praticano con entusiasmo *attività fisiche e sportive*, ancor più *competitive*). Ogni *simbolo fallico* è inoltre riconducibile a Marte (dal *coltello* alla *lancia*, dalla *pistola* alla *baionetta*, dalla *spada* a tutti gli *oggetti a punta* in generale), così come il *gallismo* tipico di molti uomini (e degli Ariete in particolare). A questo proposito, è interessante notare come a volte le parole dimostrino la stretta concatenazione che esiste fra i diversi simboli provenienti da un'unica matrice originaria: il gallismo deriva infatti da *gallo*, animale tipicamente arietino-marziano, che in inglese si traduce con il termine *cock*. Ebbene, lo stesso termine designa volgarmente, in inglese, anche il *pene*, organo governato da Marte. Secondo una credenza popolare, inoltre, la forma del pene sarebbe simile a quella del *naso*, parte anatomica collegata anch'essa a Marte. Insomma, in questa girandola di attribuzioni tutto parte da Marte e tutto ritorna a Marte...

A Marte corrispondono anche le *arti marziali*, amatissime da molti nativi del segno e contrapposte alle delicate *arti formali* simboleggiate dalla soave Venere, pianeta che costituisce l'antitesi astrologica di Marte.

Nel corpo umano il rosso pianeta governa anche l'*emoglobina*, che per l'appunto dà il colore al sangue (associato, in molti racconti biblici alla figura dell'agnello). Marte presiede poi ai *fenomeni ipertermici* (febbri e infiammazioni), al *tasso di ferro* presente nel sangue, all'*istinto prevaricatore* e allo *slancio difensivo/offensivo*. Simboleggia infine il *testosterone*, la *virilità* in un uomo e il tipo di *amante ideale* per una donna.

Secondo pianeta governatore: Plutone

Se Marte simboleggia la forma brutale con la quale l'energia primaverile si manifesta e pervade l'intera atmosfera, il Plutone arietino rappresenta l'*energia stessa*, la *forza vitale*, *creativa*, *sotterranea*, *fecondatrice* e *segreta* che ogni anno risorge e riemerge prorompente dalle viscere della Terra. Per azzardare una metafora, utilizzando termini correlati al vocabolario arietino, si potrebbe affermare che Marte è il *fucile* e Plutone le *munizioni*. E sempre per rimanere in tema di armamenti ed eserciti, l'aspetto occulto, riservatissimo, nascosto di Plutone ben esprime, sul terreno dell'Ariete, il concetto di *segreto militare*. A Plutone vengono inoltre associati i *giacimenti petroliferi* (formatisi dalla putrefazione plurimillenaria di masse organiche) che costituiscono la fonte di energia più preziosa esistente al mondo. Nella mitologia, Pluto era il re delle ricchezze e degli Inferi, posti nelle oscure viscere terrestri; in astrologia è il pianeta associato al colore *nero*: il petrolio viene infatti chiamato "oro nero". Sui significati mitologici e astrologici di Plutone ci si soffermerà in modo più approfondito nel paragrafo dedicato al segno dello Scorpione, di cui il pianeta è primo governatore.

Astro in esaltazione: Sole

Con Marte e Plutone, il Sole costituisce la triade di pianeti maschili che forgiano la natura arietina. Abbiamo già riferito che a partire dall'equinozio di primavera le giornate diventano più lunghe e le temperature si alzano: tutto questo perché il Sole sale sempre più verso l'emisfero celeste nord (in astronomia si dice che "sale in declinazione", ovvero aumenta giorno dopo giorno la propria distanza dall'Equatore celeste in direzione nord). Il Sole è *datore di luce e di vita* (quando nasce un bambino, si è soliti usare l'espressione "è venuto alla luce") e trova nel segno dell'Ariete il terreno ottimale per esprimere in modo esultante e vittorioso le proprie caratteristiche. Considerato poi che le simbologie astrologiche emergono, spesso inconsapevolmente, anche nei comportamenti collettivi, è interessante notare come l'esaltazione del Sole in Ariete si rifletta nell'istituzione dell'*ora legale*, che viene adottata in Europa ogni anno pochi giorni dopo l'equinozio di primavera e che rappresenta una sorta di "potenziamento del Sole", di "dilatazione" virtuale delle ore di luce, con annesso risparmio energetico.

Riallacciando ancora una volta il discorso al simbolismo religioso, la figura del Cristo-agnello di Dio può essere ricondotta al Sole, astro dominante, centrale, regale e datore di vita (in perfetta associazione simbolica con l'Ariete, segno che, lo abbiamo visto, rappresenta la *nascita* e la *ri-nascita*), mentre i dodici apostoli esprimono le caratteristiche dei dodici segni. Non solo, ma la festa della Pasqua, che celebra il trionfo delle simbologie arietine, cade sempre di domenica, *Sun-day*, come dicono gli inglesi, ovvero *giorno del Sole*, a ribadire ancora una volta lo stretto legame simbolico esistente fra il primo segno e il Sole.

Rappresentando inoltre l'*Ego cosciente* della persona, il Sole inserisce nell'impalcatura psicologica arietina una spiccata componente di *individualismo* che, associata all'*autoritarismo militaresco* di Marte e al *gusto per il potere* simboleggiato da Plutone, forgia personalità *con un alto concetto di sé*, *generose*, *leali*, *ricche di doti umane* e *capaci di sentimenti autentici*, ma a volte anche *testarde*, *dispotiche*, *sorde a ogni ragionamento logico*.

Sul piano anatomico, il Sole governa il *cuore*, il *plesso solare* e predispone ai disturbi legati a ogni genere di *eccesso*.

Pianeta in esilio: Venere

In un segno dai tratti così marcatamente maschili, l'astro della *femminilità*, dell'*armonia*, del *tatto* non ha alcuna voce in capitolo (lo troviamo infatti pianeta governatore dell'opposta Bilancia, regno della giusta misura, della ricerca dell'equilibrio, della bellezza formale e della diplomazia). La carenza di doti venusiane rende estranei alla natura arietina le smancerie e gli atteggiamenti cerimoniosi, le raffinatezze e il gusto per la forma, ma non per questo priva l'Ariete della capacità di innamorarsi: al contrario, egli – ancor più se alla nascita ha Venere in Ariete – si accende di passioni intensissime, autentiche, assolute, improvvise, "eterne". Anche un centinaio di volte nel corso della vita...

Pianeta in caduta: Saturno

Nel segno del *ritorno alla luce*, del *calore*, dell'*energia* che non può essere sottomessa ad alcun tipo di controllo, il rigoroso, rigido e misurato Saturno si trova in posizione penalizzata. Con l'avvento della primavera, gli impulsi vitali della Natura devono infatti essere liberi di sprigionarsi senza inibizioni e censure, in un tripudio di *vigore indiscriminato*, *acceso* e *pluridirezionale*. La ragionevolezza dello Zodiaco, strumento simbolico impareggiabile di decodifica delle leggi della Natura, non accorda a Saturno, pianeta freddo e invernale, vecchio e ricco di esperienza, alcun potere sull'Ariete. Anzi, in questo segno gli attribuisce addirittura la posizione di "caduta". Il che significa che lo relega nelle segrete più profonde del segno, imbavagliandolo, narcotizzandolo, legandolo mani e piedi affinché sia del tutto inoffensivo. Solo nell'Ariete Saturno è così maltrattato e invalidato, proprio perché la sua azione di vigilanza severa e repressiva sarebbe, qui più che in altri segni, pericolosamente nociva allo spontaneo sbocciare della vita. Questo spiegherebbe, sul piano simbolico, i motivi per i quali, nel nativo dell'Ariete, l'*impulso* prevale sulla ponderazione, l'*entusiasmo dell'attimo contingente* sugli insegnamenti dell'esperienza, la *passione per le novità* sulla costanza e la lungimiranza. Il motto dell'Ariete è dunque "voglio tutto e subito", che testimonia una personalità *impaziente* e disinteressata alle *pianificazioni* lente, rigorose e costruttive. Gli antichi greci chiamavano Saturno con il nome di Cronos: la posizione di debolezza del pianeta nell'Ariete spesso preserva i nati in questo segno dalla "cronicizzazione" dei disturbi, i quali, al contrario, si presentano più verosimilmente *acuti*, *intensi*, ma destinati a scomparire in tempi non lunghi.

Concordanze e analogie nel corpo umano

L'Ariete incarna dunque un'energia sovversiva e innovatrice, che attinge nuove forme dal serbatoio inesauribile della Natura e del cosmo. E se il principio che anima il primo segno zodiacale può essere assimilato, sul piano fisico, all'emergere alla vita, sul piano psichico rappresenta invece la nascita della capacità di identificazione con se stessi, cioè di quella funzione psichica che ci fa affermare "io sono". È l'inizio della coscienza che emerge dal mare dell'inconscio, è l'esordio del principio di differenziazione e di autonomia. Non a caso vengono attribuiti all'Ariete la sovranità sulla componente nervosa delle funzioni che permettono l'esplorazione e il controllo dell'ambiente (vista, udito, olfatto, di cui però sarà il Toro ad avere il pieno godimento) e l'adattamento dell'organismo alle sue variazioni (il cervello rettile o "primitivo", preposto agli istinti, alle risposte rapide e meccaniche, più spesso del tutto involontarie). Inoltre, l'Ariete presiede alle difese dell'integrità dell'individuo, sia fisica sia psichica. Ecco perché gli si attribuisce influenza anche:

– sul *Dna*, il patrimonio genetico ereditario presente nel nucleo di ogni cellula vivente, che definisce ciascuno di noi dal punto di vista genetico e potenziale, differenziandoci da ogni altra creatura;

– sul *sangue*, vera e propria "carta di identità" biologica di ogni individuo (si pensi all'impossibilità di trasfusione fra gruppi sanguigni non compatibili, o all'importanza che oggi si attribuisce alle analisi cliniche effettuate sul plasma);

– sulle *difese immunitarie* umorali (*immunoglobuline*), capaci di memoria e quindi di riconoscere ciò che appartiene all'organismo da ciò che gli è estraneo e dunque potenzialmente pericoloso;

– sulle *difese dell'Io*, che consentono l'adattamento e la sopravvivenza psichica dell'individuo nelle circostanze della vita. Tali difese permettono una interpretazione della realtà coerente con le idee e le convinzioni che ci siamo formati su noi stessi e sul mondo circostante ed evitano di farci subire troppi insulti o danni dal confronto e dai rapporti con gli altri. Così, se un evento è troppo doloroso perché la nostra psiche possa tollerarlo, l'istinto di autodifesa troverà il modo per evitare di mettere in crisi l'intera personalità, a costo di far sì che, per esempio, non vediamo la fonte del malessere o del problema (negazione), o di attribuire la causa della sensazione negativa non a noi stessi, ma a un fattore esterno o a un'altra persona (proiezione). Le difese psichiche (o nevrotiche) costituiscono però un'arma a doppio taglio, perché se è vero che consentono di tirare avanti senza troppi scossoni e mantenendo l'unità della personalità, impediscono molto spesso di valutare la realtà per quella che è, con il rischio, prima o poi, di doverci rifare duramente i conti.

Mente & Corpo

La descrizione psicofisica dell'Ariete potrebbe rientrare per alcuni aspetti in quella del tipo *collerico* ippocratico, del tipo *Legno* della tradizione cinese, *Pitta* di quella ayurvedica. Tutte le tradizioni mediche del passato, fra le quali la nostra, hanno infatti proposto una classificazione dei biotipi umani per permettere di curare ogni individuo in base alla propria costituzione e alle proprie reattività specifiche. Questo può risultare molto utile, nella pratica clinica, per predisporre le norme alimentari e igieniche e lo stile di vita più consono a prevenire i disturbi in cui ogni tipologia può incorrere con maggior frequenza.

Non possiamo però applicare sempre alla lettera tali descrizioni, limitate dal fatto che non esistono individui "puri" in assoluto, ma che in ciascuno di noi, proprio come nell'Uomo zodiacale, c'è posto contemporaneamente per tutte le qualità e tutti gli attributi di tutti i segni e i pianeti.

Inoltre, spesso queste classificazioni differiscono leggermente da una cultura all'altra: per esempio, gli indiani riconoscono tre tipologie (*dosha*) di base, variamente miscelate in ciascuno di noi: *Pitta* (prevalenza dell'elemento Fuoco + Acqua), *Vata* (Aria + Fuoco, prevalenza dell'elemento Vento o della qualità movimento), *Kapha* (Acqua + Terra, prevalenza dell'elemento umido).

I cinesi, d'altro canto, ne hanno cinque: *Legno* (qualità: messa in moto; stagione: primavera; colore: verde; sentimento: collera),

Fuoco (espansione, estate, rosso, gioia), *Terra* (distribuzione, tempo della raccolta, giallo, pensiero), *Metallo* (chiusura, autunno, bianco, tristezza), *Acqua* (tesaurizzazione, inverno, nero, paura).

La tradizione occidentale basa anch'essa la sua ripartizione sugli elementi e le funzioni-base della Natura, questa volta in numero di quattro: Fuoco, Aria (elementi maschili, caldi), Terra, Acqua (elementi femminili, freddi). Ippocrate associò alla prevalenza nel corpo umano di uno di questi elementi, che rappresentano qualità ed energie di cui ciascuno di noi è composto, l'analoga prevalenza di un umore specifico (per esempio, nel caso del Fuoco la bile verde; per l'Aria, il sangue; per la Terra, la bile nera o *melaina cholè*; per l'Acqua, la linfa o *phlegma*). Da qui, le denominazioni di *collerico*, *sanguigno*, *melanconico*, *linfatico* per distinguere i temperamenti – ovvero le particolari reattività di un organismo o individuo – e stabilire quali sostanze, erbe, minerali, o quali attività possano essergli più salutari. L'arte del medico consisterà quindi anche nel saper stabilire la corretta predominanza di un temperamento o la loro specifica commistione.

Ciò che queste descrizioni hanno in comune è la prevalenza della qualità Fuoco (del resto, l'Ariete appartiene a questo elemento), che determina velocità di reazione sia fisica sia mentale, ma che può facilmente far sconfinare nell'impulsività e irritabilità, e una tendenza all'autoaffermazione di sé che può talvolta sfociare nel predominio e nell'intolleranza.

I segni di Fuoco, si sa, amano esagerare, "vivere alla grande", e l'Ariete non si dà certo pena per smentire questa tendenza. È quindi portato a concedersi tutto (cibo, sesso, divertimenti) e tanto di tutto, e per di più subito. È pur vero che se lo può permettere, perché tenderà a "bruciare", in una specie di fuoco purificatore, anche buona parte delle conseguenze che un simile comportamento potrebbe provocare nel suo corpo.

Dal punto di vista fisico, le sue caratteristiche comportano perciò rapidità di insorgenza dei sintomi, specie se caratterizzati da calore, bruciore o prurito (insomma, dalla presenza di "fuoco"), ma una altrettanto rapida risposta difensiva. Le infiammazioni o la febbre potranno quindi arrivare bruscamente, ma altrettanto rapidamente scompariranno.

Di solito, gli Ariete hanno un'ottima capacità metabolica, quindi trasformano velocemente il cibo in energia. Peccato che in questo processo si liberino anche molte tossine: finché i sistemi di smaltimento sono pienamente efficienti, l'organismo non ne risentirà se non in momenti particolari (cambio di stagione, periodo di superlavoro, prolungate frustrazioni emotive). In seguito, o quando il livello di guardia venga superato, potranno verificarsi vere e proprie "crisi tossiche", durante le quali il soggetto potrà avere dei sintomi, magari fra quelli tipici del segno. In ogni caso, generalmente queste crisi sono benefiche, perché permettono all'organismo di liberarsi dagli elementi nocivi eventualmente accumulati e di recuperare le energie disperse.

A livello psicologico, ci troviamo di fronte a un soggetto che ama e sviluppa più le sue capacità istintivo-intuitive che quelle di introspezione e riflessione. L'ideazione può essere rapida e brillante, le reazioni agli stimoli immediate e istintive, finalizzate al movimento e alla concretizzazione più immediata possibile dei progetti. Tuttavia, l'individuo Ariete mantiene spesso, per lo meno per la prima parte della vita, una scarsa dimestichezza con il lato sensibile e sentimentale della vita. Questo potrebbe significare segnarsi qualche autogol proprio in quest'ultimo settore: potrà esserci chi lo sorprenderà tacciandolo di mancanza di tatto ed egocentrismo, chi si infurierà con lui senza (a giudizio dell'Ariete, ovviamente) alcun motivo per qualcosa che, sempre nella spartana logica arietina, è assolutamente irrilevante. Oppure, potrà infuocarsi con grande rapidità per qualcuno/a che sembra corrispondere in tutto e per tutto al partner ideale, salvo poi cadere con un altrettanto rapido e spesso doloroso tonfo nel momento di rendere l'ideale qualcosa di reale o realizzabile. Così, l'Ariete potrebbe addirittura credersi circondato da gente incoerente e irascibile o di essere sfortunato in amore, per lo meno fino al prossimo fatale incontro.

Per eccesso e per difetto

I disturbi e le patologie legate a questo segno riguardano ovviamente soprattutto le strutture a esso correlate. Ciò non significa però che gli Ariete incorrano solamente in quelle, o che soggetti appartenenti ad altri segni non possano andarvi incontro. Come al solito, occorrerà valutare, per la capacità di reazione dell'organismo e la sua predisposizione patologica, anche altri aspetti (posizione di nascita e transito di pianeti significativi sul Sole, l'Ascendente, la sesta casa).

Mal di testa L'Ariete governa la testa, quindi possiamo inserire fra le sue patologie molti tipi di mal di testa. Le cause di questo disturbo sono innumerevoli: fra le più comuni vi è la tensione muscolare dovuta alla contrattura prolungata (e inconsapevole) dei muscoli della testa e del collo, e quasi sempre sinonimo di tensione emotiva. Irrigidiamo la muscolatura per difenderci: per timore di essere contrastati, non accettati, mal giudicati, oppure la tensione semplicemente accompagna lo sforzo di imporre il nostro punto di vista, la nostra personalità. Spesso chi soffre di questo tipo di mal di testa si ostina a vedere le cose che lo circondano in modo un po' troppo unilaterale, pretendendo di risolvere questioni e problemi che riguardano se stesso e gli altri solo attraverso l'uso della razionalità. Vuole insomma tenere tutto sotto controllo tramite il predominio della propria testa, dimenticando o considerando con sussiego le ragioni del cuore, spesso altrettanto importanti. Se la testa duole, preme, scoppia, non c'è dunque da meravigliarsi: forse è solo un po' troppo "piena" di pensieri o pretende di essere la sola a comandare.

Altre modalità di insorgenza del mal di testa hanno alla base la contrattura dei vasi sanguigni o la presenza di sostanze, liberate per esempio dopo uno sforzo fisico o emotivo o dall'ingestione di cibi a cui si è allergici o intolleranti, che hanno un'azione dolorifica sulle terminazioni nervose. Oppure, il mal di testa ha una componente nevralgica, cioè di sofferenza di un nervo, e allora può essere scatenato addirittura da un problema a un dente o a un orecchio, o al nervo trigemino. In questi ultimi casi, ovviamente, il ricorso a un medico non potrà essere rimandato.

Un caso particolare, ma frequentissimo, di mal di testa è quello che interviene nelle donne, in concomitanza con il ciclo mestruale. Anche se non sono da escludere cause ormonali o "tossiche" (in quei giorni l'organismo femminile si libera anche di sostanze da eliminare), spesso questo sintomo è accompagnato da un particolare modo di vivere tale manifestazione della fisiologia femminile. Quanto più ardua è l'autoapprovazione di sé in quanto donna e quanto più prevalgono e sono considerati positivi i valori sociali prevalentemente maschili (competitività, gerarchia, convenzioni), tanto più facile sarà vivere questo momento di rinnovamento e di espressione della potenza del femminile con una sensazione inconscia di estraneità, quando non di ostilità. Il conflitto tra l'immagine mentale di sé e il proprio corpo – che sembra fare, in questo caso, sostanzialmente quello che vuole, indipendentemente dai programmi e dalle intenzioni della donna – può senz'altro sostenere una sintomatologia dolorosa del capo.

Per rimediare: Ribes nigrum, Rosa canina; lavanda, maggiorana; Magnesio, Manganese, Manganese-Cobalto; Agrimony, Crab Apple, Elm, Holly, Impatiens, Rock Water, Vine, White Chestnut; luce blu, verde.

Infiammazioni, allergie e ipersensibilità Queste brusche reazioni difensive dell'organismo, che vedono entrare in gioco cellule e sostanze presenti nel sangue e nei tessuti circostanti ai vasi, hanno tutte una forte componente marziale. La presenza del rosso guerriero Marte si vede bene per esempio nell'infiammazione, che consiste fondamentalmente nell'aumento dell'afflusso di sangue nella zona da difendere. Il che provoca i sintomi specifici: tumefazione, calore, rossore, dolore.

L'infiammazione è la risposta difensiva più generale dell'organismo nei confronti degli attacchi provenienti dall'esterno (o, non di rado, dall'interno). Si tratta di una reazione complessa, che coinvolge i vasi sanguigni e linfatici e diversi tipi di cellule-sentinella (granulociti, macrofagi), presenti nel sangue e nei tessuti, chiamate a svolgere una generica azione di "pulizia" da corpi estranei e microrganismi. Queste sentinelle possono a loro volta attivare una risposta immunitaria più specifica, affidata sostanzialmente a due componenti: una, cosiddetta umorale, è formata dalle immunoglobuline, anticorpi prodotti da cellule specializzate (i linfociti B, presenti in particolare nel midollo osseo). L'altra componente, cellulare, è formata in prevalenza dai linfociti T, simili per aspetto ai precedenti, ma diversi per funzione e localizzati in prevalenza nel timo e a loro volta suddivisi in numerose classi. I linfociti individuano e distruggono in modo mirato molecole o microrganismi o loro parti riconoscibili, ritenuti pericolosi o estranei al corpo. Se l'organismo ha già avuto a che fare con sostanze simili a quelle da eliminare, per esempio batteri o virus, i tempi della reazione immunitaria si accorciano, perché i linfociti possiedono una vera e propria "memoria", perciò accorrono con le armi già affilate, ovvero producono immunoglobuline specifiche (linfociti B) o combattono in modo diretto, in una sorta di "corpo a corpo" (linfociti T). Di solito, si assegna all'Ariete la sovranità sulle difese non specifiche e sulla produzione di anticorpi, mentre i linfociti T, che maturano nel timo, organo sottoposto al dominio del Toro, hanno quest'altra attribuzione.

L'organismo mette così letteralmente a ferro e fuoco i propri tessuti, ingaggiando una dura lotta che potrebbe avere per posta la sopravvivenza. Ma la stessa impronta guerresca si può notare in presenza di un rapido aumento della temperatura corporea, ovvero in presenza di febbre – altro meccanismo con cui il nostro corpo velocizza le sue reazioni difensive allo scopo di eliminare le sostanze nocive o i numerosi microrganismi che non sopravvivono oltre i 37 gradi centigradi –, e ancor più in caso di allergia.

Si parla di allergia quando le reazioni dell'organismo sono caratterizzate dall'entrata in gioco di una classe particolare di anticorpi, le immunoglobuline E (IgE). Prodotte, come ormai sappiamo, dai linfociti B (siamo quindi sempre in ambito arietino), esse vanno a sistemarsi sulla superficie di particolari cellule, le *mastcellule*, ricche di istamina e di altre sostanze in grado di attivare molto velocemente l'infiammazione e di mantenerla. Una volta in contatto con la sostanza allergizzante, l'*allergene*, le IgE la riconoscono e fanno liberare i granuli di istamina contenuti nelle mastcellule. A questo punto, si scatena la risposta infiammatoria. Poche IgE e poche mastcellule sarebbero già in grado di contrastare efficacemente la penetrazione di un allergene nell'organismo. Se però, come accade nell'organismo allergico, la loro presenza è massiccia, anche la reazione difensiva sarà esagerata e potrà comportare addirittura danni per i tessuti colpiti.

L'allergia può rappresentare infatti, più che un caso particolare di reazione immunitaria, un eccesso di difesa. È come se l'organismo interpretasse come altamente pericoloso per la propria sopravvivenza qualcosa che, oggettivamente, non lo è affatto, tanto è vero che la maggior parte dei soggetti ne tollera tranquillamente la presenza. Per esempio, i pollini non sono di per sé affatto nocivi, eppure molta gente soffre di allergie legate a essi. Una nuvola di polvere farebbe starnutire chiunque, ma vi sono soggetti ipersensibili alla normale presenza di polvere o di acari. Di più: vi sono persone che hanno reazioni allergiche solo a casa o solo in ufficio o a scuola, mentre per il resto della giornata o della settimana non ne soffrono affatto. E quindi da cosa si difende, in effetti, l'allergico? Spesso, esaminando in profondità le sue difese psicologiche, ci si accorge che la battaglia che il suo organismo sta combattendo è in realtà anche la raffigurazione di un conflitto interiore, rappresentato simbolicamente dalla sostanza allergizzante. Per esempio, un'allergia al pelo del cane o del gatto potrebbe significare un problema irrisolto e inconsapevole con l'aggressività simboleggiata da tali animali, mentre se l'allergia è scatenata dai pollini, che fecondano i fiori e inducono la produzione dei frutti, può indicare un conflitto che riguarda la sessualità, o timore di cambiamenti nella propria identità o nei valori in cui ci si è identificati e ai quali si vuol rimanere aggrappati. Un'allergia alla polvere o ai detersivi può indicare invece un'insofferenza nei confronti di ruoli familiari o sociali precostituiti (non per nulla sono allergie che colpiscono in prevalenza le casalinghe) o verso le proprie pulsioni, considerate "sporche" e volgari. Peraltro, si afferma spesso che gli allergici hanno alcuni tratti di personalità in comune, tra i quali la permalosità, la rigidità nell'esporre e difendere i propri princìpi, le proprie idee, l'autonomia e gli spazi ritenuti vitali. Insomma, l'allergico potrebbe temere inconsciamente di essere costretto o manipolato dall'esterno e quindi partirebbe all'attacco di sostanze che in Natura hanno il potere di cambiare profondamente ciò che incontrano sulla propria aerea strada.

Una forma particolare di allergia è l'*intolleranza*, o meglio *ipersensibilità*, specie alimentare: si intende con questa una reazione dell'organismo all'introduzione di un alimento o di un additivo alimentare che determina una risposta immunitaria lenta, che scompare alla sospensione dell'alimento in questione e riprende con la sua assunzione. Le immunoglobuline in questione non sono però le classiche IgE implicate nelle allergie vere e proprie, ma spesso le IgG, più lente nel dare sintomi, cosicché le reazioni dell'organismo a quel certo alimento non sono immediatamente riconoscibili, ma anzi tendono a essere molto sfumate e possono creare quadri sintomatologici complessi e apparentemente lontani dalla vera causa. Possono comparire infatti cefalee, eczemi, disturbi intestinali, irritabilità nervosa: tutti sintomi che fanno pensare più a un tentativo dell'organismo di liberarsi di sostanze tossiche che a un'allergia vera e propria. Le ipersensibilità o intolleranze sono insomma ben più difficili da riconoscere delle comuni allergie, anche perché i test di routine per queste ultime non sono sempre in grado di segnalarle e ne occorrono invece di specifici. Gli anticorpi implicati sarebbero soprattutto quelli cosiddetti *di superficie*, presenti cioè alla superficie delle cellule del lume intestinale. Siamo quindi in un ambito che avvicina l'Ariete (le difese immunitarie generiche) alla Vergine (l'intestino nella sua funzione di scomposizione e di filtro).

Per rimediare: Ribes nigrum, Rosa canina; lavanda; Manganese; Holly, Impatiens, Mimulus, Walnut; luce blu.

Febbre La temperatura corporea viene regolata da centri nervosi posti nella parte più "antica" del cervello, quella sotto la giurisdizione dell'Ariete. Mentre oggi tendiamo a considerare la febbre solo un problema o l'indizio di un problema altrimenti poco evidente (per esempio, un'infiammazione interna) e cerchiamo quindi quasi sempre di eliminarla nel tempo più breve, tutte le tradizioni popolari e le vecchie scuole mediche attribuiscono a una febbre modica anche una sorta di valore curativo in sé. Durante il rialzo febbrile, in effetti, molte delle reazioni difensive dell'organismo vengono accelerate, le scorte in eccesso vengono mobilitate ed eliminate le scorie prodotte. Molti ricorderanno una sensazione di purificazione e rinnovamento dopo essersi ripresi da qualche giorno di febbre. Del resto, il termine *purificazione* deriva dal greco *pyr*, fuoco: è infatti come se il nostro corpo "bruciasse" in un fuoco purificatore – la febbre – ciò che intralciava e appesantiva il suo lavoro. La febbre è ovviamente sempre un sintomo da valutare con grande attenzione, ma se rientra nell'ambito di una normale influenza, senza altri sintomi o complicanze e se la temperatura non è troppo alta, ricordiamoci che non è sempre utile reprimerla con massicce dosi di antipiretici: quando è possibile, lasciamo tempo all'organismo di manifestarla e smaltirla con il suo naturale decorso. Semmai, sosteniamoci con una dieta molto leggera, prevalentemente liquida (succhi e centrifugati di agrumi o altra frutta e verdura, brodo vegetale, tè e tisane, cereali, miele) e soprattutto con il riposo. Come cure, oltre alle piante poi descritte e agli aromi da diffondere nella stanza o da usare per il massaggio o le inalazioni, se la febbre tende al rialzo si possono praticare delle frizioni soprattutto sugli arti e sul dorso, con un asciugamano bagnato in acqua fredda e poi ben strizzato. Subito dopo, coprirsi bene e bere una bevanda calda.

Per rimediare: aglio, cipolla, echinacea; eucalipto, lavanda; Aconitum, Bryonia; Manganese-Rame, Rame; luce verde, blu.

Vertigini La regolazione dell'equilibrio e della postura è molto complessa e si gioca a partire dalle sensazioni provenienti da un organo posto nell'orecchio medio, il *labirinto*. Da qui, vengono smistate a centri nervosi posti nella parte primitiva del cervello, dove risiedono le reazioni più istintive e automatiche, e solo successivamente ad aree più evolute, dove si svolgono elaborazioni più accessibili al controllo della coscienza e della volontà. Quindi, il senso dell'equilibrio è in gran parte di stampo arietino (orecchio medio, cervello primitivo). È comunque possibile insegnare al corpo a ritenere normali certe sensazioni dal momento in cui la coscienza le riconosce come tali. Per esempio, la guida di un'automobile o di un aeroplano sottopone il corpo ad accelerazioni e bruschi cambi di posizione, a cui però ci possiamo col tempo abituare. Lo stesso può succedere a un trapezista da circo, a chi lavora sulle impalcature e via dicendo. Le informazioni inviate dal labirinto ai centri nervosi superiori vengono a contatto anche con afferenze provenienti dagli occhi e dai territori innervati dal nervo vago, ovvero buona parte dell'apparato digerente, e dai centri di regolazione della circolazione del sangue: questo spiega perché le vertigini sono quasi sempre accompagnate dalla nausea e da altri sintomi neurovegetativi: pallore, sudorazione, ipotensione arteriosa.

Le vertigini sono sostanzialmente di due tipi: *soggettive* (dette anche *capogiro*), se chi prova la sensazione avverte se stesso girare ma gli oggetti attorno fermi; *oggettive*, quando il soggetto sente se stesso fermo e tutto il resto girare. Le prime sono più spesso di origine metabolica (ebbrezza alcolica, farmaci, disturbi digestivi, gravidanza), le seconde di origine neurologica (traumatismi, emicrania, disturbi visivi e dell'orecchio, mal d'auto, di mare o d'aereo). Vi sono poi – ed è forse il caso più frequente – vertigini delle quali non si riesce a determinare con esattezza l'origine e che vengono in genere classificate come *psicogene*, in quanto sembrano subentrare durante stati ansiosi, talvolta scatenati dal trovarsi in luoghi chiusi (claustrofobia) o troppo aperti (agorafobia), oppure dal sovraffaticamento mentale.

Chi è colpito da questo sintomo può avere l'impressione di essere al centro di un vortice, in balìa di eventi esterni e comunque in una posizione impossibile da gestire. Dal punto di vista psicosomatico, le vertigini manifestano spesso il rischio o la necessità di perdere il proprio baricentro emotivo, ovvero i punti di riferimento abituali. Poiché un sintomo rappresenta sostanzialmente il tentativo, da parte dell'organismo, di ricostituire un equilibrio altrimenti minacciato, si può ben dire che questa definizione si adatti in senso letterale alle sindromi vertiginose, dove un equilibrio usuale ma troppo statico e irrigidito viene scosso o ribaltato dalla presenza della vertigine o del capogiro, o dove, al contrario, l'organismo manifesta il suo disagio per una destabilizzazione psicologica. Così, chi soffre cronicamente di vertigini è spesso in bilico fra il piacere di lasciarsi andare e il timore di perdere il controllo della situazione, fra la possibilità di essere coinvolto dalle proprie vicissitudini esistenziali (farsi "prendere" da un'emozione, una persona, un progetto; "cascare" dentro un rapporto affettivo; avere un momento di sbandamento) e il tentativo di conservare "la testa sulle spalle" e la propria autonomia intellettuale, considerate come la massima espressione di sé.

Per rimediare: lavanda, maggiorana; Manganese, Manganese-Cobalto; Scleranthus; luce verde.

Riniti allergiche e vasomotorie Per questi tipi di riniti, specie se ricorrenti, si può ipotizzare anche una importante componente psichica. Infiammazioni e irritazioni, infatti, potrebbero difenderci non solo da batteri, virus e corpi estranei, ma anche da "informazioni" ambientali interpretate dall'organismo come nocive nel senso più ampio: vi possono quindi rientrare anche le situazioni che subiamo come violente, invasive, costrittive. Fra chi va spesso incontro a disturbi al naso troviamo per esempio persone ipersensibili alle critiche, che a queste reagirebbero istintivamente con un senso di scoraggiamento e delusione. Poiché però ben difficilmente si concedono di sfogarsi in questi termini (per esempio, si è mai visto un Ariete con simili debolezze?), il naso gocciolante e la voce alterata vengono emessi al posto di quel pianto che non ci si può permettere.

Un rimedio semplicissimo ma spesso inaspettatamente efficace per alleviare riniti e sinusiti viene dall'idroterapia: si tratta di un semicupio (ovvero, di un lavaggio delle parti intime) usando acqua corrente fredda. Bastano due-tre minuti al mattino e altrettanti alla sera per decongestionare, in molti casi, il naso e la testa. Evitatelo però se avete febbre o disturbi intestinali o genitali.

Per rimediare: Ribes nigrum, Rosa canina; Manganese, Manganese-Rame, Rame; Gentian, Walnut, Willow; luce blu.

I rimedi della Natura

Alimentazione

Aglio e ***cipolla*** non tengono lontani solo streghe e vampiri, ma anche i germi! Inoltre, sono vermifughi, disinfettano l'intestino e i bronchi, sono tonici, antianemici, aumentano le difese immunitarie e hanno virtù antinfiammatorie e febbrifughe.

Erbe e gemme

Le piante che più si adattano al soggetto Ariete hanno una forte componente marziale o sono in grado di modularla. Pertanto, vi troviamo per esempio piante ricche di *ferro* (metallo marziale) come l'*ortica* o il *romice* (*anemia con carenze di ferro*, cure disintossicanti primaverili e mineralizzanti), piante dall'attività antinfiammatoria e anallergica, e stimolanti.

Aglio e cipolla Antinfiammatori e disintossicanti potenti, grazie anche al loro contenuto in sostanze solforate, questi ortaggi sono da annoverare tra le piante poste sotto l'influsso di Marte e di Plutone. Venivano considerati sacri in Egitto, dove erano attributi di Sokar, una divinità infera, e poi di Osiride, il dio protettore dei defunti, ma anche di Bastet, la dea-gatto. I Faraoni però ne stavano alla larga, perché si credeva che gli dèi del Cielo non fossero affatto entusiasti del loro aroma pungente, mentre i medici non esitavano a concederne al popolo un largo utilizzo per evitare le infezioni respiratorie e intestinali. In Grecia, aglio e cipolla – come tutte le piante della famiglia delle Gigliacee – venivano offerti alla temibile dea Ecate, che rappresentava il femminile mortifero e il prototipo delle streghe e dei vampiri. Molte piante del sottosuolo, essendo nell'antichità sacre alle potenze telluriche, sono state poi rivestite, in epoca cristiana, di accezioni ambivalenti, ora apotropaiche (cioè di difesa magica), ora viceversa addirittura demoniache. Per esempio, secondo alcuni le piante agliacee hanno il potere di risvegliare gli istinti più bassi e le passioni più impure e di obnubilare la coscienza, mentre altre tradizioni fanno, soprattutto dell'aglio, un eccellente talismano che può difendere da streghe, vampiri e malefici vari. L'aglio, comunque, è fra l'altro un potente vermifugo e quindi, agli occhi degli antichi, sicuramente in grado di scacciare i "mostri" e i "demoni" che invadono il nostro corpo e di purificarlo con la sua massiccia azione disinfettante.

Le indicazioni di questi due preziosi ortaggi sono davvero straordinarie: per la *cipolla* si va dall'attività *febbrifuga* a quella *afrodisiaca* (decantata soprattutto dagli antichi, che avevano notato che questa pianta cresce, al contrario delle altre, soprattutto in luna calante e quindi pensarono che potesse attivare le energie "basse", sessuali). Grazie al contenuto di zolfo, risulta poi *disinfettante delle vie aeree* (è utile anche in caso di raffreddori e sinusiti) *e urinarie*, *diuretica*, *depurativa* ed è un eccellente *antinfiammatorio* generale. Inoltre, per il suo contenuto in sali minerali e vitamine, può trovare largo impiego nell'alimentazione, almeno di chi non si formalizza di fronte agli inconvenienti dati dall'aumento della produzione di gas intestinali e all'alito sulfureo che può permanere per diverso tempo dopo averne mangiata. Per il primo, è in genere sufficiente cuocere le cipolle con rosmarino o noce moscata o chiodi di garofano o una punta di cannella; per ovviare all'alito cattivo si può masticare un grano di caffè, una foglia di salvia, o lavare i denti con una goccia di essenza di mirra, ovviamente più volte al giorno. Per sfruttare le sue qualità terapeutiche è sufficiente mangiare la cipolla, oppure utilizzare la tintura o l'estratto fluido o secco. Non sottovalutiamo però l'uso locale, tratto dalla medicina popolare, dei cataplasmi di cipolla tritata da avvolgere in una garza e apporre attorno alla gola per disinfiammarla.

Secondo molti Autori, *aglio* e *cipolla* aumentano la *risposta immunitaria* dell'organismo anche stimolando la produzione di linfociti. Inoltre, sono ritenuti eccellenti tonici psicofisici. L'aglio è quindi utile nella *prevenzione delle malattie respiratorie e dell'influenza* e come *disinfettante intestinale e vermifugo*, ma la moderna fitoterapia se ne occupa soprattutto come *antipertensivo*. In commercio esistono preparati erboristici a base di aglio che sono stati privati di una parte delle sostanze aromatiche, il cui rilascio è responsabile della digestione difficile di questo ortaggio e dell'alito cattivo.

Echinacea Una pianta entrata da pochi lustri nella fitoterapia occidentale, ma che si è fatta largamente apprezzare per le sue qualità antinfiammatorie e immunostimolanti a volte davvero spettacolari. Attiva infatti in modo rapido ed efficace le *difese immunitarie* e in particolare potenzia l'attività dei linfociti, tanto che vi si può ricorrere anche ai primi sintomi di *malattie influenzali e da raffreddamento*. È di origine siberiana e ve ne sono diverse varietà (*E. angustifolia*, *E. purpurea* e altre), tutte piuttosto interessanti sotto il profilo terapeutico. Si trova facilmente sotto forma di capsule di estratto secco o in tintura o in estratto fluido. Ai primi sintomi di malessere, si può prendere 1 dose ogni 2-3 ore, per un giorno, diradando poi le somministrazioni nei giorni successivi. La sua efficacia è massima nei primi 10-15 giorni di terapia, dopo di che diminuisce; eventualmente, si può assumere a cicli.

Ribes nigrum Dalle gemme del ribes nero si ricava un rimedio che, diluito in glicerina (macerato glicerico o gemmoderivato), è utilissimo in numerose forme infiammatorie, sia generali sia locali, in particolare a livello respiratorio, digestivo e urinario. Attiva la corteccia surrenale (posta sotto il dominio della Bilancia, complementare all'Ariete) e agisce soprattutto sui granulociti eosinofili, tra i maggiori responsabili della risposta allergica. È indicato quindi nelle *sindromi allergiche* in generale – per esempio nelle *riniti allergiche* –, nell'*orticaria*, nelle *sindromi febbrili influenzali*, nella *cefalea vasomotoria*, nell'*ipotensione arteriosa*. La dose è normalmente di 50 gocce del macerato glicerico, 1 o più volte al giorno, secondo il parere del medico. Per l'influenza, in particolare, si può alternare ad altri due gemmoderivati, *Alnus glutinosa* e *Betula pubescens*, un rimedio ogni 2 ore: per esempio, 100 gocce di *Ribes nigrum* alle 8, 100 gocce di *Alnus glutinosa* alle 10, 100 gocce di *Betula pubescens* alle 12, ricominciando poi con *Ribes nigrum*. Prima di procedere, però, assicuratevi di avere davvero solo l'influenza.

Rosa canina In fitoterapia si utilizzano soprattutto i fiori e le foglie della rosa canina, astringenti e cicatrizzanti, e ancor più i frutti – detti *cinorrodi* –, ricchissimi di vitamina C (fino all'1 per cento del peso secco). Dai giovani getti della pianta, ricchi di gemme, si ricava invece il gemmoderivato, indicato nella *cefalea vasomotoria*, nelle *rinofaringiti* e *otiti infantili*, nell'*asma allergico* e in alcuni tipi di *eczemi*. Nelle rinofaringiti recidivanti si può associare a *Ribes nigrum* (vedi sopra).

Aromi

Eucalipto Abbiniamo soprattutto all'Ariete questa preziosa essenza, in quanto attiva rapidamente le capacità difensive dell'organismo. Fra le varietà più utilizzate e interessanti in aromaterapia c'è l'*Eucaliptus globulus* e l'*Eucaliptus citriodora*. È ritenuto antivirale, antibatterico, stimolante, espettorante. È indicato in caso di *sinusiti*, *riniti*, *otiti*, *rinofaringiti*, *bronchiti*, nella *febbre* e nelle *malattie influenzali*. Richiede qualche precauzione nei soggetti più sensibili, ai quali potrebbe provocare nausea o cefalea, ed è sconsigliabile, come tutte le essenze dall'aroma canforato, in gravidanza. Si può unire a lavanda o limone per inalazioni umide, con il classico pentolino d'acqua bollente (1-2 gocce di ciascuna essenza, da inalare per 10 minuti 2 volte al dì), in tutti i casi di influenza, riniti e disturbi respiratori in genere. In massaggio (2-3 gocce in un cucchiaio d'olio vegetale) o frizione (2-3 gocce in un cucchiaio di alcol o su una pezzuola imbevuta d'acqua fredda e strizzata) su torace e dorso può liberare il respiro e facilitare l'eliminazione del catarro eventualmente presente. Non è prudente somministrarlo in gravidanza e nella prima infanzia, dove è da preferire il *niaouli* (*Melaleuca viridiflora*), essenza dalle proprietà simili ma dall'azione più dolce.

Lavanda È sicuramente fra gli oli essenziali più versatili, se non in assoluto il più indispensabile. *Tagli*, *piccole ferite*, *punture di insetti* vengono prontamente leniti e cicatrizzati da poche applicazioni della sua essenza; è antibatterica, antinfiammatoria, accresce le difese immunitarie; favorisce i processi digestivi, l'attività del fegato e i movimenti intestinali; è antispasmodica, decontratturante, riequilibra l'attività neurovegetativa e il tono dell'umore. È indicata quindi nei disturbi respiratori quali *influenza*, *bronchite*, *faringiti*, *laringiti*, nella *tosse secca e con catarro*; calma i *dolori mestruali* e le *contratture dolorose* in genere; è utile in caso di *palpitazioni*, *nervosismo*, *insonnia*, *vertigini*, *mal di testa*; nelle *dermatosi*, nelle *piccole ustioni*, sulla *pelle grassa e impura*, sui *capelli grassi*, nell'*acne*, nella *couperose*, nella *rosacea*. A livello psichico, il suo aroma conferisce equilibrio emotivo, senso della misura e di pulizia (il suo nome, del resto, deriva da *lavare*). È un'essenza legata in particolare all'Ariete, i cui nativi necessitano spesso di recuperare la calma e l'armonia, lo spazio per la riflessione e la capacità di lasciare che gli eventi scorrano nei tempi e nei modi loro assegnati, smorzando l'intemperanza e l'impazienza che spesso li caratterizza.

Vi sono in effetti numerose varietà di lavanda, alcune molto diverse tra loro sotto il profilo aromatico e quindi anche nelle implicazioni terapeutiche. Tra le più pregiate e interessanti, ma anche tra le più care, vi è la *Lavandula officinalis* o *L. angustifolia fragrans*, detta anche lavanda extra. Seguono, in ordine di apprezzamento, la *Lavandula officinalis vera* o *L. angustifolia*, detta anche lavanda vera o fine, probabilmente la più conveniente in termini di qualità/prezzo; la *Lavandula stoechas*, dall'aroma più greve e canforato, e la *Lavandula spica* o *L. latifolia*, queste ultime decisamente meno interessanti in aromaterapia. Infine, un naso poco esperto potrebbe scambiare per lavanda l'essenza tratta da un ibrido, il lavandino (*Lavandula hybrida*), meno pregiato e tutto sommato meno utile della vera lavanda.

L'uso della lavanda è sia locale (è una delle poche essenze che si possono utilizzare pure sulla cute senza eccessivo pericolo di irritazioni) sia generale. In questo caso, è possibile eseguire bagni (5-10 gocce nell'acqua della vasca), massaggi (3-5 gocce in due cucchiai di olio vegetale, per esempio di mandorle), inalazioni (2-3 gocce sul cuscino favoriscono il sonno; con eucalipto o mirto in inalazioni umide o aerosol è decongestionante, antinfiammatoria ed espettorante in caso di disturbi respiratori). Un uso ben noto e particolare è nella *cefalea muscolo-tensiva*, per alleviare la quale è spesso sufficiente un lieve massaggio con 1 o 2 gocce di lavanda sulle tempie e la nuca.

Maggiorana Pianta dal profumo caldo e soave e dal temperamento sobrio, la maggiorana ha una lunga tradizione in terapia. Con le sue foglie, per esempio, si dice che Venere curasse le ferite del figlio Enea, che dimostrò sempre le qualità di coraggio e nobiltà d'animo che la tradizione vuole incarnate in questa odorosa pianticella. Fu sacra a Vishnu in India e a Osiride in Egitto, dove si riteneva che il suo aroma ponesse nel giusto stato d'animo chi veniva iniziato ai Misteri e doveva quindi abbandonare la vecchia forma di sé per quella nuova e splendente della luce della consapevolezza. Agli Ariete, così poco propensi a unire all'azione impetuosa e spesso ribelle (d'altronde, il primo segno deve imporre il nuovo corso agli eventi) la prudenza necessaria, la maggiorana dona la capacità di incanalare le loro straordinarie energie in progetti ambiziosi senza disperderle e la lucidità di non credere ogni volta di aver vinto la guerra, invece di una battaglia. Si dice che il suo aroma attivi le facoltà di persuasione, cosicché non ci si sentirà in diritto di imporsi altrimenti, e che salvaguardi dalle conseguenze degli eccessi propri alla condotta vivace di questo segno. Del resto, la maggiorana è un eccellente *riequilibrante generale e nervoso*, un *antifatica psichico* indicato soprattutto ai giovani, un *tonico circolatorio*, un *regolatore dell'appetito*, un *purificatore delle alte vie respiratorie*, poste sotto la giurisdizione dell'Ariete. Inoltre, ha grandi doti *antinfiammatorie* e *antispasmodiche*, perché sa come attenuare i bollori dei temperamenti troppo ardenti.

Le foglie di maggiorana, fresche o secche, possono essere utilizzate per aromatizzare e insaporire pietanze a base di carne o pesce grigliato o al forno, nelle minestre, nelle insalate, per guarnire piatti di uova. Contrariamente all'origano, che la ricorda nell'aroma, la maggiorana è adatta anche agli stomaci più delicati (del resto, probabilmente quello del tipico rappresentante dell'Ariete non rientra strettamente in questa categoria). Si può inoltre profumare la casa e la biancheria ponendo qualche goccia di essenza negli appositi diffusori: il suo aroma leggero ma deciso, del tutto originale, risulta spesso assai gradevole. Con l'olio essenziale (5-7 gocce da aggiungere subito dopo essere entrati in acqua) ci si può preparare un bagno tiepido, ristoratore e calmante. In alternativa all'essenza, si può introdurre nell'acqua 1 litro di infuso carico (ottenuto gettando 3-4 manciate di sommità dell'erba secca nell'acqua bollente; lasciare in infusione per 30 minuti, poi colare).

Oligoelementi

Magnesio In oligoterapia è usato soprattutto come *antispastico* e come regolatore dell'attività delle cellule nervose, in particolare nelle *nevralgie* (per esempio, nelle *cefalee*).

Manganese La diatesi (reattività costituzionale o terreno) che viene riequilibrata dall'assunzione di questo oligoelemento sembra per molti aspetti il ritratto degli appartenenti ai segni di Fuoco: sempre in movimento, ambiziosi, fiduciosi in se stessi, passionali ma incostanti, spesso frettolosi o ansiosi, talvolta aggressivi e irritabili, comunque dominati dal bisogno di attività. Dal punto di vista dell'efficienza fisica, sono di solito dei serotini, ovvero al mattino faticano ad alzarsi (spesso con la scusa della pressione bassa), ma alla sera sembra che abbiano inserite delle pile speciali e non andrebbero mai a dormire. Il sonno è non di rado un problema (perché non riescono o non vogliono dormire) e spesso non porta ristoro. Potrebbero essere soggetti ad *allergie*, *nevralgie*, *orticarie* e *pruriti*, *mal di testa da tensione*, *palpitazioni*, *tachicardia*, *artriti*, *dolori articolari fugaci*, *oculo-riniti* e *sinusiti di origine prevalentemente allergica*.

In genere, trattandosi di un oligoelemento di "terreno", che opera cioè sulla reattività generale della persona, la posologia andrà da 1 dose (circa 2 ml di soluzione ionizzata e diluita) 1 volta alla settimana a 1 dose quotidiana.

Manganese-Cobalto Altro trattamento di terreno, si rivolge soprattutto ai soggetti *distonici*, ovvero affetti da *disfunzioni del sistema neurovegetativo* e quindi spesso preda di *disturbi circolatori*, *digestivi*, *dermatologici con chiare implicazioni nervose ed emotive*. Si tratta di soggetti quasi sempre decisamente ansiosi. Le dosi vanno da 1 al giorno o a giorni alterni fino a 1 alla settimana.

Manganese-Rame Questa associazione diatesica si può usare, fra l'altro, in prevenzione di *disturbi infiammatori* di vario tipo, anche ricorrenti o cronici. Le dosi vanno da 1 al giorno, o a giorni alterni, a 1 alla settimana.

Rame Il metallo di Venere sembra in grado di modulare gli eccessi dell'esuberante fuoco di Marte. Questo oligoelemento è infatti indicato in tutti i casi di *infiammazioni acute*, dal raffreddore all'influenza, alle sinusiti, a tutte le loro complicanze. È un eccellente e rapido stimolatore delle difese organiche. Come tutti gli oligoelementi, è abbinabile a qualunque altra terapia, compresi gli antibiotici. Solo il cortisone e in generale i farmaci che sopprimono le reazioni dell'organismo (immunosoppressori, neurolettici) possono limitarne l'efficacia. Come oligoelemento, il Rame si assume da una a più volte al giorno fino alla risoluzione della sintomatologia acuta, in abbinamento con l'oligoelemento specifico della diatesi (Manganese, Manganese-Cobalto, Manganese-Rame, Rame-Oro-Argento); si passa poi a 1 dose quotidiana per alcuni giorni, come mantenimento.

Omeopatia

Se il *mal di testa* o la *febbre* hanno insorgenza improvvisa e violenta, compaiono dopo esposizione al vento freddo, sono accompagnati da sete e stato di agitazione fisica e mentale molto evidente, il rimedio è *Aconitum 7 CH*, 1 dose ogni ora. Se invece ci si è esposti al *freddo umido*, c'è torpore o confusione mentale, sete, dolori articolari e muscolari e la situazione è aggravata dal minimo movimento, ma si sta meglio premendo forte sulle parti dolenti, allora è più indicata *Bryonia 30 CH*, 1 dose ogni 2 ore.

Fiori di Bach

Agrimony Indicato quando si cerca di nascondere un disagio o un malessere con un atteggiamento forzatamente sdrammatizzante o fintamente allegro. La tensione provocata da questo sforzo si può tradurre in svariati sintomi, anche fisici (somatizzazioni). In sostanza, è un rimedio adatto a chi ha un peso nel cuore o una pena che lo tormenta, ma si sente obbligato a tenerla per sé, facendo buon viso a cattivo gioco. È utile in caso di disturbi da somatizzazione, specie se accompagnati dalla sensazione di tormento (per esempio, un *mal di testa* che non lascia tregua, un *prurito tormentoso* e via dicendo).

Crab Apple È indicato perché aiuta a liberarsi da ciò che è ritenuto nocivo o inopportuno all'organismo, comprese le *tossine* prodotte da uno stile di vita stressante e poco salutare, o quelle associate alle *intolleranze* e alle *ipersensibilità*.

Elm Allevia la sensazione di essersi assunti dei compiti troppo gravosi, con l'impressione di non farcela a portarli a termine, in soggetti normalmente organizzati ed efficienti. È utile nelle *cefalee tensive* che subentrano in periodi di surmenage, nei *dolori del collo e delle spalle*, in molti casi di *insonnia* e *disturbi digestivi*. È inoltre adatto in tutti i casi di *dolore trafittivo*, ai limiti del sostenibile (insieme a *Cherry Plum*).

Holly È indicato per gli stati d'animo negativi abbinati alla profonda convinzione di essere respinti, non amati. Da questa sensazione ci si può difendere aggredendo, provando gelosia, invidia e voglia di vendicarsi. Sul piano fisico, è utile quando siano presenti *infiammazioni* e sintomi che comportano una sensazione di *dolore acuto* o *bruciore*.

Impatiens Irritabilità, impazienza, intolleranza verso i ritmi altrui: tutto questo può comportare, fra gli equivalenti fisici, *contratture muscolari dolorose*, *spasmi*, *tendenza alle irritazioni e alle intolleranze*, *prurito*, *cefalea*, *tachicardia*, *insonnia*, *disturbi digestivi*.

Mimulus Rimedio per la paura di oggetti e situazioni concrete, si rivela interessante anche in caso di *ipersensibilità e allergie*.

Rock Water Per il *mal di testa* di chi è "tutto d'un pezzo", sempre coerente con se stesso e con il proprio ideale di vita, costituito da un progetto ambizioso ed elevato, che vuole a tutti i costi realizzare. Non pretende di convincere gli altri a parole, ma si comporta in modo integerrimo sperando di dare il buon esempio. In questo sforzo evolutivo tende però a reprimere istinti ed emozioni anziché trascenderli, perciò accumula tensione, che si può scaricare sul corpo in vari modi, per esempio con la *cefalea.*

Scleranthus Per chi non riesce a decidere fra due soluzioni, due sentimenti, due possibilità opposte o contrastanti. È indicato anche per la *nausea* o le *vertigini* che insorgono per esempio in auto o in barca, in gravidanza e nelle situazioni emotivamente coinvolgenti.

Vine Ai soggetti che si assumono volentieri il comando della situazione, che sono in grado di mantenere lucidità e capacità organizzativa nei momenti di emergenza, sfoggiando le loro doti di leader naturali. Ma che, alla lunga, possono risultare intransigenti ed eccessivamente autoritari, incapaci di mettere in discussione la loro visione delle cose e la loro volontà. Tanta durezza può sfociare spesso nel *mal di capo* e in disturbi cardiocircolatori (*ipertensione, arteriosclerosi*).

Walnut A chi è ipersensibile ai cambiamenti, sia psicologici sia fisiologici (per esempio, i ritmi ormonali) e ambientali. Può per esempio sviluppare *allergie* e *disordini neurovegetativi* che hanno alla base il suo difficile adattamento.

White Chestnut Indicato a chi rimugina o torna ripetutamente e involontariamente con il pensiero alla stessa situazione o ripercorre le stesse immagini. Oltre alla *cefalea* da "troppo pieno", può andare incontro a *insonnia* e *difficoltà digestive.*

Willow Amarezza e rancore sono i sentimenti affioranti in uno stato Willow negativo. Si riscontra un atteggiamento di chiusura, risentimento e diffidenza, perché ci si crede in qualche modo vittime di un'ingiustizia. Tra i disturbi fisici abbinati a questo stato d'animo, troviamo i *raffreddori ricorrenti* e le *ulcere.*

Cromoterapia

Blu Per spegnere i sintomi infiammatori e attenuare i *dolori da infiammazione*, si può usare la luce blu. Decongestionante e calmante, si applica dunque il blu in caso di *cefalea congestizia* (con aumento di afflusso di sangue) e *nevralgica*, ma anche per quella da *tensione muscolare.* L'effetto generale del blu è di spegnere le reazioni eccessive, raffreddare, calmare. Inoltre, ha spesso un'azione antisettica. Dal punto di vista psichico, rivela un eccellente potere calmante sugli stati di *agitazione* in genere. Non bisogna esagerare con l'esposizione alla luce blu, in quanto può, in soggetti sensibili, provocare una sensazione di depressione. In caso di *febbre* si può usare il blu su tutto il corpo, seguito dal viola nella convalescenza. Se il soggetto appare però depresso e stanco, è meglio usare il verde, o alternare verde e blu.

Verde È il colore dell'equilibrio per eccellenza. Per quanto riguarda le patologie correlate all'Ariete, si può utilizzare per esempio nelle *affezioni allergiche*, nell'*irritabilità nervosa* accompagnata da depressione, nelle *nevralgie* (in alternativa al blu), nelle *vertigini*.

TORO

(21 aprile-20 maggio)

Primavera: atto secondo

Toro: espressione del verbo *plasmare*. Dopo la prima "gettata" indiscriminata di germogli (che all'inizio della primavera appaiono pressoché tutti uguali, nell'orto, nel frutteto, nel campo), adesso, sotto il segno del Toro, la vegetazione si *struttura* in forme diverse e ben distinte. Con lo sbocciare delle gemme, infatti, ogni specie di fiore si differenzia da tutte le altre, ogni pianta assume e afferma una propria identità specifica, la vita degli animali stessi si *organizza metodicamente* su assetti nuovi, che dipendono sia dai bisogni tipici di questo momento dell'anno, sia dai vantaggi che esso offre (temperatura sempre più mite, abbondanza di cibo ecc.). Insomma, il segno del Toro *dà forma* alla natura, la *plasma*, la *struttura*, cosicché l'ambiente intorno offre *punti di riferimento* più precisi, diventando maggiormente riconoscibile agli occhi dell'uomo e dunque più amichevole e *rassicurante*. Il sole, intanto, continua a salire sempre più alto sull'orizzonte, le giornate si allungano in modo percettibilissimo, le temperature aumentano: i rigori invernali sono ormai solo un lontano ricordo. In questo stesso periodo, le femmine di mammifero che hanno appena partorito, così come gli uccelli che hanno visto la schiusa delle uova, sono impegnatissimi a *nutrire* i propri piccoli, ancora incapaci di procurarsi il cibo da soli.

Usanze popolari

L'osservazione con la quale abbiamo chiuso il paragrafo sopra ci conduce prontamente alle simbologie salienti del segno del Toro: quelle di *nutrimento*, *sostentamento*, *vita*, in opposizione a quelle dello Scorpione (segno "dirimpettaio" del Toro sullo Zodiaco), che simboleggia invece l'escrezione e la distruzione – in senso lato – necessaria a una successiva rigenerazione. La contrapposizione Toro-Scorpione la si può riscontrare anche in uno degli usi più frequenti in quasi tutti i paesi del mondo: nei cimiteri, luoghi del "sonno della morte" (Scorpione), i parenti e gli amici dei defunti portano i *fiori* (Toro), quali simboli della vita che rinasce, della fecondità della terra, dei colori della Natura che fanno da contraltare al nero del lutto. Non solo, ma per onorare la persona defunta e consolarsi della sua dipartita, già all'epoca dell'antico Egitto era diffusa la tradizione di organizzare, in concomitanza delle esequie, pranzi e libagioni anche piuttosto abbondanti (Toro: oralità e nutrimento). Tale usanza è ancora viva in molte zone della scorpionica Italia meridionale. Piccola curiosità: nella pratica astrologica si osserva spesso che molti fioristi, giardinieri e "pollici verdi", oltre che gli amanti più appassionati della Natura, nascono sotto il segno del Toro. Oppure presentano, nel proprio oroscopo, l'Ascendente o pianeti collocati proprio in questo segno (o nella seconda casa, analoga al Toro).

Il Toro, il corpo, la psiche

Nelle tappe dello sviluppo psicofisico umano, il Toro corrisponde alla fase simbiotica, periodo durante il quale madre e neonato costituiscono un'unica entità, di cui la mamma è la parte *dispensatrice di calore*, *protezione* e *cibo* e il bambino è colui che riceve *attenzioni*, *assistenza*, *riparo* e *nutrimento*, tutte esigenze del piccolo che, se soddisfatte, contribuiranno al suo sereno inserimento nella vita adulta e al suo rapporto equilibrato con il cibo. Nella loro intesa così stretta, madre e figlio si *posseggono* l'uno con l'altra, si *appartengono*, si stringono e, per molti versi, si "divorano" (il bambino, suggendo il latte dalla mammella materna, è come se "mangiasse" la mamma stessa, mentre quest'ultima, come si è soliti asserire con un'espressione popolare, lo "divora di baci"), escludendo pressoché chiunque altro dalla loro simbiosi. In questo, possiamo scorgere la pienezza dell'affettività taurina che, citando Lisa Morpurgo, "compie il miracolo di essere al tempo stesso oblativa e possessiva".[3]

[3] Morpurgo, Lisa, *Lezioni di astrologia. La natura dei segni*, Longanesi, Milano 1989, p. 44.

Percorrendo l'iter dello sviluppo libidico, il periodo simbiotico corrisponde alla *fase orale*, momento nel quale il bimbo ricava il piacere massimo dal suggere in senso lato e dal mettere in bocca qualunque cosa gli capiti a tiro. Questa fase raggiunge generalmente l'apice nel primo anno di vita e scema man mano che il bambino comincia a camminare.

Sensi e sensualità del Toro

Ecco dunque che, insieme alle simbologie di *nutrimento-cibo*, osserviamo nel Toro anche quelle di *gusto* (quanti buongustai, sotto questo segno!), di *tatto* e *contatto* (madre e figlio, nella loro unione simbiotica, si toccano pressoché costantemente, poiché entrambi hanno necessità di "sentirsi" reciprocamente "pelle su pelle"), di *olfatto* (il fiore, simbolo taurino, lo si porta automaticamente al naso e lo si annusa per percepirne il profumo; il bimbo, così come i cuccioli di altri mammiferi, riconosce la madre anche dal suo sentore, allo stesso modo in cui la madre riconosce i piccoli dal loro odore). Come si vedrà nella parte dedicata ai pianeti del Toro, fra le simbologie riconducibili a questo segno è inclusa anche quella di *vista*. Il fatto che, dei cinque sensi, ben quattro siano correlati al Toro (*gusto*, *olfatto*, *tatto* e *vista*), rende questo segno – seppur a modo proprio – non solo *realista* (in quanto osserva e giudica la realtà tramite recettori estremamente concreti quali, appunto, gli organi di senso), ma anche meritevole della qualifica di *sensuale*, in quanto esso ricerca pressoché costantemente la soddisfazione dei propri sensi (gli piacciono le cose buone da mangiare e da gustare, le cose belle da vedere, da toccare – compresi gli esseri umani –, i buoni profumi, inclusi quelli dei cibi. Non disdegna inoltre neanche gli odori naturali emessi dalla pelle del corpo umano, che una volta giunti alle sue narici stimolano il suo patrimonio ormonale, funzionando quindi da richiamo sessuale). L'unico senso che non troviamo associato al Toro è l'*udito*, che pertiene invece al segno dei Gemelli. Anche questa particolarità possiede una propria importanza specifica: il Toro, segno fisso di Terra – e dunque testardo –, spesso ascolta solo se stesso, rimanendo *sordo* (metaforicamente e no) al parere degli altri. D'altronde, non si è soliti affermare, quando ci si riferisce a una persona cocciuta e arroccata sulle proprie posizioni, che "non c'è peggior sordo di chi non vuol sentire"? Una delle poche chiavi di apertura dei suoi padiglioni auricolari risiede nella *musica*, classica, leggera, pop, jazz o di qualunque altro tipo: con un disco in sottofondo, infatti, o durante un concerto, un musical, una rassegna di canzoni, il suo udito diventa finissimo e attento...

Corrispondenze geologiche

Se sul piano dell'evoluzione del cosmo l'Ariete trova la propria analogia con il momento del Big Bang (cfr. il capitolo precedente), il Toro simboleggia la fase immediatamente successiva allo scoppio primordiale, quella in cui ogni corpo celeste assunse una propria *forma*, si *impossessò* di una posizione specifica nel cielo, si *assestò* su un percorso orbitale proprio. Per quanto riguarda invece il ciclo evolutivo geomorfologico, il Toro corrisponde sia al periodo in cui, dopo lo spegnimento dei vulcani, la crosta terrestre si *raffreddò* e si *consolidò* sia, conseguentemente, alla *prima vera quiete* che si instaurò sulla Terra dopo la lunga tempesta di fuoco. Il compito del Toro, dunque, nel progredire degli eventi su ogni scala, è quello di *placare*, *incanalare*, *fissare* in una forma *concreta* e *stabile* ciò che ha avuto inizio secondo le vulcaniche, spedite e un po' rozze modalità dell'Ariete.

Identificazione zodiacale

In astrologia, come già accennato, il secondo segno dello Zodiaco appartiene al genere femminile, è di modalità *fisso* e appartiene all'elemento *Terra*. La Terra del Toro, tuttavia, è profondamente diversa da quella di Vergine e Capricorno: essa è assimilabile all'humus fertile e grasso, è la *madre Terra* che alimenta come una *balia instancabile* la vegetazione appena rinata, la quale ha lo stesso imperioso bisogno di nutrimento dei cuccioli che hanno visto la luce da poco. Il concetto di *madre* trova un addentellato simbolico anche nella liturgia cattolica, che ha eletto il mese di maggio ("occupato" per tre quarti dal segno del Toro) *mese mariano*, dedicato cioè alla Madre per eccellenza, Maria Vergine. Senza dimenticare che, sempre in maggio, il calendario celebra la festa della mamma.

Dallo Zodiaco ai Tarocchi

Fra le lame dei Tarocchi, la più rappresentativa del segno del Toro è L'Imperatore, che esprime valori di *protezione*, *armonia*, *ric-*

chezza e influenza positivamente le questioni *materiali* in generale. L'Imperatore è inoltre il simbolo delle strategie *ponderate* e *metodiche*, del *superamento di ogni ostacolo*, del *dominio* e dell'*espansione territoriale*. La Papessa è un altro Arcano maggiore che può essere associato al secondo segno dello Zodiaco, in quanto simbolo del *femminile protettivo e fecondo*, dell'attaccamento al *clan familiare*, della *sensualità* sana, della *sagacia*.

Il Toro nel mondo e nell'oroscopo individuale

In astrologia mondiale, il Toro rappresenta l'*economia*, la *finanza*, le *assicurazioni* (insieme al segno dello Scorpione) e secondo alcuni studiosi anche la Borsa. Simboleggia inoltre l'*armonia della natura* tout-court e l'*ecologia* a essa collegata. Sempre sotto il segno del Toro si trovano le *foreste* e la *vegetazione* in generale.

Visto tuttavia che l'oroscopo individuale di nascita si costruisce sullo Zodiaco, il quale contiene tutti e dodici i segni, le simbologie taurine fanno parte della vita e del destino di ogni persona, indipendentemente dalla sua data di nascita. La casa del tema natale che cade sul segno del Toro simboleggia gli ambiti in cui l'individuo esprime le proprie esigenze più spiccate di *stanzialità*, *protezione* e *sicurezza* (lavoro, famiglia, amore, abitazione, soldi o altro). Parimenti, essa indica i settori in cui la persona manifesta in modo più evidente le proprie doti di *concretezza*, *perseveranza* e *resistenza*.

Il Toro e i Toro

Si sarà dunque capito che chi nasce sotto questo segno possiede una matrice temperamentale *pragmatica* e *realista*, che lo porta a investire solo in ciò che egli ritiene possa dare *frutti tangibili*, si tratti di lavoro, sentimenti, beni materiali o quant'altro. Questo nativo necessita inoltre di *punti fermi* che soddisfino la sua *fame di tranquillità*, ha bisogno di un solido tetto sopra la testa e di un altrettanto solido pavimento sotto i piedi (ecco perché, prima o poi, finisce quasi sempre per comprarsi una casa), di un conto in banca che garantisca la *serenità economica* a lui e al suo entourage, di veder rispettati i *valori più sani e genuini della tradizione*. In sintesi, lo si potrebbe definire un individuo, oltre che con i *piedi ben piantati per terra*, anche con *la testa sulle spalle*, sul quale le novità, le suggestioni di una certa spiritualità fumosa (così di moda ai giorni nostri) e il richiamo verso l'"alternativo" esercitano uno scarso – per non dire nullo – potere di seduzione. Per concludere, ci piace giocare ancora una volta con le parole: solitamente il Toro è il segno più stabile dello Zodiaco, in tutti i sensi, compreso quello mentale (a meno di un tema natale pieno di dissonanze planetarie). Ma "stabile", nella nostra lingua, significa anche "edificio", "palazzo": non deve dunque stupire il fatto che al Toro vengano ricondotti, simbolicamente, gli immobili (compresi anche i terreni) e il loro mercato, benché, per la verità, un'attenta analisi dei transiti planetari compresi tra la fine degli anni ottanta e la seconda metà degli anni novanta – periodo nero per il mercato immobiliare – sembra suggerire che il segno del Cancro – pesantemente colpito dai transiti suddetti – simboleggi gli immobili ancor più del Toro, che in quegli anni riceveva invece sostegni planetari numerosi e fortissimi dal segno amico del Capricorno (particolarità astrologica che avrebbe dovuto invece far viaggiare le compravendite a vele spiegatissime). È probabile dunque che il Toro rappresenti più i terreni e gli immobili commerciali (vista anche la corrispondenza del segno con il mondo dell'economia e della finanza), mentre al Cancro spetta (come già appurato da molti studiosi) la simbologia di "casa di abitazione". Questo concetto, comunque, verrà ripreso nel quarto capitolo.

I pianeti del Toro

Pianeta governatore: Venere

Dalla notte dei tempi, ogni mito greco-romano descrive Venere quale dea dell'amore, *femminile*, *calda* e *sensuale*, simbolo che celebra l'inscindibile *legame esistente fra gli slanci del cuore e il desiderio sessuale*. Spesso il nativo del Toro, o chi presenta nel proprio tema natale Venere in questo segno, è colui che quasi mai riesce a dividere l'amore dal sesso e che vive con disagio una vita di solitudine affettiva o di avventure senza seguito. Venere esprime dunque l'*affettività* nella sua completezza e nella sua totale estraneità alle perversioni di ogni genere, poco attratta dalla "bassa macelleria" della pornografia e sensibile, invece, alle espressioni – anche artistiche – dell'*erotismo non volgare*. L'affettività della Venere taurina è, come si suol dire, "sana", anche se a volte un po' troppo *avvolgente* e *protettiva*. Per molte sfumature, la Venere del Toro può essere considerata la *Venus genitrix* cantata da Lucrezio e alla quale era dedicato un celebre tempio nel Foro Giulio. Venere è dunque la rappresentazione dell'*atto del donare*, della *madre-balia*, *nutrice generosa* e *sollecita*, talvolta un po' *chioccia*, che sprigiona *calore* e offre *rifugio*. Per questo, probabilmente, in un tema natale è Venere (e non la Luna, simbolo celeste anch'esso tradizionalmente associato alla figura materna) che evidenzia sia le dinamiche affettive che si instaurano fra l'individuo e la propria madre, sia le fantasie edipiche su di essa indirizzate.

La Venere taurina può essere ritenuta una sorta di *icona felliniana*, quale evocazione delle *rotondità corporee* che caratterizzano la *femminilità mediterranea*. La sensualità espressa dal pianeta è *diretta*, *spontanea*, spesso *ruspante*, senza affettazione: è ricollegabile all'amplesso consumato nel fienile o in un campo di fiori, sulla spiaggia o in pineta, ma ancor meglio fra le morbide coltri del letto, con tutti i comfort così cari al Toro. Venere rappresenta inoltre il *tepore della primavera*, l'*armonia*, il *benessere psicofisico*; è la piacevole sensazione che il neonato prova nel sentirsi avvolgere dalla morbida spugna dopo il bagnetto, è il talco sulla pelle che la mamma sparge con amorevoli carezze, il pannolino pulito, la camiciola addosso fresca di bucato.

Sul piano astronomico, Venere è il secondo pianeta in ordine di distanza dal Sole. Compie un giro completo sulla propria orbita in un anno circa, percorrendo ogni segno più o meno in un mese. Approssimativamente ogni diciotto mesi compie un anello di sosta, ovvero si ferma in un segno (o a cavallo fra due segni) per circa quattro mesi.

Nel corpo umano governa l'*attività ovarica* e quella *renale*, l'*armonia generale delle funzioni del corpo*, il potenziale di *fascino* e di *seduzione* personale. Simboleggia inoltre gli ormoni femminili (*estrogeni* e *progestinici*) e la *voce* (anche nell'uomo). Indica inoltre i *bisogni affettivi* e le *capacità amatorie* individuali (come amo? come voglio essere amato?). Nel tema natale di un uomo, Venere simboleggia anche il tipo di amante ideale.

Pianeta in esaltazione: Giove

La tradizione astrologica ha per lunghi secoli ritenuto la Luna quale pianeta esaltato nel segno del Toro. Gli studi di Lisa Morpurgo, basati sulla decifrazione logica dello schema zodiacale, hanno invece dimostrato negli ultimi decenni come sia più corretto attribuire a Giove la posizione di esaltazione nel secondo segno dello Zodiaco.

Nella fase stagionale in cui l'opulento Toro trionfa, Giove rappresenta l'*abbondanza del cibo*, il piacere di *mangiare a sazietà*, la rapidità con la quale i cuccioli *aumentano di peso*. Tutto, nella natura, è *gioia di vivere*, *ottimismo roseo* dopo i grigi rigori invernali, *entusiasmo* in vista dell'avanzare sempre più spedito della bella stagione. Se la Terra è l'elemento cui il Toro appartiene, Giove è la "magia" che la rende grassa e in grado di fornire gran quantità di vegetazione e di cibo. Rimanendo in tema di Terra, nel Toro Giove trova – per l'appunto – il terreno fertile nel quale esprimere al meglio le proprie simbologie prettamente materiali di *denaro*, *benessere*, *godimento della vita*, *erotismo*. A quest'ultimo proposito, la mitologia ci rimanda infatti le vicende di un dio dedito ai sani piaceri della carne, forse un tantino fedifrago (basti pensare, fra le tante, alle tresche amorose con Leda, che Giove circuì trasformandosi in cigno, o con la ninfa Maia, dalla relazione con la quale nacque l'astuto Mercurio), ma comunque sempre legato alla sposa Giunone, dalla quale non si separò mai, nel più ferreo rispetto delle tradizioni e di un certo spirito conformista. Nel Toro, dunque, Giove è espressione di *continuità* e di attaccamento ai propri *possedimenti*, inclusi gli *affetti familiari*. Esso è il simbolo delle *sicurezze*, materiali e ideologiche, e della *scala dei valori* personali. In questo segno, il pianeta è lontano dal bisogno concreto dell'esperienza religiosa (che invece viene esperito e soddisfatto nel Sagittario e nei Pesci, segni dei domicili gioviani) e ancor di più aborrisce ogni sacrificio, penitenza, rinuncia che quasi tutte le religioni impongono. D'altronde, come potrebbe essere diversamente, visto che proprio Giove è l'espressione astrologica di quel *principio del piacere* di cui parlò per primo Freud, nato – neanche a farlo apposta – proprio sotto il segno del Toro?

Nel sistema solare, Giove è il pianeta più voluminoso. Esso compie il proprio giro intorno al Sole in dodici anni circa, rimanendo mediamente un anno in ogni segno. Nel corpo umano governa gli *ormoni della crescita* e i processi di *dilatazione-espansione*, i *grassi*, la *funzionalità epatica*, gli *occhi* e le loro *capacità visive*, l'*elasticità muscolare* e la *flessibilità dei vasi sanguigni*.

Pianeti in esilio: Marte e Plutone

Il compito evolutivo assegnato al Toro dalle leggi dello Zodiaco è quello di garantire la continuità della vita tramite il nutrimento: la forza generatrice del seme plutoniano, in questa fase della primavera, è ormai divenuta inutile e superflua, poiché la rinascita della Natura, già avvenuta da un mese, fa irrecuperabilmente parte del passato. Lo slancio aggressivo, la rudezza mascolina e gli "spigoli" di Marte sono inoltre del tutto incompatibili con la superfemminilità, la bonarietà e la "rotondità" (in ogni senso) del Toro: sarebbe come paludare un gagliardo guerriero di Sparta nell'edonistica armonia di Atene. Questo però non significa che il Toro non possegga grinta e combattività, al contrario, è solo che esprime queste doti in modo meno immediato rispetto all'Ariete: le lotte taurine vengono infatti ingaggiate con *pazienza* e *costanza*, anziché con manifestazioni di attivismo, frenesia e aggressività tanto plateali quanto precarie. In altre parole, visto che il Toro è il segno del denaro e dei valori, potremmo affermare che esso "valorizza" le caratteristiche del segno precedente, convogliandole verso obiettivi concreti, con *buonsenso*, *pragmatismo* e *senza sprechi di energie*. Ecco perché il Toro può essere considerato un vero *mastino*, dagli occhi buoni ma dalla presa mascellare solida come quella di una morsa: quando si pone un obiettivo non lo ferma nemmeno la bomba al neutrone.

Infine, l'esilio di Plutone si manifesta anche nel totale rifiuto da parte del Toro nei confronti delle complicazioni, delle perversioni, delle contorsioni mentali, dei giochi di potere da politici, delle tortuosità, queste ultime anche (e soprattutto) in campo sentimentale: i legami clandestini e tormentati lo fanno rabbrividire d'orrore.

Pianeta in caduta: Mercurio

Rapidità, superficialità, movimento: ecco le caratteristiche salienti del pianetino più vicino al Sole, che non si accordano affatto con i significati di stanzialità, lentezza e profondità di affetti correlati al solido Toro.

Un discorso a parte merita invece la simbologia di socievolezza correlata a Mercurio. È un dato indiscutibile che il Toro si senta pervadere da uno stato di inebriante beatitudine soprattutto quando è circondato dalle persone care, ancor più se la festosa adunanza avviene attorno a una tavola imbandita con ogni ben di Dio. Ma nel momento in cui egli deve aprire il proprio territorio a persone estranee, si tratti anche di amabili conoscenti, le sue resistenze si palesano spesso in modo evidentissimo, fino a giungere, in casi estremi, al disinteresse vero e proprio nei confronti del contatto umano. Insomma, socievole, sì, ma solo con gli esponenti del proprio entourage.

Sul piano dell'intelligenza, la caduta di Mercurio si manifesta generalmente nella *non rapidissima capacità di apprendimento* tipica del segno e nella sua difficoltà ad afferrare al volo l'ironia di una freddura o di una battuta raffinata, da umorismo inglese per intenderci. I ragionamenti troppo astratti, inoltre, non fanno per il

Toro, il quale ha bisogno di *esempi pratici* per comprendere. Di contro però mostra spiccate doti di *concentrazione*, *applicazione* e *metodo*. E una volta imparato un concetto, c'è da giurare che non lo dimenticherà più per il resto della vita.

Mercurio governa anche il sistema nervoso: la sua caduta, in questo caso, gioca un ruolo favorevole alla salute del segno, il quale risulta generalmente immune dallo stress e dai suoi derivati. Termini quali "esaurimento", "psicofarmaci", "sindrome maniaco-depressiva" sono generalmente estranei al vocabolario taurino (o, al più, sono scritti con inchiostro sbiaditissimo).

Infine, due parole sull'analogia fra Mercurio e le capacità uditive che, come si è già riferito, nel Toro talvolta si rivelano non acutissime. Poco male: se il Toro non sente con le orecchie, grazie a Venere "sente" comunque con il cuore...

L'avvistamento del pianeta X: un messaggio di speranza tanto atteso

Al momento in cui viene scritto questo libro, gli astronomi sostengono di aver appurato, in base ai propri calcoli astronomici, l'esistenza del primo pianeta transplutoniano, che dal mondo astrologico è sempre stato chiamato X e al quale è stato attribuito il governo, insieme a Venere, proprio del segno del Toro. Mentre aspettiamo che dai calcoli astronomici si passi alla localizzazione vera e propria dell'undicesimo pianeta, è lecito porci una domanda: se la scoperta di ogni nuovo pianeta coincide sempre con una svolta fondamentale nel destino dell'umanità (come dimostrano i cambiamenti significativi delineatisi all'indomani dell'avvistamento definitivo di Urano, Nettuno e Plutone), quale potrà essere la svolta annunciata da X? Probabilmente, il grande passo in avanti dell'umanità coincidente con tale evento astronomico-astrologico risulterà la sconfitta del cancro e delle patologie degenerative in genere. Tale convinzione scaturisce da alcune considerazioni puramente astrologiche che verranno illustrate di seguito.

Il segno del Toro, governato da X, rappresenta "il trionfo della naturalità". Proprio tale naturalità si contrappone al mondo tortuoso, putrescente, fermentativo dello Scorpione, che ben riflette il concetto di "degenerazione" e dunque di proliferazione e di patologia degenerativa. A tal proposito, si rende tuttavia necessaria un'immediata precisazione: nel presente contesto si parla dello Scorpione in termini di valori assoluti, di simbologie universali, non delle persone che nascono sotto questo segno. Riprendendo il filo del discorso, sembrerebbe plausibile supporre che l'avvistamento del pianeta che governa il segno più "sano" dello Zodiaco in senso lato, possa davvero corrispondere alla sconfitta di tutto ciò che si contrappone al concetto di buona salute, armonia psicofisica, resistenza, genuinità, intimo legame con la natura. Che poi X possa essere ritenuto un pianeta "antitumorale" sembra confermato dal fatto che esso, in tutte le proprie sedi zodiacali – secondo lo schema morpurghiano –, si contrappone al proliferativo Plutone: nel proprio domicilio in Toro, X si oppone al Plutone Scorpione; nel proprio domicilio in Bilancia si oppone al Plutone Ariete; nella propria esaltazione in Sagittario si oppone a Plutone esaltato in Gemelli. Ora, è ben noto a tutti che il Plutone zodiacale media simbolicamente la figura mitologica di Ade, altresì detto il Diavolo, altresì detto... il Maligno. Ebbene, proprio perché opposto di Plutone, si potrebbe dedurre che X rappresenti il Benigno. E forse sarà questa la strada che si intraprenderà nella cura dei tumori: quella di trasformarli, terapeuticamente, in una prima fase da maligni in benigni, per procedere poi con il loro debellamento definitivo.

I segnali che tale patologia antichissima, di cui si parla addirittura già nella Bibbia (e che fu causa di morte dello stesso Erode, il quale sembra che fosse affetto da cancro allo stomaco),[4] sia ormai prossima alla resa giungono sempre più spesso dagli organi di informazione: fra settembre e ottobre 1999, per esempio, è stata divulgata la notizia dell'efficacia di una nuova terapia contro il linfoma, già applicata anche in Italia; della sperimentazione sull'uomo del vaccino (finora il più efficace) contro l'Aids messo a punto dall'équipe della dottoressa Barbara Ensoli di Roma; della scoperta del meccanismo di diffusione delle metastasi. Mai, prima d'ora, erano stati compiuti passi avanti di tale portata. E non ci sarebbe da stupirsi se X venisse avvistato proprio mentre sta transitando sull'asse Toro-Scorpione, o in una delle altre sue sedi zodiacali predilette, la Bilancia e il Sagittario. Questo secondo segno, dove X si troverebbe in esaltazione, potrebbe confermare il messaggio di speranza implicito nel pianeta: la vittoria sul tumore, vera e propria scoperta del millennio, avrebbe risonanza mondiale, gioverebbe concretamente a tutti i popoli del mondo (nel perfetto stile filantropico-cosmopolita tipico del Sagittario) e sarebbe il frutto di studi superiori, approfonditi, portati avanti con passione, come vuole il generoso slancio sagittariano. Altra ipotesi: vista

[4] Forse non sarebbe azzardato ipotizzare che nel tema natale di Erode (visti le gesta e il destino del personaggio) vi fossero delle lesioni di Plutone (morte e degenerazione) riconducibili al segno del Cancro, che come sappiamo governa sia lo stomaco sia i bambini, da lui straziati e "distrutti". La catena delle associazioni simboliche non farebbe una piega.

la natura prettamente femminile del pianeta, non ci sarebbe da stupirsi se le scoperte più clamorose in materia di trattamenti antitumorali venissero effettuate proprio dalle scienziate, dalle donne (e il caso della dottoressa Ensoli potrebbe costituire già una conferma). È curioso notare, inoltre, che già nel 1998 si parlò di una terapia antitumorale rivoluzionaria messa a punto da un ricercatore statunitense: grazie alla somministrazione nell'ammalato di una sostanza chiamata "angiostatina" si impedirebbe la formazione di nuovi vasi attorno alla massa tumorale che, privata del proprio "cibo" (il sangue), "dimagrirebbe" giorno dopo giorno fino a scomparire del tutto. La "morte per fame" del tumore potrebbe davvero essere riconducibile, concettualmente, a una costruttiva e benefica (per il genere umano) dialettica fra i valori Toro-Scorpione. Nel tema natale individuale X potrebbe indicare il grado di efficacia delle difese immunitarie-antitumorali della persona e le sue capacità di resistere all'assalto dei vari fattori di rischio ambientali, come l'inquinamento. Insomma, se Plutone afferma: "Io ti attacco facendo impazzire le cellule del tuo organismo", X controbatte proclamando: "Io ti difendo facendo rinsavire le cellule del tuo organismo". X potrebbe simboleggiare inoltre la propensione e la disponibilità di ogni persona ad adottare istintivamente quelle regole di vita salutari che possono rendere più difficile l'accumulo nell'organismo di scorie dannose (rappresentate da Plutone) e l'instaurarsi di patologie perniciose. Tali abitudini sono note a tutti: evitare o moderare il fumo, mangiare in modo sano ed equilibrato, non esagerare con gli alcolici e via discorrendo. In questo senso, X sembrerebbe assumere le connotazioni della madre-consigliera animata dalla più genuina assennatezza. L'assennatezza in questione si differenzia forse dalla saggezza di marca saturnina per un particolare fondamentale: X è il simbolo del buonsenso "innato", finalizzato con fiducia al raggiungimento di vantaggi e benefìci psicofisici (e non solo); Saturno è l'emblema della saggezza che deriva dall'insieme delle esperienze di vita, spesso rievocate con tristezza e rimpianto.

Sempre sul piano collettivo, X potrebbe segnare anche la scoperta di terapie rivoluzionarie per quanto riguarda sia la cura della sterilità femminile, sia il trattamento della menopausa, che forse in un prossimo futuro non avrà tutto lo strascico di antipatiche conseguenze che milioni di donne hanno sperimentato e sperimentano ancora sulla propria pelle. Queste ipotesi forniscono l'aggancio per una "rivisitazione" delle attribuzioni anatomiche di X. Se Plutone governa i testicoli, è lecito supporre che X, suo opposto, governi le ovaie, finora attribuite a Venere, pianeta che a sua volta, in qualità di opposto di Marte-pene, dovrebbe governare la vagina. La stretta attinenza di X con tutto ciò che di più "naturale" esiste al mondo potrebbe inoltre indurre a pronosticare, per l'imminente futuro, un sempre crescente ricorso alle terapie naturali. E chissà che non sia proprio la Natura a fornire le sostanze in grado di guarire le malattie più terribili. Sostanze che potrebbero trovarsi, senza che lo si sappia ancora, nelle piante e nei fiori (che il Toro ama tanto) o addirittura nell'organismo dei bovini... Se così fosse, ci si troverebbe di fronte a un vero trionfo delle simbologie correlate al secondo segno.

Concordanze e analogie nel corpo umano

Passati i furori dell'esordio al mondo e dell'affermazione di se stessi (Ariete), ecco dunque presentarsi la necessità di fare i conti con la realtà, di acquisire dati utili per darsi forma e sostanza stabili e durature. Vengono così chiamati in causa gli organi sensoriali – attraverso i quali le informazioni passano dall'ambiente esterno al nostro organismo – e le ghiandole endocrine, trasduttrici della risposta di adattamento dell'organismo alle variazioni ambientali rilevate dai sensi.

Al Toro afferiscono dunque le parti degli organi di senso che hanno accesso all'esterno: occhi, naso, lingua, sensibilità tattile (mentre l'Ariete ne governa la parte nervosa in senso stretto). Conoscere l'ambiente attraverso i sensi significa apprezzarne le variazioni e le sfumature, in pratica possederlo. Per esempio, nella fase orale il bambino porta istintivamente alla bocca gli oggetti che vuol conoscere. Questa operazione è evidentemente tanto importante e formativa che l'origine del verbo *sapere* viene dal latino *sapio*, avere sapore, quasi che non sia possibile definire qualcosa prima di averla *assaggiata*, cioè, in senso psicologico, posseduta e introiettata (portata dentro e fatta diventare parte integrante di noi). Labbra, interno della bocca e lingua – organi taurini – sono del resto zone altamente vascolarizzate e riccamente innervate: la massima sensibilità tattile e quella gustativa (ma anche quella olfattiva: se mangiate un cibo normalmente appetitoso quando siete raffreddati, ne vedrete per lo meno dimezzato il gusto) sono concentrate qui e forniscono una gamma estesissima di sensazioni (e di emozioni: basti pensare all'importanza del bacio nella nostra cultura, non solo erotica).

Il Toro governa dunque – oltre ai già citati organi di senso, alle labbra e alla bocca – il collo e la gola, punti di passaggio fra il dentro e il fuori e fra l'alto (la testa) e il basso (il corpo). Le strutture che sono alloggiate qui sono numerose e importanti per una serie di funzioni:

– *difensiva*: abbiamo numerose e grosse stazioni linfatiche, le tonsille, disposte ad anello all'imboccatura della gola, così da impedire ai germi di penetrare all'interno dell'organismo; l'altra struttura difensiva è il timo, posto alla base del collo, che non è una linfoghiandola in senso stretto, quanto piuttosto un organo complesso, le cui funzioni sono ancora in parte da spiegare e che nell'adulto subisce una certa involuzione. Il timo rappresenta comunque il serbatoio e la camera di maturazione dei linfociti responsabili della risposta immunitaria diretta (linfociti T, dove T sta appunto per *timo*), che avviene in genere in modo più lento ma più specifico della risposta immunitaria dovuta alle immunoglobuline (vedi Ariete). Data l'importanza della gola come porta di accesso di germi, è ovvio che si localizzino qui le prime risposte difensive e quindi che i soggetti predisposti possano andare incontro a numerosi episodi infiammatori, che porteranno a tonsilliti, faringiti, tracheiti, laringiti;

– *ormonale*: nella parte anteriore del collo c'è la tiroide, la cui produzione di ormoni influenza in modo preponderante il metabolismo e la forma complessiva del corpo. Così, una iperfunzione può condurre a dimagrimento, secchezza e assottigliamento della pelle e dei tessuti sottostanti, opacità dei capelli e nei casi gravi esoftalmo (sporgenza patologica dei globi oculari). Sul piano mentale, a iperattività e insonnia. L'ipofunzione provoca invece rallentamento generale delle funzioni fisiche e mentali e delle reazioni dell'intero organismo, imbibizione dei tessuti (che può comportare anche cellulite edematosa), diminuzione delle difese immunitarie, sonnolenza;

– *vocale*: le corde vocali sono membrane vibratili situate nella laringe, dunque nel collo, e sono responsabili dell'emissione dei suoni insieme a molte altre strutture (diaframma, trachea, volta del palato e fosse nasali). Un'infiammazione alla laringe, dovuta per esempio all'irritazione da fumo o freddo o allo sforzo prolungato nel parlare, nel cantare, nell'urlare può modificare temporaneamente la voce o attenuarla fino a renderne quasi impossibile l'emissione (afonia). Spesso però i disturbi, anche semplicemente infiammatori, alle corde vocali possono tradire problemi riguardanti la comunicazione in senso generale (vedi oltre). La voce è inoltre un importantissimo strumento di seduzione (siamo quindi sempre in tema venusiano);

– *di deglutizione*: l'atto di ingoiare è molto complesso perché comprende una perfetta coordinazione neuromuscolare atta a dirigere ciò che vogliamo deglutire nell'esofago, che lo condurrà poi allo stomaco, evitando di farlo cadere nelle vie aeree, dove provocherebbe gravi danni. Se sussiste un disturbo in questo ambito, per esempio una deglutizione difficile o dolorosa (il cosiddetto "bolo isterico" o, più correntemente, il "nodo in gola"), in assenza di patologie vere e proprie o di anomalie si può ipotizzare che ciò che facciamo fatica a "mandare giù" possa essere qualcosa di più metaforico (una situazione, una persona, un cambiamento), qualcosa che non siamo preparati ad accettare, che forse ci cambierebbe troppo in profondità e che pertanto interpretiamo come violento e invasivo.

Oltre all'attribuzione delle strutture contenute nel collo, al segno del Toro è collegata la fertilità della donna, dunque le ovaie e la produzione di estrogeni, gli ormoni femminili. Questi sono responsabili dell'ovulazione e dei connotati sessuali secondari (trofismo delle mammelle e delle mucose, disposizione femminile della peluria, secrezione delle ghiandole sebacee e di quelle preposte alla lubrificazione vaginale, aspetto femminile e luminosità della pelle e dei capelli). In effetti, gli estrogeni sono prodotti dall'interazione dell'ipotalamo e dell'ipofisi (posti nell'encefalo) con le ghiandole surrenali (sopra i reni, e quindi nel territorio della Bilancia, altro segno marchiato da Venere) e le ovaie.

Per finire, ricordiamo ancora una volta il rapporto tra la sessualità e l'olfatto, ambiti che si sposano in modo spesso insospettabile grazie ai ferormoni, sostanze odorose che il nostro naso continua a percepire, anche se non ne siamo (più) consapevoli, e che condiziona forse in modo determinante molte nostre istintive simpatie e antipatie, specialmente in ambito sessuale.

Mente & Corpo

Lento, pacifico, bonario, ma irremovibile e inesorabile quando si pone un obiettivo: con queste qualità, non è difficile far rientrare il tipico Toro in diverse biotipologie appartenenti a varie tradizioni mediche. Per quella cinese, per esempio, possiamo inquadrarlo nel tipo *Terra*, pragmatico e ottimista, dalla lenta messa in moto ma dalle notevoli capacità organizzative e diplomatiche. Nella medicina ayurvedica può essere avvicinato al tipo *Kapha*, che ha grandi occhi e capelli lucenti, è sensuale, accogliente e pigro, dotato di metabolismo lento e di buonsenso, amante dei dolci e delle coccole, e soggetto a grandi appetiti di cibo e amorosi. Per quanto riguarda l'Occidente, possiamo ritrovare nella pratica coerenza (o ostinazione) del *melanconico*, nella pacatezza e amabilità del *flemmatico* alcuni tratti tipicamente taurini. Le costituzioni psicofisiche dell'oligoterapia identificano il soggetto Toro sostanzialmente con la diatesi *ipostenica* o del Manganese-Rame (vedi oltre, Oligoelementi).

Al Toro competono dunque i sistemi di informazione sensoriale e quelli responsabili della forma del corpo e dell'identificazione sessuale (vedi tiroide e ormoni femminili). Troviamo quindi in primo piano tutto ciò che regola l'acquisizione di forma e sostanza: la sensorialità e la sensualità, per esempio, sono tra i fattori principali per lo sviluppo dell'immagine di sé, perché attraverso di loro conosciamo il nostro corpo e il mondo circostante. Potremo così avere un soggetto dai forti appetiti e dalle buone capacità digestive, che probabilmente tenderà a economizzare e razionalizzare le sue attività, comprese quelle metaboliche, per impedire sprechi inutili. Sarà anche resistente alla fatica, ma soprattutto se in fondo a essa vede la possibilità del piacere, del benessere, dell'acquisizione di sicurezza e stabilità. Anche la tendenza a mettere su qualche chilo di troppo potrebbe avere il significato di tenere da parte una riserva, fonte di sicurezza per eventuali tempi magri. Una volta raggiunti gli obiettivi, insomma, occorre difenderli: da qui, anche l'importanza dell'immunità specifica, quella acquisita dal corpo per esperienza diretta, il cui intervento in campo è più lento ma più preciso di quella (che si avvale delle immunoglobuline) sempre pronta a intervenire d'assalto che abbiamo visto nell'Ariete.

Dal punto di vista psicologico, la modalità principale di approccio alla realtà sarà la sensazione, dunque conteranno i fatti più che le parole, e la memoria risulterà buona purché riguardi cose e situazioni concrete, per esempio luoghi, sapori, odori, volti. Attenzione soprattutto a non raccontargli bugie: non riuscendo a contemplarne la necessità e il senso, nella sua mentalità pratica e razionale, una volta potrebbe prenderle per verità ma, se scopre l'inganno, non saprà più darvi la sua fiducia. In questo il Toro rivela una memoria praticamente da... elefante. I punti deboli possono essere una certa primitività nei sentimenti e la tendenza a rifiutare a priori (o viceversa, ma più raramente, a dimostrare entusiasmo irrazionale) per iniziative, idee e opinioni astratte o solo intuibili, di cui non sa valutare obiettivamente il senso o la portata. In genere però interviene l'innato buonsenso a salvarlo dalle... bufale. È poi vero che sa esprimere bene i propri sentimenti se può farlo in termini concreti, con gesti, doni, carezze, ma spesso vi abbina una certa possessività, neanche tanto celata, e talvolta l'incapacità di riconoscere seriamente le ragioni emotive dell'altro.

Per eccesso e per difetto

Gli organi e gli apparati interessati dalle patologie sono sostanzialmente quelli su cui maggiormente si basa l'equilibrio psicofisico dell'individuo. Il Sole, l'Ascendente, la sesta casa o pianeti natali nel segno del Toro potrebbero essere presi in considerazione per valutare la predisposizione patologica ai disturbi che seguono.

Affezioni della bocca: afte, stomatiti In concomitanza di periodi di surmenage lavorativo, in situazioni traumatiche o emotivamente difficili, dopo malattie infettive o durante cambiamenti significativi nella vita o nell'anno (per esempio, al cambio di stagione) l'organismo viene sovraccaricato di stimoli e tossine ed è più facile che si producano lesioni nelle delicate mucose della bocca e dell'apparato digerente in genere. Se, da un lato, ciò indica che le difese organiche non hanno saputo fronteggiare adeguatamente la situazione, il significato profondo di questi disturbi, spesso dolorosi e che talora impediscono quasi di parlare e di mangiare, può risiedere nell'inconscio tentativo di allontanare da sé qualcosa di distruttivo e invasivo, che si teme possa farsi strada dentro di noi. Per prima cosa, comunque, occorre rivedere l'alimentazione, introducendo grandi quantità di vitamina C naturale (integratori a base di acerola, *Rosa canina*, mirtillo, carota, vite rossa) e abolendo per quanto possibile lo zucchero bianco e i prodotti che lo contengono. Spesso può risultare utile un'indagine per stabilire se vi siano intolleranze alimentari o infezioni in corso. In secondo luogo, è necessario il recupero delle energie attraverso il riposo e una moderata attività fisica, meglio se all'aperto, per favorire l'ossigenazione dei tessuti.

Per rimediare: calendula, equiseto, piantaggine, Ribes nigrum, Rosa canina; mirra, salvia; Manganese-Rame, Rame-Oro-Argento; Holly, Olive, Star of Bethlehem; luce blu, verde.

Mal di gola, raucedini e abbassamenti di voce Punto di passaggio obbligato verso l'interno del corpo sia per l'aria sia per il cibo che introduciamo, la gola ospita anche il primo baluardo a difesa delle vie respiratorie, una sorta di anello di tessuto linfatico posto nella faringe. Poco più giù, nella laringe, alloggiano le strutture che modulano la voce, le corde vocali. Pertanto, un "blocco" in questa zona tanto delicata ed esposta, che può manifestarsi con il classico groppo in gola, o una sensazione di restringimento, persino di fastidio alla deglutizione, in assenza di anomalie anatomiche o di condizioni patologiche specifiche può deporre per esempio per una simbolica difficoltà a "mandare giù", ad accettare di incontrare e assimilare qualcosa di emotivamente significativo. Anche le infiammazioni recidivanti potrebbero avere un senso analogo: i tessuti linfatici presenti nella faringe si irritano e dolgono nella loro strenua difesa, ma non è detto che vengano interpretati come nocivi solo i virus e i batteri! A volte, vivere una situazione come emotivamente minacciosa può contribuire a scatenare o a mantenere a lungo una reazione difensiva che chiama in causa il sistema immunitario.

Malgrado la possibilità di modificarla nel tempo, o in base all'umore, o al tono ormonale o, ancor più, con l'esercizio, la voce è una caratteristica permanente dell'individuo, un po' come le impronte digitali. La temporanea diminuzione o perdita della voce che talvolta subentra durante le laringiti può avere perciò anche il senso di comunicare un disagio profondo dell'identità, oppure di impedire alla persona colpita di esporsi agli altri. Questo sintomo ci avverte dunque che conviene rinunciare a esprimere un Io che non sa adattarsi al mondo, oppure manifesta una silenziosa contestazione per ciò che il mondo stesso ci obbliga a fare, a dire o ancor più a tacere. La voce soffocata o il dolore alla gola possono proporre una per così dire muta protesta che riguarda l'ambito delle nostre relazioni e della comunicazione interpersonale. Alla base dei sintomi potrebbe per esempio esservi qualcosa che non si riesce a comprendere nel comportamento del prossimo o che non si riesce proprio ad accettare, tanto viene avvertito come doloroso. Chi ne viene colpito nutre sovente un atteggiamento di inconsapevole ostilità o rifiuto nei riguardi di impulsi che gli appartengono ma che non sa pienamente riconoscere e integrare, e che pertanto attribuisce volentieri all'ambiente esterno anziché a se stesso. Così, talvolta, le "cose cattive" o le "parole cattive" che si vorrebbero evitare e dalle quali si è ostinatamente spinti a difendersi non sono oggetti o eventi creati dagli altri, ma situazioni inconsapevolmente indotte dal proprio stesso atteggiamento e comportamento.

Per rimediare: cappuccina, erisimo, Rubus idæus; finocchio, mirra, mirto; Bismuto, Manganese-Rame, Rame-Oro-Argento; Arnica, Arum triphyllum, Hepar sulphur; Agrimony, Chicory; luce blu, indaco, verde.

Amenorrea L'assenza di mestruazioni può essere primitiva se il ciclo non è mai comparso (e in questo caso bisogna ipotizzare serie cause ormonali o anatomiche), o secondaria e dovuta in questo caso a disparate condizioni, più spesso di origine ormonale. Un approfondimento diagnostico o per lo meno una visita medica è sempre indispensabile, almeno per escludere che vi siano problemi all'ipofisi o alle surreni, alla tiroide o alle ovaie. Molto di frequente, per fortuna, troveremo solo cause psicologiche. Si sa che uno choc o un blocco emotivo possono condurre anche a una interruzione del ciclo mestruale, o favorire la comparsa di dolori. Sovente, per esempio, si può riscontrare una sorta di esaurimento o di rinuncia alla femminilità, interpretata come una situazione limitante o soffocante, come avviene tipicamente in molti casi di anoressia mentale: l'amenorrea può qui sottolineare la generale regressione a quell'aspetto preadolescenziale spesso perseguito da queste giovani donne. Una femminilità evidente e prorompente, di cui le mestruazioni sono uno dei segnali più visibili, sarebbe infatti facilmente interpretata dalla ragazza anoressica come pericolosa, perché la metterebbe a confronto con la propria immagine biologica, soggetta a cambiare, a invecchiare, a piegarsi quindi a regole di natura per lei assolutamente inaccettabili. Questo sintomo può comunque comparire anche durante, o dopo, periodi di eccezionale impegno psicofisico (per esempio, nelle atlete che svolgono attività agonistica), dopo troppo rapidi aumenti o diminuzioni di peso corporeo, o nelle ballerine o indossatrici, spesso sotto peso per esigenze professionali.

Per rimediare: artemisia, calendula, Rubus idæus; salvia; Manganese-Cobalto, Rame-Oro-Argento, Zinco-Rame; Gentian, Rock Water, Star of Bethlehem; luce blu.

Dismenorrea (dolori mestruali), irregolarità mestruali Vedi Cancro.

Capelli: problemi e caduta

Donne Benché le mode ci abbiano ormai abituato a vedere e a portare i capelli in qualunque foggia, e persino a raderli completamente, in quasi tutte le culture la capigliatura, specie quella femminile, è considerata un attributo di grande fascino e attrazione erotica. I capelli femminili, per la diversa configurazione ormonale, tendono a essere più folti, lunghi e durevoli di quelli maschili e la loro eventuale perdita costituisce, più ancora che per l'uomo, motivo di ansia. Quest'ultima è legata al contemporaneo venir meno di un simbolo della propria identità sessuale. In effetti, è spesso riscontrabile nelle donne che soffrono di una massiccia caduta dei capelli un'idea di rinuncia, delusione o abbandono in riferimento a investimenti affettivi o sessuali e la apparentemente immotivata perdita della loro capigliatura viene interpretata come una simbolica autocastrazione. Cosa che non ci stupisce, osservando per esempio la pratica del taglio dei capelli monacale, il cui significato è il sacrificio degli istinti e degli affetti terreni in favore di una loro trasposizione divina, assoluta e non più effimera, ma ovviamente asessuata.

Tra le cause più comuni di perdita cospicua dei capelli vi sono quelle tossiche, farmacologiche e ormonali, ma anche traumi squisitamente psichici, come lutti, privazioni, rinunce. Se l'elaborazione dei motivi che hanno indotto l'organismo a mimare questo doloroso sacrificio della propria femminilità conduce a un'evoluzione favorevole e al superamento dell'esperienza traumatica, i capelli riprenderanno presto la loro normale crescita. Se, viceversa, questa modalità per così dire rinunciataria caratterizza in modo costante e rilevante il comportamento e l'attività della persona, i capelli risentiranno di questa continua difficoltà a lasciare spazio alle parti più istintive, creative e originali della personalità stessa, persistendo nell'indebolirsi e nel cadere.

Uomini Anche se la calvizie maschile è un evento tutt'altro che raro, la prospettiva di perdere i capelli mette in affanno la maggior parte degli uomini. I capelli sono infatti parte integrante del proprio schema corporeo, ogni brusca modifica del quale può essere vissuta come traumatica o luttuosa, anche quando si tratta "solo" di quello che cresce sulla testa. Inoltre, per la loro posizione sul vertice del capo e per il fatto di continuare a crescere e a rinnovarsi visibilmente tutta la vita, i capelli sono di solito assimilati a un'energia vitale e creativa, istintuale e giovanile. La loro perdita precoce sembra quindi preludere, oltre che a una maturità intervenuta troppo in fretta, alla fine di una creatività anarchica, non soggetta a regole precostruite, libera di spaziare. Difatti, spesso i giovani che vogliono manifestare un atteggiamento di rottura con il passato e la proposta di valori innovativi sbandierano i propri capelli in colori e acconciature controcorrente.

Nel sesso maschile una delle cause più frequenti della caduta dei capelli è il "soffocamento" del bulbo pilifero a opera di una condizione patologica detta dermatite seborroica. In sostanza, la cute o il cuoio capelluto attuano una sorta di difesa irritativa che si manifesta inizialmente con arrossamento, dovuto a un maggior afflusso di sangue in quel distretto, e iperattività delle ghiandole che producono sebo. Nel tempo, questa condizione cronica impedisce la corretta nutrizione e il drenaggio del cuoio capelluto, cosicché la cute si desquama finemente e si assottiglia, e i capelli si diradano. Oltre che dalle predisposizioni genetiche, la seborrea è senza dubbio favorita da fattori ormonali ed emozionali. Chi soffre di questo problema manifesta spesso una personalità spiccatamente *yang*: è cioè portato all'azione, è dotato di spirito di iniziativa e aggressività e il più delle volte si caratterizza per entusiasmi, idee, possibilità creative non comuni (le classiche "teste calde"!). Ma quando queste peculiarità vengono "soffocate" e ridimensionate – magari in vista di un adattamento sociale, lavorativo, affettivo o di vantaggi di ordine pratico e immediato –, tutta l'espressione della personalità ne risente. E, perché no, "soffocano" anche i capelli, che di questa vitalità sono un simbolo evidente. Com'è noto, la dermatite seborroica trae giovamento dall'esposizione al sole, quasi che l'incontro con questa energia creativa, calda e "maschile" possa riequilibrare la situazione, a tutto vantaggio della "solarità" insita in questi soggetti, purtroppo inquadrata e repressa.

Per rimediare: bardana, cappuccina, equiseto; cedro, rosmarino, salvia; Fluoro, Manganese-Cobalto, Zinco-Rame, Zolfo; Elm, Gentian, Olive, Rock Water, Star of Bethlehem (donne); Elm, Holly, Olive, White Chestnut (uomini); luce blu, violetta.

Obesità Ogni popolo e ogni epoca comprendono tra i canoni di bellezza la forma generale del corpo e la più o meno marcata differenziazione estetica fra maschile e femminile. Queste sono però soggette alle più svariate e capricciose modificazioni, cosicché una stessa persona potrebbe essere considerata "bella" in una cultura e "brutta" in un'altra, o "magra" presso un gruppo di persone e "grassa" a un'altra latitudine. Ma anche se le misure sono tanto spesso relative, è pur vero che, passato un ragionevole limite, l'eccesso di peso corporeo comporta seri problemi per la propria salute e la propria autostima.

È possibile che questo limite si sposti un po' più in là quando il soggetto afflitto da troppo adipe ha quella che si definisce un'*obesità egosintonica*, ovvero ben accetta dalla persona stessa e dal gruppo familiare e sociale. Se si tratta di donne, esse incarneranno per esempio l'immagine della matrona affettuosa e insieme piena di buonsenso e praticità, ottima cuoca e organizzatrice della casa e delle vite dei propri cari. Questo tipo di obesità può venir interpretata come indice di una personalità accogliente, materna, gioviale, in grado quindi di smussare le asperità della vita, di godere dei piaceri che essa offre e di rendere le cose più facili anche agli altri. In effetti, gli obesi che ricercano inconsciamente per sé questa forma morbida e accogliente svolgono poi frequentemente, all'interno del loro ambito familiare, professionale o sociale, proprio un ruolo di guida o di appoggio nei riguardi di quanti sentono loro affidati. Si tende infatti ad attribuire a questo tipo di obesità quei caratteri, tipici del femminile arcaico, di supporto vitale, solidità, accudimento e nutrimento.

Se tali valenze sono maggiormente – ma non esclusivamente – attribuite all'obesità femminile, il significato di quella maschile è spesso differente. L'imponenza di una persona, per esempio, può voler manifestare di volta in volta opulenza, affidabilità, concretezza, autorevolezza. Essere grandi e grossi, e quindi forti, potrebbe però significare anche l'ostentazione di una sicurezza non raggiungibile in altro modo. Mangiare voracemente grandi quantità di cibo o bere smodatamente, specie in compagnia degli altri componenti il clan maschile, può essere poi un mezzo per sottolineare la propria virilità o potenza, quasi che questa fosse proporzionale alla capacità del corpo di contenere e fronteggiare gli eccessi di cibi e bevande.

Quando la società o il gruppo di appartenenza non sono invece particolarmente benevoli verso chi è sovrappeso, a questa condizione vengono ovviamente attribuite qualità e immagini assai negative. In tal caso, il grasso che circonda il corpo è considerato antiestetico, ingombrante, volgare, sporco. Il richiamo è questa volta alla materia bruta, informe, indeterminata, disarmonica. Le stesse caratteristiche vengono, di rimando, proiettate sulla persona in sovrappeso, che si sente spesso indesiderabile e portata a considerare il proprio corpo con disprezzo e a non riconoscersi in esso. Si tratta di un'*obesità egodistonica*, ovvero mal tollerata dal soggetto e dal suo habitat e fonte di innumerevoli disagi e frustrazioni.

Molte persone in grave sovrappeso non sembrano in grado di riconoscere i propri limiti corporei e, dal momento che non hanno un'immagine di sé pienamente corrispondente a quella reale, spesso si muovono e si comportano come se non fossero consapevoli dello spazio occupato dal loro corpo. Finché questa situazione perdura, difficilmente si potrà avere un calo ponderale duraturo. L'organismo "sceglie" di assumere una determinata forma e un peso oltre la norma in base a meccanismi difensivi o compensativi, per rimuovere i quali è necessario ricreare un nuovo equilibrio. La ricerca di cibo, per esempio, può essere scatenata anche da stimoli che non hanno nulla a che vedere con il bisogno di alimentarsi in senso stretto: è facile usare il cibo come surrogato del complesso cibo/amore/soddisfazione che il lattante trae dal seno della madre e ritrovarvi un rifugio, un anestetico, un antiansia. Conoscere il proprio corpo e i suoi limiti significa soprattutto imparare a distinguere le proprie necessità e a soddisfarle correttamente: ciò comprende anche l'utilizzo di gratificazioni differenti a seconda dei reali bisogni, così da superare gli automatismi che inducono a sostituire con una gratificazione molto potente, ma non specifica (il cibo), qualunque disagio, perdita, tensione, conflitto o tentativo di adattamento. Ciò che è più importante, ai fini del recupero della forma corporea ottimale, non è dunque tanto la forza di volontà, spesso ritenuta l'ingrediente principale per la riuscita della terapia dell'obesità. Ancor più significative sono infatti le *intenzioni*, le *motivazioni*, la *disponibilità* a modificare ciò che pensiamo e crediamo di noi stessi e il rapporto con chi ci circonda. E in fondo, è sapere che non è tanto la quantità di cibo che può saziare, quanto la capacità della persona di trarre soddisfazione da esso e da quant'altro può "nutrire" il nostro corpo e la nostra psiche.

Per rimediare: equiseto, Fucus; finocchio, salvia; Iodio, Magnesio, Manganese-Cobalto, Manganese-Rame, Zinco-Nichel-Cobalto; Agrimony, Chicory, Heather, Holly, Star of Bethlehem; luce arancione, rossa.

Cellulite Vedi Bilancia.

Tabagismo Un piacere al quale molti non sanno rinunciare, fino a instaurare una sorta di abitudine o, peggio, di dipendenza è il fumo. Come tutte le questioni riguardanti l'oralità, si tratta in sostanza di una gratificazione molto intensa ma poco specifica, che sta quindi al posto di qualcos'altro, in quel momento difficile da raggiungere o conseguire. Per esempio, potremmo aver collegato la sigaretta a svariate sensazioni piacevoli: soddisfazione, relax, pienezza, autonomia, sicurezza ecc. Un'associazione che, anche se parzialmente arbitraria (difatti, è piuttosto soggettiva), mette a portata di mano – anzi, di bocca – un immediato ristoro o sollievo da tensioni e disagi. Almeno, questo è ciò che ci dice il collegamento che abbiamo instaurato tra boccate di fumo e stato d'animo. In realtà, basterebbe operare direttamente, e in modo consapevole, sulle nostre risposte emotive per avere lo stesso effetto prodotto dal fumo, senza ovviamente subirne i danni. La difficoltà sta però nel riuscire a renderci conto in ogni momento di ciò che stiamo effettivamente provando e di capire che l'origine dell'eventuale disagio non sta tanto in ciò che accade attorno a noi, quanto nel nostro modo di interpretarlo. Così, il più delle volte, anziché un vero piacere, fumare si rivela semplicemente un modo per attutire qualcosa di spiacevole.

Al di là delle considerazioni sulle conseguenze negative che il fumo può produrre nell'organismo, ricordiamoci almeno, ogni volta che accendiamo una sigaretta, che abbiamo cominciato a fumare per il piacere di farlo e che finché siamo consapevoli che rimane un piacere, un lusso che ci stiamo concedendo, non sarà necessario fumare in grandi quantità. Una sigaretta veramente gustata vale sicuramente più (e probabilmente farà molto meno male) di tutte quelle fumate per abitudine, senza pensarci e senza trarne piacere. L'importante è non dare per scontato ciò che stiamo facendo e riuscire a percepire ogni cosa, in questo caso ogni sigaretta, come sempre nuova, fonte di curiosità e sperimentazione.

Per rimediare: miscela di erbe antifumo; mirto; Manganese-Cobalto; fiori di Bach: vedi Obesità.

I rimedi della Natura

Alimentazione

Poiché uno dei punti deboli del segno è la tiroide e i nativi possono tendere a mettere su peso, non vanno trascurati nella dieta cibi ricchi di iodio, come il *pesce*, il *sale marino integrale* e – perché no – le *alghe*: meglio prenderle come una nuova esaltante sfida per l'innato talento culinario del Toro, anziché storcere il naso. Inoltre, è utile abbondare con i vegetali ricchi di zolfo, che protegge il respiro e cura la pelle: *cipolle*, *verze*, *cavolfiori*, *zucche*, *ravanelli*, *broccoli*, *cardi*, *spinaci*.

Erbe e gemme

Fra le piante più adatte alle patologie taurine, ne troviamo molte che svolgono un'attività di modulazione sul sistema immunitario o che sono ricche di sostanze ad azione simil-ormonale (fitoestrogeni).

Artemisia L'erba sacra ad Artemide ha innumerevoli proprietà terapeutiche (il suo nome greco, *artemés*, significa "sano" o "relativo alle donne"), che si esplicano soprattutto sull'apparato digerente (è digestiva e antielmintica, cioè vermifuga), sul sistema nervoso (stimolante) e sulle irregolarità del ciclo mestruale. Per quanto riguarda il trattamento dell'*amenorrea*, si consiglia di assumerla, sotto controllo medico, nei 10-14 giorni precedenti la data presunta del ciclo mestruale, o per un intero mese se il ciclo è interrotto da tempo.

Bardana Tra i rimedi più utili nella cura delle affezioni della pelle – la maggior parte delle quali, non dimentichiamolo, sono scatenate o sostenute da squilibri generali dell'organismo –, la bardana ha un'attività mirata sugli eczemi e le dermatosi che dipendono da lievi sbalzi della glicemia (è ipoglicemizzante) e dall'affaticamento del fegato. È quindi indicata, fra l'altro, per l'*acne* di tutti i tipi e per la *dermatite seborroica*, spesso responsabile, se si manifesta sul cuoio capelluto, dell'aspetto opaco dei capelli, della presenza di forfora, fino alla *caduta dei capelli*. Le dosi sono molto variabili, a seconda dei problemi in corso e del tipo di trattamento che si desidera effettuare. I preparati più efficaci sono quelli ottenuti dalla pianta fresca, in particolare dalla radice (per esempio, sospensione integrale di pianta fresca).

Calendula Già il nome della pianta – che ricorda le *calendæ*, festività mensili del calendario latino, perché nella bella stagione fiorisce ogni mese – richiama il suo legame con i cicli lunari, di cui quelli mestruali fanno in un certo senso parte. In verità, le sue proprietà spaziano dall'uso esterno per *contusioni*, *piaghe*, *punture di insetti*, *dermatosi*, *afte*, *stomatiti* all'uso interno, dove è utile per regolarizzare il ciclo mestruale (*amenorrea*, *dismenorrea*), nelle *ulcere gastroduodenali*, nei *disturbi del fegato e della cistifellea*.

Cappuccina Detta anche nasturzio indiano (in latino, *Tropæolum maius*), è un'erba ornamentale, ma viene usata localmente per prevenire la *caduta dei capelli*, mentre per uso interno sono interessanti le sue proprietà antibiotiche e mucolitiche e il suo contenuto in vitamina C, che la rendono utile in caso di infiammazioni anche croniche dell'apparato respiratorio (*laringiti*, *tracheiti*, *bronchiti*). Le dosi devono essere attentamente studiate per l'uso interno, perché può risultare irritante sulle mucose digestive.

Equiseto Ricchissimo in calcio, magnesio, potassio, manganese, silicio, l'equiseto è fra i migliori rimineralizzanti naturali. È indicato in numerose patologie in cui occorra riparare, cicatrizzare e rinsaldare. Per quanto riguarda l'ambito del Toro, lo troviamo in particolare nella cura di *unghie e capelli fragili*, nelle *lesioni gengivali* e nelle *stomatiti*, nei *sanguinamenti uterini* e infine come *regolatore dell'appetito*.

Erisimo Detto anche erba cornacchia o erba dei cantanti, è indicato nelle *laringiti* e nelle *faringiti* di qualunque origine, e in particolare nelle *afonie e disfonie* (difficoltà a emettere la voce). Si usa prevalentemente la tintura madre, perché i preparati da pianta secca sono meno efficaci. Il suo contenuto in sostanze solforate gli dà purtroppo un odore e un sapore non proprio gradevoli. Non va somministrato ai bambini.

Fucus La quercia marina (*Fucus vesiculosus*) è un'alga bruna, che contiene alte percentuali di iodio organico e quindi facilmente assorbibile, oligoelementi e mucillagini che la rendono un efficace stimolante della tiroide e quindi del metabolismo, in particolare se vi sono lievi deficit tiroidei (per questo stesso motivo è controindicata a chi soffre di ipertiroidismo). Può essere usata durante le *diete dimagranti*, sfruttando anche la sua leggera azione lassativa, e come integratore di sali minerali nei reumatismi cronici. Per via esterna, entra in molti preparati anticellulite. Non va assunta per più di 4-6 settimane consecutive.

Piantaggine Questa pianticella infestante, così diffusa che è difficile farci caso, si rivela un vero toccasana in quasi tutti i disturbi legati al Toro. Così, la possiamo impiegare localmente (si può usare il decotto della pianta, la tintura madre o l'estratto fluido, questi ultimi diluiti in acqua tiepida) per sciacqui e gargarismi in caso di *infiammazioni del cavo orale*, nelle *parodontosi* e negli *ascessi dentali*, nelle *tonsilliti*, *faringiti* e *tracheiti*. Diluendo la tintura o l'estratto fluido in altrettanta soluzione fisiologica sterile, da applicare sugli occhi con garze anch'esse sterili, si può dare sollievo alle *congiuntiviti*, anche di origine allergica. Per l'uso interno, è astringente e cicatrizzante, pertanto è utile in caso di *diarrea* ed *emorroidi* (patologie dello Scorpione, il dirimpettaio del Toro), ma anche di *tosse* e *sanguinamenti dal naso* o dalle prime vie aeree.

Ribes nigrum Il macerato glicerico delle gemme del ribes nero ha numerose applicazioni terapeutiche (vedi anche Ariete), dovute in particolare alla sua capacità di modulare l'azione delle ghiandole surrenali, responsabili delle risposte infiammatorie dell'organismo. Oltre che nelle sindromi allergiche, è utile nelle *infiammazioni generali e locali*, comprese quelle della bocca, nelle *cisti ovariche* e nei *fibromi uterini* (in questo caso, in associazione a *Sequoia gigantea* e *Alnus incana*), nelle *dermatosi secche e pruriginose* (per esempio, nella *psoriasi* del cuoio capelluto o nelle *dermatiti con forfora*, stavolta in associazione con *Cedrus libani*). Le dosi sono in genere di 40-50 gocce di macerato glicerico 1 DH 1 o più volte al giorno, e altrettante per ciascun rimedio abbinato.

Rosa canina Antinfiammatoria e antiallergica (vedi anche Ariete, Leone, Bilancia), le sue gemme sono indicate nella cura delle *rinofaringiti*, *tonsilliti*, *tracheiti* acute e croniche e nelle *otiti recidivanti* dei bambini, quelle che tendono a ricomparire subito dopo aver sospeso le cure antibiotiche. Le dosi del macerato glicerico sono di 50 gocce 1 volta al dì se presa da sola, e di 30-40 se in associazione con altri gemmoderivati (per esempio, *Abies pectinata* nelle *otiti*, *tonsilliti*, *adenoiditi*, specie *dell'infanzia*).

Rubus idæus Le gemme del lampone svolgono un'interessante azione regolatrice sul tono ormonale femminile. Sono pertanto indicate in quasi tutti i disturbi della sfera endocrina e genitale: dall'*amenorrea* alla *sindrome premestruale*, dalle *cisti ovariche* all'*acne femminile*, dalla *dismenorrea* alla *ritenzione idrica premestruale* (a cui spesso si riconosce una base ormonale), nell'*amenorrea psicogena*. Le dosi sono di 35-50 gocce 1 o 2 volte al giorno.

Miscela antifumo La moderna fitoterapia francese propone questa singolare ricetta, dedicata a chi ha deciso di togliersi l'abitudine al fumo. Dopo qualche giorno di assunzione regolare, dovrebbe provocare una vera e propria ripugnanza al tabacco. Anche nei casi più seri, però, è opportuno non andare oltre la settimana ininterrotta di trattamento, che potrà essere ripetuto ciclicamente. Dato che le piante della miscela non sono innocue, va prescritta direttamente dal medico e sotto suo stretto controllo. Si tratta di una associazione di tinture madri: 1 parte di *Eupatorium purpureum* e 3 di *Phytolacca decandra*; di questa miscela si assumono poche gocce in acqua e zucchero 3 volte il primo giorno, aumentando gradatamente il numero di gocce dal secondo al quarto giorno e poi dal quinto al settimo. Se dovesse intervenire cefalea o nausea, bisogna ridurre le dosi o sospendere il trattamento.

In contemporanea, per disintossicarsi e calmare il sistema nervoso, l'oligoterapia consiglia 1 dose di *Magnesio* e 1 di *Litio* al giorno, oltre a 1 dose di *Potassio* e 1 di *Zolfo* ogni 3 giorni.

Aromi

Cedro L'essenza tratta dal legno del cedro atlantico, albero millenario e sacro già dall'antichità, ci interessa in quest'ambito soprattutto per la sua attività balsamica ed espettorante, che lo rende utile in corso di *infezioni e infiammazioni croniche dell'apparato respiratorio*, ma anche per il suo effetto antimicrobico e antifungino, che ne fa un rimedio eccellente in molte patologie della cute e del cuoio capelluto, comprese la *seborrea* e la *caduta dei capelli*.

Finocchio Per la sua attività sulle ghiandole endocrine femminili (per esempio, aumenta la montata lattea nelle puerpere), questa essenza si rivela interessante sotto molti profili: nelle *mestruazioni scarse o dolorose*, nelle *sindromi premestruali*, ma anche nelle *bronchiti* e nelle *affezioni della gola*. Un buon rimedio per la *raucedine* è l'infuso di semi di finocchio, un cucchiaio in una grande tazza di latte bollente, da lasciar riposare per 10 minuti. Si dolcifica con miele e si beve caldo, sorseggiando piano, prima di andare a dormire. L'essenza di finocchio non va assolutamente somministrata in gravidanza e non è consigliabile ai bambini. Nell'uso esterno, è indicata in molte affezioni cutanee e in estetica è usata come *drenante linfatico e lipolitico* nei massaggi dimagranti e anticellulite.

Mirra Da questa resina, ricavata da un arbusto che cresce nei deserti dell'Eritrea e dell'Arabia, si trae un'essenza cicatrizzante, antisettica, antimicotica (contro i funghi), espettorante. Per quanto riguarda le patologie taurine, possiamo quindi usare la mirra sotto forma di collutorio (poche gocce di essenza in un bicchiere di acqua tiepida, con eventuale aggiunta di un cucchiaino di miele) per la cura delle affezioni della bocca (*afte*, *ferite*, *parodontopatie*, *ulcerazioni*) e della gola (*tonsilliti*, *faringiti*). Inoltre, in massaggi o nei bagni può favorire il *flusso mestruale scarso o irregolare*.

Mirto È una pianta legata a rituali d'amore (e di morte: in alcuni casi era considerata, come la salvia, pianta funeraria). Molti miti raccontano infatti di giovani ninfe o regine consumate d'amore e trasformate in questa bella e profumata pianta, spesso simbolo del desiderio sessuale (e considerata peraltro afrodisiaca). Non a caso era bandita dalle feste in onore di dee vergini. Del suo olio facevano largo uso cosmetico greci ed etruschi, ritenendolo in grado di rendere la pelle trasparente e voluttuosa come quella di una dea. In verità, quest'uso è proseguito in epoche più recenti, dando luogo per esempio all'*Acqua d'angelo*, ottenuta dalla distillazione di foglie e fiori di mirto, che renderebbe la pelle bianca come i petali del suo fiore. L'interesse per questa pianta è alimentato dalle sue indicazioni terapeutiche, doppiamente significative in quanto rivolte in special modo all'apparato respiratorio (*faringiti*, *tracheiti*, *bronchiti*), sul quale svolge attività antinfiammatoria ed espettorante, e per l'uso peculiare della sua essenza quando ci si voglia *disassuefare dal tabacco*. Poiché l'oralità è una caratteristica taurina, non c'è da stupirsi se fra i rappresentanti del segno vi sono accaniti fumatori, che potranno trarre sicuri vantaggi dall'impiego di questo aroma: ogni volta che verrà voglia di fumare, basterà inalarne due gocce lasciate cadere su un fazzoletto.

Rosmarino Fra gli innumerevoli utilizzi di questa essenza davvero versatile, vogliamo ricordare qui le sue doti disinfettanti e seboregolatrici – utili in caso di *seborrea* del cuoio capelluto –, nonché la sua azione espettorante, interessante in praticamente tutte le *malattie respiratorie*.

Salvia I medici medioevali della Scuola salernitana la definirono "*salvatrix*" per le sue indiscusse doti terapeutiche, che si esercitano proprio sui più classici disturbi del segno del Toro. L'essenza di salvia più maneggevole è quella di *sclarea*, mentre l'uso di quella *officinale* è da riservare ai più esperti. La sua azione simil-estrogena la consiglia nei *disturbi mestruali* in genere (*mestruazioni irregolari*, *scarse*, *dolorose*) e nella maggior parte dei *disturbi neurovegetativi e ormonali della menopausa* (*irritabilità*, *vampate*, *sudorazioni*). Favorisce l'eliminazione delle mucosità dalla sfera sia respiratoria (*bronchiti*) sia genitale (*leucorree*), è microbicida e immunostimolante. È poi *lipolitica* (cioè scioglie i grassi) e *anticellulite*. Inoltre, è indicata come regolatore neurovegetativo generale e circolatorio in particolare (*ritenzione idrica*, *ipertensione*, *ipotensione*). Infine, è usata per limitare l'*eccessiva traspirazione*, per "asciugare" la *seborrea* e *arrestare la lattazione*: questi ultimi sono usi antichissimi e in origine quasi magici, poiché i nostri avi notarono che dove cresce la salvia anche la terra più grassa diventa secca e dura. Inoltre, ha un'azione stimolante e depurativa su fegato, pancreas e cistifellea e sembra migliorare la digestione e il metabolismo lipidico. Del resto – e ne beneficerà qui anche il Cancro – è indicata altresì nelle *digestioni lente e difficili*, nei *dolori spastici dello stomaco*, nelle *coliti* anche da germi (l'essenza di salvia è un ottimo battericida; per quest'uso specifico, però, è ovviamente necessario l'intervento del medico specialista). È assolutamente da evitare in gravidanza. Inoltre, poiché ha effetti diversi a seconda della dose, è sempre consigliabile, nei disturbi fisici, utilizzare l'olio essenziale sotto la guida di un medico. Per quanto riguarda il suo effetto sulla sfera psichica invece, l'aroma della salvia è adatto a tutti i rappresentanti del segno del Toro: in tempi in cui la sessualità sembra avere la meglio sulla coscienza e sull'amore, esso spinge infatti al superamento della ricerca egoistica del proprio piacere, indice di una certa mollezza di carattere e superficialità, in favore di un rigore e una saggezza senza cedimenti. Essenza "femminista", dona in particolare alle donne predilezione per la bellezza interiore propria e altrui più che per quella esteriore, conducendole anche a una miglior comprensione della propria fisiologia amorosa.

Ricetta: possiamo preparare un unguento da massaggiare sul corpo dopo il bagno o la doccia unendo alla crema abituale o a un cucchiaio di olio di mandorle 2 gocce di essenza di salvia e 2 di limone. È utile a uomini e donne anche in caso di stanchezza fisica o mentale, disturbi circolatori, pelle asfittica, stanca e opaca. In presenza di dolori mestruali, aggiungere anche 2 gocce di essenza di camomilla e massaggiare la zona attorno all'ombelico.

Oligoelementi

Bismuto È considerato il rimedio d'elezione in tutte le infiammazioni in ambito otorino-laringoiatrico (*tonsilliti*, *faringiti*, *laringiti*, *tracheiti*), sia acute sia croniche, spesso in associazione a Manganese-Rame o al solo Rame (quest'ultimo nei casi acuti). La somministrazione prevede da 1 dose al giorno a 1 dose ogni 2-3 giorni, per tutta la durata dei disturbi.

Fluoro Ha un ruolo importante nel metabolismo del calcio e dei tessuti mineralizzati (compresi *denti*, *unghie* e *capelli*). Insieme al Manganese-Rame o al Manganese-Cobalto e allo Zolfo, è utile nella cura di molte patologie che inducono la perdita dei capelli.

Iodio In oligoterapia è usato per regolare il *funzionamento della tiroide*, ipo- o iperfunzionante, e nella *terapia dell'obesità* dove vi sia un deficit tiroideo. Il dosaggio è ovviamente regolato a seconda dell'entità e della natura del disturbo, e comunque mediamente consiste in più microdosi settimanali.

Magnesio Oltre che nei crampi muscolari e nei dolori nevritici, come oligoelemento catalitico si rivela molto utile nella *dismenorrea* (1-2 microdosi al dì nei giorni precedenti il ciclo) e per accelerare il metabolismo dei soggetti lenti, metodici, impressionabili e facilmente preda di ritenzione idrica e cellulite.

Manganese-Cobalto È la combinazione di oligoelementi adatta alla diatesi *distonica*, ovvero quella caratterizzata dalla presenza di disturbi anche fisici dovuti a un eccessivo o mal amministrato carico emotivo o all'aver attuato uno stile di vita affaticante e disordinato. Possono essere presenti ansia o depressione e soprattutto disfunzioni neurovegetative, le più varie. In particolare, nel caso del Toro troviamo disturbi correlati con *problemi ormonali* e/o i classici disturbi "da stress", tra i quali per esempio la *caduta dei capelli*. Le dosi vanno da 1 al giorno a 1 alla settimana, a seconda del problema trattato.

Manganese-Rame Eccellente rimedio preventivo per le patologie infiammatorie in genere, è soprattutto una combinazione diatesica, cioè dedicata a una specifica modalità di reazione dell'organismo, quella *ipostenica*. È quindi particolarmente adatto a un soggetto calmo, riflessivo, portato ad amministrare ed economizzare le sue risorse anziché sprecarle. Può avere difficoltà di concentrazione, ma in compenso ha metodo e organizzazione, con i quali può supplire agli eventuali deficit di energie. Va incontro a frequenti disturbi dell'apparato respiratorio, specie nei mesi invernali; inoltre, tende all'*ipotiroidismo*, alle *infiammazioni ghiandolari*, ai *disturbi della pelle con prurito, desquamazione e piccole bolle*. In questi ultimi casi si può usare anche localmente. Le mestruazioni in questa tipologia sono in genere distanziate, brevi, talvolta dolorose. Le dosi vanno da 1 a giorni alterni in corso di terapia a 1 dose 1 volta alla settimana come prevenzione per le malattie da freddo, in autunno e inverno.

Rame-Oro-Argento Rimedio costituzionale per soggetti con scarse difese immunitarie e ridotte capacità di reazione psicofisica, si può utilmente abbinare al Manganese-Rame in caso di *malattie infiammatorie* o *infezioni acute e croniche, virali o batteriche*. Le dosi vanno da 1 al giorno nei casi più gravi a 1 alla settimana come sostegno all'azione di altri oligoelementi.

Zinco-Nichel-Cobalto È utile nei disordini dell'asse ormonale ipofisi-pancreas, ovvero di alterazioni anche transitorie del tasso di glicemia. La sindrome tipica in cui viene usata questa associazione consiste nell'insorgenza di *fame improvvisa*, che si placa soprattutto con carboidrati, per esempio alle 11 del mattino e alle 17, e in sonnolenza postprandiale, anzi, vera e propria astenia. La posologia è solitamente di 1 dose ogni 2 giorni, alternata al rimedio della diatesi specifica. Si può usare, fra l'altro, in alcune forme di *sovrappeso* accompagnate dalla sensazione di fame impellente prima descritta.

Zinco-Rame Questa associazione di oligoelementi è piuttosto valida nei disordini dell'asse ormonale ipotalamo-ipofisi-surrene, che si manifestano con *disturbi a livello ovarico* e quindi mestruale, diversi a seconda della diatesi individuale (vedi Cancro), ma anche in caso di *frigidità e mancanza di libido* (in questo caso, va abbinata al Rame-Oro-Argento). Dev'essere sempre associata agli oligoelementi diatesici di base.

Zolfo Indicato come oligoelemento complementare in molti *disturbi cutanei e respiratori*, lo si può somministrare per esempio in caso di *eczemi*, *herpes*, *orticaria*, *dermatosi*. La posologia è di 1 dose 2-3 volte alla settimana.

Omeopatia

Se avete la *voce roca* per aver troppo parlato, urlato o cantato, potete ricorrere ad *Arnica 5 CH*, 1 dose ogni ora fino a che non state meglio. Se c'è anche *dolore alla deglutizione* e alla *palpazione esterna*, è utile invece *Arum triphyllum 5 CH*, 1 dose ogni 3 ore. In caso di *mal di gola da freddo*, con estrema sensibilità al freddo e sensazione di una spina conficcata in gola, può essere indicato *Hepar sulphur 9 CH*, 1 dose ogni 3 ore.

Fiori di Bach

Agrimony Indicato a chi tende a far finta di saper sopportare tutto, pur di mantenere il quieto vivere e non vedere attorno facce preoccupate o scontente. Peccato però che la tensione e il tormento sottostanti vengano spesso sfogati o con i più vari disturbi psicosomatici, o con abitudini dannose o biasimevoli, per esempio il *troppo bere*, *fumare* o *mangiare*.

Chicory Per chi ha paura di perdere il possesso di cose e persone e non riesce a lasciare liberi gli altri di essere o di fare a modo loro, ma sente la necessità di correggerli. Desidera l'attenzione altrui e spesso, per ottenerla, arriva a esagerare i propri sintomi o a cercare di manipolare le persone da cui dipende con sottili ricatti affettivi. Spesso i soggetti in questo stato soffrono di disturbi legati all'alimentazione (per esempio, *sovrappeso* o *bulimia*).

Elm Corrisponde allo stato d'animo di chi dubita di riuscire a portare a termine quanto si è impegnato a fare, a chi crede momentaneamente di non farcela, schiacciato dai pesi delle responsabilità. Spesso a questa situazione si accompagnano disturbi dovuti alla forte tensione nervosa, quando questa si fa insostenibile: *dolori muscolari*, *insonnia*, *disturbi digestivi*, fino alle patologie da stress, fra cui, per esempio, la *perdita di capelli*.

Gentian È il rimedio per chi ha subìto (o crede di aver subìto) una perdita o una sconfitta, oppure ha dovuto mettere in atto una rinuncia forzata, cosicché è in uno stato di sconforto e dubbio. A volte, situazioni simili possono accompagnarsi a *disturbi della sfera ormonale e immunitaria*.

Heather Il timore della solitudine, la sensazione di dover sollecitare amore e protezione dagli altri, il pensiero di non ricevere attenzioni sufficienti possono rendere questa persona insicura e pertanto farla letteralmente aggrappare agli altri. Spesso questo atteggiamento mentale si associa a un'*oralità* prorompente: il soggetto parla, mangia, fuma o beve continuamente e in quantità eccessive.

Holly Rabbia, gelosia, insofferenza, rivendicazione sono le reazioni contrastate da questo rimedio, adatto peraltro in molte *somatizzazioni* dove sia presente *bruciore o prurito*.

Olive È tra i rimedi più "fisici" del sistema di cura del dottor Edward Bach, dedicato in primo luogo alle emozioni. Serve infatti a coloro che hanno dato fondo senza riserve alle proprie energie psicofisiche, cosicché ora si sentono molto *stanchi fisicamente* e *incapaci di reagire*.

Rock Water Tutti d'un pezzo, i soggetti che hanno questo stato d'animo negativo non si concedono mai di sbagliare. Hanno un ideale di sé molto elevato, praticamente irraggiungibile, e ci tengono a dare il buon esempio. Tanta durezza di costumi e di carattere non si sposa però con le esigenze reali del corpo e delle componenti emotive, il che spesso si traduce in sintomi da "rigidità" o sclerosi, o con problemi ormonali (per esempio, *disturbi mestruali*).

Star of Bethlehem Rimedio d'elezione per permettere il superamento e l'elaborazione di traumi psichici e fisici (per esempio, *incidenti, interventi chirurgici, postumi di choc*). È quindi molto utile per svariate situazioni patologiche favorite o scatenate da questi.

White Chestnut Per coloro che continuano ad avere pensieri ricorrenti e non graditi, che non riescono a "staccare la spina" dai loro mulinelli mentali. Oltre che a *disturbi digestivi*, questo affastellamento di pensieri può accompagnarsi anche a un'eventuale *perdita di capelli*.

Cromoterapia

Arancione Questo colore, che si ottiene sommando il rosso al giallo, ha qualità di entrambi. Ha la peculiarità di regolarizzare l'attività della tiroide, quindi può essere indicato in caso di *ipotiroidismo* e di *obesità* a questo correlata. Oltre che sulla gola, la luce si può dirigere anche sull'addome (a meno che non siano presenti infiammazioni ivi localizzate), dove ha effetto stimolante su milza e pancreas. Sulla cute, stimola la *cicatrizzazione* e il riassorbimento di escrescenze. L'esposizione alla luce arancione (o rossa, o gialla) non deve superare, nella maggior parte dei casi, i 10 minuti. L'arancione è di solito abbinato a Marte o, più raramente, al Sole. A livello psichico, sembra che rafforzi il coraggio e la forza di volontà.

Blu A quanto si è già detto (vedi Ariete) circa questo colore, aggiungiamo che può avere una attività interessante sia localmente, dove risulta analgesico e antinfiammatorio, sia in alcuni casi di disturbi generali: molti Autori riportano per esempio la sua utilità nella regolazione nervosa e ormonale, per esempio riguardo la *tiroide* e l'*ipofisi*, e quindi le eventuali implicazioni sull'*attività ovarica*. Alcuni consigliano, nelle *affezioni della bocca e della gola*, gargarismi con acqua solarizzata blu (ottenuta esponendo al sole per almeno una giornata dell'acqua minerale naturale in una bottiglia di vetro blu o avvolta da una velina dello stesso colore). Tradizionalmente, il colore blu o azzurro è abbinato a Giove.

Indaco Somma di blu e viola, e di solito abbinato alla Luna, questo colore può curare i *disturbi infiammatori della gola, del naso, delle orecchie*. È emostatico, depurativo, anestetico. Secondo alcuni, stimola le ghiandole paratiroidi e inibisce la tiroide (del resto, è complementare all'arancione). Eleva lo spirito e renderebbe più inclini alla comprensione intellettuale e spirituale.

Rosso Colore attivante, riscaldante, energizzante, vasodilatatore, viene usato per innalzare il *tono dell'umore* e il *metabolismo in genere*. È bene non eccedere con questo colore se il soggetto è nervoso o irritabile (in questo caso, si può alternare al *verde*, al *viola* o al *blu*), e comunque non ci si dovrebbe esporre a luce rossa per più di 10-15 minuti alla volta. È controindicato in caso di ipertensione, nevralgie, malattie febbrili e infiammazioni acute in atto. Per quanto riguarda il trattamento dell'*obesità*, alcuni ritengono utile anche l'uso di acqua solarizzata rossa e di alimenti rossi (barbabietole, crescione, ciliegie, ribes e frutti rossi, prugne rosse, susine, ravanelli, radicchio rosso, spinaci, melanzane), alternata al *blu*.

Verde Il colore mediano dello spettro ha un'azione soprattutto di regolazione del tono nervoso e circolatorio. Lo useremo in questo caso nella cura dei disturbi infiammatori della gola e delle prime vie aree (*laringiti*, *tracheiti*). È il colore abbinato a Venere.

Viola Ha un'azione antisettica, astringente e purificante, riequilibrante sull'attività nervosa centrale e periferica. Fra le patologie del Toro, è indicato nella *dermatite seborroica* e nelle *affezioni del cuoio capelluto* in genere. Sembra avere anche un *effetto moderatore sull'appetito*.

GEMELLI

(21 maggio-21 giugno)

Primavera: atto terzo

Gemelli: espressione del verbo *respirare*. Dopo essere rinata a nuova vita e aver raggiunto il grado completo di diversificazione, la vegetazione diventa sempre più rigogliosa, *innalzandosi* verso il cielo: la primavera è ormai giunta all'atto finale della rappresentazione di se stessa. Se l'Ariete corrisponde al germoglio appena spuntato e il Toro al fusto, il segno dei Gemelli, "regista" di questo periodo dell'anno, simboleggia i *rami* e le *foglie*, che si librano nell'aria come lunghe *braccia* e permettono lo svolgimento della *funzione clorofilliana*. Gli animali, intanto, ben nutriti e ormai quasi del tutto svezzati, conquistano sempre più l'*ambiente circostante*, grazie alle loro sviluppate capacità di *deambulazione* e alla *curiosità* che li anima ogni giorno di più. Cuccioli di madri diverse si *incontrano*, si *conoscono*, *giocano*; il caldo vento primaverile trasporta i pollini nell'aria per permettere la fecondazione di fiori anche lontani fra loro, gli insetti, a loro volta, suggono il nettare e *volano* di fiore in fiore permettendo anch'essi l'impollinazione: che gran *movimento*, nella Natura!

Concordanze astronomiche e stagionali

Il Sole, intanto, aumenta la propria declinazione[5] in direzione nord e le giornate, alle nostre latitudini, diventano sempre più lun-

[5] Coordinata astronomica con la quale si indica la distanza in gradi di un astro, verso nord o verso sud, a partire dall'Equatore celeste.

ghe; la gente riscopre il piacere di muoversi, di lasciare la città per *gite* fuori porta o per interi fine settimana al mare o in montagna (e i telegiornali rispolverano termini come "miniesodo", "incolonnamenti", "viabilità"); l'abbigliamento diventa più leggero e ci si sente più liberi nei movimenti: che sensazione di *leggerezza*! E che *vivacità* si avverte nell'aria, fra la gente, nel cuore! Da queste prime considerazioni emergono immediate alcune simbologie peculiari del brioso segno dei Gemelli: innanzitutto la *respirazione*, che nelle piante avviene grazie ai rami e alle foglie e che nell'uomo si esplica attraverso l'*albero* respiratorio. Poi le *capacità motorie*, in particolar modo quelle delle *braccia* (parte anatomica sotto il governo dei Gemelli). Infine, la *comunicazione* (molti giornalisti, presentatori radiotelevisivi, scrittori e umoristi nascono sotto questo segno), la *curiosità intellettuale*, i *viaggi su brevi distanze*, il *gioco* inteso come *divertimento e modalità di apprendimento.* Ai Gemelli, per inciso, vengono associati anche i *mezzi a due ruote* e la pratica astrologica dimostra come questo segno si riveli in evidenza soprattutto nei temi natali di *ciclisti*, siano essi professionisti o dilettanti.

L'età di un segno senza età

Nei momenti immediatamente seguenti la nascita del bambino, che viene al mondo facendosi strada con la testa (Ariete) e riceve, con il cordone ombelicale ancora attaccato, il primo abbraccio dalla mamma (Toro), i Gemelli si trovano in analogia con il *primo vagito*, che dà il via al moto spontaneo di *inspirazione-espirazione.* Nelle fasi della crescita, invece, il segno dei Gemelli rappresenta il *primo coordinamento dei movimenti*, i primi passi effettuati gattonando, lo sviluppo delle *capacità di comunicazione* a tutti i livelli. Aggirandosi per casa, intrufolandosi dappertutto, gratificando la propria curiosità con l'apertura di cassetti e ante di mobili, il bambino va alla scoperta del proprio mondo circostante, conoscendo cose sempre nuove e ricevendo stimoli sempre più numerosi. È il momento della vita, inoltre, in cui il bimbo "prova" la forza e il potere delle braccia, scaraventando oggetti e giocattoli dappertutto.

Nelle fasi successive della crescita, il terzo segno dello Zodiaco simboleggia l'età della *scuola dell'obbligo* e l'*adolescenza*, momenti della vita in cui la rete delle relazioni si estende sempre più al di fuori dell'ambiente familiare e l'esperienza del mondo si amplia, con tutto il carico di conoscenze, entusiasmi e dolore che ne deriva. Da sottolineare che nove nativi di questo segno su dieci vivono spesso immersi in un'adolescenza extralarge dalla quale non escono mai, conservando fino alla più tarda età un animo giovanile, entusiasta, curioso di tutto e di tutti.

I Gemelli e l'evoluzione geo-biologica

Sul piano dell'evoluzione geologica, dopo il Big Bang arietino e il raffreddamento della crosta terrestre associato al Toro, il segno dei Gemelli corrisponde alla *formazione dell'atmosfera*, primo passo verso l'apparizione della vita, che avverrà più avanti (e che vedremo associata al prossimo segno, il Cancro).

Dallo Zodiaco ai Tarocchi

Fra gli Arcani maggiori dei Tarocchi, quello che sembra meglio rappresentare il segno dei Gemelli è Il Carro, che racchiude fra i propri significati anche quelli di *scambi commerciali* e *pubbliche relazioni*. Il Carro, inoltre, quale mezzo di *comunicazione* e *locomozione*, simboleggia il *movimento* o, per meglio dire, il *moto a luogo*, concetto tipicamente gemellare.

Identificazione zodiacale

La disciplina astrologica classifica i Gemelli come un segno di modalità *mobile* (chiude, cioè, una stagione e prepara il terreno a quella successiva), appartenente all'elemento *Aria* e al genere *maschile*. Il termine "maschile", tuttavia, è da ricollegarsi al concetto junghiano di "estrovertito" (che ben si attaglia alla natura espansiva e socievole del Gemelli) e non all'accezione comune di "maschile", inteso come sinonimo di "virile", "forte", "macho". Questo perché in realtà il Gemelli è l'androgino per eccellenza, l'efebo, così come androgini ed efebici sono gli adolescenti, sospesi a metà fra mascolinità e femminilità, fra infanzia e vita adulta.

I Gemelli nella psicologia dell'età evolutiva

In questo segno, il maschile e il femminile coesistono ma, proprio come accade durante l'adolescenza, giungono anche alla loro reciproca differenziazione, cominciando ad assumere ognuno un'identità ben precisa, conseguenza del rapporto instaurato dal ragazzo con il padre e con la madre durante l'infanzia. In altre parole, nel segno dei Gemelli il maschile e il femminile convivono, sì (anche dal punto di vista fisico e psichico), ma da "separati in casa", con tutti i disagi, la confusione, il malessere che ne possono conseguire. A questo proposito, la psicologia dell'età evolutiva riconduce proprio all'età adolescenziale la prima *crisi di identità* della vita, che porta spesso i ragazzi ad affermare la propria personalità con atteggiamenti di sfida, anche nei confronti del pericolo: i giochi rischiosi e le impennate esibizionistiche sui motorini ne sono gli esempi più evidenti (e in questo già si intravede l'esaltazione di Plutone – pianeta dell'azzardo – nel terzo segno dello Zodiaco). L'androginia la si scorge spesso anche nell'aspetto fisico dei nati nei Gemelli e, ancor più, in chi possiede l'Ascendente in tale segno: questi individui, maschi o femmine che siano, non dimostrano solitamente la loro età e conservano spesso anche da adulti una struttura corporea scattante, longilinea, efebica. Non si stupisca chi, pur essendo nato sotto il segno dei Gemelli, possiede un fisico completamente diverso da quello appena descritto: tale differenza è da attribuirsi, con buona probabilità, a un Ascendente o a pianeti in altri segni maggiormente in evidenza nel proprio tema natale.

I Gemelli dal "profano"...

Dal punto di vista caratteriale, il nativo di questo segno è una sorta di Peter Pan che non vuole (o non può) crescere, con tutti i vantaggi e gli svantaggi del caso. È il Pierino, il Giamburrasca amante delle battute, dei calembour, delle freddure; è l'*animatore* dei gruppi, il *musicofilo*, il *cinefilo*, l'inventore di *giochi*, il *deejay*, il reporter, l'intrattenitore. Possiede anche un alto senso dell'amicizia, ma il suo *snobismo* più o meno latente lo rende piuttosto selettivo nello scegliere le proprie frequentazioni. La *vanità* non gli manca, così come la *loquela*, che talvolta sfocia nella *logorrea* vera e propria e conduce gli altri allo sfinimento; non si prende mai molto sul serio, poiché è un tipo intelligente, ma paradossalmente finisce spesso per fare le cose molto più efficacemente e concretamente di chi si prende tanto sul serio. Ama la musica ad alto volume, le discoteche, il ballo, l'attività fisica, i luoghi aperti e le finestre di casa perennemente spalancate, perché ha sempre "fame d'aria".

...al "sacro"

Ma nel pieno rispetto del dualismo del segno, fra i nati sotto il segno dei Gemelli si trovano anche *filosofi*, *profondi pensatori*, *intellettuali*, fino a giungere a quegli "avidi di cultura" che leggono un libro ogni due giorni, vanno frequentemente a *teatro* (espressione artistica tipicamente geminiana), a mostre e conferenze e si interessano praticamente di tutto lo scibile, umano e sovrumano.

I pianeti dei Gemelli

Mercurio: pianeta governatore

Narra il mito che Mercurio (Hermes nella mitologia greca), frutto illegittimo di una relazione fra Zeus e la ninfa Maia, nacque sul monte Cilene, in Arcadia. Subito dopo aver aperto gli occhi sul mondo, Mercurio abbandonò la culla e iniziò a girovagare allegramente in cerca di avventure. Giunto sui monti della Pieride, commise la prima di una lunga serie di furfanterie, rubando dal recinto sacro cinquanta giumente di proprietà degli dèi dell'Olimpo. Ma nonostante avesse fasciato gli zoccoli degli animali, affinché non rimanessero tracce del furto, Mercurio fu scoperto da Apollo, suo fratellastro e guardiano della mandria, il quale si arrabbiò a tal punto che minacciò addirittura di ucciderlo. Mercurio però trovò il modo per calmare la furia di Apollo: si procurò dei nervi di pecora, li applicò a un guscio di tartaruga e fabbricò la lira, strumento musicale fino a quel momento sconosciuto. Con lo strumento, Mercurio suonò una musica così dolce e piacevole che Apollo fu ricondotto immediatamente a più miti consigli. I rapporti fra i due si rasserenarono in un batter d'occhio, Apollo accettò in dono la lira, Mercurio restò a far la guardia al bestiame e Zeus, molto colpito dall'ingegno del proprio ultimogenito, gli assegnò l'incarico di suo *araldo* personale e di *messaggero* dell'intero Olimpo. A Mercurio venne inoltre affidato il ruolo di dio delle *relazioni pacifiche* e dei *rapporti sociali* fra gli uomini, degli *scambi commerciali*, di *interprete* degli ordini divini, di nume tutelare della *parola* e dell'*eloquenza*. Munito di calzari alati e viaggiatore velocissimo, proteggeva anche i *ladri* (vista la sua breve, ma significativa, militanza nella categoria...).

Dalla descrizione del mito, si scorge subito che Mercurio possedeva un carattere piuttosto pepato, oltre che una morale alquanto soggettiva. Come non riconoscere nei ragazzini vocianti all'uscita della scuola o nelle chiassose bande di adolescenti al cinema e sull'autobus, una schiera di mille Mercuri bricconi che imperversano senza briglie, combinano scherzi, magari rubandosi il posto a sedere o nascondendo l'uno gli oggetti dell'altro, raccontando poi frottole a tutto spiano? E come non scorgere Mercurio nei cuccioli che in questa fase stagionale trotterellano, scorrazzano, giocano fra di loro in un ambiente che il clima rende ogni giorno sempre più ospitale? La stretta cosignificanza fra il pianeta che porta il nome del dio alato e il segno dei Gemelli risulta dunque immediata e piuttosto evidente. Mercurio era inoltre adorato dai pastori dell'antichità quale personificazione del *vento* (vento = aria, l'elemento cui appartiene il terzo segno dello Zodiaco) e veniva riconosciuto come l'*accompagnatore delle anime* nel loro viaggio verso gli Inferi, governati da Plutone, pianeta esaltato in questo segno. Il Mercurio dei Gemelli risulta inoltre una delle rappresentazioni massime dell'*ingegno* e la componente primaria della *capacità di intelligere* (finalizzata anche alla ricerca del vantaggio personale): il racconto mitico informa infatti sulle numerose invenzioni attribuite al giovane nume, quali l'*astronomia*, la *scrittura*, la *matematica*, la *musica*, il modo di accendere il fuoco sfregando rami secchi di alloro. Il pianeta simboleggia inoltre la *mente curiosa*, *critica* e *distaccata*, che guarda alle vicende del mondo con occhio *ironico* e *dissacrante*, ma anche saltando spesso frettolosamente alle conclusioni per insufficiente elaborazione dei dati. La *rapidità dei movimenti* e *della parola* sono altre caratteristiche proprie di Mercurio, così come la *capacità di adattamento all'ambiente circostante* e le simbologie di *fratelli* e *figli*. In sintesi, il pianeta è la personificazione del *puer* che non tiene conto delle regole degli adulti, proprio perché incomprensibili per la sua natura libera e indisciplinata. Raffigura poi, in toto, le *persone giovani* e a suo modo riveste anche il significato di nutrimento, poiché se nel Toro si ravvisa il bisogno insopprimibile di alimentare il corpo, nei Gemelli emerge la necessità vitale di *nutrire anche la mente*.

Dal punto di vista astronomico, Mercurio è il primo pianeta in ordine di distanza dal Sole e compie un giro completo dello Zodiaco in un anno circa.

Per quanto riguarda la salute, esso riveste più o meno gli stessi significati riportati sopra in relazione al segno dei Gemelli. Esso governa inoltre le *capacità psicomotorie* dell'individuo, gli *scambi* e i *messaggeri ormonali ed enzimatici*. Simboleggia infine la *proprietà di linguaggio*, il *grado di socievolezza*, l'adolescenza e l'eventuale predisposizione ai disturbi nervosi.

Pianeta in esaltazione: Plutone

Che il pianeta si trovi particolarmente a proprio agio nel segno dei Gemelli, viene dimostrato innanzitutto dall'astronomia: Plutone, nel suo girovagare sul cerchio zodiacale, sosta infatti nel terzo segno dello Zodiaco più a lungo che in qualsiasi altro segno, ovvero trent'anni circa. Ma anche dalle sue attribuzioni astrologiche si intuisce la perfetta sintonia che esso riesce a creare con i Gemelli, al punto da costituire gran parte del cemento che sostiene l'impalcatura simbologica del segno.

Diverse conferme a quanto detto sopra vengono fornite dalla mitologia, che più volte riferisce di come solo a Mercurio, fra le divinità dell'Olimpo, fosse concesso incontrare Plutone. Nel segno dei Gemelli, tuttavia, la collaborazione fra Mercurio e Plutone assume contorni meno tenebrosi e inquietanti di quanto invece accade nel segno dello Scorpione. Qui è importante sottolineare la sostanza del loro rapporto e la confidenza che si crea fra i due, un po' sul genere "il Gatto e la Volpe", che rapportato ai giorni nostri potrebbe essere riscontrato, per esempio, nel gossip scandalistico, veicolato soprattutto da un certo giornalismo (Mercurio) ricco di bugie, notizie inventate e nudità piuttosto esplicite (Plutone). Non solo, ma l'abbinamento fra Plutone-*imbroglio* e Mercurio-*bugia* rappresenta la matrice della *pubblicità*, che è sicuramente bugiarda non solo perché spessissimo il prodotto del quale si parla non possiede affatto tutte le mirabolanti caratteristiche strombazzate dalla réclame, ma anche perché la realtà stessa della pubblicità è inesistente (negli spot sono tutti belli, magri, atletici, seducenti e con tanti capelli. Al mattino si alzano di buonumore, addentano svenevolmente una merendina, si scambiano leziosità varie e poi tutti al lavoro, alla guida di macchine costosissime...). Tutto questo, certamente, per creare un'identificazione fra l'utente e i patinati protagonisti dei caroselli, ma il mondo della réclame rimane pur sempre lontano anni luce da quello del cittadino medio.

Alla luce della combinazione Mercurio-Plutone, però, forse l'accusa di "superficialità" che viene mossa ai Gemelli non è del tutto motivata, poiché Plutone esprime, fra gli altri, anche il concetto di *profondità*. D'altronde non sono forse *profondi*, *viscerali*, *intensissimi*, i tormenti, le emozioni, gli amori, gli entusiasmi degli adolescenti? Chi può dire che la farfalla, animale simbolicamente legato ai Gemelli, non provi un piacere profondo e intenso nel posarsi su un fiore, anche se su quel fiore rimarrà solo pochi secondi? Più corretto, allora, sarebbe correlare il segno al concetto di *discontinuità*, vista la sua appartenenza all'elemento *Aria*, alla categoria dei *mobili* e l'assenza, per domicilio ed esaltazione, di Saturno, pianeta della costanza.

Anche le *capacità camaleontiche*, da commediante, tipiche di Plutone, possono fornire un'ulteriore dimostrazione della spiccata empatia che si crea fra il pianeta e il terzo, adolescenziale segno dello Zodiaco. Proprio l'adolescente, infatti, privo di un'identità ben precisa, ma desideroso di assumere un ruolo strutturato, si identifica ripetutamente in personaggi diversi, reali o inventati (il campione sportivo, la stella del cinema, il divo della canzone, l'oppresso quando è in vena di far la vittima, il ricco quando vuole ostentare, il mangiatore di spade quando vuol fare l'originale, e via di questo passo) indossando – metaforicamente e nel pieno rispetto del "camaleontismo" – vere e proprie *maschere* con le quali dà vita a una recita dopo l'altra sul palcoscenico della vita (dove egli, manco a dirlo, aspira a rivestire il ruolo di protagonista assoluto).

È inoltre importante sottolineare che in questa fase della vita si verifica per ogni individuo un evento fondamentale, addirittura epocale: la comparsa del menarca nella donna e delle prime eiaculazioni nell'uomo. Con queste espressioni della raggiunta maturità ormonale, l'adolescente acquisisce il potere supremo conferito all'essere umano: quello di procreare, di dare la vita. Come non ravvisare, in tutto ciò, la manifestazione evidentissima dei significati di *creatività*, *spermatozoi* (e *spermatogenesi*), *sangue mestruale* (quindi di "rifiuto"), *potere fecondante* e *potere in senso lato* impliciti in Plutone? Comincia poi nell'adolescenza il gioco (Gemelli) della seduzione (Plutone) e si avvertono le prime, impetuose sollecitazioni sessuali della vita (Plutone-*erotismo*), che alla stregua di un'eruzione (Plutone-*magma lavico*) sconvolgono la "follettistica" realtà dell'adolescente e gli spalancano scenari nuovi, sconcertanti, sublimi, e allo stesso tempo scomodi e drammatici, dell'esistenza. Il periodo psichico di *latenza* è ormai giunto al termine e la sessualità, quale risultato finale del conflitto edipico infantile, emerge in tutta la propria rudimentale potenza.

Il governo di Plutone sui peli, quale carattere sessuale secondario, trova un'altra connessione strettissima con il segno dei Gemelli: nell'adolescenza, infatti, il pube e le ascelle si ricoprono di peluria, che nei maschi si estende anche al viso e spesso al torace, all'addome e agli arti. Infine, come non ravvisare nel "demoniaco" Plutone dei Gemelli la traduzione astrologica del patto faustiano dell'*eterna giovinezza*? Senza contare che Plutone, come già riferito nel capitolo dedicato all'Ariete, è il simbolo del *serpente*, mentre i Gemelli rappresentano la *parentela*: il vecchio detto "parenti serpenti" dimostra come anche la saggezza popolare confermi, forse inconsapevolmente, ma pur sempre con estrema chiarezza, il legame fra Plutone e i Gemelli, oltre che, più in generale, la validità degli assiomi astrologici.

Rimangono da illustrare le caratteristiche astronomiche e le corrispondenze anatomico-funzionali di Plutone, che però si sono già riferite nel paragrafo dedicato a questo pianeta nel capitolo dell'Ariete.

Pianeti in esilio: Giove e Nettuno

Hanno invece ben poca affinità con il birichino Gemelli due pianeti come Giove e Nettuno. Il primo simboleggia l'*abbondanza* in ogni senso (anche sul piano fisico), gli *atteggiamenti paternalistici* (Giove era infatti il padre degli dèi), l'*accumulo di denaro*, i *pasti luculliani*, l'*esperienza concreta del religioso*. Tutte simbologie diametralmente opposte a quelle peculiari dei Gemelli, i quali, come abbiamo già riferito, possono vantare quasi sempre un fisico asciutto, smilzo, adolescenziale e nutrono un concetto molto labile del risparmio, tanto che spesso spendono più di quanto potrebbero (anche per acquistare cose futili delle quali magari non avrebbero il minimo bisogno). Gli atteggiamenti paternalistici – orrore! – non fanno poi per loro, visto che nel cuore rimangono ancorati a vita alla pierinesca indisciplina dei teenager; a tavola amano *piluccare* e non abbuffarsi, con tanto divertito entusiasmo quanto più numerosi e variegati sono i piatti loro proposti. Inoltre, le persone fortemente "gemellarizzate" nell'oroscopo di nascita non sono quasi mai "accanite" della religione o delle religioni. Quest'ultima considerazione offre l'aggancio per entrare nell'infinito mondo (alieno, per i Gemelli) delle simbologie nettuniane, fra le quali spicca fra tutte quella di *spiritualità*, che risulta poco affine alla natura di questi nativi così portati a valutare con mente critica la realtà immanente e così annoiati dai sermoni dei capi spirituali, dai movimenti New Age, dalla ripetitività di certe formule liturgiche, tipiche anche della religione cattolica. Come si è visto per il segno del Toro, così anche il Gemelli aborrisce le *imposizioni penitenziali* (tanto care a Nettuno) promulgate da molte religioni, ma mentre il Toro le respinge perché animato da una intensa sensualità incline al godimento di ogni piacere terrestre, il Gemelli le rifiuta perché la sua mente lucida e critica non ne comprende le ragioni, considerandole espressioni di un formalismo inutile quanto dannoso, che non solo pregiudica il valore profondo delle religioni stesse ma toglie anche quel piacere di divertirsi, giocare e godersi spensieratamente la vita al quale questo segno non sa rinunciare.

Altre simbologie nettuniane totalmente esiliate nel segno dei Gemelli sono quelle di *spazi infiniti* e di *lontano*: il terzo segno raffigura infatti lo *spazio circostante*, quello facilmente esplorabile con minimi spostamenti. E che dire, poi, del *pianto* nettuniano in netta contrapposizione alla *risata* cristallina e dissacrante dei Gemelli? Comune a Giove e Nettuno è poi la simbologia di *pigrizia*, anch'essa estranea alla natura di questo segno, che rappresenta invece l'*argento vivo*, la *vivacità*, la *gioia di muoversi*.

Se inoltre Giove corrisponde alla figura del *maestro*, che siede in cattedra, il mercuriale Gemelli simboleggia invece l'*eterno allievo* che ama sedere dietro il banco e magari organizzare scherzi a discapito del malcapitato maestro. Delicato il discorso relativo alla simbologia gioviana di *legalità*, che nel segno dei Gemelli, sede prediletta del poco onesto Plutone, non si esprime nella sua purezza massima. Visto tuttavia che a Plutone si associa Mercurio, il quale è, sì, il protettore dei ladruncoli, ma simboleggia anche l'eterna ricerca del divertimento, in questo segno il concetto di *legalità* non affonda nelle pericolose paludi della criminalità (come accade nello Scorpione), bensì diventa particolarmente elastico, originando così l'inclinazione alla *frottola* o alla *mezza verità* tipicamente geminiane, alla *burla*, alla balla da *piazzista medioevale* (che vendeva l'elisir di lunga vita) o da *imbonitore televisivo* (che promette l'intero arredamento di una casa al prezzo di mille euro, più piccolo contributo spese), più che la predisposizione alla rapina a mano armata. Tutte inclinazioni che dai nativi fortemente caratterizzati alla nascita da questo segno vengono generalmente assecondate con intimo, allegro godimento.

Concordanze e analogie nel corpo umano

Dopo il Fuoco e la Terra, ecco dunque il primo segno d'Aria. Ora che la struttura si è stabilizzata e ha preso possesso della realtà (Toro), con il segno dei Gemelli, come si è visto, è giunto il momento di estrarre dal nutrimento introdotto l'energia necessaria per esplorare lo spazio circostante, collegando comparti e fasi differenti, così da scambiare informazioni e sostanze e raggiungere un adattamento dinamico ottimale.

Una simile capacità di scambio produttivo è evidente per esempio negli enzimi, acceleratori delle reazioni chimiche che si svolgono nell'organismo: sono sostanze proteiche in grado di collegare tra loro molecole che, insieme, produrranno nuove configurazioni. Queste creeranno nuove possibilità per la costruzione o il funzionamento del corpo stesso, mentre gli enzimi che hanno promosso tali reazioni alla fine del processo rimarranno invariati.

A livello cellulare, la necessità di connessioni vitali è esaudita dalla membrana, l'interfaccia che separa l'ambiente interno da quello esterno e che è responsabile degli scambi metabolici. Nell'organismo, l'apertura e il collegamento – ma anche l'interdipendenza – con l'atmosfera circostante sono sostenuti dalla respirazione, che produce energia "bruciando" il substrato organico con l'ossigeno liberato dalle piante e fornisce in cambio al regno vegetale l'anidride carbonica.

I Gemelli, rappresentando l'interfaccia, lo scambio, la mobilità, sono ovviamente rappresentati da un glifo doppio: il loro dualismo si rispecchia già nel corpo, dove vi sono due polmoni, con i rispettivi alberi bronchiali.

A proposito di quest'ultima dizione, è interessante rilevare l'analogia tra la forma "ad albero", benché cava e rovesciata, dei bronchi, che terminano negli alveoli – sorta di fitte "foglie" –, e le piante. Le foglie sono infatti gli organi respiratori vegetali, che catturano la luce e l'anidride carbonica e liberano l'ossigeno dai loro prodotti metabolici. Il contrario di ciò che fanno i nostri polmoni, che ricalcano "in negativo" la respirazione vegetale, non solo nella funzione ma persino nella forma!

Non solo: la respirazione stessa si articola in due fasi, inspirazione ed espirazione, e ha una doppia possibilità di controllo: *automatica* (vi sono due centri respiratori nella parte "primitiva" del cervello, che si inibiscono a vicenda e che vengono stimolati dal livello di ossigeno o di anidiride carbonica nel sangue) e *volontaria*. Quest'ultima è attuata principalmente dal diaframma, posto sempre sotto la giurisdizione dei Gemelli, dai quali in sostanza dipendono:

– *trachea*, *bronchi* e *polmoni*, con la loro funzione di veicolare e porre, nei minutissimi alveoli, il sangue a contatto con l'aria: il sangue in arrivo cede anidride carbonica e altre sostanze di scarto e si carica di ossigeno, che viene inviato a tutti i tessuti;

– la *respirazione cellulare*, che avviene nei mitocondri, organuli presenti in tutte le cellule dotate di attività metabolica. Nella membrana dei mitocondri avvengono reazioni accoppiate che, a partire da molecole di idrogeno e di ossigeno, immagazzinano in speciali molecole (di *adenosintrifosfato*, ATP) l'energia che si forma in una catena di reazioni di ossidoriduzione. In sostanza, l'ATP è la "moneta" corrente più vantaggiosa da spendere nelle reazioni metaboliche cellulari. La respirazione di ossigeno è quindi il meccanismo che consente la più efficiente produzione di energia. Inoltre, nel mitocondrio avviene anche un processo antiossidativo, che protegge le cellule dai danni provocati dai radicali liberi, responsabili dell'invecchiamento.

Tutte le culture mediche tradizionali, prime fra tutte quella indiana e quella cinese, insistono sull'importanza di una respirazione corretta e consapevole per mantenere corpo e mente sani e giovani e favorire il rapporto dell'individuo con la spiritualità. Non dimentichiamo che il greco *ánemos* – da cui il latino *animus* – significa *vento*, *soffio*, *respiro*. Vi è sicuramente stretta parentela fra questo concetto di animo/respiro e il *prana* degli indiani, che contiene in sé il senso di energia o soffio vitale, divino, che si può assorbire dall'aria, dalla luce, dall'acqua, dal cibo, anche con particolari tecniche respiratorie (il *Pranayama*);

– sempre a livello cellulare, svolgono sicuramente una funzione mercuriale gli *acidi ribonucleici* (RNA), responsabili della trasmissione di messaggi dal Dna alle altre strutture cellulari. Queste molecole sono la "fotocopia" della sequenza del Dna, in sostanza gli stampi da cui vengono ricavate tutte le proteine, ovvero gli elementi strutturali, di cui è fatta ciascuna cellula. In altre parole, se il Dna è l'archivio o la banca dati, l'RNA è il sistema di trasferimento e traduzione di questi perché possano essere usati concretamente;

– nel corpo umano, un'altra funzione di collegamento è rappresentata dalle *articolazioni*, specie degli arti, in quanto consentono la massima mobilità: ai Gemelli è attribuita sovranità sulle braccia, le spalle e le articolazioni relative, mentre il segno complementare, il Sagittario, ce l'ha sulle gambe. In particolare, le articolazioni scapolo-omerale (che collega il braccio alla spalla), quella del gomito e del polso sono, come funzione, sotto il segno dei Gemelli, mentre dal punto di vista anatomico, essendo comunque tessuti calcificati, dovrebbero essere considerati patrimonio del Capricorno. Anche le mani sono in gran parte funzionalmente geminiane, in quanto attraverso di loro l'uomo entra in contatto e comunica con il mondo (e con i suoi simili: basti pensare alla stretta di mano, alla carezza, all'abbraccio, ma anche allo schiaffo, al pugno) e svolge una serie illimitata di attività che lo modificano. Inoltre, la scrittura è un'attività insieme intellettuale e manuale, in questo proprio geminiana (la manualità vera e propria sembra invece da attribuire alla Vergine, in quanto comporta azioni che si svolgono in ambito concreto e nel quotidiano);

– il *sistema nervoso* è sicuramente il più importante mezzo di trasporto e traduzione di informazioni dalla periferia del corpo (sensazioni provenienti dagli organi di senso, dagli arti e dai visceri) al centro (l'encefalo) e viceversa. I nervi sono a loro volta collegati fra loro da terminazioni specializzate, le *sinapsi*, che contengono vescicole piene di sostanze con funzione di mediatori, rilasciate nello spazio intersinaptico (cioè tra due sinapsi), dove modulano l'informazione fra un componente del sistema nervoso e l'altro. È nello spazio intersinaptico che agisce la maggior parte dei farmaci che svolgono la loro azione sul sistema nervoso. L'altro segno cui viene attribuita la trasmissione nervosa, sottolineandone questa volta la distribuzione di informazioni, è l'Acquario;

– a livello psichico, possiamo attribuire ai Gemelli la *capacità di comprensione e immedesimazione intellettuale* (che si può manifestare anche con un particolare orecchio per le lingue straniere, o facilità alla recitazione), la capacità di trasdurre informazioni e le associazioni di idee;

– per avere l'apertura mentale e la capacità di esprimere in un linguaggio coerente e comprensibile ciò che si è appreso dall'esterno bisogna possedere soprattutto una buona capacità uditiva, oltre che la curiosità di ascoltare: ecco perché l'*orecchio esterno* fino al timpano è attribuito a questo segno.

Mente & Corpo

Veloce di testa e di mano, sempre in movimento, curioso ed eclettico, loquace e impaziente, diplomatico, affabile, ma anche un po' bugiardo: il Gemelli ricalca abbastanza bene il tipo *sanguigno* della tradizione ippocratica, così come un po' tutti i segni d'Aria. Volendo trovare riscontri in medicine più esotiche, ne apprezziamo molti tratti nel tipo *Vata* ayurvedico, anch'esso abbinato all'elemento Aria e soprattutto al sistema nervoso. Per quanto riguarda la classificazione cinese, il Gemelli corrisponde in parte alla tipologia *Metallo*, che governa la funzione Polmone e la "presa di forma", il colore bianco, il gusto piccante e il cui sentimento abbinato è la tristezza (depressione) che fa sospirare; ma anche al tipo *Legno*, entusiasta e impaziente, o al *Terra*, burlone e diplomatico, che ama fare da intermediario ma può risultare un tantino irresponsabile.

Il dinamismo e la bipolarità sono le condizioni in cui l'energia Gemelli si esprime al meglio: ecco dunque un individuo che assomma con garbo e intelligenza qualità apparentemente contraddittorie, facendo proprio di questo la sua caratteristica principale: però, in nome della libertà di pensiero, si può comportare sempre da "bastian contrario"; o avere un vero e proprio gusto della contraddizione, che per qualcuno coincide con l'inaffidabilità; un intelletto tanto vivace quanto sgombro da pregiudizi – anche morali – che qualche maligno chiama mancanza di scrupoli; la capacità di ribaltare a proprio favore, con un colpo di teatro, le situazioni più intricate, che talvolta lo fa tacciare di opportunismo. Se non è compensato da scelte emotive più mature, questo atteggiamento può condurre il soggetto in questione a obbligarsi a interpretare sempre e comunque il personaggio del cinico scanzonato che prima o poi, e per quanto possa essergli confacente, gli andrà un po' stretto.

Poiché, dal punto di vista psichico, ci troviamo di fronte quasi sicuramente a un soggetto che privilegia la funzione del pensiero, è facile che vengano da lui valutati come dati di fatto sui quali fondare il proprio rapporto con la realtà non tanto quelli sensoriali (come accade per esempio agli appartenenti ai segni di Terra), ma piuttosto le associazioni di idee e le indicazioni della pura logica, che talvolta possono essere semplicemente astratte e ipotetiche. Nel mondo del pensiero, infatti, ogni premessa si equivale: quello che conta è che la concatenazione fra i pensieri segua una logica plausibile. Da qui, il gusto per il dialogo e il contraddittorio, anche fine a se stesso, o la curiosità che porta a sperimentare sempre nuove frontiere intellettuali. Il rischio è però che vengano trascurati gli aspetti morali e i dati di realtà effettivi, il che può condurre talvolta il nostro Gemelli a dure retromarce, dalle quali non sarà però in genere particolarmente traumatizzato, perché forse, in fondo, quello che gli interessa non è tanto trovare la verità, quanto divertirsi cercandola. Chi potrà essere spiazzato saranno forse i suoi compagni di avventure, se non sono fatti della stessa pasta, perché potrebbero trovare il Gemelli dispersivo, troppo faticoso da seguire e troppo poco produttivo, anche se indubbiamente simpatico e genialoide.

A livello fisico, sono proprio gli ambiti preposti alla comunicazione (il suo cavallo di battaglia) quelli che più danno filo da torcere al Gemelli. Ed ecco le debolezze dell'apparato respiratorio, che collega il dentro e il fuori di noi attraverso gli scambi gassosi; di quello articolare, che connette i vari segmenti del corpo e ne permette la mobilità; dei nervi periferici, principale sistema di comunicazione tra gli stimoli sensoriali esterni e le risposte di adattamento dell'organismo.

Per eccesso e per difetto

Sole, Ascendente, pianeti natali nei Gemelli o sesta casa in questo segno possono predisporre a questi tipici disturbi:

Asma, bronchite asmatica allergica Chi esprime i propri disagi psicosomatici prevalentemente attraverso l'apparato respiratorio vive in modo intenso e spesso problematico l'ambito delle relazioni interpersonali e con l'ambiente circostante, familiare, lavorativo o sociale. Questo è comprensibile tenendo presente che, fisiologicamente, la comunicazione fra l'interno e l'esterno è espressa e simboleggiata proprio dalla funzione respiratoria: attraverso l'aria immessa nel corpo e successivamente emessa avviene infatti un continuo processo di scambio tra noi e l'universo. Ma che cosa significa quando l'aria, come nel caso dell'asma, rimane intrappolata nei bronchi, che si restringono per lo spasmo allergico o irritativo?

Quest'aria contiene in effetti dentro di sé un "nemico" (l'allergene): il paradosso è che si tratta di un'aria-nemica di cui non si può fare a meno per vivere. Alla base di questa reazione che, soprattutto se è accompagnata da allergia, fa frequentemente la sua comparsa nei primi anni di vita, può esserci l'inconscio rifiuto o la difesa verso legami affettivi vissuti come a doppio taglio: da un lato, cioè, l'affetto altrui, soprattutto della madre o delle figure di riferimento, viene ritenuto, come l'aria, indispensabile alla propria sopravvivenza. D'altra parte, questa stessa affettività è sentita come soffocante e pericolosa, al punto che è necessario "chiuderla fuori", recuperando sì la propria autonomia, ma al prezzo di rischiare di morire: in senso metaforico, cioè emotivo, o addirittura reale, se questa sorta di braccio di ferro impedisse a lungo di respirare! È questo il conflitto in cui spesso si dibatte chi soffre di tale disturbo, ovvero l'incapacità di accettare la dipendenza da qualcosa o qualcuno che appare temibile o comunque indesiderabile e ostile. Persino un semplice cambiamento di luogo fisico può talvolta scatenare o risolvere un attacco d'asma, anche su base allergica. Questo è spiegabile dalle valenze emotive e simboliche legate all'aria o all'atmosfera respirate in questo o quell'ambiente, tra queste o quelle persone, in un certo clima affettivo e sociale. Aprire gradatamente la comunicazione, prendere confidenza e approfondire gli spazi conoscitivi e relazionali può rappresentare l'atteggiamento vincente per evitare l'insorgenza o l'estensione degli attacchi asmatici.

Per rimediare: drosera, elicriso, enula, farfaraccio, Ribes nigrum, Viburnum lantana; benzoino, camomilla, lavanda, menta, pino silvestre, rosmarino; Manganese, Manganese-Cobalto; Heather, Holly, Impatiens, Water Violet; luce arancione, viola.

Bronchiti La produzione di muco nei bronchi non è causata solo da stimoli irritativi (freddo, fumo, polveri, inquinamento) o dall'esposizione a germi e virus. Il muco serve soprattutto a inglobare e trattenere le particelle inalate, impedendo loro di scendere fino ai polmoni, dove provocherebbero gravi danni. La fisiologica risalita del sottile strato di muco verso l'alto può però essere ostacolata da fattori quali il freddo e il fumo di sigaretta, che paralizzano le microscopiche ciglia di cui la superficie interna dei bronchi è dotata e che, muovendosi ritmicamente, lo sospingono verso la faringe. La tosse interviene come meccanismo di salvaguardia, facendo espellere grandi quantità di muco "sporco", che altrimenti ostruirebbe i bronchi più piccoli.

Anche nel caso, non così raro, di una sovrapproduzione di muco in mancanza di stimoli infettivi e infiammatori adeguati, potremmo pensare comunque alla necessità di eliminare un carico soffocante di brutture e sporcizia. Queste possono essere anche metaforiche, per esempio riferite a convinzioni riguardanti se stessi, il proprio valore, la propria accettabilità agli occhi degli altri. Il timore inconsapevole che l'esistenza di moti di ribellione o di aggressività oppure di sentimenti di colpa possa impedire l'accettazione da parte degli altri può far sì che l'organismo "preferisca" una modalità innocente di manifestarli: la tosse con il catarro, per esempio. In questo modo, si soddisfa infatti sia il bisogno di produrre e di avere un contatto, anche se simbolico, con le proprie componenti negative, sia la necessità di credersi agli occhi degli altri totalmente esenti da pecche.

Per rimediare: drosera, enula, farfaraccio, iperico, Ribes nigrum, Viburnum lantana; benzoino, camomilla, eucalipto, lavanda, menta, pino silvestre; Manganese-Rame, Rame-Oro-Argento; luce arancione, blu, indaco.

Otiti Nella gran parte dei casi, i disturbi infiammatori dell'orecchio derivano dall'estensione di una patologia della gola e della faringe, per esempio una tonsillite o adenoidite, anche se poco o per nulla sintomatica, e colpiscono la parte media dell'orecchio, quella all'interno del timpano (che afferisce al segno del Toro). Talvolta, questo tipo di otite, se non dà febbre o dolore (che può essere anche molto forte), passa quasi inosservata, salvo riscontrare poi un deficit uditivo dovuto alla sclerosi della catena degli ossicini che vi alloggia. In alternativa, spesso è sufficiente una corrente d'aria fredda perché si manifesti una otite esterna, anch'essa sovente molto dolorosa perché i tessuti del condotto uditivo, gonfiandosi, premono contro ossa e cartilagine sottostanti. Questa localizzazione in genere è più benigna, a meno che l'infiammazione non prenda di mira anche il timpano, che può lesionarsi. Trattandosi di evenienze che richiedono sempre il parere dello specialista, ci limitiamo a segnalare che non è difficile riscontrare nelle persone che vanno spesso incontro a questi disturbi un'inconsapevole chiusura al mondo, un tentativo di estraniarsi e isolarsi, di rendersi per così dire impermeabili.

Per rimediare: Abies pectinata, Juglans regia, Rosa canina; camomilla, eucalipto, lavanda; Manganese-Rame, Rame-Oro-Argento; Chestnut Bud, Water Violet; luce indaco.

Nevriti: herpes La riattivazione dell'infezione erpetica, sia per quanto riguarda la varietà *simplex* (l'herpes labiale o genitale, per intenderci) sia per quella *zoster* (quella che interviene sul decorso dei nervi periferici, e che è detta anche *fuoco di Sant'Antonio*), può essere scatenata da un abbassamento delle difese immunitarie, quale può intervenire dopo uno strapazzo, un periodo di sovraffaticamento, un'intossicazione, un mutamento nelle abitudini di vita, persino il cambio di stagione. L'emergere di questo "fuoco" latente quando l'organismo abbassa la guardia sembra mimare un'analoga esplosione di contenuti nascosti nell'inconscio, connotati per esempio da forte aggressività, o che parlano di una potente istintualità (di stampo plutoniano) repressa. *Herpes* in greco è il serpente, con tutte le valenze di istinto animale, potenziale pericolosità, trasformazione (la muta della pelle) che questo animale archetipico suscita nell'immaginario dell'uomo (vedi anche Scorpione).

Per rimediare: Ribes nigrum, Rosa canina, Ulmus campestris; camomilla, eucalipto, lavanda, Tea-tree; Litio, Manganese-Rame, Rame-Oro-Argento; Chestnut Bud, Holly, Impatiens, Rescue Remedy; luce viola.

Depressione costante o endogena Vedi Pesci.

Depressione reattiva L'abbattimento morale che segue una delusione, un lutto, un abbandono può essere fonte di profondissimo dolore, almeno inizialmente inconsolabile. Questo stato depressivo non può però avere, fisiologicamente, durata illimitata, perché l'organismo stesso cercherà, per non soccombere, di reagire al dolore con modalità diverse da un individuo all'altro ma tutte ugualmente volte al recupero dell'equilibrio. In questa situazione, anzi, qualunque reazione può essere considerata benefica, perché permette se non altro di superare la staticità, la stagnazione e lo spaesamento così spesso riferiti al momento depressivo. C'è così, per esempio, chi, nel timore di poter ripetere un'esperienza tanto drammatica e per difendere la sua sensibilità da ulteriori attacchi, cercherà di "mettere le mani avanti", non facendosi coinvolgere emotivamente o affettivamente e presentandosi quindi con un atteggiamento scettico, arido e iper-razionale. Altri possono invece rifugiarsi nella richiesta di comprensione e attenzione da parte degli altri, inventandosi magari qualche strano malanno. Un'altra tipica manifestazione della depressione reattiva è ancora l'idealizzazione di eventi, figure, luoghi del passato: ci si difende così dall'affrontare un presente immiserito o temuto. C'è poi, infine, chi reagisce al dolore e alla delusione richiudendosi in se stesso, irrigidendosi sulle proprie posizioni, nel suo ruolo di vittima o di colpevole, lamentando torti e ingiustizie, cercando giustificazioni, covando rimorsi e rimpianti. Purtroppo, questo è di solito il miglior candidato a lasciar perdurare il suo atteggiamento il più a lungo possibile.

Per rimediare: iperico, Rosmarinus officinalis, Sequoia gigantea; camomilla, lavanda, menta, pino silvestre, rosmarino; Litio, Rame-Oro-Argento; Gentian, Star of Bethlehem, Sweet Chestnut; luce arancione.

Nevrosi d'ansia In vista di esami o prove impegnative, una certa tensione emotiva può fungere da incentivo per la concentrazione, in quanto servirà a indirizzare tutte le proprie energie verso un obiettivo significativo. Il medesimo stato d'animo è invece meno utile, e anzi controproducente, quando si presenta anche in momenti che non prevedono un serio e reale coinvolgimento intellettuale o emotivo, e soprattutto quando si potrebbe invece godere di un momento di relax. Essere ansiosi significa in pratica spostare l'attenzione dall'immediato presente a qualcosa che non è attuale e verificabile, dunque tuttora ipotetico, ma potenzialmente preoccupante. Molte persone si riempiono la giornata o la vita di impegni fitti e irrinunciabili, sottoponendosi a una dura corsa contro il tempo e a un continuo stato di tensione, con l'idea che il loro sforzo possa controllare ogni evento futuro e le sue possibili conseguenze. Si tratta di una sorta di "trucco" mentale che induce a credere – cercando di pre-occuparsene – di poter rendere certo il futuro, e che nello stesso tempo serve a evitare di avvertire sensazioni di insicurezza, precarietà e incapacità rispetto alla situazione attuale e contingente. Il sollievo da questa condizione di incertezza e precarietà sarà però solo temporaneo e illusorio: il problema di fondo è infatti solo spostato sull'evento futuro, dal quale si fa dipendere il proprio benessere o la sicurezza, ma certo non risolto dall'ansia. Sarebbe più utile imparare a giocare (per i Gemelli non dovrebbe essere tanto difficile!) con la vita e con se stessi, a essere leggeri e distaccati, evitando di prendere tutto troppo sul serio, così da gustare ogni momento per quello che è, mantenendo viva la curiosità dell'esploratore, senza avere un'idea precostituita di come il mondo dovrebbe essere. In questo modo, rimarremo comunque in grado di fronteggiare ogni evenienza, nel momento in cui si presenti effettivamente, senza sprecare energie preziose a cercare di prevenire avvenimenti che non sono sotto il nostro diretto controllo, né a sperare o temere che la realtà sia diversa da quella che abbiamo, in genere arbitrariamente, programmato.

Per rimediare: Acer campestris, Tilia tomentosa; camomilla, lavanda; Litio, Manganese, Manganese-Cobalto; Impatiens, Vervain; luce blu, indaco, verde.

Facilità ai traumatismi (Vedi anche Sagittario) Vi sono persone che sembrano particolarmente sfortunate, perché si fanno male con una frequenza davvero insolita. Senza chiamare per forza in gioco il destino individuale, le influenze negative (anche planetarie) e altre ragioni metafisiche, molto più spesso si tratta semplicemente di incuria, distrazione, fretta o rigidità fisica ed emotiva. Per esempio, vi sono soggetti che sembrano "sordi" rispetto alle esperienze già vissute, che tendono a farsi male sempre nello stesso punto del corpo (per esempio, un braccio) o nello stesso luogo; oppure chi, spinto dalla fretta, calcola anche i tempi di reazione degli altri sulla base dei suoi, ovviamente ultrarapidi, riflessi; altri ancora che sembrano avere l'argento vivo addosso e che non si risparmiano mai, a costo di esaurire tutte le energie, accettando di essere fermati solo da un improvviso quanto terribile mal di schiena o da una rovinosa caduta.

Per rimediare: Arnica, Bryonia, Rhus toxicodendron; Chestnut Bud, Impatiens, Vervain.

Alimentazione

Con i ritmi che sono loro congeniali e il livello di stress a cui spesso si sottopongono, i Gemelli hanno bisogno di cibi che rinforzino il sistema nervoso, dunque ricchi in fosfolipidi. È possibile spaziare fra *pesce*, *uova*, *noci* e *mandorle*, *fegato*, *crostacei*, *formaggi*. Non vanno dimenticati i *legumi*, le *verdure* ricche in potassio (*sedano*, *pomodori*, *cipolle*) e i cibi che hanno un'influenza positiva sul sistema nervoso, come l'*avena*, le *albicocche*, la *lattuga*, il *prezzemolo*. Infine, una buona notizia: un pezzetto di *cioccolato* ogni tanto non può che far loro bene (se non sono a dieta stretta).

Erbe e gemme

In gran parte, le piante utili ai disturbi dei Gemelli vennero classificate dagli antichi come *mercuriali*, ovvero poste sotto l'influenza del pianeta o del dio Mercurio, e indicate nelle patologie degli apparati o delle funzioni di confine (pelle, respiro, sistema nervoso).

Abies pectinata Insieme a *Rosa canina* (30 gocce di ciascuno 3 volte al giorno), questo gemmoderivato è indicato nelle *tracheiti*, *bronchiti*, *adenoiditi*, *otiti* recidivanti dei bambini e nei ritardi di crescita di statura e di peso (vedi anche Ariete e Toro).

Acer campestris Il rimedio tratto dalle gemme dell'acero è indicato, oltre che – in abbinamento al macerato glicerico di gemme di *Tilia tomentosa* – nelle *nevrosi ansiose con agorafobia o claustrofobia* e nelle sensazioni di *angoscia* in genere, in caso di ipercolesterolemia e ipertrigliceridemia (vedi *Tilia tomentosa*).

Drosera Questa piccola pianta delle zone umide è dotata di peli glandolosi che secernono goccioline dall'aspetto simile a un nettare zuccherino, che attira gli insetti. Essi vi rimangono però intrappolati e vengono letteralmente digeriti dai suoi enzimi. Per questa sua caratteristica vischiosità, la drosera venne usata nelle affezioni catarrali dell'apparato respiratorio, ma ha indicazione soprattutto nella *bronchite cronica*, nell'*asma bronchiale*, nelle *tossi stizzose*. È controindicata in gravidanza e nell'allattamento, e in chi soffre di gastrite e ulcera.

Elicriso "Sole d'oro" è la traduzione del suo nome, dovuto ai suoi capolini dorati che, raccolti in mazzetti decorativi, mantengono inalterati colore e aroma per anni. Fra le innumerevoli proprietà terapeutiche di questa pianta tipica del paesaggio mediterraneo, ricordiamo la sua azione mucolitica, antispasmodica, antiallergica, antisettica bronchiale. Nell'ambito delle patologie geminiane, si può usare quindi per le *tossi con catarro*, le *bronchiti acute e croniche* e le *allergie respiratorie*, compreso l'*asma allergico*. Se ne può impiegare anche l'olio essenziale, ovviamente diluito in olio vegetale, per massaggi su torace e dorso, con funzione espettorante e disintossicante. Per bocca se ne assume invece la tintura madre o l'estratto fluido.

Enula Una pianta molto efficace per diminuire lo spasmo bronchiale in corso di *asma*, *tosse spasmodica*, *bronchite acuta e cronica*, ma le cui dosi devono essere indicate dal medico, perché un uso improprio rischia di provocare nausea e vomito. Localmente, la tintura madre o il decotto possono essere usati in toccature per diminuire il dolore e il prurito causati dall'*herpes labiale*.

Farfaraccio Detto anche *petasites*, ha un'attività spasmolitica e rilassante molto intensa, utile sia nelle affezioni respiratorie (*asma bronchiale*, *tosse*) sia in caso di *ansia* e *insonnia*, ma anche in molti disturbi spastici del tratto digerente (*coliti*, *spasmi della cistifellea*). Si effettuano cure non molto prolungate, al massimo 15 giorni, e va usato con cautela nei soggetti con gravi disturbi epatici.

Iperico È una delle erbe più studiate e acclamate negli ultimi anni, da quando cioè sono state riscoperte e sperimentate con rigorosi metodi scientifici le sue proprietà antidepressive, in realtà note da secoli. Oltre al suo impiego negli *stati ansiosi* e nella *depressione reattiva*, su cui sembrano molto efficaci i flavonoidi e l'ipericina contenuti in questa pianta, non vanno dimenticate le proprietà antibiotiche, antinfiammatorie, antispasmodiche, che rendono l'iperico un rimedio interessante in molte *affezioni gastroenteriche* (vedi Cancro), nella *dismenorrea*, nelle *infiammazioni e infezioni delle vie respiratorie e urinarie*. Per uso esterno, l'iperico viene usato soprattutto sotto forma di oleato (macerato della pianta in olio), con il quale si curano gli eritemi solari e le scottature, ma anche i *dolori nevralgici* e, date le proprietà cicatrizzanti e riepitelizzanti di questa pianta, le *piaghe* e le *ulcerazioni della cute*. Non esporsi al sole durante la terapia con questa pianta medicinale: può dare sensibilizzazioni.

L'iperico è tra le piante più interessanti dal punto di vista simbolico: è detto anche *erba di san Giovanni*, in quanto il suo periodo di fioritura coincide all'incirca con il solstizio estivo e con la festa di san Giovanni Battista (24 giugno), il periodo dell'anno nel quale le giornate raggiungono la massima lunghezza, e quindi la Terra riceve la maggior quantità di luce. Con i suoi fiori gialli luminosissimi e il suo succo rosso come il sangue, l'iperico sembra aver fatto il pieno della luce e dell'energia del sole, pronto a cederla dove occorra. Per esempio, nelle situazioni in cui sembra mancare lo slancio vitale, in cui subentrano l'apatia e l'umore malinconico, e la persona sembra avere perso la capacità di gustare e apprezzare la vita. L'iperico, come un piccolo sole, può riportare un po' di luce e di vitalità, scacciando gli umori negativi. Del resto, era ritenuta una pianta utile anche negli esorcismi e per proteggersi dalle streghe.

Juglans regia Dalle gemme del noce si ottiene un macerato glicerico utile in svariate forme infiammatorie, tra cui le *otiti croniche*, e nelle sovrinfezioni della cute (*acne pustolosa*, *dermatiti infette*, *psoriasi*), in questo caso insieme a *Ribes nigrum*.

Ribes nigrum In associazione a *Ulmus campestris* e *Rosa canina* (50 gocce del primo al mattino, del secondo a mezzogiorno e del terzo alla sera), è indicato nella cura dell'herpes *recidivante*; in associazione a *Rosa canina* e/o a *Viburnum lantana* nelle *affezioni bronchiali*, anche di tipo *asmatico*.

Rosa canina Fra le molteplici indicazioni di questo gemmoderivato troviamo le *otiti recidivanti* dei bambini (50 gocce 1 volta al giorno).

Rosmarinus officinalis Oltre che l'olio essenziale (vedi oltre), anche il macerato glicerico di gemme di rosmarino può essere utile nella cura dei soggetti *depressi*, specie se vi è anche *astenia* e *ipotensione arteriosa* (40 gocce, 2 volte al giorno).

Sequoia gigantea Il macerato delle gemme è indicato, fra l'altro, per le astenie dell'anziano e le *sindromi depressive accompagnate da astenia* (50 gocce 2 volte al giorno, o 100 al mattino).

Tilia tomentosa Ansiolitico, antispasmodico, leggermente ipnotico, il macerato glicerico di gemme di tiglio è un interessante rimedio nelle *sindromi ansiose*, nell'*insonnia* e in tutti i *disturbi da stress*. In associazione con *Acer campestris* (40 gocce di entrambi 2 volte al giorno), è indicato nelle *nevrosi fobiche* (paura del chiuso, degli spazi aperti, degli insetti, di certi luoghi) e nell'*ansietà* in genere.

Ulmus campestris Disintossicante, specie per quanto riguarda le affezioni cutanee, lo si può utilizzare in associazione con *Ribes nigrum* e *Rosa canina* nel trattamento dell'*herpes recidivante*. Questa cura va protratta per circa 3 mesi.

Viburnum lantana Le gemme della lantana hanno un'azione broncodilatante e antiallergica. Il macerato è quindi utile, in associazione a *Ribes nigrum*, nell'*asma bronchiale* e nella *bronchite cronica asmatiforme* (40 gocce di ciascuno 2 volte al giorno).

Aromi

Benzoino L'essenza tratta dalla gommoresina di quest'albero tropicale è in genere di consistenza semisolida e per usarla la si può sciogliere con acqua molto calda o vapore. In alternativa, si trova in commercio già in forma liquida, ma talvolta con un solvente che, finché non è evaporato, può alterare la nota aromatica del prodotto. Nei paesi d'origine la resina di benzoino in grani viene da sempre bruciata come incenso nelle funzioni religiose o magiche, oppure per disinfettare l'aria nel corso di epidemie, o per prevenirle. Il suo profumo vanigliato è quasi sempre molto gradito e viene utilizzata, oltre che per le sue valenze terapeutiche, anche come fissatore dei profumi: ha infatti la prerogativa di stabilizzare e conservare i preparati in cui viene inserita (per esempio gli oli e le creme da massaggio o cosmetiche). Antisettico, antinfiammatorio, cicatrizzante, espettorante, il benzoino può essere usato sciolto in acqua bollente per inalazioni in caso di *affezioni bronchiali*, *influenza*, *tosse con catarro o secca*. È utile anche in numerosi disturbi e inestetismi della pelle, per esempio su *eczemi* e *acne*, anche *rosacea*, e come ingrediente e conservante di prodotti di bellezza. Del resto, fin dall'antichità questa resina è entrata nella composizione di creme e unguenti antirughe – per esempio il famoso *Latte virginale*, a base di benzoino e acqua di rose. Il benzoino va usato solo per via esterna o inalatoria.

Camomilla Proverbiale per la sua azione decongestionante e calmante, è fra gli aromi più utili e versatili. Si chiamano con questo nome almeno due piante diverse, benché le loro proprietà si assomiglino: una è la *Matricaria chamomilla*, detta anche camomilla blu o tedesca; l'altra, *Anthemis nobilis*, si chiama comunemente camomilla romana o inglese. Della prima si utilizzano solo i capolini e se ne consiglia prevalentemente l'uso esterno (massaggi, inalazioni), mentre l'essenza della camomilla romana – che ha un'azione più dolce e della quale è possibile un uso interno (ovviamente a discrezione del medico) – si estrae anche dalle foglie. Le proprietà antinfiammatorie e batteriostatiche della camomilla si rivelano preziose nelle patologie dell'apparato respiratorio in genere e, in particolare, vista la sua spiccata attività antispasmodica, nell'*asma bronchiale*, anche *allergico*. Inoltre, soprattutto la matricaria può essere applicata sull'*herpes labiale* e nelle *nevriti* in genere (per esempio, in caso di *nevralgia del trigemino*, o di *dolore dentario*), nel *torcicollo*, nella maggior parte dei casi di *mal di testa*, sia da tensione muscolare sia nevralgico, nelle *otiti* (per massaggio esterno o, se il medico è d'accordo, poche gocce in un batuffolo di cotone inumidito e posto nel condotto uditivo, per togliere infiammazione e dolore). Per completare la panoramica degli usi della camomilla nell'ambito delle patologie dei Gemelli, ricordiamo il suo effetto rasserenante e riequilibrante sulla sfera emotiva, che ne fa un ottimo presidio in caso di *disturbi d'ansia* e nello *stress psicofisico*, nell'*insonnia* dei soggetti capricciosi, irritabili, ipercritici e nell'*umore depresso*, specie di chi va incontro a frequenti *sbalzi d'umore*.

Eucalipto Febbrifugo, battericida, stimolante delle difese immunitarie, balsamico, può svolgere un'effettiva azione preventiva delle malattie invernali se diffuso nell'ambiente domestico (sono sufficienti i comuni umidificatori di terracotta che si applicano ai caloriferi), magari insieme alla lavanda, che ne attenua l'odore un po' medicinale. Un ottimo metodo di utilizzo rimane quindi quello inalatorio, ma non dimentichiamo il massaggio, il bagno, il maniluvio e il pediluvio, sistemi con i quali è comunque possibile assorbire i princìpi attivi e l'energia delle essenze e per i quali bastano davvero poche gocce (circa 7 per il bagno, 3-5 per gli altri utilizzi). Oltre che nell'*influenza*, l'eucalipto è indicato nelle *bronchiti acute e croniche*, nella cura dell'*herpes* e come disinfettante cutaneo in genere. Essenza "fresca", anche sul piano psichico sembra calmare chi ha "bollenti spiriti" – ovvero è agitato e in preda all'emotività –, ma ha altresì la capacità di dare una energica sferzata a chi è stanco fisicamente o mentalmente. Ai bambini, per i quali l'eucalipto può essere un po' troppo aggressivo, è meglio somministrare il *niaouli* (*Melaleuca viridiflora*). Non è indicato in gravidanza.

Lavanda Antisettica e antispasmodica (ma per raccontare tutte le sue virtù, ci vorrebbe un libro intero!), usiamo la lavanda anche in tutte le patologie geminiane, per esempio le *bronchiti acute e croniche* e l'*asma bronchiale*, le *otiti*, le *nevriti* e *nevralgie*, gli *stati ansiosi*, la *depressione reattiva*. Utile anche nella prevenzione delle patologie respiratorie se diffusa nell'ambiente (vedi sopra), si può usare per massaggi, inalazioni, bagni, frizioni. È indicata nel massaggio anche in caso di *digestione difficile* e *spasmi gastrointestinali* (1-2 gocce un paio di volte al giorno, diluite in olio di mandorle). Una vera panacea, e sicuramente fra le essenze indispensabili nell'armadietto del pronto soccorso naturale (vedi Ariete).

Menta La mitologia dà varie versioni dell'origine di questa pianta: quasi tutte prendono le mosse da una ninfa, Mintha, compagna del dio infero Plutone fin quando questi non si invaghì di Proserpina, figlia di Cerere, e la rapì per farla sua sposa. Si dice che Mintha, delusa e furiosa per l'affronto, si abbandonasse a scene di gelosia finché Proserpina, per non sentirla più, la schiacciò sotto i piedi, trasformandola appunto nella menta. Oppure che Plutone stesso, per ripagarla del torto, accordasse alla ninfa di rinascere sotto forma di quest'erba odorosa, regalandole per di più un bel pennacchio di fiori rosa. Il mito racconta poi anche perché esistono tante varietà di menta ibrida (e quindi sterile): sarebbe stata proprio Cerere, in lutto per il rapimento della figlia, a notare questa pianticella e, riconoscendo in lei l'amante dell'odiato genero, la maledisse, rendendola sterile. La menta si trova ancora associata a Cerere in un altro mito, che narra di quando la dea nel suo lungo peregrinare, e per di più digiuna, giunse sotto false spoglie a Eleusi, dove fu accolta gentilmente dal re e dove accettò finalmente di riposare e ristorarsi con una bevanda a base di orzo, a lei sacro, e menta, il *kykeon*, che da allora fu introdotto nei misteri eleusini, celebranti i rituali di morte e rinascita della Natura e dell'anima umana. Nascita e morte, Cielo e Inferi, caldo e freddo: gli aspetti contraddittori e compresenti nell'immagine archetipica e nella natura della menta ben si adattano a un soggetto mercuriale come il Gemelli, in cui è però spesso presente una punta di astuzia luciferina e capacità di persuasione occulta che ricordano quelle sfoggiate da Plutone con Proserpina. L'ambiguità dell'aroma della menta – all'inizio fresco e poi bruciante, o viceversa – ha fatto dire alla Scuola salernitana che "la menta mente". Nel linguaggio dei fiori significa "amore esaltato" o "brucio d'amore", ed è considerata afrodisiaca. Nei riti magici ha spesso funzione di tener lontani i malefìci, specie se raccolta insieme all'iperico la notte di san Giovanni; e si dice che la febbre passerà se, dopo aver offerto alla menta del pane e del sale e recitato una formula magica, le sue foglie appassiranno. Quanto all'aspetto caratteriologico, l'aroma della menta dona realismo e spirito di autocritica ai soggetti estremisti e instabili, mentalmente acuti e freddi ma dalla morale e dai sentimenti fluttuanti e immaturi, spesso tacciati di asetticità e aridità di cuore. La menta è inoltre tonica e antifatica, stimolante delle difese immunitarie, antalgica e anestetica, disinfettante delle vie aeree, balsamica; tiene lontani gli insetti nocivi dall'aria e i parassiti dall'intestino. È un'essenza davvero versatile, straordinaria nel massaggio per lenire il dolore in caso di *mialgie* o *nevralgie*, o per inalazione in corso di *disturbi respiratori e influenzali*. L'essenza va usata in piccolissime quantità, perché, proprio come i Gemelli, tende sempre un po' a eccedere nei suoi effetti. Ha poi la proprietà di dinamizzare e intensificare l'azione delle altre essenze con cui viene eventualmente miscelata.

Infine, si ricorda che una goccia di essenza di menta sulle *punture di insetti* ne attenua quasi all'istante il dolore e il prurito. Attenzione però a non toccarsi gli occhi o la bocca dopo aver maneggiato quest'olio essenziale: brucia! (Nel caso, sciacquare abbondantemente con acqua fredda.)

Ricette: poche gocce di essenza di menta (una delle varietà migliori è quella giapponese) aggiunte a una base neutra detergente (non più di 10 gocce per 50 ml) rendono la doccia una vera sferzata di energia, oltre che una fresca piacevolezza. Da non usare su graffi e cute irritata!

Un'ottima lozione dopobarba decongestionante, tonica ed emolliente (ma in realtà il suo aroma unisex ne fa anche un eccellente dopo-bagno), si ottiene miscelando a una crema fluida inodore una pari quantità di glicerina e acqua, cui aggiungere 10 gocce di essenza di menta e 20 di lavanda per 60 ml. Per un effetto più tonico, si può unire un cucchiaio di alcol da liquore; se si desidera una cute più morbida, un cucchiaio di olio di mandorle o di jojoba. Agitare prima dell'uso, evitare la zona attorno agli occhi e non esporsi al sole dopo l'applicazione.

Pino silvestre Come la maggior parte delle essenze balsamiche, che "aprono" il respiro, il pino ha una eccellente, benché probabilmente poco conosciuta, *attività antidepressiva*, dovuta forse proprio al fatto che un respiro libero e ampio segnala all'intero organismo uno stato di sollievo, di serena apertura, di rigenerazione. Comunque, è indubbiamente un'essenza rinomata per le sue qualità antisettiche e antinfiammatorie polmonari, oltre che anticatarrali, che la rendono utile anche in caso di *patologie croniche dell'apparato respiratorio*, compresa l'*asma bronchiale*.

Rosmarino Davvero ampio è il raggio d'azione di questa essenza tonica e antispasmodica insieme, decongestionante e stimolante. Per quanto riguarda le patologie dei Gemelli, ricordiamo in particolare le sue qualità spasmolitiche, utili per esempio in caso di *asma*, quelle disinfettanti, balsamiche ed espettoranti, che la rendono un supporto interessante in tutte le *patologie respiratorie*. Inoltre, è indicata in tutti i casi in cui occorra un'iniezione di energia: *astenia*, *convalescenze*, *ipotensione arteriosa*, *stanchezza mentale* e *depressione reattiva*. Per la sua intensa capacità stimolante, non deve essere assunta dal tardo pomeriggio, pena – in molti casi – l'insonnia, ed è sconsigliata ai bambini. Va inoltre sempre attentamente diluita, perché può causare irritazioni.

Tea-tree L'essenza della *Melaleuca alternifolia*, pianta australiana usata dagli aborigeni e dai primi coloni come una sorta di panacea, è in effetti fra i rimedi antisettici più interessanti, dato che la sua azione si estende dalla cura delle *piccole ferite* alle *punture di insetti*, alle *micosi* (sia cutanee sia mucose, come le candidosi vaginali), all'*acne*, all'*herpes*. Per quanto riguarda quest'ultimo, si può diluire l'essenza in poco olio vegetale o stemperarla con acqua, facendo poi delle pennellature o imbevendo delle compresse di garza da applicare localmente.

Oligoelementi

Litio Ha un effetto normalizzante sulla trasmissione nervosa, pertanto si può somministrare anche a chi si voglia disassuefare dagli ansiolitici. In particolare, comunque, è adatto ai soggetti che manifestano *ansia*, *angoscia* e *depressione reattiva*. Si può usare anche per lenire lo stato d'animo irritabile e depresso che può intervenire in chi soffre di dolorose *nevriti*. La posologia è tra 1 e 5 dosi al giorno, ovviamente secondo il parere del medico.

Manganese Nei soggetti che appartengono a questa diatesi (vedi Ariete) è in grado di riequilibrare il terreno, quindi la reattività generale. È indicato, nel caso delle affezioni dei Gemelli, soprattutto nelle *nevriti*, nell'*asma allergico* e in alcune forme d'*ansia*.

Manganese-Cobalto Combinazione di oligoelementi che caratterizza la terza diatesi, detta *distonica*, è indicata in tutte le forme di *ansia* e *somatizzazioni* nei soggetti che sentono di aver perso tono o sicurezza di sé, che manifestano angosce riguardanti il futuro e accusano i più vari disturbi neurovegetativi. Può essere indicato in talune forme di *asma bronchiale*, specie se è evidente la componente emotiva (in questo caso, si può abbinare al *Litio*).

Manganese-Rame Eccellente antinfiammatorio, anche localmente (per esempio, sull'*herpes labiale*), si può usare per via orale come sostegno nel trattamento di *bronchiti* e *otiti*, anche ricorrenti. La posologia va da 1 dose al giorno a 1 alla settimana, a seconda del tipo e dell'entità del problema.

Rame-Oro-Argento Quando l'organismo sembra aver dato fondo alle sue riserve difensive o alle sue capacità di recupero, è il momento di usare questa combinazione, che è indicata soprattutto per i soggetti appartenenti, anche momentaneamente, alla quarta diatesi o *anergica*. Si tratta spesso di persone *depresse*, demotivate, senza forze, che possono andare incontro con grande facilità a infezioni che si cronicizzano per carenza di difese immunitarie (*bronchiti e otiti ricorrenti*, *nevriti*). Il numero delle dosi utili può variare da 1 al giorno a 1 alla settimana.

Omeopatia

Per le slogature e i piccoli traumi, è utile prendere subito 1 dose di *Arnica 30 CH*, da ripetere ogni ora per alcune volte. Contemporaneamente, si può applicare una pomata all'arnica. In seguito, prendere *Rhus toxicodendron 5 CH*, 1 dose 1 o più volte al giorno. Se l'articolazione è gonfia ed è impossibile muoverla, meglio *Bryonia 5 CH*, sempre 1 o più volte al giorno.

Fiori di Bach

Chestnut Bud Per chi non riesce a imparare dall'esperienza, come se le cose fatte o gli eventi incontrati gli scivolassero addosso. Per questo, può trovarsi a ripetere gli stessi errori. Può servire anche in caso di distrazione, quando la persona non è concentrata e non saprebbe dire a che cosa stava pensando (se lo sa, in genere è più indicato *Clematis*), in tutti *i disturbi ciclici o recidivanti* e in alcuni disturbi riguardanti l'*orecchio*.

Gentian È lo stato d'animo di chi ha subìto una *delusione* e, per timore di ripetere l'esperienza negativa, mette le mani avanti, dichiarandosi scettico. È utile anche quando sussistano dubbi sulle proprie possibilità di miglioramento o capacità di affrontare una situazione per il verso giusto.

Heather Timore della solitudine e dell'abbandono spingono la persona in questo stato negativo ad aggrapparsi agli altri, di cui ricerca l'attenzione e l'appoggio incondizionati. Può essere indicato anche nell'*asma bronchiale*.

Holly Rabbia e gelosia contraddistinguono il soggetto in stato negativo. Sul piano fisico, risulta utile quando vi siano sintomi di dolore e bruciore, per esempio nelle *nevriti*.

Impatiens Rapido ed efficiente quando è in stato positivo, se perde la serenità trova insopportabili le attese e non riesce a tollerare i ritmi degli altri, più lenti dei suoi. A livello fisico, oltre che per i soggetti che vanno spesso incontro a *traumatismi* dovuti alla fretta o all'incuria, è indicato in molte forme patologiche accompagnate da *irrequietezza*, *irritabilità*, *prurito*.

Star of Bethlehem Per le conseguenze di *traumi*, anche lontani, che abbiano lasciato strascichi nel corpo o nell'animo. Il rimedio aiuta a riconciliarsi con ciò che è avvenuto, mettendoci nello stato d'animo giusto per superarlo.

Sweet Chestnut Questo rimedio è indicato nei momenti di crisi più buia, in cui la persona sente di aver perduto ogni appiglio e ogni speranza, cosicché ritiene inutile chiedere aiuto. Sa però, nel profondo di sé, che tale situazione non può che essere transitoria: dopo aver toccato il fondo, infatti, si può soltanto risalire. Si può quindi somministrare il rimedio in occasione di *momenti depressivi intensi ma transitori*.

Vervain L'eccessivo entusiasmo e un senso della giustizia fin troppo radicale spingono spesso la persona in stato negativo a dar fondo alle proprie energie senza risparmio, finché, non di rado, l'organismo risponde con segnali di esaurimento. È indicato quindi anche per le persone *iperattive* e *ansiose*.

Water Violet Il desiderio di autonomia e di raccoglimento in se stessi si tramuta, nello stato negativo, in sensazione di isolamento e incomunicabilità, freddo orgoglio, eccessivo distacco emotivo. Il rimedio può essere somministrato anche nel trattamento emotivo dell'*asma* e di alcuni disturbi riguardanti l'*udito*, sempre dove vi sia una forte componente emotiva.

Cromoterapia

Arancione Unione del rosso – che rappresenta l'energia fisica – e del giallo – la chiarezza mentale – è il colore della vitalità, riscaldante e ravvivante, in grado di risvegliare il naturale buonumore e di modulare la reattività dell'organismo. È usato, anche sotto forma di acqua solarizzata, nel trattamento dell'*asma bronchiale*, nelle *bronchiti croniche* e in molti casi di *depressione reattiva*, in alternanza al rosso o al viola. Controindicato per chi soffre di disturbi alla tiroide e infiammazioni intestinali.

Indaco La lunghezza d'onda di questo colore sembra avere proprietà antisettiche e distensive sul sistema nervoso, oltre che agire a livello psichico come un vero e proprio "purificatore" da ansie e reazioni difensive eccessive e inappropriate. È indicato nelle *otiti acute e croniche*, sia come applicazione luminosa sia sotto forma di acqua solarizzata, nelle *bronchiti croniche*, in molte forme di *nevralgie* e, in alternanza con il verde, nel trattamento dell'*ansia*, in tutte le sue forme.

Viola Decongestionante, antispasmodico, riequilibrante nervoso, attivatore dell'intuizione, questo colore può essere impiegato nelle fasi acute dell'*asma bronchiale*, mentre successivamente alla crisi asmatica si useranno l'arancione e il giallo. Un altro campo di applicazione sono le *nevriti*, per esempio da *herpes*, in cui si può alternare al blu, svolgendo un'azione antisettica e addirittura anestetica. I tempi di esposizione andranno naturalmente calibrati di volta in volta, in base al tipo e all'intensità della sintomatologia.

CANCRO

(22 giugno-22 luglio)

Estate: atto primo

Cancro: espressione del verbo *accogliere*. Dopo la comparsa dei primi germogli (Ariete), dei fiori (Toro), delle foglie (Gemelli), adesso sugli alberi giungono alla piena maturazione i frutti, che diventano dolci, rotondi, succosi e racchiudono, alla stregua di scrigni protettivi, i semi che feconderanno più avanti la madre Terra. Allo stesso grado di maturazione giunge anche il grano che biondeggia nei campi e che è ormai quasi pronto per essere raccolto. Il potenziale di procreazione della Natura, divenuta "adulta" dopo l'adolescenza dei Gemelli, raggiunge dunque in estate il punto massimo.

In questo breve discorso introduttivo già si ravvisano le prime simbologie peculiari del segno del Cancro: *dolcezza*, *rotondità*, *fertilità*, *protezione*.

Concordanze astronomiche e stagionali

Dal punto di vista astronomico, il Sole tocca intanto il grado più elevato della propria declinazione e nell'emisfero terrestre nord, il 22 giugno, si verifica la giornata più lunga dell'anno, in contrapposizione alla notte più corta: è il magico, luminoso momento del solstizio d'estate, che alle nostre latitudini dà il via alla stagione forse più attesa dell'anno. Attesa perché la parola "estate" è sinonimo di ferie, amori balneari, riposo, rigenerazione, divertimento. In altre parole, l'estate rappresenta la fase dell'anno in cui il piacere, per molti, si sostituisce al dovere, quest'ultimo così mal sopportato dall'essere umano, soprattutto nella stagione in cui le temperature salgono, l'attivismo diminuisce (lasciando spazio alla "fiacca"), e magari per il caldo si dorme poco la notte. Non sembri peregrino questo discorso sull'estate, poiché esso fornisce l'aggancio ad altre simbologie del segno del Cancro: quelle di *pigrizia*, *lentezza*, *amore per le comodità*, *sonno*, che verranno riprese più avanti.

Il Cancro e l'evoluzione geo-biologica

Nelle tappe dell'evoluzione geologica, il segno del Cancro rappresenta la comparsa dell'acqua sulla Terra, elemento nel quale, secoli più avanti, si svilupperà la vita e che alla vita stessa sarà eternamente indispensabile (basti pensare che il corpo umano, costituito per oltre il 60 per cento di acqua, può sopportare anche tre-quattro settimane di digiuno, ma non può tollerare di rimanere senza acqua da bere, mediamente, per più di quattro-cinque giorni di seguito). E come le prime forme monocellulari di vita furono accolte dal grembo acquoso della madre Terra – dalla quale, millenni dopo, uscirono in forme sempre più elaborate –, così le leggi dell'evoluzione stabilirono che anche l'essere umano (come ogni mammifero) venisse portato nel grembo acquoso della madre prima di venire alla luce.

Il senso di protezione e della privacy del Cancro

Per assonanza simbolica, l'*utero* è uno degli organi del corpo femminile governati dal segno del Cancro, organo che accoglie, protegge per nove mesi il feto galleggiante nel liquido amniotico e che costituisce la sua prima *casa*, simbologia cancerina, questa, che per traslato assume anche la valenza di *abitazione* riferita alla vita adulta. La casa, come l'utero per il feto, rappresenta per l'uomo – dai tempi della caverna a quelli del moderno appartamento – la *protezione*, la *difesa*, il *comfort*, il luogo, insomma, in cui vivere la propria intimità senza pericolo di essere disturbato o aggredito dalle insidie e dalle intromissioni esterne. Alcune osservazioni assai curiose effettuate anni fa indurrebbero fra l'altro a ritenere che molti di coloro i quali si "barricavano" dietro la segreteria telefonica accesa anche quando erano in casa presentavano il segno del Cancro (o l'analoga quarta casa) piuttosto in evidenza nel proprio tema natale: essi sollevavano il ricevitore solo se la voce che sentivano attraverso l'altoparlante era quella di una persona gradita. Questo per un intenso (e a volte eccessivo) bisogno di difesa: la segreteria telefonica in casi del genere diventava una sorta di scudo, uno steccato, una porta attraverso la quale poteva passare solo chi veniva ritenuto non pericoloso per la salvaguardia della propria tranquillità. Tale meccanismo psicologico ricorda per certi versi la dinamica biologica del *concepimento* (altra simbologia cancerina): l'ovulo permette infatti l'ingresso, la penetrazione nel proprio nucleo, solo allo spermatozoo più gradito (ed è per questo che la fecondazione artificiale può essere considerata una sorta di violenza attuata sull'ovulo, al quale non viene lasciata la facoltà di accogliere dentro di sé, in "casa propria", uno spermatozoo scelto secondo le direttive che la Natura gli avrebbe impartito).

Sogno, poesia, magia del Cancro

L'impronta cancerina si estende poi all'infanzia e a tutto ciò che a essa è correlato: il seno materno, il latte (e i latticini, per i quali i nativi del Cancro nutrono generalmente una passione sfrenata), le favole, le ninne nanne, gli articoli per bambini (carrozzine, lettini, biberon ecc.). Il neonato poi trascorre il proprio tempo, oltre che mangiando, dormendo: il sonno e il sogno sono altre simbologie peculiari del quarto segno. Per estensione, il Cancro simboleggia anche la camera da letto. Non solo, ma il sogno può essere altresì ritenuto una delle espressioni notturne più misteriose e magiche della fantasia, dell'ispirazione, della creatività (tutte simbologie cancerine). Ma anche di giorno, quando una persona si lascia trasportare dall'immaginazione, si dice che "sogna a occhi aperti" (e quanti nativi del Cancro lo fanno...). Il discorso però non si esaurisce qui: la fantasia e l'ispirazione sono alla base dell'opera artistica, che nel caso del Cancro prende frequentemente le forme della poesia e della narrativa: decine e decine di grandi narratori, poeti e scrittori sono nati sotto questo segno, da Pirandello a Jean de La Fontaine (le cui favole sono celebri in tutto il mondo), da Marcel Proust (che andò alla ricerca del tempo perduto, sull'onda della nostalgia cancerina) a Franz Kafka, da Ernest Hemingway a Jean-Jacques Rousseau (il quale, pur vivendo in pieno Illuminismo, si scostò sempre più dal facile razionalismo, contrapponendovi, da bravo Cancro, l'importanza dello *slancio spontaneo e irriflesso dei sentimenti*. Come non ricordare, poi, l'ultima sua opera, *Le confessioni*, viaggio a ritroso nel passato e anticipazione della sensibilità letteraria dell'Ottocento?). La galleria prosegue poi con George Orwell, Archibald J. Cronin, Pearl S. Buck, Alberto Bevilacqua, Natalia Aspesi e Oriana Fallaci (che ha raggiunto le espressioni massime della propria cancerinità con *Lettera a un bambino mai nato* e *Intervista con la Storia*). Ma su tutti spicca indubbiamente Giacomo Leopardi, artista lunare e malinconico che così, nel *Canto notturno di un pastore errante dell'Asia*, immortalò la propria anima cancerina:

Che fai tu, luna in ciel, dimmi, che fai
silenziosa luna?
Sorgi la sera, e vai,
contemplando i deserti; indi ti posi.
Ancor non sei tu paga
di riandare i sempiterni calli?
Ancor non prendi a schivo, ancor sei vaga
di mirar queste valli?

All'astro d'argento, Leopardi dedicò anche una delle sue due ultime grandi liriche, *Il tramonto della luna*: quanta cancerinità!

La difesa delle radici

Ritornando alle simbologie evocate dal segno del Cancro, non si può certo dimenticare la più evidente, la più trionfante, la più pregnante: quella di *mamma*, intesa sia come figura fondamentale di riferimento nella formazione della personalità dell'individuo (e del Cancro in modo particolare), sia nel suo aspetto biologico di "datrice di vita". La mamma è inoltre dispensatrice di protezione, calore, nutrimento, in perfetto mood cancerino. Dall'osservazione empirica, fra l'altro, tale simbologia (insieme a quella di "infanzia") risulta essere molto più attinente al segno stesso del Cancro che non alla Luna, come stabilito invece dalla tradizione. Il discorso verrà comunque ripreso nel paragrafo successivo. Il significato di infanzia, inoltre, ne trasla altri: quelli di *tempo passato*, *memoria*, *Storia*. Ma esso porta alla ribalta anche il triste argomento della pedofilia: le violazioni all'infanzia degli ultimi anni sono l'espressione dei duri passaggi planetari che il segno del Cancro ha subìto e sta subendo (da Plutone-perversione-pornografia, da Urano-tecnologia-informatica-Internet, da Nettuno-inganno subdolo). Per fortuna, il mondo dell'infanzia è tutelato anche da ottime figure professionali ricollegabili all'essenza più pura del segno del Cancro: *ostetrico*, *gi-*

necologo, *psicologo infantile* o *specializzato in problematiche della famiglia*, *pediatra*, *vigilatore d'infanzia*, *insegnante di scuola materna e di scuola elementare*, tanto per citarne solo alcune.

E per ritornare ancora sulla simbologia di "abitazione", si rammenta che spesso il nativo di questo segno è versato per tutte le professioni correlate agli immobili, dall'*architetto* all'*arredatore*, dall'*agente immobiliare* al *venditore di casalinghi*, dall'*antiquario* al *restauratore*, dal *muratore* al *piastrellista*. E chi più ne ha, più ne metta.

Emblemi pregnanti del segno sono infine quelli di *famiglia* e, per estensione, di *patria*, intesa come "grande famiglia collettiva".

Dallo Zodiaco ai Tarocchi

Nel mazzo dei Tarocchi, la lama riconducibile al quarto segno è la numero diciotto, La Luna, sebbene vi siano pareri molto contrastanti circa questa attribuzione. Sulla carta, ove compare ovviamente l'astro governatore del segno, viene riportato anche un *granchio* (in alcuni mazzi è un *gambero*) che da uno specchio d'acqua emerge in superficie attratto dalla luce lunare. Due cani, inoltre, abbaiano alla Luna con espressione spaventata poiché sembrano presagire l'arrivo di eventi nefasti. Quest'ultima scena presenta un paio di collegamenti interessanti con il quarto segno. Innanzitutto, la finissima e misteriosa *istintualità* dei due cani richiama alla mente l'altrettanto finissima e misteriosa sensibilità di molti Cancro, non di rado protagonisti di piccoli-grandi episodi di *precognizione* (anche attraverso i sogni premonitori). Ma i due cani ululanti e inquieti paiono ricordare anche i *licantropi*, figure terrifiche di chiara matrice lunare e cancerina. La diciottesima lama dei Tarocchi simboleggia inoltre la *ricettività* e secondo alcune fonti anche l'*abitazione*.

Identificazione zodiacale

Nella disciplina astrologica il Cancro è un segno di genere *femminile*, di modalità *cardinale*, appartenente all'elemento *Acqua*. L'Acqua cancerina è riconducibile agli zampilli della sorgente che sgorga dalla madre Terra, all'acqua "raccolta e contenuta", come quella del lago, per esempio, o del grembo materno gravido. Essa è l'acqua di vita per eccellenza, l'unica, nella triade dei segni d'Acqua, a poter essere bevuta dall'uomo (l'Acqua dello Scorpione è infatti quella stagnante della palude, quella dei Pesci è l'Acqua del mare). Anche l'acqua del fonte battesimale è da associare al segno del Cancro, in quanto simbolo di purificazione e di "nascita" alla vita cristiana. Probabilmente, non è casuale il fatto che la liturgia cattolica festeggi la ricorrenza della natività di san Giovanni Battista proprio nella giornata del 24 giugno, sotto il segno del Cancro. Sempre in riferimento alla simbologia di *purificazione*, nelle antiche tradizioni orientali il segno del Cancro era ritenuto la *porta celeste* attraverso la quale le anime ritornavano sulla Terra, reincarnate, dopo l'oblio nell'aldilà. E, saltando dal sacro al profano, quella cancerina è la celeberrima *Acqua azzurra acqua chiara* cantata da Battisti, Pesci con Ascendente Cancro (!), il quale aggiungeva: "con le mani posso finalmente bere"...

Il Cancro nel mondo e nell'oroscopo individuale

Considerato che l'oroscopo individuale si costruisce sull'intero Zodiaco, che contempla tutti e dodici i segni, le simbologie cancerine fanno parte del carattere e del destino di ognuno di noi, e non solo di chi nasce sotto questo segno. Tali simbologie si esprimono soprattutto nei settori rappresentati dalla casa del tema natale che si colloca sul Cancro: in tali ambiti l'individuo avvertirà maggior bisogno di privacy, protezione, comfort. E in essi potrà manifestare nel modo più evidente le proprie doti di creatività, fantasia e immaginazione, oppure conservarsi per tutta la vita un po' bambino.

In definitiva, questo nativo ricorda più di altri la poetica figura del *fanciullino* pascoliano, dall'animo candido (il *bianco* è il colore del segno) e dalla natura sensibile, vulnerabile, un po' infantile. Man mano che il cancerino va avanti negli anni, il "tempo che fu" diventa per lui fonte di struggenti malinconie, in un alternarsi di dolore e gioia, sentimenti tanto più vivi quanto più viva è la sua memoria. Memoria che oltretutto conserva quasi sempre negli archivi del cuore ogni dettaglio delle antiche stagioni della vita, dei volti che ne facevano parte, degli odori, dei suoni, dei sapori, dei colori che le caratterizzavano. Come già accennato, la madre rappresenta spesso la figura che incide maggiormente sulla formazione della personalità del Cancro, nel bene e nel male, e spesso il nativo di questo segno si imbatte, nel corso della propria vita, in donne che appartengono allo stesso segno della mamma o comunque in figure femminili che in qualche modo, magari inconsciamente, gliela ricordino (e fra queste c'è quasi sempre la donna che sposerà). La nativa ha forse un rapporto più complesso con la figura materna, caratterizzato da sentimenti più netti e contrastanti: o la adora al punto di emularla in tutto e per tutto, o la rifiuta fino ad assumere atteggiamenti e comportamenti di vita diametralmente opposti. Tuttavia, chi nasce sotto questo segno, pur conservando per sempre una *ricchissima interiorità* e un *cuore tenero* (che lo inclinano anche, con una certa frequenza, alla *lacrima facile* e all'altrettanto *facile vittimismo*), possiede una *tenacia incrollabile*, propellente preziosissimo per le sue *ambizioni* che non sono mai modeste. *Grintoso*, *coriaceo*, tenacissimo, ma sempre con addosso l'uniforme "espressiva" d'ordinanza, che prevede il sorriso sulle labbra e gli occhioni ammiccanti, il Cancro raffigura alla perfezione l'animaletto zodiacale che lo rappresenta, il granchio, dalla *dura corazza esterna*, ma dalla *polpa tenera e gustosa*. Spesso si è descritto questo nativo come una sorta di nostalgico Pierrot, perso nelle suggestioni del passato e "con lo sguardo rivolto sempre all'indietro", come il *gambero*, altro animale collegato simbolicamente al segno del Cancro. Questo in parte è vero, ma è ancor più vero affermare che il cancerino rivolge lo sguardo al passato procedendo spedito verso il futuro. In altre parole – e in un paragone forse grossolano ma probabilmente esplicativo –, egli guida spesso l'automobile della vita verso le mete che si prefigge guardando, sì, al futuro attraverso il parabrezza, ma senza perdere mai di vista – dagli specchietti retrovisori – le proprie origini, il proprio passato, le proprie esperienze che man mano si allontanano.

I pianeti del Cancro

Astro governatore: Luna

All'alba della comparsa della vita sulla Terra, la Luna è stata il primo astro visibile in tutta la propria pienezza dall'essere umano. Al ciclo della bianca dea della notte i nostri progenitori collegarono ben presto l'alzarsi e l'abbassarsi della marea, le operazioni della semina, i ritmi della Natura nella loro totalità. Ma alla Luna furono associate anche alcune manifestazioni inquietanti del comportamento umano, quali la licantropia e i fenomeni di pazzia. Protagonista di innumerevoli miti, poemi, poesie e canzoni, la Luna è stata forse la musa ispiratrice più "attiva" e prolifica della storia. La sua natura creativa, fecondante e romantica emerge dalla notte dei tempi ed è rintracciabile, in modo particolare, nella leggenda greca che narra di Selene, divinità lunare e sposa innamorata del bellissimo pastore Endimione, dal quale ebbe numerosissimi figli (secondo alcune fonti, addirittura cinquanta). Racconta il mito che dopo aver assicurato – abbondantemente – la discendenza a Endimione, un giorno Selene chiese al Cielo di far addormentare il proprio sposo di un sonno profondo, per poterlo vegliare con devozione nella pace notturna della grotta posta sotto il monte Latmo, dimora dei due innamorati. Selene fu accontentata e da allora si beò della vista di Endimione in un contesto avulso dalla passione erotica, profondendo tutto il proprio amore a quell'uomo addormentato, indifeso, inerte, proprio come una madre ama e veglia il proprio bambino. Questo mito sembra dunque evidenziare che la Luna è l'astro del *sentimento* (che in certi casi sconfina nel *sentimentalismo*), della *passività*, dell'*istinto materno* e di *protezione*. Non solo, ma l'immagine della *caverna* si riallaccia a un'altra simbologia incontrata nel paragrafo precedente, quella di *cavità uterina*, luogo di pace e di protezione.

Alla Luna e all'incessante alternarsi delle sue fasi (novilunio, primo quarto, plenilunio e ultimo quarto) viene collegato tutto ciò che nella natura è *ciclico*, come il dipanarsi delle stagioni, delle maree, delle fasi della riproduzione e della vita stessa (molti calendari, per esempio, vengono ancora chiamati *lunari*). Tradizionalmente, la Luna astrologica simboleggerebbe anche la madre e l'immagine che l'individuo si crea di essa, tuttavia il "dovere di cronaca" impone di riferire che, almeno nell'esperienza pratica di chi scrive, questa simbologia dell'astro non sempre affiora in modo sufficientemente chiaro e soddisfacente: molti individui, in sede di discussione del loro oroscopo di nascita, descrivono infatti la propria figura materna in modo ben diverso da come la dipingerebbe la loro Luna natale. Nei casi suddetti, la figura della madre sembra più rintracciabile in altri pianeti dell'oroscopo (talvolta addirittura in Saturno) oppure in Lilith, la Luna nera, che esprime simbologie diametralmente opposte a quelle della cosiddetta "Luna bianca", visibile da tutti nel cielo. La pratica astrologica, inoltre, sembra spogliare frequentemente la Luna della tradizionale simbologia di *infanzia* che invece emerge in modo molto più palese nel segno del Cancro e nei pianeti in esso contenuti alla nascita. Queste osservazioni derivano dalla constatazione di Lune natali molto ben posizionate che dovrebbero corrispondere a madri esemplari e a infanzie paradisiache, ma che invece coincidono con genitrici tremende e infanzie cariche di dolore. Il discorso è valido anche al contrario (Lune tremende in oroscopi di persone con madri amorosissime e infanzie felici). Evidentemente, anche in materia di studi astrologici c'è ancora molto da scoprire...

Sperimentalmente accertata sembra invece la simbologia lunare di *memoria*, quale deposito delle esperienze passate (la Luna in armonia con altri pianeti natali conferisce spesso una memoria a prova di bomba; la Luna mal sostenuta corrisponde invece generalmente a una memoria debole). Al significato di memoria si riaggancia quello di *Storia*, quale bacino di esperienze del passato, comuni a tutta l'umanità.

Sul piano psicoanalitico, nella vecchia "ipotesi topografica" formulata da Freud, la Luna simboleggia il *preconscio*, ovvero quella parte della psiche nella quale i ricordi vivono in una specie di limbo posto fra conscio e inconscio, dal quale possono essere riportati alla mente con un minimo sforzo di volontà o mediante uno stimolo (una frase, un'immagine, una musica, un profumo, un colore, che evocano quasi sempre ricordi fino a un attimo prima lontani dalla coscienza). Altri significati propri della Luna sono quelli di *notte,* di *percezione intuitiva* e di *lunaticità* (la giornata di un cancerino è spesso caratterizzata da frequenti sbalzi d'umore).

Nell'interpretazione astrologica, infine, la Luna rappresenta il modo in cui una donna vive ed esprime la propria *femminilità* e il concetto che ha del proprio ruolo di *moglie* o *compagna.* Per un uomo, l'astro d'argento rappresenta il proprio *ideale di donna.* Sul piano collettivo, la Luna simboleggia la *folla* e in particolare la *popolazione femminile.*

Dal punto di vista astronomico, la Luna è l'astro più veloce del sistema solare: essa compie un giro completo sullo Zodiaco in ventotto giorni circa e percorre ogni segno mediamente in due giorni e mezzo. Il suo moto è sempre diretto, ovvero senza nessuna retrogradazione, a differenza di quello di tutti gli altri pianeti dello Zodiaco (a eccezione del Sole, anch'esso dotato di moto esclusivamente diretto).

Nel corpo umano, la Luna governa i liquidi corporei, detti anche *umori.* Questa attribuzione, traslata al significato di "umore" inteso come stato d'animo, conduce ad alcune considerazioni piuttosto curiose. Di una persona con l'umore "storto", si dice infatti che "ha la luna di traverso". Soprattutto nel gergo della navigazione, l'espressione "di traverso" è sinonimo di "perpendicolare", ovvero di "angolo di 90 gradi" (quando infatti una nave avvista un'altra nave che procede su una rotta perpendicolare alla propria, si dice che la sta avvistando "al traverso"). In astrologia, l'angolo di 90 gradi che si può formare fra due pianeti sullo Zodiaco si chiama "quadratura" ed è ritenuto negativo. Per proporre un esempio semplificato, se in un tema natale Marte si trova in Cancro e il Sole in Bilancia – segni distanti 90 gradi l'uno dall'altro –, fra questi due pianeti si forma una quadratura, che impedisce a entrambi di esprimere al meglio le proprie potenzialità. Lo stesso discorso vale per la Luna, che quando nell'oroscopo di nascita si trova in quadratura ("al traverso") con altri pianeti, manifesta le proprie caratteristiche nel modo peggiore, forgiando persone "umorali", lunatiche, prevalentemente di "cattivo umore" o soggette a cambiamenti frequenti dei propri stati d'animo. Ergo, persone sempre, per l'appunto, "con la luna di traverso". Ma anche quando la Luna, nel proprio girovagare sullo Zodiaco, si pone a una distanza angolare di 90 gradi nei confronti del nostro segno di nascita (cosa che accade ogni due settimane circa per un paio di giorni), noi siamo lunatici, irritabili, malinconici, inquieti, di umore balzano. L'espressione "luna di traverso", dunque, traduce nel gergo popolare né più né meno che il concetto astrologico di "Luna in quadratura".

Ma c'è anche un altro detto che evoca una delle simbologie più rilevanti del bianco astro notturno, quella di "gravidanza", della quale si è riferito più volte. L'espressione popolare "eri ancora nel mondo della Luna" intende significare "non eri ancora nato", con il chiaro riferimento sia alla vita intrauterina, sia, per certi versi, all'immagine di Porta d'ingresso sul mondo materiale per le anime sul punto di reincarnarsi. La Luna è anche il simbolo dell'*anima* in senso junghiano, ovvero della sede del patrimonio emotivo individuale. Tale simbologia trova un'espressione particolarmente significativa anche in astrologia sinastrica (branca della disciplina che studia le affinità di coppia): quando due innamorati presentano nel proprio oroscopo di nascita la Luna nello stesso segno, essi sono destinati frequentemente a rimanere insieme per lunghissimi anni (se non addirittura per la vita intera). Come mai? Probabilmente perché possedere la Luna nello stesso segno significa avere la stessa anima. O, per meglio dire, avere (ed essere) due *anime gemelle*... È doveroso specificare, comunque, che tale particolarità astrologica non indica necessariamente che nella coppia regnerà l'armonia perpetua: sarebbe pretendere troppo. Tuttavia, anche se i due innamorati in questione dovessero litigare per tutta la vita, tradirsi, prendersi a botte, è quasi certo che giungeranno al loro ultimo giorno terreno ancora insieme e pazzi d'amore l'uno per l'altra.

Sul piano anatomico, la Luna è in relazione con le *capacità riproduttive femminili* e con il *ciclo mestruale* (che ha la stessa durata del moto lunare attorno alla Terra). Regge inoltre l'*occhio sini-*

stro nell'uomo e l'*occhio destro* nella donna, l'*orologio biologico*, le *mammelle*, lo *stomaco*, i *ritmi sonno-veglia*, il *desiderio di maternità*. La pratica astrologica sembra aver individuato inoltre nella Luna anche la corrispondenza astrologica con la *prostata* e con il *liquido spermatico*, bianco e lattiginoso. A questo proposito, è curioso osservare come in spagnolo i vocaboli "latte" (liquido lunare) e "sperma" si indichino con lo stesso vocabolo, *leche*, sottolineandone l'identica matrice simbolica.

Nota

Seguendo le indicazioni della tradizione astrologica, il discorso sui pianeti in domicilio nel Cancro si esaurirebbe con l'analisi della Luna. Un'interessante ricerca condotta da Stefano Birion, studioso romano trapiantato da anni a Milano, sembrerebbe invece dimostrare, con argomentazioni piuttosto interessanti e convincenti, che nel Cancro troverebbe il proprio domicilio secondario anche il Sole (così come nel segno del Leone troverebbe il proprio domicilio secondario la Luna). Anni prima, Lisa Morpurgo aveva formulato una teoria simile, ma riconducendo il discorso a un ipotetico Zodiaco-B (risalente a centinaia di migliaia di anni fa e diverso da quello attuale) del quale la compianta "scienziata" dell'astrologia aveva parlato nelle proprie numerose opere. Stefano Birion avrebbe invece teorizzato i due domicili solare e lunare anche nel nostro attuale Zodiaco (d'altronde, come afferma anche Roberto Sicuteri, "in principio la Luna era fusa concettualmente col Sole e in certe fasi culturali assunse caratteri maschili mentre al Sole erano dati tratti femminili"[6]). Gli studi in tal senso sono ancora agli inizi, motivo per il quale sarebbe azzardato dare per scontata questa teoria. Abbiamo fiducia, tuttavia, che imminenti riscontri empirici positivi possano fornire ulteriori dimostrazioni della validità di questa nuova e affascinante chiave interpretativa.[7]

Pianeta in esaltazione: Venere

La tradizione astrologica assegnerebbe al Cancro l'esaltazione di Giove. Come già si è detto, questo testo si riferisce però allo schema delle esaltazioni elaborato da Lisa Morpurgo, in quanto molto più attendibile dal punto di vista logico.

Le simbologie venusiane di *amore* e di *affetto* raggiungono nel Cancro la loro espressione massima: in questo segno, infatti, la vita sentimentale assume un'importanza basilare, addirittura indispensabile alla sopravvivenza stessa. Un Cancro potrebbe rinunciare alle proprie chele, alla propria corazza, perfino ai dolci alla

[6] SICUTERI, ROBERTO, *op. cit.*, p. 133.

[7] Chi fosse interessato ad approfondire l'argomento può richiedere alla segreteria del CIDA (Centro italiano di astrologia, via Vizzani 74, 40138 Bologna) una copia gratuita del n. 107 di "Linguaggio Astrale", rivista ufficiale del Centro, nella quale è stata pubblicata per intero la relazione che Stefano Birion ha presentato al IV Convegno di voci nuove in astrologia tenutosi a Forlimpopoli, 12-13 aprile 1997.

panna e ai peluche collezionati dall'epoca dell'asilo, ma mai al sentimento d'amore... Non solo, ma visto che nel Cancro si riscontra l'associazione fra la Luna (*famiglia-romanticismo-intimità-mobilità*) e Venere (*amore-matrimonio-dolcezza*), non ci sarebbe da stupirsi se l'espressione "luna di miele" fosse stata inventata proprio da un Cancro... Inoltre: Cancro = casa, Venere = amore. Non si è soliti dire che quando una persona si innamora e si fidanza, o si sposa, si "accasa"? Tutto questo, comunque, dimostra come la coerenza dello Zodiaco sia inappuntabile: in un segno che simboleggia il concepimento, viene infatti posto il trionfo di Venere-*amore-piacere-passione*. Che cos'è una nuova vita se non un atto d'amore? E da che cosa nasce una nuova vita se non da un rapporto d'amore e di piacere fra un uomo e una donna? Venere, insomma, viene ritenuta dalle leggi dello Zodiaco componente fondamentale dello scintillare della vita (il concepimento, fra l'altro, necessita dell'incontro del gamete maschile con quello femminile: ecco una delle motivazioni per le quali, nel Cancro, è indispensabile l'introduzione di un elemento planetario maschile – nella fattispecie il Sole – che giunge alla sua altezza massima proprio nel giorno del solstizio d'estate, punto apicale dell'eclittica simbolicamente riconducibile all'*acme maschile*, all'*erezione estrema*).

Dal punto di vista comportamentale, le manifestazioni venusiane si riscontrano anche nel calore affettivo peculiare del nativo del segno, nei suoi slanci di generosità e di tenerezza, nelle premure di stampo materno (o quantomeno di stampo "genitoriale") che riserva alle persone che ama, proteggendole, coccolandole, viziandole, difendendole. Fra l'altro, la Venere cancerina, nel suo sincretizzare i significati di amore, di maternità, di *cuore* inteso come sede dei sentimenti, può essere considerata, a buon diritto, la trasposizione astrologica del famoso detto popolare "i figli so' piezz'e core".

Fra le pieghe delle caratteristiche venusiane si riscontra inoltre quella di *edonismo*, che emerge spessissimo nella personalità dei nativi del segno: essi amano infatti cullarsi nei propri comodi e desiderano la quiete, che ricercano perennemente, spinti forse dal ricordo ancestrale del dolce comfort del grembo materno. Ed è ancora Venere la massima "responsabile" della dolcezza di modi di questi nativi, del loro sorriso affascinante, del loro magnetismo e del loro bon ton un po' rétro.

Poco sopra abbiamo accennato ai dolci alla panna, totem e tabù di questi nativi (totem perché letteralmente idolatrati, tabù perché contribuiscono all'aumento di peso cui i cancerini vanno spesso incontro col passare degli anni). Ebbene, la passione smisurata che i Cancro nutrono nei confronti dei dolci (in modo particolare per quelli al cucchiaio, alla crema, al latte e alla vaniglia) può essere determinata proprio dall'esaltazione di Venere-*dolcezza* in questo segno. Anche i nativi di altri segni amano gli zuccheri (come i Pesci, per esempio), ma il record cancerino rimane – a oltre quattromila anni dalla nascita ufficiale dell'astrologia – ancora imbattuto. Tale primato, tuttavia, può condurre i Cancro verso il diabete: il consiglio (che sicuramente cadrà nel vuoto) è quello di non esagerare.

Pianeti in esilio: Saturno e Urano

Nelle morbide coltri del mondo cancerino, le simbologie saturnine, che all'opposto di quelle lunari ricordano un ascetico letto di chiodi, fanno molta fatica a esprimersi. La *razionalità* saturnina, per esempio, cozza contro l'*istinto intuitivo* che nel segno del Cancro costituisce il canale primario di percezione e valutazione della realtà. Saturno simboleggia i ragionamenti fatti con la "testa", mentre il Cancro è l'emblema di quelle che Pascal chiamava "le ragioni del cuore" (le quali, tuttavia, sono spesso molto più spietate e dittatoriali di quelle della mente). Il concetto di "cuore" come sede dei sentimenti esprime inoltre valenze di *calore* e *generosità*, all'opposto di quelle di *freddezza* e *autocontrollo* proprie di Saturno. Queste ultime simbologie si trovano poi in netta antitesi con l'*emotività* cancerina, con la *fantasia*, con il *sogno a occhi aperti* cui si abbandonano volentieri i nativi di questo segno.

Altri tratti saturnini estranei alla natura cancerina sono quelli di *rinuncia* e *privazione*, poiché il Cancro ricerca il comfort e soprattutto il soddisfacimento immediato delle proprie esigenze, comportamento un po' "bizzoso" che testimonia l'ancoraggio del segno al molo lontano dell'infanzia. E sempre in riferimento al concetto di *infanzia*, si rintraccia un'altra discrepanza fra il segno del Cancro e Saturno, pianeta che racchiude infatti la simbologia opposta di *vecchiaia*. Non solo, ma l'esilio del *vecchio* Saturno nell'estivo segno del Cancro emerge anche da una triste e orribile abitudine ormai comune a moltissima gente: quella di abbandonare gli *anziani* alla loro solitudine (magari *esiliandoli* in ricoveri e ospedali) proprio al sopraggiungere della stagione delle vacanze. Ma, sia chiaro, questo non significa assolutissimamente che i nati sotto il segno del Cancro abbandonino i propri "vecchi" più facilmente e più frequentemente di altri nativi; qui si stanno infatti solo trattando le simbologie del segno in "valori assoluti".

Sul piano anatomico, Saturno governa le *parti dure* del corpo: *scheletro*, *denti*, *unghie* e, in base all'esperienza, anche la *pelle*.

Per quanto riguarda Urano, si rende subito evidente la stonatura che si crea fra la simbologia di *dinamismo*, peculiare del pianeta, e quella di *pigrizia*, propria del Cancro. Non solo, ma nella calma fatata del mondo intrauterino, dove il feto segue ritmi di sviluppo lenti e cadenzati, la *repentinità* uraniana non può trovare posto.

Il Cancro rappresenta inoltre, come si è detto, l'ispirazione poetica, la favola, la predisposizione alla narrazione, spesso l'opera d'arte; Urano governa invece la *tecnica* e i suoi derivati, l'*informatica* e l'*ingegno*, dal quale derivano a loro volta le *invenzioni*. La pratica astrologica, fra l'altro, dimostra come molti appartenenti a questo segno abbiano scarsa dimestichezza con il computer e le apparecchiature elettriche ed elettroniche. Non solo, ma lo spirito antitecnologico del Cancro, unito alla sua pigrizia, sfocia spesso nell'idiosincrasia totale verso ogni tipo di libretto delle istruzioni, che il nativo di questo segno fa leggere a chi se ne intende (o a chi ha più buona volontà di lui) per poi farselo spiegare in parole semplici (o, più spesso, per far mettere mano agli apparecchi elettronici proprio a chi ha letto, in vece sua, il famigerato libretto).

Infine, due parole sul concetto di *tempo* che accomuna Saturno, Urano e il Cancro, ma con riferimenti diversi che ben spiegano l'esilio dei due pianeti. Urano rappresenta infatti il *tempo presente*; Saturno, dal canto suo, è il simbolo della lungimiranza e, in un certo senso, anche del *futuro*: come pensare che possano sentirsi a casa propria in un segno come il Cancro, che è l'emblema del *tempo passato*?

Pianeta in caduta: Marte

In questo segno Marte trova la propria postazione di maggior disagio (pari, forse, solo al malessere che può provare nel segno dei Pesci). Nel bombato universo cancerino le acuminate simbologie marziane di *aggressività* e *irruenza* non possono infatti trovare posto, mentre lo *spirito guerriero*, caratteristico del pianeta, viene sostituito dalla pacatezza e dalla *tenacia*, che è pur sempre una forma di combattività, ma più morbida rispetto a quella "formato Marte".

Nel Cancro, l'*abilità alla guida* non è spiccatissima, forse proprio a causa dell'estraneità al segno di Marte-*motori*, così come il *machismo* negli uomini, che si pongono nei confronti dell'altro sesso più con fare da gentleman d'altri tempi che con atteggiamenti da galletti sciupafemmine (impliciti invece nell'essenza di Marte).

Non solo, ma dall'analisi del simbolo-Cancro emerge anche

l'appannamento dei significati marziani di *sport* e *disputa*: il nativo di questo segno, infatti, oltre a praticare solitamente una scarsa – per non dire nulla – attività sportiva (a meno di "pungoli" planetari particolarmente efficaci nel proprio oroscopo personale di nascita), è anche poco competitivo. Ciò non toglie, come si è detto, che egli sia comunque un combattente: solo che per raggiungere i suoi obiettivi non aggredisce, non brutalizza e non avanza sul terreno di guerra con la baionetta inalberata, preferisce usare gli strumenti del garbo, della scaltrezza e, diciamolo, anche di una certa "ruffianeria".

Infine, ricordando che Marte nel corpo umano governa la *testa*, è lecito chiedersi se anche la figura di san Giovanni Battista che, lo ribadiamo, si celebra sotto il segno del Cancro, non esprima un simbolico richiamo alla *caduta* di Marte nel segno, considerato che la morte del santo avvenne tramite decapitazione (*caduta della testa* dal corpo), per mano di Erode Antipa, istigato dalla perfida Salomè.

Concordanze e analogie nel corpo umano

Dopo aver esplorato, con i Gemelli, la possibilità di comunicazione fra un "dentro" e un "fuori", è dunque naturale costruirsi attorno una struttura protettiva, una tana accogliente che delimiti e protegga il suo prezioso contenuto: ed ecco comparire la funzione cancerina, il guscio che difende i processi vitali che si vanno sviluppando e trasformando all'interno.

Gli organi correlati con il quarto segno sono dunque generalmente cavi e arrotondati, perché predisposti all'accoglimento, e hanno a che fare con il nutrimento e la trasformazione. Consideriamo pertanto di competenza del Cancro:

– lo *stomaco*, dove il cibo si raccoglie e subisce l'azione dei succhi gastrici e dell'acido cloridrico. Paragonabile a un piccolo *athanor* da alchimista, un forno di trasmutazione, dove il "fuoco" dell'acido scinde le proteine, lo stomaco contiene in sé un principio *lunare* – la sua capacità di mutare forma a seconda del momento funzionale (tondeggiante e distesa se pieno; appiattita, quasi virtuale, se vuoto) – e un principio *solare*, il calore e l'energia necessari alla digestione. Del resto, si chiama *plesso solare* un centro nervoso ed energetico posto in prossimità di quest'organo.

Lo stomaco è poi, nel linguaggio figurato, il luogo in cui il nostro corpo decide ciò che è accettabile e ciò che è meglio rifiutare, quello che possiamo definitivamente approvare e quindi fare nostro o che invece desideriamo rigettare. "Questo non mi va giù", "quest'altro mi sta sullo stomaco", "quella cosa non la digerisco"... Le metafore linguistiche non fanno, in effetti, che confermare la connotazione fisiologica e insieme simbolica di quest'organo. Alla nostra capacità emotiva di accogliere sensazioni e informazioni dalle quali decidiamo di farci impressionare e trasformare può corrispondere, sul piano somatico, la capacità dello stomaco di distendere le sue pareti per raccogliere il cibo veicolato dall'esofago, rimescolarlo mediante i movimenti della sua muscolatura, impregnarlo di succhi fortemente acidi per sterilizzarlo, e continuare i processi digestivi iniziati nella bocca a opera degli enzimi salivari. Ma se qualcosa si inceppa, per esempio perché l'innervazione – che comanda la secrezione e la mobilità dello stomaco – lancia segnali che contrastano o rallentano il normale andamento, possono comparire senso di nausea, pesantezza, dolore, bruciore, acidità. Segno che abbiamo ingerito qualcosa di troppo "pesante", tossico o inadeguato, o che abbiamo mangiato in una situazione di disagio, magari di preoccupazione, competizione, insicurezza.

Un meccanismo di salvaguardia del nostro corpo dall'ingestione di sostanze intollerabili è il vomito, che permette di liberarsi rapidamente di qualcosa che, se avesse modo di farsi strada dentro di noi, provocherebbe gravi danni. Spesso anche questo sintomo, quando non è autoprovocato – il che sarebbe sinonimo di un rapporto anomalo con il cibo –, è correlabile alla presenza, anziché di alimenti guasti o ingeriti in eccesso, del rifiuto più o meno consapevole di situazioni, persone, ambienti riguardo ai quali proviamo avversione, ovvero che "non riusciamo a digerire";

– le *mammelle* che, benché non siano organi cavi ma ghiandole, sono "piene" di latte dalla fine della gestazione sino al termine dell'allattamento. Il sangue che, affluendovi più copioso dall'inizio della gravidanza, viene trasformato nel bianco liquido, dolce e nutriente, si è prestato a complesse metafore religiose, per esempio quella della chiesa o del sangue del Cristo, che si trasforma, come quello di un'amorevole madre, in nutrimento spirituale per ogni fedele. Ma vi sono anche altre figure femminili allattanti, e molto più antiche della nostra Madonna: si rifanno infatti alla diffusione del culto della Dea Madre, che si estendeva un po' dappertutto nel Mediterraneo, in Medio Oriente, in India e in molte altre zone, prendendo di volta in volta denominazioni e caratteristiche specifiche differenti, ma tutte riconducibili a una concezione abbastanza unitaria. Questo è forse il culto più antico, nato per esprimere il sentimento di appartenenza e totale integrazione alle forze magiche e misteriose della Natura, responsabili della nascita, della crescita, della morte e soprattutto della possibilità di procacciarsi il nutrimento. Figli della Terra nutrice e protettrice della fecondità e della continuità della specie, gli uomini incarnarono questo principio per esempio in Iside, spesso raffigurata mentre allatta il figlio Horus o, per rimanere in Egitto, nella dea-mucca Hathor, signora della volta celeste, le cui mammelle sostengono nientemeno che le stelle. Dee multi-mammie sono spesso rappresentate nei culti che si riferiscono a società matriarcali. Un esempio famoso è Artemide *polymastòs* (dalle molte mammelle), venerata nel santuario di Efeso come madre universale che nutre e domina uomini e animali. In alternativa, le statue cultuali erano dotate di grandi mammelle, anch'esse simbolo della ricchezza dei doni della Natura, talvolta addirittura forate, così da permettere lo sgorgare di un liquido "magico", sicuro apportatore di fecondità e abbondanza. Ma la dea Natura, se da un lato elargisce doni e nutrimento, dall'altro sottrae la vita per permetterne il perpetuarsi: si nutre cioè delle sue stesse creature, ne pretende la restituzione con la loro morte, il loro sacrificio. Una dea di cui ancor oggi si sente parlare, e nella quale questi due aspetti – quello creativo, materno, e quello distruttivo, mortifero – sono compresenti è Kalī, la dea nera degli indù, madre e insieme divoratrice degli uomini e delle energie della Natura. Rappresenta difatti il potere creativo e insieme distruttivo connesso al Tempo, a ciò che cresce e perciò stesso inevitabilmente decrescerà. Una potenzialità anche distruttiva del femminile – il "seno cattivo" di certi studi psicoanalitici – è dunque presente nell'immaginario antico e moderno, come è dimostrato per esempio dal mito delle Amazzoni. Le bellicose e ardite guerriere sacrificavano una mammella, e con essa la capacità di tenerezza, accudimento e seduzione in nome di un ideale di lotta e di dure battaglie. Femministe ante litteram o immagine simbolica di un'aggressività che viene spesso avvertita dall'uomo come sterile e irritante (e soprattutto spaventosa), le Amazzoni, che di solito vengono sconfitte da qualche eroe maschile di stampo patriarcale, rappresentano però anche il retaggio di una concezione più antica del femminile, quella in cui le polarità vita/morte, luce/oscurità, saggezza/follia potevano coesistere unitariamente. Il sacrificio del seno è nel loro caso l'atto che permette di svincolare una parte dell'energia creativa e nutritiva della Grande Madre, correlata al ruolo biologico della donna, per investirla nella crescita individuale, finalizzata all'evoluzione creativa della società intera;

– il *pancreas*, produttore di bicarbonati ed enzimi che proseguono l'operazione digestiva iniziata in bocca e nello stomaco. Quest'organo è responsabile della produzione di insulina, l'ormone che facilita l'ingresso degli zuccheri dal sangue nelle cellule, dove sono utilizzati come "carburante" per le funzioni che richiedono un consumo di energia, o stoccati sotto forma di gocciole di trigliceridi (grassi) se le entrate superano le richieste energetiche del momento. Se per motivi genetici, traumatici, infettivi (e altri tuttora sconosciuti), la produzione di insulina è deficitaria già nel bambino o nell'adolescente, può conseguirne il diabete di tipo giovanile, patologia considerata cancerina. I sintomi sono: dimagrimento nonostante l'aumento dell'appetito e della quantità di cibi ingeriti, aumento della sete e della quantità di urine, affaticamento immotivato, talvolta nausea, cefalea. Questo tipo di diabete è potenzialmente il più grave, su base autoimmunitaria, e necessita di solito di insulina supplementare. Vi è poi un altro tipo di diabete, più tipico dell'età adulta, che può accompagnarsi o no a sovrappeso, e che inizia spesso, anziché per un deficit di insulina, per una progressiva insensibilità dei tessuti all'azione di questo ormone. L'insulina, cioè, può essere normalmente prodotta o addirittura aumentata, ma non ci sono, sulle cellule che dovrebbero assorbire gli zuccheri, sufficienti "porte" da cui farli passare, oppure queste porte non funzionano a dovere. Il risultato è sempre un aumento della glicemia, che nel tempo potrebbe provocare danni vascolari e nervosi. Oltre alla dieta, che deve garantire un lento rilascio di zuccheri nel sangue, vi sono attualmente molti farmaci in grado di controbilanciare questa situazione.

Dal punto di vista psicosomatico, il diabete può essere interpretato come l'incapacità di trarre energia, soddisfazione e nutrimento dal mondo degli affetti (dove lo zucchero, carburante di cui il corpo non può fare a meno per vivere, si può equiparare, sul versante psicologico, a tutto ciò che possiamo trarre di dolce e carezzevole, nutriente e soddisfacente dai rapporti affettivi). È come se vi fosse un gran bisogno, per vivere, dell'amore e dell'approvazione altrui, ma nello stesso tempo questi avessero un effetto "tossico" sul resto della personalità, proprio come lo zucchero che, se in eccesso ma inutilizzabile (ve n'è molto nel sangue, ma scarseggia nelle cellule), non solo non è in grado di nutrire, ma si tramuta in una sorta di veleno;

– l'*utero*, la matrice in cui il feto è alloggiato, protetto, nutrito, cullato fino al compimento della sua maturazione e della possibilità di iniziare la sua vita individuale. Ogni mese, poi, se nessun "inquilino" lo occupa, l'utero si libera dello strato mucoso che lo riveste internamente e del sangue che vi è contenuto, dando luogo alla mestruazione. Da sempre l'umanità si è resa conto del legame inscindibile e imperscrutabile che sussiste fra il ciclo femminile e quello lunare: identica durata, identiche fasi: luna nuova/mestruazione, luna crescente/crescita della mucosa, luna piena/ovulazione, luna calante/sfaldamento della mucosa. Questo legame così evidente e misterioso tra la Luna e la donna ha comportato l'affermarsi di concezioni religiose e riti che vedevano nel potere femminile di generare l'identica impronta creativa della Grande Madre, di volta in volta assimilata alla Terra, alla Luna, all'acqua, al cielo, al sottosuolo. Questa entità che nutre e distrugge, fa nascere e morire, in un incessante ciclo di autorinnovamento, ha nelle donne le sue manifestazioni carnali, le sue sacerdotesse, i suoi specchi. Le credenze e le dicerie sul sangue mestruale, per esempio, sono anche il ritratto e la conseguenza della concezione più generale del ruolo della donna nella vicenda umana e del rapporto fra religione e sessualità. Così, non è difficile ricostruire le alterne sorti di questo liquido, che è passato da simbolo del potere di rigenerazione nelle società arcaiche a pericoloso ingrediente di filtri stregoneschi, a imbarazzante marchio di una scomoda femminilità in tempi più recenti. In ogni caso, si può osservare che quanto più difficile e convenzionale è il rapporto con la propria parte femminile, tanto più spesso la comparsa ciclica del mestruo è accompagnata da dolori e disturbi di vario genere (si escludono, ovviamente, le situazioni in cui sussistono anomalie anatomiche o ormonali).

Mente & Corpo

Pigro tranne quando qualcosa gli stia veramente a cuore, nel qual caso sa difendere a spada tratta e con cuor di leone i suoi diritti o il benessere dei propri cari; dolce senza essere remissivo, accudisce di buon grado le persone della sua cerchia, ma salvaguarda la sua vita privata, in cui non gradisce intromissioni: queste caratteristiche fanno inserire il segno del Cancro nelle costituzioni *Kapha/Pitta* ayurvedica (vedi Toro), *Acqua/Terra* della medicina tradizionale cinese e *flemmatica* del sistema ippocratico. Per quanto riguarda quest'ultima, è caratterizzata da forte senso di empatia psicologica, accoglienza e diplomazia, grande capacità di immaginazione, impressionabilità e suggestionabilità (la massima espressione della tipologia risiede probabilmente nel segno dei Pesci). I punti deboli sono il sistema nervoso – che a causa dell'emotività particolarmente accentuata può essere sottoposto a indicibili tensioni – e i dispositivi di drenaggio, che possono "intasarsi" facilmente. Si può in ogni modo riconoscere in questo segno anche una certa componente *melanconica*, che si rileva dall'attaccamento alle figure di riferimento e dai richiami della memoria, sempre incisivi.

La Luna, signora del segno e delle maree, rende dunque il nativo sentimentale, poco incline al pragmatismo e, per l'appunto, un po' lunatico, ma gli assicura in cambio indubitabili doti d'intuito, la capacità (quanto mai rara) di ascoltare e accogliere gli altri e il merito di diffondere tutto attorno a sé un caldo senso di protezione e fiducia. Non si creda però che queste qualità ne facciano un individuo incline a farsi turlupinare o sfruttare da chicchessia: al contrario, poiché nella parte sotterranea del soggetto sentimentale vive di solito un personaggio che sa fare bene i propri interessi, potremo trovarci di fronte o a un individuo che "usa" la propria apparenza indifesa per stimolare negli interlocutori un senso di protezione o comunque di non belligeranza, oppure a un soggetto che, di là della facciata diplomatica, pratichi anche un po' di sano senso dell'opportunità (per i malevoli, leggasi opportunismo).

Per eccesso e per difetto

Gli organi a connotazione cancerina (e che più di frequente possono manifestare disturbi) sono dunque quelli deputati all'accoglimento, alla custodia e alla nutrizione; in altre parole: lo stomaco, l'utero e le mammelle durante l'allattamento. Sono inoltre considerati sotto l'influenza del Cancro il bambino in formazione nel ventre materno e la placenta. Non bisogna infine dimenticare che, per via di un Marte indebolito e distante, il cancerino potrebbe talvolta andare incontro a infezioni di varia natura.

Dolori mestruali (dismenorrea), disturbi mestruali Se, e fortunatamente accade sempre più spesso, l'arrivo del mestruo può essere salutato dalla donna come l'espressione più vitale e concreta della propria capacità creativa e di rigenerazione biologica e psicologica, d'altra parte può essere caricato, anche in modo inconsapevole, di un senso di ingiusta limitazione, paura, vergogna e sporcizia. Il profondo disagio rispetto al proprio sangue mestruale che investe alcune donne, indice di una sorta di tabù individuale e insieme collettivo, si può far risalire in gran parte a un senso più generale di sgomento che può intervenire istintivamente alla vista del sangue. Questo fluido caldo, rosso, mobile, ubiquitario – cui sono strettamente legate la vita, la capacità di trasmetterla e l'identità personale e sociale (i rapporti di parentela sono detti "legami di sangue") –, è investito di significati che oltrepassano di gran lunga quelli fisiologici. La fuoriuscita di sangue è difatti, per antonomasia, perdita di energia vitale, rischio per la propria integrità e venir meno della sicurezza dell'individuo. Ma lo stesso organismo che mette in atto efficaci meccanismi emostatici finalizzati a impedire un eccessivo sanguinamento permette lo "spreco" di sangue mestruale, per giunta senza nessuna evidente ferita. Così, al sangue di questa ferita magica sono attribuiti poteri sovrumani, tanto da renderlo l'ingrediente principale di riti dell'amore e della fertilità, ma anche di stregonerie. Non c'è, si può dire, cultura che non abbia fra le sue credenze e tradizioni qualche divieto o tabù riguardante le mestruazioni. Le energie di cui si crede che la donna sia carica in quei particolari giorni sono comunemente, per lo meno nelle culture patriarcali, negative, spesso atte a rovinare o vanificare ciò che l'uomo o la Natura produce. La donna mestruata, insomma, appare portatrice di una selvaggia, irrefrenabile energia "lunare" e "terrestre", che va ben dosata e incanalata (da qui, per esempio, il tabù dei rapporti sessuali, che potrebbero scatenare questa energia, anziché ricondurla in un ambito ragionevole), pena il contatto con chissà quali elementi oscuri e inquietanti. Queste stesse accezioni e credenze possono del resto appartenere inconsapevolmente anche alla donna stessa. Identificando nelle proprie mestruazioni il legame con quell'energia indomabile, irragionevole e "pericolosa" che la sua componente femminile atavica rappresenta, potrebbe volere in qualche modo difendersene, per timore di essere esclusa o impedita nelle espressioni di sé ritenute normali e accettabili. Tutto ciò potrebbe accompagnarsi a disturbi riguardanti il ciclo mestruale. La dismenorrea, per esempio, ha talvolta uno sfondo autopunitivo o di mancata accettazione delle proprie componenti istintuali più profonde e indica spesso uno stile di vita più logico/razionale che intuitivo/emotivo; l'amenorrea (assenza di mestruazioni, vedi Toro) indica il rifiuto di assumere una connotazione biologica e/o psicologica matura; l'ipermenorrea o le metrorragie (mestruazioni ravvicinate, abbondanti, troppo prolungate o francamente emorragiche) potrebbero invece significare una sorta di compensazione per una femminilità frustrata e dolente, a lutto.

Per rimediare: achillea, alchemilla, amamelide, borragine, calendula, Rubus idæus; camomilla, salvia; Magnesio, Manganese, Manganese-Cobalto, Manganese-Rame, Zinco-Rame; Centaury, Rock Water, Walnut; luce verde.

Seno, allattamento La funzione primaria del seno è l'allattamento. Eppure, ciclicamente, come è successo in epoca recente, viene piuttosto svalutata, a fronte di una forse eccessiva erotizzazione di quest'organo. Da qualche anno si assiste tuttavia a un recupero dell'importanza di questa funzione, incentivato dalle acquisizioni nel campo dell'alimentazione neonatale – il latte materno è l'alimento che meglio di ogni altro soddisfa le esigenze del piccolo essere umano –, della capacità immunitaria trasmessa dalla madre al figlio e, non ultime, da considerazioni di ordine psicologico. Non è solo il bambino, beninteso, a beneficiare della pratica dell'allattamento materno: anche nella donna si verifica un assetto psichico particolare, descritto di solito come di grande tenerezza, amorevole compartecipazione, piacevole senso di unicità per la dipendenza che la lega così strettamente al proprio bambino nelle sue prime fasi vitali.

D'altro canto, in molte donne dei nostri giorni l'allattamento può comportare adattamenti psichici o fisici particolarmente faticosi e stressanti: i ritmi non sempre ideali delle poppate, l'essere a totale disposizione di quel piccolo ma così esigente nuovo arrivato, l'incapacità di recuperare un momento unicamente per sé possono trasformare questo periodo in un vero tour de force fisico e mentale. Tutto ciò può scatenare aggressività inconsce nei confronti del bambino, cui seguiranno inevitabili sensi di colpa. Molte delle angosce che attanagliano le neomamme possono avere proprio questa origine, si tratti del timore che il proprio latte non sia sufficientemente nutriente, o che possa finire da un momento all'altro, o che il bambino non lo digerisca bene. Va precisato che spesso tali paure sono in parte indotte da madri, zie, suocere che con i loro timori e aspettative possono condizionare l'atteggiamento della donna, specie se è al primo parto. Ogni mamma e ogni bambino creano un equilibrio speciale, unico. La Natura e il buonsenso sono quindi i loro migliori consiglieri, al di là di qualunque esperienza precedente o impostazione prefabbricata. Dovrebbe essere lasciato perciò alla spontanea sintonia madre/bambino il compito di portare a termine nel migliore dei modi l'allattamento e lo svezzamento.

Per rimediare: achillea, finocchio, galega; arancio, finocchio, geranio, rosa; Manganese-Rame.

Stomaco: bruciori, dolori, gonfiori, nausea La difficoltà di digerire, benché l'immagine possa sembrare banale, è spesso sinonimo di una più generale incapacità di metabolizzare e tollerare ciò che la vita ci va proponendo. Ma c'è in effetti un legame di senso fra la nostra predisposizione biologica a metabolizzare le sostanze materiali introdotte per produrre il miglior adattamento possibile all'ambiente, scartando quanto il nostro organismo ritiene inutile o dannoso, e la capacità emotiva e psicologica di fare altrettanto con gli stimoli che incontriamo lungo i nostri percorsi evolutivi.

Bruciori I disturbi caratterizzati da bruciore sono spesso originati da un'ipersecrezione della mucosa o dalla diminuzione delle difese della parete dello stomaco. In entrambi i casi, ci può essere alla base un meccanismo autoaggressivo, equivalente all'implosione di un "fuoco" che non trova altri sbocchi o sufficienti substrati su cui agire. Questi disturbi, in particolare se cronici, compaiono in genere in soggetti introversi, chiusi, apparentemente indipendenti, talvolta connotati da un atteggiamento che può apparire gratuitamente caustico o irritante. L'aggressività di queste persone, difficilmente gestibile perché il più delle volte totalmente inconsapevole, si può esprimere anche attraverso manifestazioni di dubbio, sfiducia, sospettosità nei confronti del mondo, fino ad arrivare a veri e propri complessi di persecuzione. Solo sporadicamente l'aggressività trattenuta e autodiretta si tramuta in vere esplosioni di collera (solitamente tanto evitata quanto temuta), ma resta il fatto che digerire torti e offese o ingoiare bocconi amari è quanto di più arduo vi sia per questo soggetto.

Dolori Se il sintomo principale è il dolore (a morsa, a tenaglia, come un pugno, una coltellata...), dal punto di vista emotivo possiamo trovarci in una situazione acremente soffocante, in cui è impedito il movimento, per esempio nell'indecisione di agire di "testa" o di impulso. Vi può essere un'accezione di rimorso o di "rodimento" interiore, un arrovellamento tramite cui sfogare su se stessi – anziché in un'azione precisa e costruttiva – la propria carica aggressiva. Oppure, al contrario, ci si sente vittime incolpevoli e impotenti di altri, dei quali si crede di subire la volontà e la cattiveria. In ogni caso, la spinta all'attività, all'espressività, all'iniziativa è bloccata da una forza uguale e contraria, una sorta di resistenza interna che teme il confronto con l'impulso ad agire. Un atteggiamento che si può accompagnare a tali autoconvinzioni è quello di "toccata e fuga", ovvero iniziare un'attività per poi abbandonarla precipitosamente, non appena questa implichi il contatto con sensazioni e coinvolgimenti accuratamente evitati. Un altro ancor più tipico atteggiamento è quello del pentimento, del rimorso o del rimpianto, vale a dire del fare dolorosamente e reattivamente marcia indietro rispetto a qualcosa o qualcuno che abbia in precedenza interessato e coinvolto la nostra disponibilità emotiva.

Gonfiori L'addome gonfio e dolente, con eruttazioni e senso di oppressione al torace può essere sintomo di aerofagia, l'inconsapevole ingestione di aria mangiando o parlando. La presenza nello stomaco di grandi quantità d'aria, che occupa spazio ma non nutre, potrebbe significare il bisogno continuamente insoddisfatto di un nutrimento affettivo, perché quello disponibile è avvertito come solo apparente – come l'aria, appunto – ma del tutto privo di sostanza. Indagando nei soggetti che soffrono abitualmente di questo disturbo, si può osservare che spesso riferiscono di rapporti interpersonali vuoti e freddi, e della necessità di apparire invece indipendenti e soddisfatti per farsi accettare. Si tratta dunque di individui "malnutriti" sul piano affettivo ed emozionale, che sentono le loro richieste di affetto e considerazione impedite dall'atmosfera attorno a sé, che si può immaginare formale e rarefatta, dove si bada molto più all'apparenza dei rapporti piuttosto che alla sostanziale armonia e alla comunicazione empatica fra le persone. Il fatto che l'aerofagia sia spesso accompagnata da eruttazioni ha il senso di segnalare questo profondo disagio: lo stomaco mette cioè in atto la sua sonora protesta, ributtando contro l'ambiente sentito come ostile la sua aggressività incontrollabile. Non a caso, infatti, questo disturbo compare di solito proprio nei momenti in cui è meno opportuno, di fronte alle persone o negli ambienti che richiederebbero la massima discrezione e inappuntabilità.

Nausea È un meccanismo fisiologico con cui l'organismo avvisa della presenza di sostanze tossiche o pericolose. Per questo è di solito conveniente non ostacolare nausea e vomito spontanei, ma cercare di comprenderne il senso. Non solo gli alimenti o gli odori sono in grado di provocare moti di rigetto ma, in molte persone, anche ciò che viene avvertito in senso lato come inquinante e inaccettabile per l'intera personalità. Vi sono per esempio situazioni esistenziali alle quali può essere difficile, in un primo tempo, adattarsi, per via di qualche aspetto che proprio "non va giù" o "fa schifo": inserimento in ambienti nuovi, lavorativi o scolastici; la nascita di un fratellino; l'inizio della vita sessuale. Nel caso di accessi protratti o ripetuti, tuttavia, e in mancanza di alterazioni organiche, si può configurare una vera e propria sindrome fobica. In pratica, chi ricorre spesso a questo sintomo sta cercando di rifuggire una situazione che gli fa paura, ma nello stesso tempo sta cercando di negare la paura stessa. È quindi il corpo a incaricarsi di esprimere il rifiuto e la voglia di fuggire che non ci si permette a livello cosciente. Molto spesso, specie per quanto riguarda le giovani donne, queste paure negate riguardano l'ambito sessuale, e in particolare le fantasie di penetrazione.

Per rimediare: achillea, Ficus carica, lichene islandico, liquirizia, verbena odorosa, zenzero; arancio, camomilla, eugenia, limone, salvia; Nux vomica; Manganese-Cobalto, Manganese-Rame; Agrimony, Holly, Scleranthus, Willow; luce arancione, gialla, verde.

Iperglicemia "Chi ha il pane non ha i denti," dice un proverbio che sembra adattarsi particolarmente alle patologie da iperglicemia. Queste, come vedremo, hanno davvero grande affinità con lo stile cancerino. Il diabetico è in effetti una persona che almeno apparentemente si nutre, ma in realtà rimane affamato "dentro", pur con tanta ricchezza (lo zucchero nel sangue) a disposizione. Un vero supplizio di Tantalo! Questo mitologico re venne infatti punito dagli dèi per il suo macabro scherzo (servì loro, come lauta pietanza, il proprio figlioletto Pelope, per provare se essi fossero davvero onniscienti) con l'impossibilità di saziare fame e sete, benché circondato da cibi e bevande fra i più gustosi e invitanti. Essendosi nutrito in precedenza di nettare e ambrosia, alimenti sovrumani, la pena di Tantalo, divenuto per questo immortale, non avrà mai fine. Anche il diabetico si è forse nutrito di cibi "sovrumani", di là delle proprie capacità di smaltimento e assimilazione? Sembrerebbe così almeno nel caso del diabete florido, quello che interviene nell'età adulta, e che molti diabetici interpretano proprio come una sorta di contrappasso, di punizione divina per aver ecceduto con i piaceri della tavola. Ma c'è sicuramente dell'altro.

Una condizione che molti medici considerano l'anticamera del diabete è l'ipoglicemia reattiva, sintomo di un'intolleranza al glucosio. Si tratta di una condizione assai comune in Occidente, dove l'alimentazione troppo ricca di zuccheri e grassi è il maggior fattore predisponente a questa situazione alle soglie della patologia. L'introduzione di zuccheri semplici innalza bruscamente la glicemia, cosicché altrettanto bruscamente vi è la dismissione di insulina dal pancreas, per mantenere il livello di zucchero nei limiti fisiologici. Nei soggetti predisposti, però (spesso è presente una familiarità diabetica e/o sovrappeso), la secrezione di insulina è eccessiva e provoca alcuni sintomi spia: malessere e stanchezza circa un'ora dopo i pasti, cefalea pomeridiana, sbalzi d'umore corretti dall'ingestione di piccole quantità di zucchero, forte desiderio di alimenti zuccherini fra un pasto e l'altro. A lungo andare, i meccanismi biochimici e ormonali di compenso per questa ipoglicemia reattiva possono venir meno perché l'organismo si “abitua” al cronico eccesso d’insulina e diventa sempre meno sensibile, ponendo le basi per un vero e proprio diabete, in questo caso di tipo adulto.

Dal punto di vista psichico, è facile riscontrare alcuni tratti di personalità comuni a molti diabetici. Il loro atteggiamento complessivo può essere infatti paragonato a quello di chi, pur “affamato” d’amore e soprattutto timoroso di perderlo, instaura rapporti di dipendenza, ribellandosi inconsciamente a questi nello stesso tempo. Oppure, potrebbe tendere a perpetuare rapporti affettivi di stampo un po’ infantile, in cui la richiesta di amore è accompagnata da un atteggiamento in qualche modo aggressivo, perché la risposta ottenuta sembra sempre al di sotto delle aspettative o, ancora, esprimere iperprotettività nei confronti dei propri cari, dei quali viene inconsciamente limitata l’autonomia (e dai quali, nel contempo, si fa limitare). Paragonando il dolce dello zucchero – che fornisce nutrimento alle cellule – con la dolcezza dell’affettività, vero e proprio nutrimento dell’anima, si può insomma affermare che il diabetico, forse per timore che possa venirgli meno, cerca di accaparrarsi tutta la “dolcezza”, senza spenderne neanche un po’, benché così facendo perpetui il suo senso di “fame”, sia di cibo sia d’amore. La ricerca della tenerezza e della comprensione è quindi frustrata, la dolcezza negata si trasforma in amarezza, in sensazione di essere incompresi nei propri bisogni. Questo può condurre, fra l’altro, alla depressione (siamo quindi sull’asse Cancro/Capricorno).

Per rimediare: bardana, cipolla, galega, mirtillo, tè verde; limone; Cromo, Zinco-Nichel-Cobalto; Agrimony, Chicory, Heather.

I rimedi della Natura

Alimentazione

Quando è sotto tensione, il Cancro tende a mettere su peso e a digerire male: è necessario allora fare pasti piccoli e frequenti, in tutta calma. Abbondare quindi con *verdure*, *cereali integrali*, *pesce* e *uova*, conditi con *olio extravergine* e *aromi*, abolendo sughi e intingoli. L’*acqua* è importantissima, perché c’è spesso tendenza alla ritenzione di liquidi, quindi è utile berne molta fuori pasto, e che sia oligominerale. Inoltre, sale e zucchero andrebbero il più possibile ridotti e, quando si riesce, potrebbe essere di giovamento seguire una dieta parzialmente dissociata (non mangiare in uno stesso pasto grassi e carboidrati).

Erbe e gemme

Achillea Ha come patrono nientemeno che l'eroe omerico questa pianta nota fin dall'antichità come *vulneraria* (cicatrizzante per le ferite), *antispasmodica*, *diuretica*, *emmenagoga* (favorente il flusso mestruale). Con cinquanta fusti di una specie di achillea si pratica da tempo immemorabile il metodo divinatorio dell'*I-ching*, il Libro dei mutamenti. Utilissima per la *cura di pelle* (secca, con ragadi, piaghe) e *capelli* (deboli), è un ottimo rimedio anche per i dolori dovuti a *spasmi della muscolatura dello stomaco e dell'utero*. Inoltre, localmente si può usare, sotto forma di decotto, per la detersione di *ragadi del seno*, *emorroidi* e *varici*.

Alchemilla Gli alchimisti ritenevano la rugiada che si raccoglie all'alba all'interno delle sue foglie stellate un ingrediente fondamentale per la loro opera. A parte il suo valore esoterico, noi le riconosciamo una azione astringente e antisettica, dedicata soprattutto all'apparato genitale femminile, che la rende utile in caso di *dolori mestruali*, *infiammazioni vaginali*, *mestruazioni troppo abbondanti*. La si può usare in decotto, sia per via locale sia internamente. È una delle piante più interessanti anche nei *disturbi della pre-menopausa*.

Amamelide Pianta delle streghe – forse perché fiorisce in pieno inverno, o forse per la somiglianza delle sue foglie a quelle del nocciolo, altro albero considerato magico –, è emostatica, astringente, decongestionante, antispastica. Inoltre, contiene buone quantità di vitamina P, utile per rinforzare i vasi sanguigni. È indicata nei *dolori mestruali da congestione pelvica*, per evitare *mestruazioni emorragiche*, negli *spasmi uterini* e in tutte le patologie da ristagno venoso (*varici*, *flebiti*, *emorroidi*, *ulcere varicose*). L'acqua distillata di amamelide si può usare sul viso come tonico rinfrescante e astringente per pelli sensibili ed è anche un ottimo dopobarba.

Bardana La sua azione depurativa e leggermente ipoglicemizzante ne fa un rimedio di prim'ordine nei disturbi cutanei dovuti a lievi difetti ormonali e del metabolismo, e ai conseguenti tentativi dell'organismo di liberarsi degli eccessi di tossine. Questa reazione detossinante può infatti essere alla base di *eczemi seborroici*, *foruncolosi*, *crosta lattea dell'infanzia*. Inoltre, la bardana è tra i rimedi che si possono proporre nelle *iperglicemie*, insieme ovviamente agli opportuni accorgimenti dietetici. I preparati più efficaci sono quelli ottenuti dalla pianta fresca, in particolare dalla radice (per esempio, sospensione integrale di pianta fresca).

Borragine L'olio di semi di borragine, facilmente reperibile in perle o capsule, assunto almeno 10-14 giorni prima del previsto arrivo del ciclo mestruale può, già dopo 2-3 mesi, diminuire notevolmente il *dolore* eventualmente associato. Il suo contenuto in prostaglandine e la presenza di altre sostanze regolarizzanti l'equilibrio ormonale sembrano alla base dell'efficacia, nella grande maggioranza dei casi, di questo preparato, ampiamente sperimentato anche con i normali protocolli clinici. In commercio è spesso associato ad altre piante che svolgono un'attività simile o complementare, per esempio la salvia e l'olio di semi di enotera (detta anche bella di notte). Il decotto di foglie e semi di borragine è usato per aumentare la *montata lattea* nelle puerpere.

Calendula Fra le piante più prescritte nelle *irregolarità del ciclo mestruale* e nei *dolori da congestione uterina*, è utile anche nelle *gastriti* e nelle *ulcere gastriche e duodenali* per la sua attività spasmolitica, antinfiammatoria e cicatrizzante. La sua azione simil-estrogenica attenua i sintomi premestruali (per esempio la sensazione di *tensione al seno* dovuta all'afflusso di sangue) e del climaterio. Poiché stimola la contrazione dell'utero e l'espulsione della placenta durante il parto, non va assolutamente usata in gravidanza. Vedi Toro.

Cipolla Tra le sue innumerevoli proprietà (vedi Ariete), ricordiamo l'azione ipoglicemizzante, che la rende un alimento indicato in tutti i casi di *iperglicemia* e adatto ai diabetici. Secondo alcuni Autori, un consumo costante di 50 grammi di cipolla al giorno può diminuire in parte la necessità di insulina.

Ficus carica Dalle gemme del fico si trae un rimedio indicato in tutti i disturbi su base neurovegetativa del tratto digerente: *dispepsie*, *gastralgie nervose*, *bruciori di stomaco*, *meteorismo* e *colon irritabile*. È però interessante anche in caso di *dismenorrea*, *turbe della menopausa*, *palpitazioni*, *insonnia con tachicardia*. Nei disturbi cronici dello stomaco si può associare ad *Alnus glutinosa*, mentre nelle somatizzazioni del tratto gastrointestinale è utile l'abbinamento con *Vaccinium vitis idæa*. Le dosi sono in genere di 30 gocce di ciascuno 2-3 volte al giorno, in poca acqua.

Galega Ha una particolare predilezione per gli organi cancerini questa pianta, che si può usare per migliorare la *montata lattea* (aumenta la produzione di prolattina, l'ormone dell'allattamento), ridurre l'*infiammazione delle mammelle*, ma anche diminuire l'eccessivo tasso di zucchero nel sangue (*iperglicemia*). Non va assunta in gravidanza, né in caso di insufficienza epatica o renale, e si prende sempre per brevi periodi (per esempio, 2 settimane consecutive, interrompendo la terza).

Lichene islandico Fra i migliori antinausea naturali, è indicato anche nelle *chinetosi* (mal d'auto, di mare, d'aereo) e nelle *gastriti iposecernenti*, caratterizzate da *pesantezza* e *nausea*.

Liquirizia La radice di liquirizia ha proprietà antinfiammatorie, antispasmodiche e cicatrizzanti che si rivelano molto interessanti in tutti i *disturbi dello stomaco*. Anche semplicemente succhiare la radice della liquirizia nel momento in cui si avverte la fitta o il bruciore da "vuoto" nello stomaco può procurare già un certo sollievo. Ancora meglio, un cucchiaino di polvere di liquirizia o di succo concentrato in poca acqua prima dei pasti, o una pari quantità di estratto fluido da assumere al bisogno o 2-3 volte al giorno. Chi soffre di ritenzione idrica e di ipertensione arteriosa ricordi di non abusare degli estratti di questa pianta, perché l'acido glicirrizico che contiene può aumentarle ulteriormente.

Mirtillo L'uso di questa pianta nelle iperglicemie ha una doppia ragione: da un lato infatti diminuisce la quantità di zucchero presente nel sangue, dall'altra salvaguarda i capillari, fra le prime strutture compromesse dal diabete. Perciò, potrebbe essere utile introdurre preparazioni a base di mirtillo nella dieta di chi soffre di *diabete di tipo adulto*, sia sotto forma di alimento sia come preparazioni erboristiche e farmaceutiche. Fra le piante esotiche che stanno riscuotendo un grande interesse per la possibilità di integrare in modo naturale le terapie ipoglicemizzanti, ve n'è una che ci arriva dalla tradizione ayurvedica, la *Gymnema sylvestris*, che ha fra l'altro la proprietà di impedire la percezione del gusto dolce non appena applicata alla lingua. Di conseguenza, il soggetto sarebbe meno indotto a eccedere con il cibo. Inoltre, questa pianta stimola il pancreas a produrre una maggior quantità di insulina.

Rubus idæus Il macerato di gemme di lampone sembra avere proprietà riequilibranti sul tono neuro-ormonale e antispasmodiche sulla muscolatura dell'utero. Per questo è indicato nelle *dismenorree*, soprattutto delle adolescenti, nella *sindrome premestruale* (ritenzione idrica, tensione alle mammelle, insonnia e irritabilità), nell'*acne femminile*. Le dosi sono di 40 gocce 2 volte al giorno, in acqua.

Tè verde Da qualche anno si studiano, di questa pianta dalle indiscutibili proprietà disintossicanti, anche quelle ipoglicemizzanti e normalizzanti il profilo lipidico del sangue (colesterolo, trigliceridi). Molto nota e apprezzata in tutto l'Oriente, dove spesso costituisce la bevanda principale durante i pasti, sta riscuotendo sempre più favore anche in Occidente. Oltre che sotto forma di infuso, oggi è possibile accedere alle sue proprietà curative anche utilizzandone l'estratto secco e le polveri micronizzate in capsule. È indicata nei *disturbi da iperglicemia*, nelle *diete disintossicanti e dimagranti*, nell'*ipercolesterolemia* e *ipertrigliceridemia*, nella cura della *ritenzione idrica* e della *cellulite*.

Verbena odorosa L'erba cedrina o verbena odorosa (*Lippia citriodora*) può essere assunta subito dopo i pasti, in infuso (1 tazza 2 volte al giorno) o tintura madre, per alleviare *nausea*, *pesantezza e gonfiori di stomaco*. Secondo alcuni Autori, assunta pochi minuti prima dei pasti allevierebbe lo stimolo dell'appetito, e potrebbe essere pertanto consigliabile a chi segue un *regime alimentare dimagrante*. È indicata anche nella prevenzione di cefalee ed emicranie.

Zenzero La sua efficacia contro la nausea è paragonabile a quella di alcune sostanze di sintesi normalmente usate in queste circostanze, senza però provocare la tipica sonnolenza. È indicato, oltre che per la *nausea* di qualunque origine (per esempio, anche da *chinetosi*, ovvero da mal di mare, d'auto, d'aereo), per le *gastriti iposecernenti*, le *inappetenze*, le *flatulenze*, ma anche per il *surmenage* con calo delle capacità di reazione dell'organismo, e nella *febbre*.

Aromi

Arancio Tratta dalla buccia dei frutti di questa pianta solare, che "riscalda il cuore", l'essenza di arancio – sia amaro sia, in questo caso ancor più specificamente, dolce – è antispasmodica, digestiva e calmante il sistema neurovegetativo. Oltre a regolarizzare il battito cardiaco in caso di tachicardie nervose, stimola l'attività della cistifellea e la motilità del tubo digerente. Pertanto, è indicata per *dolori e bruciori dello stomaco*, *difficoltà digestive*, *costipazione*. Se ne possono aggiungere un paio di gocce a un infuso caldo di camomilla, melissa o verbena odorosa da bere a fine pasto. In alternativa, si può massaggiare sul plesso solare (l'area triangolare compresa anteriormente fra la punta dello sterno e le costole) un piccolo quantitativo di olio vegetale (d'oliva o di mandorle) cui aggiungere 1-2 gocce di essenza di arancio. Inoltre, l'arancio è drenante e disintossicante anche a livello di cute e tessuti sottostanti, mentre le sue proprietà rigenerative su pelle e mucose ne consigliano l'impiego anche nella prevenzione delle *ragadi del seno* durante l'allattamento. Non esporsi al sole dopo averlo utilizzato, perché potrebbe rendere la pelle sensibile alla luce e produrre macchie.

Camomilla romana Questa insostituibile essenza è fra l'altro indicata in caso di *disturbi allo stomaco*, quando siano presenti *dolore e bruciore*, ma anche in caso di *crampi nervosi* e *digestioni difficoltose*. Non solo: la sua azione sul sistema nervoso centrale e periferico ne fa un prezioso aiuto in caso di *dismenorrea*, specie se accompagnata da *irritabilità*. Per massaggi, bagni e inalazioni.

Eugenia L'essenza tratta dai chiodi di garofano o eugenia è senz'altro indicatissima al Cancro, trattandosi di un aroma dal carattere "materno" ma deciso, pronto a intervenire quando la sua energia scarseggi o venga ostacolata nella sua espressione. Già l'origine del suo nome (*eu*, "bene, buono"; *genesis*, "nascita") rivela le sue virtù: è infatti una delle sostanze aromatiche maggiormente utili prima del parto, sia perché è un eccellente tonico uterino, che ne favorisce la dilatazione muscolare, sia perché prepara la madre anche psichicamente, attenuando l'ansia per l'evento. Ancora oggi in alcune regioni, in occasione dei parti, viene invocata sant'Eugenia, patrona delle levatrici, culto la cui origine risale in realtà a tempi remoti, probabilmente alla dea greca Ilizia, il cui nome significherebbe "colei che soccorre le partorienti". Figlia di Zeus ed Era, aveva il potere di dare il via o ritardare a piacimento i parti. Si dice che una volta Era, gelosa di Alcmena, incinta di Zeus, la convinse a rimanere a lungo a braccia, gambe e dita incrociate per impedirne il parto, e infatti Eracle poté nascere solo quando lei le sciolse. A Roma, l'equivalente di Ilizia era Giunone Lucina, perché il bambino, quando nasce, "viene alla luce". Dea degli inizi, delle donne e del matrimonio, Giunone (da *juvenis*, "giovane, sposa novella") era considerata in stretto rapporto con la Luna e i suoi cicli, così direttamente collegati alla fisiologia femminile. Qualcuno ha voluto vedere nel bocciolo del fiore dell'eugenia (il "chiodo", la parte della pianta da cui si estrae l'essenza più rinomata e preziosa) la testina del bimbo che emerge dal ventre materno, oppure, dato che il fiore è formato da quattro sepali rossi e quattro petali bianchi, gli emblemi del sangue e del latte da cui il bambino è nutrito nella vita intrauterina e dopo la nascita. Le indicazioni dell'eugenia non si limitano alla preparazione al parto, ma comprendono l'*atonia digestiva* (digestione difficile, senso di pesantezza gastrica), le *fermentazioni intestinali*, causa di *flatulenze* e *alitosi*, estendendosi fino alle *infezioni* acute o croniche, comprese quelle del *tratto gastroenterico* (per la cura delle quali è ovviamente indispensabile il ricorso al medico). L'essenza di eugenia è in effetti un eccellente battericida e parassiticida, oltre che immunostimolante (nel Seicento era usata, e sovente con successo, per prevenire la febbre maligna e la peste). Inoltre, è notoriamente antalgica: i dentisti ne adoperano un derivato, l'eugenolo, come disinfettante e per attenuare i dolori nevralgici. Quest'uso (1-2 gocce di olio essenziale sul dente dolorante, in attesa del medico) è da limitare agli adulti e agli adolescenti; per i bambini, meglio la lavanda, che non ha il sapore fortemente piccante dell'eugenia. Per finire, è ottima contro la *fatica intellettuale*, la *depressione post partum* o *traumatica*, i grandi *turbamenti emotivi*. Dal punto di vista psichico, questa essenza "levatrice" è adattissima a spronare e incoraggiare coloro che, come spesso i rappresentanti del segno, fanno fatica a tagliare il cordone ombelicale con le figure di riferimento, dimostrandosi restii a conquistare una completa autonomia e fraintendendo la propria ricettività con una inopportuna, simbiotica passività.

Non si deve fare un uso eccessivo o prolungato di questa essenza, almeno per via cutanea o, peggio, interna; un'ottima sinergia si ottiene comunque con l'essenza di cannella, specie per evitare sovraccarichi digestivi e fermentazioni intestinali nei grandi consumatori di carni rosse e formaggi: 1 goccia di ognuna delle due essenze in un cucchiaino di miele o in un dito di acqua tiepida assicurano una digestione senza turbolenze.

Chi guida spesso e a lungo l'automobile ricordi, contro i *colpi di sonno*, di mettere in un portaessenze – o semplicemente di spargere su un fazzoletto da tenere con sé – qualche goccia di essenza di eugenia, magari con l'aggiunta di essenza di menta.

Infine, in caso di *infezioni fungine su pelle e unghie*, si può diluire l'essenza di eugenia in olio di mandorle (da 2 a 4 gocce per cucchiaio d'olio) o in olio essenziale di lavanda o di geranio (1 goccia di eugenia ogni 20 delle altre): con questa miscela si tratta la parte (attenzione a evitare la zona perioculare!) 2 volte al giorno.

Finocchio Un'essenza da tenere senz'altro a portata di mano se si hanno problemi di *allattamento*, essendo galattogena (intensifica la produzione di latte), probabilmente per la sua azione simil-ormonale. Questa stessa però ne sconsiglia l'uso in gravidanza. Inoltre, combatte i sintomi della *sindrome premestruale* e svolge un'efficace azione antispasmodica e antifermentativa intestinale, cosicché è indicata nei *gonfiori di stomaco e addominali*, e nei *dolori di stomaco* di origine nervosa. La si può impiegare, ovviamente diluita, nel massaggio, anche *anticellulite* e contro i ristagni di liquidi. Attenzione a non esporsi al sole nelle ore successive alla sua applicazione.

Geranio Più noto forse come aroma insettorepellente, è in realtà una delle essenze più interessanti per la cura e la bellezza della pelle. Le sue proprietà spaziano infatti dalla protezione dei vasi venosi e linfatici all'emostasi (arresto delle piccole emorragie), dall'attività spasmolitica e antinfiammatoria a quella di stimolo delle difese immunitarie. Inoltre, è cicatrizzante e antimicotico. Indicato quasi esclusivamente per l'uso esterno, fra i disturbi cancerini in cui si può usare ricordiamo la *detersione* e la *cura dei capezzoli durante l'allattamento*, e la prevenzione e cura di *ragadi* e *infiammazioni*. È controindicato a chi soffre di problemi renali e in gravidanza. Anche in questo caso, vale la regola generale di evitare l'esposizione al sole per alcune ore dopo averlo applicato, pena l'eventuale comparsa di macchie scure.

Limone Se i frutti da cui l'essenza è tratta sono considerati una sorta di panacea, a maggior ragione lo è questa essenza. Antiacida, spasmolitica, battericida, antidepressiva, è un vero toccasana in tutti i tipi di *disturbi allo stomaco*, nelle *nausee* e *digestioni difficili* (2-3 gocce in una punta di cucchiaino di miele, anche sciolto in acqua tiepida). Non vanno poi dimenticate le sue proprietà disintossicanti e fluidificanti del sangue, interessanti soprattutto in caso di aumentati tassi di trigliceridi, e ipoglicemizzanti. Per questo alcuni Autori consigliano l'assunzione quotidiana di piccole quantità di essenza o il consumo sistematico di limoni a chi soffre di disturbi legati al metabolismo, agli *obesi*, a chi ha *colesterolo, trigliceridi e glicemia elevati*. È controindicata in gravidanza e nell'esposizione al sole.

Rosa Una delle essenze più preziose (e costose), è però fra quelle che uniscono in modo più intenso e completo la benefica attività sul piano fisico (antispasmodica, antinfiammatoria, cicatrizzante, emostatica, regolatrice ormonale) a un'altrettanto e forse più elevata azione sul piano psichico e spirituale. Riequilibrante emozionale per eccellenza, alla pari forse solo con la lavanda, risolve con il suo profumo gli stati d'animo negativi in genere e le sensazioni di angoscia, calma la mente affollata di pensieri e preoccupazioni, rilassa i muscoli, allenta le tensioni e scaccia la malinconia. Sul versante fisico, oltre che in tutti i *dolori viscerali*, compresi quelli *mestruali*, è antinfiammatoria sia a livello respiratorio (*bronchiti, riniti, tonsilliti*) sia, in specifico, sull'apparato genitale femminile, dove pertanto è di grande aiuto in caso di *vaginiti* e *disturbi mestruali* in genere. È tra le essenze più indicate in *gravidanza* e in *menopausa*, delle quali allevia tutti i disturbi, sia fisici sia psichici. Il prezzo davvero esorbitante dell'essenza pura ne impedisce certo un uso abituale, anche se il rapporto quantità necessaria/efficacia ne giustificherebbe comunque l'utilizzo. È purtroppo facile incappare in prodotti adulterati, in cui anziché la rosa vengono usate, nel migliore dei casi, altre essenze di minor prezzo – per esempio geranio, sandalo, palmarosa –, oppure essenze sintetiche (queste ultime, assolutamente da evitare). In realtà, soprattutto per l'uso strettamente cosmetico, l'essenza di rosa può essere sostituita da quella di geranio, di gran lunga più economica. Per gli altri usi, se non si è sicuri della provenienza e della qualità del prodotto, meglio non rischiare, ma scegliere piuttosto fra le molte interessanti alternative che il campo degli oli essenziali fornisce. Anche se l'essenza di rosa non sarà mai completamente sostituibile. Non ha praticamente controindicazioni.

Salvia L'essenza di salvia più maneggevole è quella di *sclarea*, mentre l'uso di quella *officinale* è da riservare ai terapeuti più esperti. La sua azione estrogeno-simile la consiglia nei *disturbi mestruali* in genere (mestruazioni irregolari, scarse, dolorose) e nella maggior parte dei *disturbi neurovegetativi e ormonali della menopausa* (*irritabilità*, *vampate*, *sudorazioni*). Inoltre, ha un'azione stimolante e depurativa su fegato, pancreas e cistifellea, e sembra migliorare la digestione e il metabolismo lipidico. Del resto, è indicata anche nelle *digestioni lente e difficili*, nei *dolori spastici dello stomaco*, nelle *coliti* anche da germi (l'essenza di salvia è un ottimo battericida; per quest'uso specifico, però, è ovviamente necessario l'intervento del medico specialista). È tassativamente da evitare in gravidanza. Vedi Toro.

Oligoelementi

Cromo Una carenza di cromo e a volte di nichel è stata ampiamente riconosciuta in chi soffre di intolleranza agli zuccheri (*ipoglicemia reattiva*) e *diabete*. Le dosi sono in genere da 1 a giorni alterni a 1 tutti i giorni di Cromo, alternata con l'associazione che contiene Nichel (vedi oltre).

Magnesio Sempre utile in caso di *dismenorrea* (vedi Toro), può in alcuni casi essere impiegato in microdosi per accelerare il metabolismo e nei dolori crampiformi di stomaco dovuti a nervosismo.

Manganese-Cobalto *Disturbi circolatori e digestivi*, ansia e stanchezza sono tra le indicazioni di questo abbinamento, fondamentale in oligoterapia. Nel caso dei *disturbi mestruali*, si può somministrare a giorni alterni per almeno 10 giorni prima del ciclo, in concomitanza con Zinco-Rame, per riequilibrare l'assetto neurovegetativo.

Manganese-Rame Ha fra l'altro un'azione cicatrizzante e antisettica se usato localmente, perciò è utile in caso di *ragadi al seno*: 1 dose su una garza, 2 volte al giorno, da lasciare fino a essiccamento.

Zinco-Nichel-Cobalto Questa associazione regola l'asse ipofisi-pancreas, cosicché è indicata in tutti i *disturbi legati alla glicemia*, compreso il *diabete*. Se ne assume 1 dose a giorni alterni (per esempio, alternata con il Cromo), oppure tutti i giorni, a seconda delle necessità. La cura con gli oligoelementi non può ovviamente sostituire i farmaci o la dieta, ma spesso renderli più efficaci e, in alcuni casi, potenziare l'azione dei farmaci ipoglicemizzanti, dei quali potrebbero essere sufficienti dosi minori.

Zinco-Rame La funzionalità dell'asse ipotalamo-ipofisi-surrene è responsabile della ciclicità e della regolarità del ciclo mestruale. L'associazione dello Zinco e del Rame è un energico attivatore della risposta ormonale, pertanto è utile in numerosi *disturbi legati al ciclo*, compresa la *dismenorrea*.

Omeopatia

Se si è ecceduto con cibi pesanti, caffè, alcol, sigarette e adesso la testa è dolorante, con *acidità e gonfiore addominale*, e si è tanto irritabili o in collera da avvertire nausea e crampi alla bocca dello stomaco, è il momento di *Nux vomica 9 CH*, 1 dose ogni 2 ore finché la situazione non migliora.

Fiori di Bach

Agrimony Poiché si tratta di un rimedio adatto a chi tende a nascondere i propri tormenti interiori dietro una facciata di falsa allegria e disponibilità, è indicato per quasi tutte le *somatizzazioni* e in questo caso, in particolare, per i *disturbi dello stomaco e del pancreas*.

Centaury L'incapacità di farsi valere e di opporsi alle eccessive ingerenze della volontà altrui nella propria vita sono le caratteristiche che rendono questo rimedio utile alle donne che vivono male le prerogative della loro *femminilità*, esprimendo questo conflitto per esempio con *mestruazioni flebili o distanziate*.

Chicory La reazione di fronte alle difficoltà e ai dolori è in questo caso il tentativo di correggere e controllare gli altri attraverso una sorta di manipolazione affettiva o di manifestazione di possesso. I soggetti in questo stato negativo sono cioè incapaci di lasciar emergere sentimenti spontanei negli altri, ma tendono a "dare per avere". Può essere utile per problemi di *glicemia* e alcuni disturbi di *stomaco*.

Heather La ricerca di "nutrimento" e approvazione dagli altri, che sembra non bastare mai, fa sì che i soggetti in questo stato negativo esprimano una spiccata *oralità*, o tendano comunque a instaurare rapporti di dipendenza in cui essi incarnano la persona bisognosa che si aspetta attenzione, cure, comprensione incondizionate.

Holly È indicato, oltre che nelle manifestazioni della collera, della gelosia, dell'invidia, anche nei disturbi fisici accompagnati da *dolore spasmodico e bruciore.*

Rock Water Per chi desidera sentirsi "tutto d'un pezzo", è esigente e duro con se stesso, senza però fare i conti con la propria natura e le esigenze reali del proprio corpo o della propria emotività.

Scleranthus In presenza di dolori crampiformi alla digestione o nausea.

Willow Per chi si sente ingiustamente mal considerato o addirittura sfortunato e perseguitato. È in preda all'amarezza, incapace di comprensione profonda e perdono. Spesso ha disturbi somatici che mimano un "rodimento" interiore (per esempio, un'*ulcera*).

Cromoterapia

Arancione Riscalda, ma è anche antispasmodico, perciò si potrà usare in caso di crampi dolorosi allo stomaco e all'addome in genere. Poiché però può avere un effetto emetico (cioè favorire il vomito) non andrà utilizzato in caso di *nausea*, a meno che non sia indicato proprio liberare lo stomaco. Sembra accelerare la *produzione di latte nel seno materno.* Sulla cute, è utilizzato per attenuare le *smagliature.* A livello psicologico rappresenta il calore, l'entusiasmo, la vitalità, perciò ha un effetto *antidepressivo.*

Giallo *Stimola la digestione* se applicato per pochi minuti, mentre può avere addirittura un effetto *purgativo* se l'applicazione viene prolungata. Attenzione quindi in presenza di patologie infiammatorie intestinali! Per quanto riguarda la psiche, ha effetto stimolante e rivitalizzante. Ravviva le facoltà intellettive, specie la capacità raziocinante.

Verde Sedativo nervoso, è indicato in caso di *spasmi muscolari* e disturbi dovuti alla costrizione vasale. Stimola l'ipofisi e quindi l'attività sessuale (e, pare, anche la fertilità). A livello emotivo, è uno dei colori più *riequilibranti e stabilizzanti il tono dell'umore.*

LEONE

(23 luglio-23 agosto)

Estate: atto secondo

Leone: espressione del verbo *individualizzare*. Con il sopraggiungere della fase centrale dell'estate, il frutto è ormai pronto per essere staccato dalla pianta che per mesi lo ha nutrito: la Natura consegna i propri figli all'uomo in un atto estremo di generosità. Questo periodo dell'anno può essere ricondotto, per traslato, a una delle tappe più significative della vita umana, quella del *parto* (simbologia leonina preponderante), momento in cui il feto ormai maturo lascia il caldo addome materno per diventare un individuo autonomo nelle proprie funzioni vitali.

Concordanze stagionali

Nella canicola estiva, intanto, la vita pulsa intensamente, l'uomo si reimpossessa del proprio tempo partendo per le vacanze e tuffandosi nel *divertimento*. In vacanza nascono nuovi *amori* e capitano con maggior facilità le *avventure*, ci si ricarica di *energie*, si fa *vita notturna*, si assaporano momenti di relax mentre i caldi raggi del sole abbronzano la pelle. Insomma, ogni anno tra la fine di luglio e la fine di agosto il *piacere* soppianta generalmente il dovere, in una diffusa metamorfosi che trasforma le persone da api operaie in gaudenti cicale.

Le temperature, intanto, alle nostre latitudini si mantengono alte e la luce è abbagliante: il Sol-*leone* domina sulla Natura! Ma l'astro della vita declina sempre più sull'orizzonte, sorge ogni giorno in ritardo rispetto al mattino precedente e sparisce dietro l'orizzonte ogni sera in anticipo, a voler comunicare alla Terra che le proprie energie ormai si stanno esaurendo. Dal mese successivo, con l'ingresso del Sole nel segno della Vergine, i ritmi si faranno più cadenzati, la quiete prenderà il posto della frenetica esuberanza vacanziera, la sdraio in riva al mare verrà sostituita dalla poltroncina dietro la scrivania dell'ufficio. Tale declinare del Sole, in certo qual modo, è anche l'allegoria della *vita* che per ogni individuo diventa di giorno in giorno sempre meno lunga.

Il Leone e l'evoluzione geo-biologica

Sul lungo percorso dello sviluppo geo-biologico, il Leone corrisponde alla comparsa dell'uomo sulla Terra, alla "nascita" di colui che diventerà man mano il più perfetto degli esseri viventi, l'unico dotato di intelligenza raziocinante e di mezzi espressivi superiori (la parola, per esempio). Così come il leone è il re degli animali, l'uomo è il re degli esseri viventi, colui che ha rappresentato la tappa cruciale dell'evoluzione.

Rimandi biblici

Secondo la *Genesi* biblica, l'uomo è stato creato a immagine e somiglianza di Dio e, per questo, gli è stata donata un'anima che lo rende immortale. Il Leone rappresenta dunque la *matrice superiore*, *divina*, *regale* delle cose e dell'essere umano in particolare. Nel simbolismo religioso, Cristo viene definito "il Figlio dell'Uomo", "il Leone della tribù di Giuda", "il Re dei Re", la cui venuta sulla Terra, come quella dell'uomo millenni prima, ha impresso una svolta epocale alla Storia stessa: basti pensare che il Tempo, regolatore della vita umana, si misura ancora in *anni avanti Cristo* e *anni dopo Cristo*. Anche le simbologie leonine di *stirpe*, *figli*, *riproduzione* trovano riferimento nella Bibbia e nel concetto di "divino". Esemplare appare a tale proposito il Salmo 89, *Ricordo delle divine promesse*, definito "regale-messianico", che tratta delle promesse fatte da Dio a Davide (altro personaggio leonino-solare, in quanto re di Giuda, *figura di Cristo*, passato alla Storia come il *principale re d'Israele* e *capostipite* di tutto il popolo eletto). Recita infatti il salmo:

[...]
Poiché tu hai detto:
[...]
"Ho stretto un'alleanza con il mio eletto,
ho giurato a Davide, mio servo:
'Stabilirò per sempre la tua discendenza,
ti edificherò un trono per tutte le generazioni'

e ancora:

"Egli [Davide] *m'invocherà: 'Mio padre sei tu,*
mio Dio, rupe della mia salvezza'.
Ed io lo porrò come primogenito,
il più alto fra i re della Terra
[...]
E porrò per sempre la sua discendenza
e durerà in eterno il suo trono,
come i giorni dei cieli
[...]
e il suo trono come il sole sarà al mio cospetto;
come la luna sarà stabile per sempre,
resterà immutabile finché durerà il cielo.

Quanta "leoninità"!

La regalità scritta nelle stelle

Dal punto di vista astronomico, la regalità del segno è espressa dalla stella fissa *Regulus*, *il piccolo re*, posta proprio nella costellazione del Leone. Regulus è la stella più vicina all'eclittica (orbita apparente del Sole intorno alla Terra) ed è chiamata anche *Alfa Leonis* o *Cor Leonis* (questo secondo nome si ricollega all'organo del corpo umano governato dal segno: il *cuore*). Come riferisce l'astronomo-astrologo Marco Gambassi, "la stretta congiunzione con Regulus intensifica il carisma e la dignità di un astro. La congiunzione del Sole con questa stella si trova in personalità regali e piene di dignità o di superbia. Sole e Regulus in stretta congiunzione all'Ascendente portano Lorenzo il Magnifico a identificarsi con il ruolo del 'Signore' e del 'Mecenate'. Napoleone ha questa congiunzione in prossimità del Medio Cielo. Nel cielo invisibile di A. Einstein [nato sotto il segno dei Pesci] spicca la congiunzione di Regulus con l'astro dell'ingegno rivoluzionario: Urano".[8] Ciò sottolinea ulteriormente la natura *nobile*, *magnificente* e al tempo stesso *amplificatrice* ed *eccessiva* del segno.

Ma come ogni segno, anche il Leone presenta altre facce (meno nobili) delle proprie medaglie, che riflettono la sua *pulsione aggressiva incontrollata*, la sua *prepotenza*, il suo *spirito accentratore.*

Dallo Zodiaco ai Tarocchi

Nelle lame dei Tarocchi, il Leone è riconducibile all'Arcano numero undici, La Forza, dove una donna vigorosa stringe a sé un leone tenendogli aperte le fauci. Ma mentre l'animale appare stanco e stremato, la donna ha un'espressione serena, quasi come se dominare il leone non le costasse alcuna fatica. L'insieme iconografico di questa carta evidenzia dunque il trionfo della parte nobile e umana dell'individuo su quella animale e inferiore, suggerendo al contempo – e più in generale – che la voce dell'anima (intesa in senso junghiano, ovvero come sede delle emozioni) può vincere, grazie alla propria forza incommensurabile, l'inflazione del tratto *egoistico*, *soverchiatore*, *ipermaschile* (e a volte *maschilista*) dell'individuo, sia esso nato nel segno del Leone o in qualsiasi altro segno.

Identificazione zodiacale

Dal punto di vista strettamente astrologico, il Leone viene classificato come segno di genere *maschile*, *fisso*, appartenente all'elemento *Fuoco*. Sul significato di *maschile* e sulla valenza simbolica dell'elemento *Fuoco* si è già detto. La catalogazione come segno *fisso* permette di identificare un'altra caratteristica della tipica personalità leonina, la *testardaggine* o, se si preferisce, la *fissità* delle proprie opinioni, che lo rende generalmente *tradizionalista*, a volte un po' *integralista*, spesso e volentieri *poco obiettivo*, *dispotico*, *suscettibile.*

[8] GAMBASSI, MARCO, *La lettura astrologica delle carte astronomiche*, relazione presentata al II Congresso internazionale di Venezia organizzato dal Centro italiano di astrologia, 7-9 novembre 1997.

Collegamenti con l'etologia

A tale proposito, anche l'etologia offre spunti di riflessione interessanti. Il leone, re della savana, è un animale stanziale, attaccato al proprio territorio e alla propria famiglia. Come ogni sovrano che si rispetti, esige che siano gli altri a servirlo (sono infatti prevalentemente le leonesse che si occupano della caccia) e quando la preda è catturata è sempre il maschio a mangiare per primo. Nei confronti degli altri predatori è spietato e non ha praticamente rivali naturali. L'unico animale che osa aggredirlo e che può vincerlo è la iena, poiché non essendo un predatore solitario (come sono invece il ghepardo e il leopardo) essa sferra i propri attacchi in gruppo. Il leone della savana lotta inoltre per la propria supremazia, per la difesa del proprio territorio e per la sopravvivenza di tutto il branco: scaccia via dal gruppo familiare i giovani leoni maschi quando in essi compaiono i segni del dimorfismo sessuale (un po' per non dover dividere le femmine con i propri figli, un po' per evitare la mescolanza dello stesso sangue), è spietato con i leoni estranei che hanno la sfacciataggine di sconfinare nella sua "giurisdizione", stermina, quando può, gli altri predatori al fine di ridurre la concorrenza per il cibo.

La vita e la vitalità nel Leone

Da questi comportamenti, e in particolare dall'ultimo citato, si evince un'altra simbologia peculiare del segno: quella di *strenuo attaccamento alla vita*. Osservando infatti i nativi del Leone, si rintracciano spesso due modalità diverse di concepire la malattia e la morte. Moltissimi Leone non pensano affatto di potersi ammalare, ritenendosi invulnerabili come l'Ercole mitologico, eroe solare per eccellenza. Di conseguenza, evitano di sottoporsi ai controlli medici e rimuovono il pensiero che la loro esistenza debba a un certo punto finire. Molti altri nativi guardano invece con timore alle malattie e ne hanno addirittura orrore, poiché sono angosciati dall'idea di perdere la propria maestosa possanza fisica, e spesso, esagerati come sono, drammatizzano anche i disturbi più banali, sprofondando nel panico dell'ipocondria. In genere, non esistono vie di mezzo fra i due comportamenti.

Sempre dal mondo animale, si osserva un'altra simbologia correlata al segno del Leone, quella di *sessualità potente* finalizzata tanto alla *procreazione* quanto al raggiungimento puro e semplice del *piacere fisico*. Nei periodi del calore delle leonesse, i leoni maschi vi si accoppiano infatti per giorni e giorni, ripetutamente, senza avvertire né la fame né la sete né il bisogno di riposare. A quanto è dato sapere, le centinaia di rapporti potrebbero essere motivati o dalla probabile scarsa fecondità del seme del maschio, o dalla presunta difficoltà di ovulazione della femmina. Ciò non toglie, comunque, che i monarchi della savana, in quei giorni, se la godano un mondo...

La territorialità del Leone

Il comportamento animale potrebbe anche spiegare un'altra peculiarità dei nativi del Leone: la *scarsa propensione all'ospitalità*, riconducibile all'attaccamento che il re della savana mostra nei confronti del proprio territorio, dove non tollera intrusioni. Il Leone, infatti, accoglie con grande calore gli amici in casa propria (purché siano solo quelli del suo "branco", senza aggiunta di estranei amici degli amici) per una cena, un tè pomeridiano, una serata mondana, un'occasione d'incontro, insomma, che abbia una durata limitata. Se però si tratta di ospitare persone per più giorni, nove Leone su dieci provano un vero disagio fisico. Così, per non accogliere gente in casa propria, spesso accampano scuse diplomatiche e talvolta molto poco credibili. Anche altri animali, certamente, sono territoriali, ma mai quanto il leone, che addirittura uccide sia i leoni estranei al proprio branco sia gli altri predatori che osano avventurarsi nel proprio presidio. Non solo, ma l'attaccamento del leone al proprio territorio assume addirittura i toni della sfida alla morte: il branco, infatti, non si sposta neanche nei momenti in cui la penuria di prede è massima e la grande fame impera.

Anche chi non è nato dal 23 luglio al 23 agosto racchiude comunque nel proprio oroscopo (e dunque nella propria personalità) le simbologie leonine, poiché il quadro astrale si costruisce sull'intero Zodiaco. La casa natale che poggia sul segno del Leone simboleggia dunque gli ambiti della vita in cui l'individuo manifesta maggiormente la propria *generosità* e la propria *prepotenza*, la propria *ingenuità* e la propria *vitalità entusiastica*, oltre a tutte le altre caratteristiche tipiche del segno.

I pianeti del Leone

Astro governatore: Sole

Quale astro, meglio del Sole, potrebbe governare il segno più *nobile, caldo, appariscente, generoso* dello Zodiaco? Forse nessuno. Certo, come si è già accennato nel capitolo precedente dedicato al Cancro, esistono forti sospetti che anche la Luna abbia una propria diretta influenza sul quinto segno (basti pensare che la vita del branco dei leoni è governata per lo più dalle femmine e che per la caccia questi animali prediligono le ore notturne, riconducibili alla dimensione simbolica della Luna. Non solo, ma sembra che anche i nativi del Leone, come asserisce Lisa Morpurgo, amino in modo particolare la vita notturna e le ore piccole). Tuttavia, finché non vi saranno ulteriori verifiche probanti, si dovrà continuare a considerare il Sole come unico, incontrastato governatore dell'impero leonino.

Dal punto di vista astronomico, il Sole è il cuore pulsante del nostro sistema planetario: esso ne occupa il centro, mentre tutti gli altri pianeti gli circolano attorno (proprio come accade per il *cuore*, che occupa una posizione preminente nel corpo umano e animale). A tale proposito, sosteneva Nicola Sementovsky: "Se sparissero le stelle, la vita continuerebbe, perché rimarrebbe il Sole. Se sparisse il Sole e le stelle rimanessero, la vita non sarebbe più possibile".[9] La connessione fra il Sole e la vita è dunque strettissima, poiché l'astro del giorno irradia luce e calore, elementi indispensabili alla Terra e alle sue creature (vegetali e animali): non per niente, in astrologia esso è definito *luminare*, ovvero astro supremo ed eminente, così come nella lingua italiana, il termine "luminare" è sinonimo di "uomo illustre, celebrità, gran nome, alta personalità". Il Sole rappresenta inoltre la traduzione astrologica dell'espressione biblica "*Fiat lux*": è il simbolo della *creazione* stessa, il *Verbo*, il *regolatore del tempo*, l'*orologio* che scandisce l'alternarsi del giorno e della notte, delle stagioni, degli anni: dunque della *vita eterna*. Esso esprime valori di *centralità*, *essenzialità*, *sintesi*; costituisce il *nucleo fondamentale* dell'impalcatura psicologica dell'individuo; rappresenta quel soffio di *divino* che esiste in tutti noi. A questo proposito, è curioso (oltre che chiarificatore) notare che, se – come si è visto – la domenica in inglese viene chiamata *Sunday* (ovvero, *giorno del Sole*), è anche comunemente definita *giorno del Signore*, significato che evidenzia il sincretismo simbolico esisten-

[9] SEMENTOVSKY, KURILO NICOLA, *Astrologia. Trattato completo teorico-pratico*, Hoepli, Milano 1986.

te fra i termini "Sole" e "Signore". Ribadendo il concetto fin qui espresso, il Sole è dunque riconducibile simbolicamente al *Logos*, al *principio di perfezione*, alla *matrice sublime* che risiede alla base di ogni creatura vivente. In un'espressione, esso è il simbolo dello *Spirito Santo* quale *principio interiore di vita nuova data da Dio*. Ma il Sole è da sempre ritenuto anche l'emblema astrologico della *figura paterna*: definizione che chiude il cerchio e che identifica la stella più luminosa del nostro sistema planetario come la sintesi simbolica della *Santissima Trinità*

(*figura paterna* = Padre
Signore = Figlio
principio di vita = Spirito Santo).

Visivamente, il Sole compie un giro completo intorno alla Terra in 365 giorni circa (in realtà è la Terra a compiere tale percorso intorno al Sole), non assume mai moto retrogrado (come potrebbe un re valoroso, un "grande capo", indietreggiare?), giunge a una declinazione massima di 23°27′ Nord (al solstizio d'estate, quando tocca la corrispondente latitudine del Tropico del Cancro) e una declinazione minima di 23°27′ Sud (al solstizio d'inverno, quando raggiunge la latitudine del Tropico del Capricorno).

La *sostanzialità*, quale valore simbolico del Sole, si riscontra anche nella suddivisione degli esseri umani in dodici tipologie zodiacali. Di una persona si dice infatti che appartiene al segno dell'Ariete, del Toro, dei Gemelli ecc., proprio perché essa nasce nel mese in cui il Sole transita in quella porzione di cielo denominata Ariete o Toro o Gemelli, fino ai Pesci. È il Sole, quindi, che stabilisce sotto quale segno si nasce: dire "segno zodiacale" o "segno solare" è la stessa cosa. E visto che in un anno il Sole percorre tutti e dodici i segni, non sussiste il rischio che qualcuno nasca "apolide" in senso zodiacale: in questo, le leggi dello Zodiaco (almeno loro!) sono eque e davvero giuste. La sostanzialità e il principio di sintesi impliciti nel Sole, dunque, li si individuano anche nella possibilità di "catalogazione zodiacale" immediata e precisa di una persona: basta dire a quale segno solare si appartiene per ottenere subito (dai manuali, dagli esperti astrologi, dai curiosi, dagli "apprendisti stregoni") una radiografia più o meno completa del proprio carattere: appartieni al segno (solare) del Toro? Sei testardo, risparmiatore, concreto ecc. Sei un Cancro? Ti piace sognare, mangiare i dolci, fare e ricevere tante coccole, e via discorrendo per tutti gli altri segni. Insomma, già solo con il segno solare (zodiacale) si possono individuare, in linea di massima, le tendenze, i gusti, il comportamento, il destino di una persona: con nessun altro pianeta è possibile generalizzare a raggio così ampio come con il Sole. Venere, infatti, descrive quasi esclusivamente il comportamento e il destino affettivo, Mercurio le capacità di comunicazione, l'intelligenza, i rapporti sociali, e così via per tutti gli altri pianeti, i quali individuano solo alcuni lati ben specifici del carattere di una persona e non la sua impalcatura psicologica complessiva.

Nell'analisi oroscopica il Sole rappresenta, oltre a quanto già riferito, gli *obiettivi primari dell'individuo*. Nel corpo umano, il Sole è tradizionalmente associato all'*occhio destro* per l'uomo e all'*occhio sinistro* per la donna. L'elemento corrispondente è l'*oro*.

Pianeti in esilio: Urano e Saturno

Pianeti tecnici, freddi, rigorosi come Urano e Saturno non possono trovare nel *caldo* segno del Leone, così legato ai *ritmi naturali* della vita, il terreno adatto per esprimere le proprie simbologie. Per entrare più nello specifico, si rammenta che fra le simbologie di marca saturnina spiccano la *razionalità* e il *realismo*, che a volte sconfina nel *cinismo* o addirittura nel *cupo pessimismo*. Sempre a Saturno appartengono i significati di *frugalità*, *spoliazione*, *durezza di giudizio*, *avidità*. Tutto ciò si contrappone in maniera evidente all'insieme delle corrispondenze leonine di *generosità disinteressata*, *magnificenza*, *sfarzo*, *pietà*, *amore per gli status symbol*. Certo, l'esilio dei due pianeti priva il quinto segno dello Zodiaco della *capacità di calcolare i rischi e di valutare obiettivamente gli avversari*, ma ciò denota la totale assenza, nei Leone, del sentimento inferiore di *invidia*, poiché l'ingenuità e l'alto concetto che questi nativi nutrono di sé li portano a credere di non avere rivali. Non tanto perché ne neghino l'esistenza, bensì perché essi considerano gli altri una spanna più in basso di loro. E dunque privi di quei talenti che potrebbero insidiare il primato leonino.

Alla luce degli insegnamenti derivanti dall'etologia, il Leone non sembrerebbe però così privo di *tempismo*, sebbene questa simbologia appartenga al mondo dell'esiliato Urano. Nella savana, infatti, il leone sa individuare perfettamente il momento in cui saltare addosso alla preda da catturare, anche se una buona partenza non sempre garantisce il risultato finale: molti attacchi infatti vanno a vuoto perché la preda riesce a fuggire. E forse è proprio in questi insuccessi che si esprime l'esilio di Urano, ovvero – per traslato – nella *goffaggine* che spesso caratterizza i Leone.

Senz'altro però la carenza di valori uraniani e saturnini è responsabile della *scarsa furbizia* del Leone, del suo *limitato autocontrollo*, della sua *tendenza all'esagerazione*, della sua *poca razionalità*, della sua *non brillantissima ingegnosità*, dell'*impazienza*, della sua *incapacità di mentire* (le bugie dei segni di Fuoco hanno le gambe cortissime), dei suoi *scatti d'orgoglio*, del suo *infantilismo* e nei nativi meno evoluti, della *fanfaronaggine*.

Il fatto, infine, che Saturno sia collegato ai processi di calcificazione, potrebbe indurre a ipotizzare che nel Leone la percentuale di persone affette da calcolosi sia minore rispetto ad altri segni, ma non esistono al momento studi statistici in merito.

Pianeta in caduta: Nettuno

Fra tutte le cadute planetarie proposte dallo schema morpurghiano, a nostro avviso questa è forse la meno semplice da spiegare.

Certamente, l'estrema *mobilità* del pianeta mal si accorda con la *fissità* del segno, mentre la *confusione* che alberga nel nucleo nettuniano non può avere spazio in un segno che caratterizza nativi la cui personalità si regge sulla *certezza di sé, del proprio ruolo, delle proprie capacità*. Sul piano fisiologico, Nettuno presiede alla *produzione di anticorpi*, ma il fatto che nel Leone il pianeta si trovi in caduta non significa che i nativi del segno soffrano di carenze immunitarie. Nettuno governa infine la *nebbia*, mentre nel Leone tutto è solare, ma oltre a questo non sembra che ci sia altro di convincente da aggiungere.

Concordanze e analogie nel corpo umano

Finito il tempo dell'infanzia, dedicato alle piacevolezze della vita sicura e comoda, ormai forti e protetti dall'involucro che ci ha alloggiato, nutrito e fatto crescere (Cancro), eccoci dunque pronti per uscire allo scoperto nel mondo e affermare noi stessi, la nostra individualità finalmente raggiunta e compiuta, irradiare la nostra personalità. L'espansione dell'Io rappresentata dal Leone corrisponde, sul piano biologico e psicologico, soprattutto alla capacità di autonomia e ai sistemi di autogoverno, quindi, in particolare:

– al *cuore*, che sospinge il sangue in tutti i distretti dell'organismo e garantisce l'equa distribuzione del nutrimento e la possibilità di funzionamento a tutte le cellule. È dotato di un sistema intrinseco di regolazione della sua attività, svincolato cioè dall'attività generale del sistema nervoso centrale. È vero che vi è ovviamente anche un'innervazione che deriva da quella generale (nervo vago) e che ha soprattutto l'incarico di frenare l'attività cardiaca se troppo intensa, ma rimane il fatto saliente che il cuore si governa da sé, come se avesse una sua specifica capacità di discernimento. Del resto, anche sul versante emotivo si sa che le ragioni del cuore non sono sempre compatibili con quelle della testa e che a volte il cuore, osservato con il freddo distacco della mente, sembra fare le bizze, comportandosi come un cavallo selvaggio;

– alla *colonna vertebrale*, altro organo "centrale" del corpo umano, che rappresenta letteralmente il nostro sostegno e che contiene il midollo spinale, sorta di centralina di comando dalla periferia (cute, muscoli, visceri) al centro (il cervello) e viceversa. Nello sviluppo dell'embrione, a ogni vertebra corrispondono un segmento corporeo specifico – comprendente anche una porzione viscerale, innervata dai nervi che partono dal midollo spinale – e una porzione di superficie corporea. L'importanza della colonna nella postura eretta e nel movimento è tale che ci fa dire, di qualcuno che non sa "stare in piedi da sé" o che appare incapace di imporsi, che è "senza spina dorsale". Tutto il contrario di un vero Leone!

– sul piano psico-emotivo, la coscienza di sé e l'autostima, la volontà, lo spirito di iniziativa, ma anche, in senso deteriore, l'aggressività; comunque, la *capacità di differenziare e affermare se stessi in rapporto al mondo*. Come vedremo, un'eccessiva predominanza di queste funzioni ricorre con frequenza nell'ipertensione e nelle malattie cardiovascolari in genere.

Inoltre, tradizionalmente viene riferita al Leone la *libido*, ovvero quell'energia istintuale psicofisica totipotente che può dirigersi verso l'eros e la sessualità – e quindi verso la sopravvivenza della specie – o verso la creatività personale e l'espressione di sé, dunque nella direzione della sopravvivenza dell'individuo.

Mente & Corpo

La generosità, l'intraprendenza, la focosità del Leone lo avvicinano al tipo *Pitta* della tradizione ayurvedica, legato all'elemento Fuoco e con predominanza di sintomi circolatori e infiammatori, oppure al tipo *collerico-sanguigno* della classificazione ippocratica, di stampo occidentale, che pone l'accento sull'espansività, il coraggio, la creatività, la passionalità. Il Leone non disdegna inoltre di accollarsi onori e oneri da leader, che gestisce con inarrivabile naturalezza, sempre che la sua tendenza all'esagerazione non lo faccia prima o poi tacciare di ambizione sfrenata, orgoglio smisurato, sfacciata tirannia. E a questo punto cominciano i suoi affanni, perché neppure un cuor di leone può sopportare a lungo di essere attorniato da musi lunghi e volti corrucciati. Ha anche lui bisogno d'amore (anzi, spesso lo pretende) cosicché a far le spese di questa incresciosa situazione potrebbe essere il cuore, in senso sia fisico sia metaforico. Le patologie del manager sembrano infatti prenderlo particolarmente di mira: ipertensione, arteriosclerosi, aritmie cardiache, fino ai disturbi della conduzione del cuore e ai problemi coronarici. Ma anche la schiena, schiacciata dalle responsabilità e dalla tendenza a tenere sotto controllo tutto ciò che il Leone ritiene essere di proprio dominio, può notevolmente risentire della impossibilità di rilassarsi.

Le funzioni psichiche predominanti di questa tipologia sono quelle razionali, ovvero l'*intuizione* e il *pensiero*. Di conseguenza, le funzioni meno evolute sono la *sensazione* (la capacità di entrare in rapporto con gli oggetti concreti e di affidarsi ai propri sensi) e il *sentimento* (la capacità di giudizio morale e di valutazione dei bisogni affettivi propri e altrui). Ecco perché tanto spesso questo segno viene tacciato di scarse qualità introspettive e di poco tatto, e perché la sua sensibilità sfoci più spesso nella suscettibilità che nell'empatia. La funzione sensoriale, spesso inconscia o "infantile" nel Leone, troppo occupato in cose ben più importanti per dar peso a volgari dettagli terreni, potrebbe quindi spiegare i sogni di grandezza di alcuni rappresentanti del segno, quasi che fosse difficile, per loro, valutare esattamente i propri limiti e, soprattutto, accettarli.

Per eccesso e per difetto

Il Sole, pianeta centrale dello Zodiaco, in Leone sorregge in particolare il cuore, centro vitale dell'organismo, la spina dorsale e il sistema della circolazione arteriosa. Il Sole, l'Ascendente, la sesta casa o pianeti natali nel segno possono quindi predisporre ai seguenti disturbi.

Ipertensione arteriosa Chi si sente maggiormente "sotto pressione"? Lo studente obbligato a rendere al massimo nei giorni precedenti un esame decisivo, malgrado le calde e belle giornate invoglino piuttosto al divertimento o al riposo, oppure il solito manager alle prese con una rovente riunione sindacale, dove deve tirar fuori molta grinta e contemporaneamente molta calma per tenere tutti a bada? Comunque sia, questa è un'espressione che si sente pronunciare spesso da chi vuole indicare il proprio stato di tensione esasperata e in particolare il sentirsi sottoposto, da parte delle persone o dell'ambiente circostanti, a richieste che sono al limite delle proprie possibilità.

A queste situazioni di superimpegno l'organismo cerca di adeguarsi con una serie di modificazioni a livello nervoso e ormonale, che possono promuovere per esempio un'accelerazione del battito cardiaco e del metabolismo generale, e anche l'aumento della pressione arteriosa. Quest'ultimo serve a mantenere ottimale l'irrorazione sanguigna nel momento di massima tensione psicofisica, e si ottiene in particolare contraendo e quindi irrigidendo le pareti dei vasi arteriosi, che sono piuttosto elastiche.

Ma se può essere fisiologico riscontrare valori pressori leggermente più alti della norma in un soggetto temporaneamente sottoposto a eventi stressanti, non si può dire altrettanto se ciò accade anche quando la "pressione" ambientale è allentata. Questo è, per l'appunto, ciò che accade all'iperteso. Il suo organismo infatti si comporta come se fossero in atto le manovre difensive dei momenti di grande stress anche quando non sarebbe obiettivamente necessario. Ma da che cosa si difende, allora, contraendo e irrigidendo i vasi sanguigni?

Dal punto di vista simbolico il sangue, liquido rosso, caldo, vitale che percorre e nutre ogni cellula del corpo, è considerato la sede e il tramite delle emozioni più profonde e sconvolgenti, come viene testimoniato anche dalla fisiologia (*arrossire dall'emozione o dall'ira*, *impallidire dalla paura*) e dal linguaggio corrente (*avere qualcosa o qualcuno nel sangue*, *avere legami di sangue*, *far salire il sangue alla testa*). In sostanza, il sangue può essere assimilato all'energia vitale di un individuo, ai sentimenti e alle passioni che lo abitano.

In questo senso il vaso sanguigno, contenitore e guida di questo fluido, può essere paragonato a tutto ciò che limita e contiene la nostra carica vitale: raziocinio, obiettività, ruoli acquisiti e consolidati, regole e convenzioni. Quanto più quest'energia libidica è avvertita come potente, e pertanto potenzialmente pericolosa e ingovernabile, tanto più insorge l'esigenza di intensificare il controllo su di essa, costringendola in uno spazio più angusto e rigido. Sul versante psichico, quest'operazione può consistere nel cercare di evitare – tramite la razionalità e il controllo degli slanci emotivi – ogni sentimento di passività e abbandono; qualcosa di analogo può verificarsi anche sul piano somatico, restringendo il vaso sanguigno così da impedire il libero flusso del sangue e delle emozioni da esso trasportate. È perciò probabile che l'iperteso, più che dalle pressioni ambientali, senta la necessità di difendersi dalle proprie pulsioni, quelle che gli farebbero "salire il sangue alla testa" e, comprimendole, cerchi di averne il pieno controllo. Peccato però che, quanto più il vaso sanguigno si restringe, tanto più l'energia rappresentata dal sangue viene sospinta con maggior impeto, divenendo ancor più pressante e manifesta.

Si possono incontrare, in sostanza, due tipologie di ipertesi: quelli che si permettono di esprimere il loro eccesso di carica vitale e che tendono quindi all'iperattività fisica e mentale, alla loquacità, all'irruenza, lasciando ogni tanto libero sfogo alle proprie pulsioni e passioni (rabbia, sessualità, entusiasmo) e quelli che, non concedendosi queste trasgressioni, mantengono sempre la piena lucidità e il controllo della situazione, non perdono mai la calma, misurano ogni parola e ogni gesto.

Spesso, nei primi i momenti di sfogo – che rimangono comunque il più delle volte circoscritti a determinati ambienti, persone o circostanze "protette" (la famiglia d'origine, la vacanza, la discoteca, lo stadio, un ristretto gruppo di amici, con i quali magari fare gli istrioni) – precedono o coincidono con episodi di puntate ipertensive, mentre per il resto la pressione può anche risultare quasi normale. Durante l'accesso ipertensivo possono comparire sintomi quali vampate di calore e rossore al viso, cefalea gravativa, ronzii auricolari, agitazione psichica e motoria.

È invece spesso senza sintomi l'ipertensione che compare nei soggetti del secondo gruppo, ma è più duratura e costante, e anche più difficile da debellare. Una lieve ipertensione può essere quasi fisiologica nelle persone anziane, dove occorre fornire una maggiore propulsione all'energia/sangue per mantenere la vitalità degli organi e della mente, ma accade anche in soggetti giovani, che dimostrano in questo modo la necessità di arginare e tenere sotto controllo in modo calibrato e continuo gli impulsi e le sensazioni che provengono sia dal corpo (sessualità, aggressività) sia dal mondo emozionale.

Per rimediare: aglio, biancospino, cardiaca, olivo, tiglio, vischio; lavanda, limone, ylang-ylang; Magnesio, Manganese, Manganese-Cobalto; Impatiens, Rock Water, Vervain, Vine; luce verde.

Ipotensione Battere la fiacca, sentirsi la testa vuota o leggera, mancare di concentrazione, avvertire improvvisamente la stanza che gira o sentirsi venir meno: possono essere sintomi che la pressione del sangue tende al ribasso. Più facilmente accusata dalle donne, in particolare nel periodo più caldo dell'anno e durante il ciclo mestruale, l'ipotensione è spesso considerata un tratto costituzionale e solo raramente si configura come la spia di problemi neurologici o ormonali.

Aspetto speculare dell'ipertensione, fa sì che al sangue venga meno quella spinta verso l'alto che caratterizza invece il disturbo opposto, come se fosse stato privato dell'energia e del calore che gli sono peculiari. In realtà, spesso l'ipotensione – accompagnata dalla sensazione di perdere i sensi o l'equilibrio – può essere simbolicamente interpretata come il tentativo di evitare che certi contenuti dell'inconscio, temuti per la loro portata destabilizzante o trasgressiva, possano essere "spinti" verso l'alto, verso la coscienza. Viene allora impressa al sangue una minor forza propulsiva, e in generale una minor energia a tutto il corpo, per impedire di agire queste tensioni tanto temute. Del resto, la letteratura del passato è affollata di fragili e pallide fanciulle pronte a svenire alla minima emozione, specie se amorosa. Un modo diplomatico per permettersi letteralmente di "perdere la testa" senza doversene però assumere la responsabilità agli occhi dei benpensanti e, nello stesso tempo, mezzo ideale per sottrarsi all'insostenibile emozione, rifugiandosi nell'incoscienza. Senza raggiungere questi eccessi, non è raro trovare fra le persone cronicamente ipotese simili tentativi di nascondere alla propria consapevolezza sensazioni, emozioni e tentazioni al cui fascino è da un lato difficile sottrarsi ma da cui, dall'altro, sembra opportuno allontanarsi in fretta.

Per rimediare: artemisia, Quercus pedunculata, Ribes nigrum, rosmarino; rosmarino, salvia; Clematis, Olive, Wild Rose; luce arancione, verde.

Mal di schiena In numerose culture la colonna vertebrale viene assimilata all'*axis mundi*, l'asse portante, albero o pilastro che si innalza dalla Terra al Cielo, a collegarli e a stabilirne l'ideale centro. In effetti, la colonna vertebrale costituisce l'asse su cui poggia il corpo e consente la stazione eretta e il controllo neuromuscolare di quasi tutto l'organismo attraverso il midollo spinale in essa racchiuso. Secondo gli indiani, in essa scorrono i principali canali energetici e in particolare è la sede dell'energia *Kundalini*, vero e proprio potenziale trasformativo ed evolutivo, che va coltivato e correttamente incanalato attraverso tecniche specifiche per favorire l'apertura mentale e spirituale dell'individuo.

I disturbi alla schiena suggeriscono diversi significati simbolici, a seconda della loro localizzazione e della modalità con cui si presentano. Il tratto cervicale, per esempio, sul quale poggia la testa – il mondo dei pensieri, della volontà, della coscienza – è retto da una vertebra, l'atlante, che richiama nel nome il mitico titano costretto a portare il mondo sulle spalle, suggerendo un analogo sforzo di questa zona della colonna nel sopportare il peso delle responsabilità, delle decisioni ponderate, della forza di volontà. E se il tratto dorsale percorre il torace, sede degli affetti e delle emozioni, quello lombosacrale si colloca in relazione al mondo istintuale e alle sue pulsioni. Dolori del tratto lombare e sensazioni di stanchezza si possono accostare quindi sovente a una repressione della sessualità, probabilmente vissuta in modo conflittuale. Patologie che interessano la componente nervosa della colonna vertebrale, che consente fra l'altro il controllo della mobilità degli arti inferiori, avranno invece in particolare il significato di impedire quell'atteggiamento verso il mondo esterno sintetizzabile nel concetto di autonomia. Quando la schiena è colpita in quanto sostegno del corpo, potrà viceversa esprimere la difficoltà di accettare e perseguire quella fondamentale coerenza interiore di comportamento propria di chi ha "spina dorsale".

Tratto cervicale Un dolore localizzato in questa zona può indicare che ci si sente gravare addosso responsabilità e pesi intollerabili. È possibile ritrovare questo sintomo in persone che si sentono letteralmente schiacciate dall'essersi assunte ruoli o impegni troppo gravosi. Spesso è presente un problema di sopra- o sottovalutazione della propria immagine, o comunque il timore di non essere all'altezza delle aspettative altrui. Si può riscontrare in questa situazione anche l'irrigidimento dei muscoli delle spalle, nello sforzo di adattarsi alle richieste interpretate dall'ambiente esterno (per esempio, "chinare troppo la testa" davanti alla necessità della vita sociale, anziché evidenziare le proprie vere intenzioni).

Tratto lombare La parte bassa della schiena, collegata al bacino e agli arti inferiori, è anche, simbolicamente, in connessione con il mondo delle pulsioni (il bacino è sede dell'intestino e degli organi riproduttivi) e con la facoltà di camminare eretti, quindi di muoversi nel mondo autonomamente e liberamente. Un dolore o un blocco a questo livello può perciò subentrare in concomitanza con un conflitto che riguardi questi ambiti. Per esempio, l'interpretazione che classicamente si dà al cosiddetto "colpo della strega" – che impedisce di muovere il bacino e consente solo una goffa camminata con il tronco piegato in avanti – è quella di un tentativo di impedirsi trasgressioni di stampo sessuale, anche solo immaginate, o di fuggire da situazioni in cui il raziocinio o il quieto vivere ci inducono invece a restare. Inoltre, può esserci un problema nella gestione del proprio spirito di iniziativa, del perseguimento di importanti obiettivi, dello slancio nella loro realizzazione, della creatività. Quando si giunge a un punto critico, ecco intervenire il dolore o il blocco: chi voleva essere tutto d'un pezzo è costretto a "piegarsi", chi voleva fuggire o trasgredire ha un'ottima scusa per non farlo. Inoltre, come quasi tutti i dolori invalidanti, costituisce un'occasione per delegare forzatamente ad altri talune responsabilità o per riposare, cose che i sofferenti cronici di disturbi alla colonna raramente si concedono di fare.

Dolore diffuso Secondo molte tradizioni orientali, nella colonna vertebrale scorrono i principali canali energetici, che si distribuiscono poi in tutto il corpo. Anche nella nostra cultura medica, del resto, è noto il ruolo del midollo spinale come regolatore e distributore di una certa forma di energia, quella nervosa, mentre si definisce "senza midollo" chi dimostra assenza di iniziativa e scarso nerbo.

Un diffuso indolenzimento alla schiena ha di solito origine muscolare o nervosa e indica il più delle volte semplicemente stanchezza. Ciò significa quindi che ci si è sottoposti a sforzi (non necessariamente solo muscolari, ma anche mentali o emotivi) che non si era in grado di sopportare o che è venuta temporaneamente meno la forza propulsiva e di sostegno. In pratica, la schiena dolorante sta segnalando che non siamo o non ci riteniamo all'altezza degli impegni assunti. Forzare la nostra disponibilità o capacità non può che peggiorare la situazione. Meglio il riposo (fisico) e il ridimensionamento delle aspettative. Oltre che eliminando le malposizioni che tanto spesso sono alla base dei dolori diffusi a tutta la schiena, il modo migliore per far fronte a questo disturbo è infatti accettarlo come un campanello d'allarme e autorizzarsi a cedere temporaneamente le armi, a costo di apparire un po'... smidollati.

Per rimediare: artiglio del diavolo, equiseto, frassino, salice bianco, Pinus montana, Ribes nigrum, Vitis vinifera; alloro, camomilla, rosmarino; Fluoro, Magnesio, Manganese, Manganese-Rame; Arnica, Rhus toxicodendron; Beech, Elm, Larch, Oak, Olive, Rock Water, Vine; luce arancione, verde.

I rimedi della Natura

Alimentazione

Per scongiurare i disturbi circolatori, l'aumento del colesterolo e della pressione del sangue, la dieta dovrebbe prevedere pochi zuccheri e grassi e buoni introiti di proteine, specie vegetali: è bene insistere quindi con i *legumi* (ottimi i preparati a base di *soia*) e gli ortaggi in genere, *cereali integrali* e bilanciare con *carni e pesci magri*, *yogurt*. Inoltre, poco sale ma molto fosforo, potassio e magnesio, che si può trovare in *noci* e *mandorle*, *lattuga*, *crescione*, *mele*, *limoni*, *cipolle*, *sedano*, *cavolfiori*, *broccoli*.

Erbe e gemme

Aglio Conosciutissimo come depurativo e tra i migliori disinfettanti naturali (vedi Ariete), l'aglio è anche un forte *ipotensore*. Purtroppo, non è ben tollerato da tutti, specie dai soggetti "collerici" – dinamici, energici, impetuosi, combattivi – che sono poi quelli che ne avrebbero maggior necessità. È comunque indicato in special modo a coloro che tendono ad accumulare liquidi, grassi e tossine e ad avere il sangue troppo denso e viscoso. Sebbene non se ne sia ancora del tutto chiarito il meccanismo d'azione, è infatti ormai appurato che l'uso regolare degli estratti di questa pianta contribuisce a tenere pulite le arterie e ad abbassare i valori pressori e del *colesterolo* nel sangue.

Artemisia Pianta dedicata ad Artemide, dea lunare signora degli animali e di tutto ciò che nasce sulla Terra – e quindi invocata dalle partorienti –, è più spesso usata per curare le *disfunzioni femminili* (vedi Toro), ma l'uso magico prevedeva per esempio di riempirne i cuscini per ottenere sogni profetici o intuizioni spirituali oppure, con riferimento alla sua attività terapeutica, per non sentire la stanchezza, tenere lontane le pestilenze, evitare il sonnambulismo o le conseguenze emotive di paure e traumi. Nell'ambito a cui ci riferiamo può essere interessante il suo impiego come tonico generale dell'organismo, utile quindi anche in presenza di *pressione arteriosa bassa*, più frequente nelle donne e talora concomitante a lievi disfunzioni ormonali. Non va assolutamente somministrata in gravidanza!

Artiglio del diavolo La sua attività antinfiammatoria è stata paragonata a quella di alcuni preparati sintetici, pur senza provocarne tutti gli effetti indesiderati. Questa pianta è indicata in tutte le varie localizzazioni dell'*artrosi* (vedi Capricorno), dalla *cervicale* alla *lombare*, alla *coxartrosi* (collo del femore), alla *gonartrosi* (ginocchia). È indicato quindi nei dolori alla schiena localizzati alla colonna. Svolge anche una certa funzione analgesica, utile in questi casi, anche se la diminuzione del dolore non dovrebbe favorire particolarmente la mobilità del segmento interessato, almeno finché non sia scomparsa anche l'infiammazione dei tessuti circostanti.

Biancospino Considerato sacro fin dall'antichità, questo bell'arbusto o albero spinoso dai fiori bianchi deliziosamente profumati è da sempre usato come rimedio per il cuore e la circolazione. Stretto parente delle rose, fiorisce di solito in maggio e il suo tronco veniva issato nelle feste di Calendimaggio come palo della cuccagna, in realtà simbolo fallico apportatore di fertilità. Nell'antica Roma, del resto, era un ramo di biancospino, protettore dei sentimenti (che albergano nel cuore), che lo sposo agitava festante mentre conduceva la sposa al talamo nuziale, presso cui ardevano torce dello stesso legno. Le spine sembrano quasi un'anomalia in questa pianta dall'aspetto gentile e paiono voler proteggere a tutti i costi i bianchi fiori delicati e poi le rosse bacche autunnali, come molti difendono la delicatezza dei propri sentimenti e la propria sensibilità ergendo burbere "spine" fra sé e il mondo. Oppure come chi è pronto, anche se il suo animo è delicato e sensibile, a difendere a spada tratta i suoi affetti.

In caso di *palpitazioni* o tachicardie nervose, è ottimo l'infuso di fiori di biancospino o, se il disturbo è più costante, la tintura madre o il gemmoderivato (*Cratægus oxyacantha* MG 1DH: 20-30 gocce 2-3 volte al dì). Il biancospino riduce infatti la frequenza dei battiti cardiaci, migliora la perfusione del cuore ed è *antipertensivo*. Naturalmente, prima di assumerlo è necessario il parere del medico e l'esclusione di gravi patologie. È indicato anche nelle *insonnie* dei soggetti emotivi o accompagnate da palpitazioni.

Cardiaca Il suo effetto *antipertensivo* è dovuto sia alla sua azione diuretica sia alla capacità di diminuire la frequenza delle pulsazioni cardiache rafforzandone la contrazione e di calmare il sistema nervoso. Una delle migliori forme di somministrazione è l'infuso: una manciata di pianta secca in mezzo litro di acqua bollente, da lasciar riposare una decina di minuti; se ne possono assumere 2-3 tazze al giorno. Una annotazione quasi astrologica: il nome di questa pianta (*Leonorus cardiaca*) deriva dal greco, e significa "coda di leone", dalla forma della sua spiga.

Equiseto Rimineralizzante (vedi Capricorno) e diuretico, lo citiamo qui come utile complemento ai rimedi antinfiammatori e analgesici (artiglio del diavolo, frassino, *Pinus montana*, *Ribes nigrum*, salice, *Vitis vinifera*) nei *dolori della colonna vertebrale*. Questo abbinamento consente all'organismo di recuperare al più presto l'elasticità dei tessuti e l'efficienza funzionale.

Frassino Oltre che antireumatico, antinfiammatorio e antidolorifico, possiede una notevole attività diuretica e depurativa. È indicato in particolare quando i *dolori alla schiena* siano accompagnati da sensazione di spossatezza generale o stanchezza localizzata, con *indurimento doloroso dei muscoli* e *dolore aggravato dal fred-*

do e dall'umidità. Ottimo *depurativo*, è consigliabile a coloro che mangiano, bevono o fumano eccessivamente, conducendo vita sedentaria o vivendo in ambienti malsani. Si può assumere sotto forma di estratto fluido o, alle dosi di 25-30 gocce, come macerato glicerico (*Fraxinus excelsior*) 2 volte al giorno.

Olivo Pianta tra le più caratteristiche della flora mediterranea, l'olivo è da sempre consacrato al Sole. Crescendo nelle zone assolate e caldo-temperate, sembra infatti raccogliere e immagazzinare tutta l'energia delle calde giornate estive. Le sue foglie, che costituiscono il rimedio erboristico, hanno la faccia inferiore, che riceve la luce dal sole "basso" della mattina e del tardo pomeriggio, opaca e concava, adatta quindi ad accoglierla e ad amplificarla. La faccia superiore, che riceve il sole delle ore più calde, lucida e convessa, riflette la luce, smorzandone l'effetto. La capacità dell'olivo di regolare la quantità di luce e calore che lo investe sembra rendere ragione della sua efficacia nell'equilibrare la pressione del sangue, che al pari del sole smista calore ed energia in tutto l'organismo. Per queste sue caratteristiche, l'olivo appare particolarmente indicato a personalità dalla chiara impronta "solare", dinamiche, energiche, razionali, volitive, ma anche dotate di una forte carica passionale: in una parola, le classiche "teste calde". Le dosi di questo rimedio sono molto variabili in funzione del tipo di somministrazione, dell'entità del disturbo e della sensibilità individuale.

L'affinità dell'olivo con i rappresentanti del segno va ancora oltre, perché oltre che *antipertensivo* è un buon *regolatore dei trigliceridi e del colesterolo* nel sangue. Si può assumere, a questo scopo, sotto forma di gemmoderivato (*Olea europæa* NG 1DH), 30-40 gocce 1-2 volte al giorno, secondo il parere del medico.

Pinus montana Questo gemmoderivato ha un particolare tropismo per le *affezioni reumatiche della colonna* e quelle interessanti le articolazioni. Insieme a *Ribes nigrum* e *Vitis vinifera* (ciascuno alla dose di 50 gocce 1 volta al giorno) è indicato nelle sequele reumatiche (vedi Capricorno), con dolori e infiammazioni alla colonna.

Quercus pedunculata Anche questo gemmoderivato può essere somministrato in caso di *ipotensione* accompagnata da *astenia*, questa volta anche marcata. Ha solitamente un'azione abbastanza rapida. Se ne possono assumere 50 gocce al mattino a digiuno.

Ribes nigrum Oltre che nell'uso sopra descritto, ricordiamo il macerato glicerico di ribes nero nella cura dell'*ipotensione*, specie in concomitanza con situazioni di *astenia generale*, e in particolare dopo malattie infettive. È un ottimo attivatore dei sistemi immunitario, ormonale e nervoso. Le dosi sono in genere di 50 gocce 1 o 2 volte al giorno.

Salice bianco Discreto *sedativo* del sistema nervoso centrale (ha fama di *anafrodisiaco*, cioè di "calmante" sessuale), può essere utilizzato come rimedio contro i *dolori reumatici* e le *nevralgie*, oltre che come *febbrifugo*, grazie alla sua spiccata attività antinfiammatoria. Questa si deve principalmente alla presenza di precursori dell'acido salicilico, analoghi della moderna aspirina. Il tipo di dolore per il quale questa pianta sembra maggiormente indicata è quello superficiale e mobile delle *algie muscolari*, spesso accompagnato da sensazione di irrequietezza e tensione psichica, febbre o febbricola, vampate di calore o brividi. Interferisce con aspirina e farmaci antinfiammatori in genere e con gli anticoagulanti: non assumerlo contemporaneamente! In caso di dubbio, meglio chiedere al medico.

Tiglio Da lungo tempo utilizzato per fluidificare il sangue, prevenendo la *stasi venosa* e gli eventuali *fenomeni microemorragici* e *microembolici*, il tiglio è anche vasodilatatore e ipotensore. Vengono impiegati soprattutto i fiori, che esplicano fra l'altro un'evidente azione sedativa sul sistema nervoso. Il tiglio è indicato a soggetti con tendenza all'*insonnia* dovuta a *pensieri e rimuginio mentale*, affetti magari da turbe digestive e vascolari (*ipertensione*, *poliglobulia*). Spesso si hanno buoni risultati anche con il semplice infuso dei fiori (1 manciata per mezzo litro d'acqua; lasciare in infusione 15 minuti). In alternativa, ottimo il macerato glicerico (*Tilia tomentosa MG 1DH*, 30-50 gocce prima di coricarsi).

Vischio A questa strana pianta parassita sono legate molte credenze magiche e religiose, che ci derivano soprattutto dalla tradizione celtica. Qualche retaggio sopravvive certamente nell'uso augurale del vischio diffuso anche ai nostri giorni. Buon *ipotensore* e *diuretico*, è indicato soprattutto a soggetti dotati di grandi capacità creative e innovative, cui vanno strette le consuetudini e la routine e che stentano per questo ad adattarsi ai ritmi e al tipo di prestazioni che l'ambiente richiede loro. Le dosi è conveniente lasciarle decidere al medico, perché questa pianta non è priva di rischi di tossicità (si utilizza soprattutto la diluizione decimale o centesimale).

Aromi

Alloro Pianta sacra ad Apollo, ne erano proibiti gli usi profani, potendo cingere solo gli eroi vittoriosi, i poeti e... i laureati. Apollo, dio del Sole e della conoscenza che sconfigge le tenebre dell'ignoranza, dopo aver ucciso il Pitone, serpente oracolare sacro a Gea e simbolo delle inafferrabili e oscure potenze della Natura e dell'inconscio, si impadronì del santuario di Delfi. Vi costruì un altare di legno di alloro e vi pose la sua sacerdotessa, la Pizia, che vaticinava seduta su un treppiede collocato presso un crepaccio da cui emanavano strani vapori. Per entrare in contatto con il dio, questa bruciava rami di alloro e ne masticava le foglie. Un retaggio dell'uso profetico di questa pianta lo si può individuare nella credenza che tenere un ramo di alloro sotto il cuscino faciliti i sogni premonitori. Il sacerdote di Gea spodestato da Apollo si chiamava Dafni; così, il mito che narra di come la ninfa Dafne (in greco, "alloro") preferisse tramutarsi nella pianta anziché cedere al desiderio del dio, potrebbe celare una metafora di questo antico "cambio della guardia" oracolare. Nel nome latino dell'alloro, *Laurus*, è contenuta la radice *aur-* (oro): si credeva che l'oro fosse luce solare condensata, perciò la pianta era ritenuta emblema di gloria splendente e vittoria trionfale e se ne incoronavano i generali e gli imperatori. In alcune regioni della Francia, ancor oggi la domenica delle Palme o il Venerdì santo si usa benedire anche rami di alloro, dei quali si bruciano le foglie per proteggersi dalla furia dei temporali, poiché si ritiene che questo arbusto non possa essere colpito dal fulmine. Per quanto riguarda gli usi terapeutici, l'essenza è *neurotonica* e *stimolante delle funzioni cerebrali.* È indicata ai *convalescenti*, alle donne in *pre-menopausa*, ai *depressi* e ai soggetti che soffrono facilmente di *angoscia.* L'alloro è rigenerante e reputato un buon rimedio contro l'*invecchiamento psicofisico*, perché utile in tutte le situazioni di tendenza alla sclerosi (*arteriosclerosi*, *reumatismi*, *artrosi*) tipiche dell'età adulta. Già per gli antichi era simbolo di immortalità perché il suo legno non imputridisce e le sue foglie, anche seccate, mantengono il colore verde e l'aroma. Battericida, combatte i fenomeni di *putrefazione intestinale.* Ha comprovate proprietà dilatatorie sui vasi arteriosi, specie le coronarie, dunque è interessante in caso di *angina*, sia *cardiaca* sia di origine *respiratoria.* Nell'uso locale (massaggi e frizioni) l'essenza è antalgica e miorilassante sui *dolori da contrattura muscolare*, *freddo*, *stanchezza.* Pertanto, si può usare in caso di *lombalgie*, *fenomeni reumatici*, *crampi*, *dolori diffusi.* Infine, è indicata sia ai soggetti consci del proprio valore, ai quali eviterà di incorrere nella prosaica e sterile esaltazione del proprio orgoglio, sia a chi, per eccessiva dipendenza affettiva, è incapace di vincere *paure e inibizioni*: in costoro stimolerà l'ambizione e la sicurezza per agire con umiltà ma insieme con determinazione.

Chi ha un camino, bruci ogni tanto un rametto di alloro: oltre a diffondere un profumo delizioso, disinfetterà l'aria di casa.

Lasciando macerare per qualche settimana 1 manciata di bacche mature pestate (si raccolgono in autunno) in 1 bicchiere di olio di oliva si ottiene un unguento di grande efficacia in caso di *intorpidimento delle estremità* (da freddo o cattiva circolazione), *torcicollo*, *contusioni*.

Arancio Un'altra pianta che sembra raccogliere in sé e sprigionare tutta l'energia e il calore del sole è l'arancio. Il suo olio essenziale, specie nella varietà amara, è indicato, in massaggi sul petto (2-3 gocce in 1 cucchiaio di olio di mandorle) o inalato sul cuscino, per le *palpitazioni* e l'*insonnia* accompagnate da agitazione e senso di oppressione al torace. Anche l'essenza tratta dai fiori dell'arancio amaro, detta *neroli*, ha un uso analogo (e un costo molto maggiore!).

Lavanda Buon *riequilibrante della pressione* in genere, è particolarmente adatta a soggetti emotivi, impazienti, d'umore labile e cangiante. Si può usare per bagni (5-7 gocce) o massaggi. Vedi Ariete.

Limone L'eclettica essenza di limone (vedi Sagittario) gode anche di proprietà *riequilibranti sulla pressione arteriosa*, abbassandola quando è eccessiva. Inoltre, fluidifica il sangue e sembra avere una certa efficacia nel ridurre i *trigliceridi nel sangue*. Le dosi vanno dalle 2 alle 4 gocce in un po' d'acqua e miele, 1-2 volte al giorno, ma altrettanto efficace è il succo di un limone, con aggiunta di acqua e poco miele, al mattino a digiuno e nel pomeriggio, per 1 mese.

Rosmarino Ottimo stimolante generale (vedi Capricorno), in particolare *cardiotonico* e *ipertensore*, questo olio essenziale, oltre che essere indicato per le *affezioni della cistifellea*, è utile in tutti i casi di *ipotensione*, specie se accompagnata da *astenia generale* e *psichica*. Si può applicare con massaggi sul plesso solare, 2-3 gocce diluite in 1 cucchiaio d'olio di mandorle, al mattino. Da evitare alla sera, perché potrebbe procurare insonnia.

Salvia Antispasmodica, regolatrice del flusso mestruale (vedi Toro), la salvia svolge anche un'eccellente azione *tonificante* su tutto l'organismo, agendo in particolare sul sistema nervoso. Adatta specialmente all'*ipotensione arteriosa* accompagnata da *vertigini*, *sensazione di svenimento*, *vampate di calore*. Evitare in gravidanza!

Ylang-ylang Questa nota essenza orientale può ridimensionare la *tachicardia nervosa* e calmare l'*eccitabilità nervosa* in generale. È inoltre un ottimo *ipotensore* e ha fama di *afrodisiaco*. Si può impiegare per massaggi sulla zona del cuore: 2 gocce diluite in 1 cucchiaio d'olio di mandorle.

Oligoelementi

Manganese La carenza funzionale di questo oligoelemento è stata osservata soprattutto in persone energiche, volitive, impetuose, irritabili, amanti delle novità, dotate di spirito di iniziativa, passionali ma costanti nei sentimenti. Spesso presentano una stanchezza mattutina che va scomparendo nel corso della giornata o durante l'attività fisica. Possono addirittura diventare iperattive alla sera. In caso di *ipertensione*, si interviene con *Manganese*, 1 dose 2-3 volte alla settimana a digiuno, e *Iodio*, 1 dose 2 volte alla settimana, 5 minuti dopo il Manganese. Per quanto concerne invece il *mal di schiena*, si associa questo oligoelemento al *Fluoro*, sempre 1 dose 2 volte alla settimana dopo il Manganese.

Manganese-Cobalto I disturbi che il soggetto avverte sono in questo caso accompagnati da ansia, nervosismo, eccessiva emotività, affaticamento, senso di pesantezza agli arti inferiori, cattiva memoria e scarsa concentrazione. Si interviene con questa combinazione di oligoelementi con 1 dose 2 volte alla settimana, da associare magari a *Selenio*, sempre 1 dose 2 volte alla settimana, per rallentare il processo di invecchiamento e per la sua azione positiva sul sistema cardiovascolare in caso di *ipertensione*. Per il *mal di schiena*, che in questo caso sarà probabilmente cronico, presente fin dal mattino e spesso inserito in un contesto di artrosi, nevriti e osteoporosi, oltre a Manganese-Cobalto si assoceranno, ciascuno almeno 1-2 volte alla settimana, *Fluoro* (utile fra l'altro in caso di *osteoporosi*), *Potassio* (contro gli *spasmi muscolari*), *Zolfo* e *Fosforo*. Questi ultimi oligoelementi si possono anche miscelare insieme.

Manganese-Rame Quando il *dolore alla schiena* si presenta in persone che si stancano facilmente, che tendono alla regolarità e alla metodicità, che hanno bisogno di dormire molto e cercano di economizzare al massimo le energie, penseremo a questa diatesi. In questi casi il dolore è più costante rispetto alla reattività tipica dei soggetti a cui giova il solo Manganese (vedi sopra), e tende a cronicizzarsi. Si interviene quindi con Manganese-Rame, 1 dose a giorni alterni fino al miglioramento, per proseguire diradando fino a 1 dose la settimana per 2 mesi. Si possono associare *Fluoro*, *Zolfo*, *Magnesio*, almeno 1 dose alla settimana per ciascuno.

Omeopatia

Un *dolore diffuso a tutta la schiena*, provocato dalla fatica fisica, può essere alleviato da *Arnica 30* CH, 1 dose ogni 2 ore fino alla scomparsa. Se il *dolore* è limitato alla parte *lombosacrale*, è aggravato al primo movimento, ma migliora continuando a camminare, si può provare *Rhus toxicodendron 30* CH.

Fiori di Bach

Beech Severità di giudizio verso gli altri, diabolica capacità di scovare l'unico dettaglio storto nel loro operato, irritazione per minime deroghe al previsto e rigidità nei sistemi di valori perseguiti sono alcune delle caratteristiche del tipo Beech negativo, che spiegano la facilità con cui può incorrere in disturbi della regione cervicale. L'avere un metro di giudizio troppo limitato, spinto a valorizzare il dettaglio piuttosto che la visione d'insieme, può infatti equivalere a una visione troppo centralizzata, che non ammette divergenze o alternative. Questa si può esprimere per esempio con una progressiva difficoltà nel ruotare lateralmente la testa per via dell'*irrigidimento della muscolatura del collo.*

Clematis Quando la pressione bassa si accompagna alla tendenza agli *svenimenti* o a uno stato d'animo incline al sogno a occhi aperti; c'è scarso interesse per quanto avviene attorno ed è presente una sorta di languore, che rasenta la sonnolenza.

Elm Sopraffatto dall'incalzare degli eventi o dalla mole degli impegni assunti, in realtà questo soggetto è alla fine in grado di farvi fronte, ma gli manca temporaneamente la fiducia nelle proprie capacità. Questo stato di cose spesso pesa letteralmente sulle spalle, manifestandosi nel fisico anche con *dolori cervicali e alle spalle*. Utile anche nei dolori lancinanti, di qualunque origine e localizzazione.

Impatiens Adatto a chi è sempre di corsa e non tollera intoppi di qualunque natura, che possono portarlo anche a scoppi d'ira. Possono essere inoltre presenti *contratture muscolari* e fenomeni di *sclerosi* in generale.

Larch Dolori o disturbi riguardanti la schiena, che nel corpo svolge una funzione analoga a quella psichica di autosostentamento e autoapprovazione, possono accompagnare il venir meno di questa facoltà. Spesso il soggetto che non si sente all'altezza della situazione va incontro al cosiddetto "*colpo della strega*", che ha qui il senso di salvaguardarlo, bloccandone completamente il movimento, dal pericolo di intraprendere un'impresa coinvolgente, in cui sia costretto a misurare le proprie effettive capacità.

Oak Si sa che la tensione può giocare brutti scherzi alla schiena. In questo caso, la tensione proviene dal senso di abnegazione di cui questo soggetto è dotato, che fa sì che non ceda mai di fronte al lavoro e alle difficoltà. Anzi, queste ultime diventano stimoli a produrre ancora di più, possibilmente dando anche una mano agli altri. Per fermarsi e consentirsi il riposo, l'organismo deve mettere in atto dei meccanismi "salvavita" che si manifestano spesso come *crampi dolorosi* o *blocchi neuromuscolari*, che interessano per esempio la schiena.

Olive La pressione bassa può essere indice di uno stato di *spossatezza* generalizzato, con marcata astenia, incapacità a compiere sforzi, difficoltà a provare piacere in qualunque attività. È il rimedio tipico dei periodi di surmenage e sforzi prolungati.

Rock Water Intolleranza e durezza sono rivolte principalmente a se stessi: c'è la tendenza a imporsi regole di vita e di comportamento improntate al perfezionismo; si cerca di dare sempre il massimo, senza lasciare spazio alle proprie "debolezze".

Vervain Iperattività, entusiasmo, ambizione, capacità di guadagnare gli altri alla propria causa, ma anche *impossibilità di fermarsi e rilassarsi* sono le caratteristiche di questo rimedio.

Vine Il rimedio di Bach tratto dal fiore della vite è adatto a chi, essendo dotato di grandi capacità dirigenziali e organizzative, sente il bisogno di controllare e dominare gli altri, imponendo il suo arbitrio senza curarsi dei malumori altrui e della limitazione della loro libertà. Ciò può indurre uno stato di tensione cronica che si esprime sul versante fisico con *dolori alla schiena*, *ipertensione*, *insonnia*, *disturbi cardiaci.*

Wild Rose Il rimedio per l'*ipotensione* accompagnata da cronica apatia, mancanza di energia vitale, rassegnazione. Si crede che non si potrà mai più uscire da questo stato e lo si accetta con fatalismo, senza quasi avere la forza di lamentarsi.

Cromoterapia

Verde Regolatore nervoso e circolatorio per eccellenza, è sicuramente fra i colori più indicati al segno, avendo indicazioni sia per l'*ipereccitabilità cardiaca* sia per l'*ipertensione arteriosa.* L'applicazione della luce, di indumenti o tecniche di visualizzazione che utilizzino questo colore non ha praticamente controindicazioni, mentre bisognerà porre maggior attenzione usando l'*arancione* per diminuire i *dolori da contrattura muscolare del dorso.* Quest'ultimo è infatti controindicato nei disturbi della tiroide e non va utilizzato per più di 15-20 minuti alla volta.

VERGINE

(24 agosto-22 settembre)

Estate: atto terzo

Vergine: espressione del verbo *organizzare*. Finita la festa di luce della Natura, celebrata sotto il segno del Leone, il cielo perde man mano la propria abbagliante luminosità: settembre sta arrivando e con esso il segno della Vergine. Il sole diventa ogni giorno meno alto sull'orizzonte e la madre Terra, dopo aver donato agli uomini le proprie creature, si abbandona al riposo della puerpera. Ma i frutti, come il bambino, una volta staccatisi dal grembo materno hanno bisogno di essere *accuditi*, *puliti*, *conservati* nel modo migliore: comincia adesso una fase *laboriosa* e faticosa durante la quale, nelle campagne, bisogna sistemare il grano nei granai, provvedere alle conserve per l'inverno, pigiare l'uva appena colta per fare il vino. E come accade al termine di ogni festa, giunge il momento di ripulire (anche i campi), rassettare, mettere ordine nel caos determinato dai fastosi bagordi leonini. Si ritorna al lavoro e alle solite abitudini dopo le ferie, c'è da riempire il frigorifero dopo giorni di assenza da casa, da lavare i panni sporchi delle vacanze, da pagare le bollette trovate nella casella della posta. E poi l'autobus tutte le mattine, il cartellino da timbrare, le solite facce dei colleghi e del capoufficio da sopportare: bentornata, routine...

Le simbologie di base della Vergine

La Terra che ha partorito da poco evoca l'immagine della donna appena diventata madre, che deve occuparsi di mille *incombenze pratiche* dopo l'euforia, la gioia e la commozione successive al parto: le poppate in orari prestabiliti, il controllo della quantità di latte da somministrare al bambino, il cambio dei pannolini e dei bavaglini sporchi, il bagnetto quotidiano, la pomata da applicare in zona pannolino, la verifica giornaliera del peso del bimbo, il corredino da reintegrare man mano che il pupo cresce, i controlli pediatrici, l'applicazione delle regole dello svezzamento e tante, tantissime altre necessità conseguenti. Con la Vergine, dunque, scatta la fase del *servizio*, dell'*operosità*, del ritorno alla condizione di *formiche* dopo aver suonato allegramente la chitarra della cicala durante le vacanze. Alla luce di quanto riferito fin qui e in considerazione che con settembre, nel linguaggio dei mass media, si parla di *ripresa autunnale* (con riferimento alla riapertura degli uffici), è facile intuire che la Vergine simboleggia il *lavoro quotidiano* e quell'insieme di caratteristiche che sono necessarie al lavoro stesso, quali il *metodo*, la *precisione*, la *programmazione*, la *pazienza*, la *dedizione*, l'*attenzione*, la *cura dei minimi dettagli* e (soprattutto per quanto riguarda i compiti della madre in merito all'accudimento del bambino) anche il *rispetto dell'igiene*.

Analogie e curiosità astronomiche

A proposito di quest'ultima simbologia, è curioso osservare come nell'iconografia delle costellazioni, la pudica (ma comunque svestita) fanciulla che rappresenta la Vergine si trovi sensualmente adagiata fra le stelle del firmamento, ma con il volto in prossimità del deretano del Leone, in una posizione senz'altro infelice che la costringe a respirare i miasmi dell'animale: ovvio che la poveretta sia una paladina dell'igiene! Non solo, ma questa curiosità forse spiega, su un piano simbolico, il dato emerso da un gran numero di osservazioni empiriche: moltissimi nativi della Vergine hanno la mania di cambiare frequentemente aria alle stanze, anche quando non ce ne sarebbe alcun bisogno. Alla domanda: "Perché lo fai?", il nativo risponde spesso: "Perché mi sembra di sentire cattivo odore". Ogni commento pare superfluo... L'astronomia informa inoltre che nella costellazione della Vergine si trovano le stelle *Vindemiatrix* e *Spica*, i cui nomi ben si ricollegano alla fase stagionale della vendemmia e della conservazione del grano, simboleggiate dal sesto segno. In numerose raffigurazioni, inoltre, la Vergine viene presentata come una fanciulla che tiene una spiga di grano tra le mani.

La Vergine zodiacale e la Vergine Maria

Nel collegamento con l'infinito bacino dei simboli religiosi, la Vergine trova una propria correlazione immediata con la figura della Vergine Maria, la cui natività viene oltretutto festeggiata, nel calendario, proprio l'8 settembre, sotto il segno della Vergine. Maria è la fanciulla illibata, nel corpo e nell'anima, che fin dall'Annunciazione manifesta la propria *sottomissione* ai voleri di Dio. È la sposa santa che nelle litanie del Rosario (tipica preghiera virginiana per la ripetitività degli Ave e delle litanie stesse) viene celebrata anche come *Santa Vergine dei Vergini*, *Madre purissima*, *castissima*, *inviolata*, *Vergine prudentissima*, *Salute degli infermi*, *Regina dei Vergini*, *Madre del buon consiglio*. La chiesa medesima, inoltre, è definita *la sposa vergine e pura di Cristo* e il concetto di *verginità* viene utilizzato per indicare la fedeltà di Israele al proprio Dio. Alla luce di tutto ciò, dunque, dove c'è verginità sembrano esserci anche santità e devozione. Senza voler essere irrispettosi nel collegamento, ma effettivamente di fronte a una persona a postino, a modino, pulitina (proprio come il prototipo, forse estremizzato, del nativo della Vergine), si dice che "sembra una madonnina" o, anche, che si veste e si comporta "come una catechista". Non solo, ma il reticolato delle associazioni simboliche offre un altro aggancio, a nostro parere curioso e a suo modo esplicativo, con il segno della Vergine: il termine *fedeltà* che, come si è visto sopra, può essere considerato vocabolo equivalente a *verginità*, trova nel dizionario dei sinonimi i seguenti corrispettivi: *coscienziosità*, *costanza*, *esattezza* e *precisione*, tutte caratteristiche tipicissime del segno della Vergine. Questo per ribadire che la matrice simbolica di parole, emblemi zodiacali, caratteristiche comportamentali, detti popolari e quant'altro è sempre una sola, così come una sola è la Verità assoluta, anche se i sentieri per raggiungerla sono tanti e diversi fra loro.

Alcuni degli appartenenti a questo segno provano sovente un certo imbarazzo nel riferire di "essere della Vergine": ma se Dio stesso ha scelto una Vergine per incarnarsi nel mondo degli uomini, significa che il sesto segno è probabilmente un segno "eletto", superiore, degno della massima considerazione.

La Vergine nell'evoluzione antropologica

Nello scorrere delle tappe dell'evoluzione, il segno della Vergine può essere ricondotto al momento in cui, dopo la propria comparsa sulla Terra, l'uomo dovette imparare a sostenersi tramite l'*organizzazione ragionata* – per quanto possibile – della propria *vita quotidiana*: ecco dunque emergere le prime forme di lavoro, quali la caccia, l'agricoltura, l'allevamento, l'allestimento delle dimore per trovare riparo dagli animali feroci. Contestualmente, l'uomo capì l'utilizzo che poteva effettuare delle proprie *mani*, parte del corpo correlata alla Vergine.

Identificazione zodiacale

Dal punto di vista astrologico, la Vergine viene definito come segno di genere *femminile*, di modalità *mobile*, appartenente all'elemento *Terra*. Come già riferito, la Terra verginea è riconducibile alle *zolle riarse* dei campi di fine estate, ai terreni ormai *improduttivi* perché già sfruttati e dunque ben diversi dai pascoli lussureggianti associati alla terra grassa e primaverile del Toro, o dai costoni rocciosi della montagna correlati alla terra del Capricorno. Tali agganci simbolici, fra l'altro, sembrerebbero smentire ciò che numerose fonti asseriscono circa l'associazione della Vergine all'alta montagna. A parere di chi scrive, infatti, il sesto segno sarebbe da ricondurre più verosimilmente alla *campagna*, agli ambienti *bucolici*, dove l'aria è *incontaminata* e la vita *sanamente laboriosa*. Sono invece i Capricorno che prediligono le vette, i ghiacciai, la solitudine e la pace delle cime.

Dallo Zodiaco ai Tarocchi

Fra gli Arcani maggiori dei Tarocchi, la lama che con ogni probabilità meglio simboleggia la Vergine è la numero quattordici, La Temperanza, emblema della *ponderazione* e dei *tempi necessari alla maturazione degli eventi*. La Temperanza rappresenta inoltre una "forza misteriosa, principio agente di tutte le cose, che trasforma le situazioni più difficili dando una nuova impronta redentrice".[10]

[10] PAGANIN, ADRIANA, *Trattato scientifico-pratico di astrocartomanzia*, R.A. Idea 2000, Milano 1993, p. 139.

Sintesi e analisi della Vergine

Alla luce di quanto riferito finora, si potrebbe tentare una sintesi essenziale della personalità della Vergine, che spesso si distingue per *affidabilità* e *metodo*, *precisione* e *infaticabilità*, *intelligenza analitica* e *ricerca di sicurezze e di conferme*. Più che i ruoli di primissimo protagonista, solitamente questo nativo preferisce occupare (ma solo apparentemente) le posizioni di *gregariato*, che gli suscitano meno ansie e gli permettono di esprimere al meglio le proprie capacità di *esecutore*.[11] Sotto sotto, però, la Vergine cova una spiccata *ambizione*, mista a un altrettanto marcato *desiderio di potere*, che tuttavia non sempre riesce a gratificare poiché le mancano la duttilità necessaria, la piena fiducia nei propri talenti e la capacità di considerare più soluzioni possibili a un unico problema. Anziché la predisposizione al *problem solving* del manager, dunque, la Vergine possiede la *saggezza minimalista della massaia*, dote comunque preziosa e utilissima in mille frangenti. Il nato in questo segno detesta inoltre le persone sopra le righe, gli esibizionisti, i maleducati e spesso alla compagnia degli esseri umani preferisce quella degli *animali*, che di solito ama svisceratamente e accoglie volentieri in casa propria (meglio se randagi e bastardini trovati per strada o nei canili).

La Vergine possiede un ampio patrimonio di creatività (simboleggiato dal forte potere fecondante di Demetra, dea virginiana), tanto che spesso i nati sotto questo segno sono stimatissimi artisti, o comunque eccellenti artigiani. Quando però la Vergine non riesce a esprimere il proprio potenziale creativo (riconducibile anche al patrimonio libidico e sessuale), un po' perché non è in grado di rimediare alla carenza dei mezzi poc'anzi citati, un po' perché preda di mille *autocensure*, diventa *pedante*, *stizzosa*, *invidiosa*, *zitella*, *avara* e *calcolatrice*. E, se appartiene al tipo involuto, si pone obiettivi velleitari, in una continua e mai apertamente confessata (neanche a se stessa) ricerca dell'inquadratura di primo piano. Ma più tali obiettivi diventano pretenziosi e più, inevitabilmente, essi si allontanano dalle concrete potenzialità della Vergine, alimentando così nell'animo di questo nativo un senso di *frustrazione* misto a un acceso *desiderio di rivalsa sugli altri*.

Il segno della Vergine vibra comunque nella personalità e nel destino di ogni individuo, poiché nell'oroscopo personale di nascita il sesto segno ospita almeno una delle dodici case. Negli am-

[11] È doveroso precisare, comunque, che la Vergine non si "ripara" dietro qualcuno più bravo, ma dietro qualcuno più appariscente.

biti rappresentati da tale casa, l'individuo esprime dunque le caratteristiche virginiane che abbiamo fin qui elencato.

Collezione a colazione

In ultimo, si rammenta che la Vergine è il segno del *collezionismo* (riferito anche alle prove d'acquisto dei prodotti del supermercato per assicurarsi i regali, dalle pirofile alle tovagliette per la colazione) e del *fai-da-te*: curiosamente (o, sarebbe meglio dire "in totale assonanza simbolica con il periodo sotto il patrocinio della Vergine"), tutti gli anni, almeno in Italia, proprio dalla fine di agosto e per tutto settembre svariate case editrici mandano in edicola le proprie *enciclopedie a fascicoli* (basti guardare il martellamento pubblicitario in televisione) sul cucito, i lavori a maglia, i francobolli, le monete del mondo, su tutto quanto fa *bricolage*, *collezionismo* e richiede dunque un'infinita pazienza: la stessa che occorre anche per *collezionare*, di settimana in settimana, l'inusitato numero dei fascicoli che compongono ogni suddetta enciclopedia...

I pianeti della Vergine

Pianeta governatore: Mercurio

Nel sesto segno dello Zodiaco, Mercurio abbandona la natura aerea e impertinente che lo caratterizzava nei Gemelli e assimila l'elemento Terra, orientando dunque la propria intelligenza verso la *praticità*, il *ragionamento logico e concreto*, la *catalogazione dei dati acquisiti mentalmente*. Nelle varie trasformazioni cui è andata incontro la figura mitologica di Mercurio, si nota, come ben spiega Roberto Sicuteri, che da *puer* irriverente, il giovane dio diventa man mano figura sempre più autorevole e obbediente.[12] Egli passa infatti dalle furfanterie (come il furto dei buoi di Apollo) al serioso compito di messaggero degli dèi, che presiede alla comunicazione fra il divino e il terreno e permette la fusione tra *fantasia* e *intelligenza*, *istinto* e *ragione*, *immanenza* e *trascendenza*. Insomma, il Mercurio della Vergine è l'*adolescente cresciuto*, l'*ometto obbediente*, il *figlio responsabilizzato* dai compiti assegnatigli dal padre (Giove in questo caso) e un po' *primo della classe* (atteggiamento che spesso caratterizza certi nativi del segno). Non solo, ma il Mercurio che la

[12] SICUTERI, ROBERTO, *op. cit.*, pp. 159-161.

mitologia riconduce al segno della Vergine possiede il *caduceo*, ovvero la bacchetta sacra intorno alla quale sono avvolti due serpenti, l'uno in senso inverso rispetto all'altro. Alcune fonti[13] considerano il caduceo come *simbolo privilegiato dell'equilibrio psicosomatico* e ne attribuiscono la creazione ad Asclepio, padre dei medici e dio della medicina, anziché ad Apollo, fratello di Mercurio. Questo potrebbe spiegare il motivo per il quale, attraverso il processo di traslazione dal simbolico al concreto, il caduceo è divenuto l'emblema universale della scienza medica (e non dimentichiamo che fra le simbologie della Vergine si riscontra anche quella di *salute*). Lo stesso caduceo viene inoltre considerato l'emblema del *commercio*, settore produttivo anch'esso governato dalla Vergine. Il domicilio di Mercurio può inoltre spiegare il senso dell'ironia che caratterizza la Vergine, il suo umorismo, il suo gusto della battuta. Di Mercurio si è già parlato diffusamente nel capitolo dedicato al segno dei Gemelli, al quale rimandiamo il lettore interessato a conoscere più a fondo le simbologie del veloce pianetino.

Pianeta in esaltazione: Urano

Come illustra chiaramente Lisa Morpurgo, la conservazione del grano, dei frutti e degli ortaggi per l'inverno implica la conoscenza e l'applicazione di *tecniche specifiche*. Per la realizzazione di salse, frutta sciroppata, marmellate, stoccature, essiccazioni, congelazioni & Co., così care al nativo della Vergine, occorre infatti seguire procedimenti ben precisi e rigorosi (dalla *pulitura accurata* dei vegetali stessi e degli strumenti di lavoro, alla *sterilizzazione* finale delle bottiglie e dei vasetti che verranno riempiti di tali prelibatezze). Ecco allora emergere la prima simbologia di Urano, quella di *tecnica applicata*, che spalleggia il *conservatorismo* virginiano cui si è già accennato più volte. Ma Urano, ovviamente, non si limita ad agevolare la preparazione delle conserve, bensì estende la propria influenza simbolica anche a tutti gli *aspetti tecnici e manuali del lavoro quotidiano*. Spesso infatti i nativi della Vergine sono eccellenti *programmatori e operatori informatici*, si rivelano ottimi *archivisti*, sanno *catalogare* e districarsi nella *burocrazia* (anche se non è detto che la amino), dimostrano di possedere, come si suol dire, le "mani d'oro", tante sono le attività pragmatiche nelle quali riescono ad applicarsi con successo. La pratica astrologica, fra l'altro, dimostra come molti appartenenti a questo segno "diano

[13] CHEVALIER, JEAN e GHEERBRANDT, ALAIN, *Dizionario dei simboli*, BUR-Biblioteca Universale Rizzoli, Milano 1999, vol. I, p. 169.

del tu" a ogni sorta di apparecchiatura elettrica ed elettronica e come siano abili nel decifrare ogni genere di libretto delle istruzioni.

Urano è ritenuto inoltre l'emblema del *tempo presente*, simbologia che nella Vergine si amplifica e si traduce in *attenzione estrema rivolta alle necessità quotidiane e contingenti.*

Si rammenta infine che fra le simbologie del pianeta vi è anche quella di *estremismo*, che nel sesto segno dello Zodiaco si manifesta in modo assai curioso: essa non caratterizza infatti nativi dallo spirito rivoluzionario o anarcoide, bensì modella personalità che, per l'appunto, passano facilmente da un estremo all'altro: archiviano con precisione svizzera fatture e documenti e poi mantengono un caos disperante nei cassetti della biancheria (o viceversa), pretendono dagli altri il rispetto degli orari e la disciplina, ma poi arrivano in ritardo agli appuntamenti e mostrano una spiccata, incrollabile autoindulgenza. Fanno inoltre chilometri per giungere al supermercato in cui il caffè costa tre centesimi di euro in meno rispetto al negozio sotto casa e poi non esitano a spendere somme considerevoli in oggetti futili; sono attentissimi a profumare sempre di pulito e a mostrarsi in ordine, ma poi hanno i capelli "arrangiati" in acconciature un po' fuori moda, le unghie divorate e la borsa che fa a pugni con le scarpe. Ma questo, in definitiva, li rende più simpatici, togliendo attorno a loro quell'alone *asettico*, un po' *grigio* e *ordinario* del quale spesso amano ammantarsi.

Pianeti in esilio: Giove e Nettuno

Nel periodo dell'anno in cui diventa necessario riprendere a lavorare, organizzarsi in vista del freddo inverno, essere operosi, attivi, organizzati, purtroppo non rimane molto spazio per *godere delle sane gioie della vita* simboleggiate da Giove. Il dovere soppianta infatti il *piacere*, il realismo pianificatore prende il posto dell'*ottimismo* e dell'*euforia*, lo stress e il nervosismo sommergono la *paciosità* e la *bonarietà* tipiche del comportamento umano in periodi dell'anno più tranquilli. Inoltre, l'assenza di Giove, pianeta simbolicamente legato al *denaro* e all'*abbondanza*, determina probabilmente nella Vergine il timore di non avere mai abbastanza sicurezze materiali per il futuro: ecco allora che nel suo animo si fa strada l'ansia del *risparmio*, che può biforcarsi tanto nella sana *parsimonia* quanto nella *tirchieria* e nella *piccineria*. In casa della Vergine infatti non si fanno sprechi, non si butta via mai niente ("può sempre servire"), si fanno inebrianti polpettoni con gli avanzi, si preferisce rimandare gli acquisti importanti al momento di saldi e promozioni. E quanti bollini raccoglie la Vergine, entusiasta di ricevere poi in regalo le tazze da caffellatte muccate!

È comunque ancora la debolezza di Giove, pianeta della *Grande Fortuna*, a rendere la Vergine realista e consapevole che il successo non piove dal cielo come manna divina, ma che è inesorabilmente frutto di un lavoro paziente, instancabile, umile e disciplinato. Insomma, meno di altri segni la Vergine crede alle favole e questa considerazione permette l'aggancio alle simbologie dell'altro pianeta esiliato, Nettuno, astro della *fantasia*, dello *spirito di avventura* e dell'*ispirazione artistica* che non rappresentano certo le strutture portanti dell'impalcatura psicologica del segno. La privazione dei supporti nettuniani provoca inoltre nella Vergine una pressoché totale avversione nei confronti delle *metamorfosi evolutive*, cui abbiamo già accennato, alimentando in questi nativi la vocazione a perpetuare l'attimo presente o, comunque, a muoversi, nel corso della vita, sulle sicure rotte della navigazione "lungocosta", anziché in mare aperto, dove si è costretti a seguire percorsi senza punti di riferimento certi nelle immediate vicinanze.

Al contempo, l'istigazione al *caos* e alla *sregolatezza*, di cui Nettuno si fa forza, in questo segno non ha la minima presa: il comportamento virginiano è infatti indirizzato al mantenimento dell'ordine perfetto e all'esecrazione di ogni stramberia, nociva sia alla reputazione sia alla salute. Fra coloro che si distaccano, ma solo in parte, da questo ritratto perbenino, spiccano i nati nella Vergine dal 1957 al 1971, periodo in cui Plutone, pianeta del rischio, dell'azzardo, dello sprezzo del pericolo, è transitato proprio nel sesto segno, colorando la personalità di questi individui di tinte forti, passionali, trasgressive, pur senza privarli del tutto del "marchio di fabbrica" che certifica la loro pura fama Vergine...

Astro in caduta: la Luna

La simbologia lunare che nella Vergine stenta maggiormente a esprimersi è quella di *intuizione*, penalizzata dalla forte componente terrena, tecnica e razionale del sesto segno: ai suggerimenti dettati dal puro istinto (considerato inaffidabile), la Vergine preferisce infatti le rassicurazioni che scaturiscono dalla riflessione critica, ponderata e basata sia sul buonsenso sia sull'esperienza. Ancora una volta, lo Zodiaco evidenzia che alla Vergine piace andare sul sicuro.

Offuscate paiono anche le simbologie lunari di *immaginazione*, *spirito poetico* e *capacità di sognare a occhi aperti* (ma di questo si è già dato cenno riferendo dell'esilio di Nettuno), così come quelle di *sentimento* e *sentimentalismo*. Ma ciò non induca in inganno: la pratica astrologica dimostra come spessissimo la Vergine sappia amare più profondamente di altri segni che detengono tradizionalmente lo scettro di sovrani delle passioni amorose. Quelle che risultano carenti, nel sesto segno, sono forse le manifestazioni plateali d'amore, le smancerie confettose, le romanticherie fotoromanzesche, le effusioni glassate che caratterizzano spesso i rapporti amorosi (ma chi ha detto che tali carenze rappresentino un demerito?). Lo stesso può dirsi della *sensibilità*, che la caduta lunare non cancella del tutto dal sesto segno, ma piuttosto fa precipitare in caduta libera nelle profondità dell'anima virginiana, dalle quali spesso fa fatica a emergere. Questo però non significa che la sensibilità non eserciti comunque la propria azione nella personalità della Vergine, che in superficie appare talvolta aspra, ma che una volta scoperta a fondo può rivelarsi inaspettatamente dolce.

Concordanze e analogie nel corpo umano

Dopo che con il Leone, come si è visto fin qui, si sono manifestati e dispiegati la capacità d'affermazione, lo spirito di competizione e la forza di volontà, la vita richiede dunque di saper sviluppare attenzione e talento per far fronte agli impegni quotidiani e organizzare la propria esistenza in modo realistico ed efficace.

Capita del resto anche a ogni giovane adulto di dover fare i conti con le necessità pratiche della tanto agognata autonomia. Questa può allora perdere parzialmente di fascino rispetto alle illusioni di gloria di cui era stata ammantata, perché la vita quotidiana e il mondo del lavoro ci obbligano a scendere sulla dura Terra. Ma affrontare questi ambiti rappresenta anche un passaggio maturativo che ci consentirà – soprattutto se sapremo attenerci ai limiti della nostra natura – di sfruttare al meglio le nostre risorse e di trarne indubbi vantaggi evolutivi.

Dal punto di vista biologico, la capacità organizzativa degli aspetti concreti della realtà è racchiusa nella funzione di scomposizione, assorbimento, smistamento e utilizzo ottimale degli elementi nutritivi. La sequenza con cui avvengono questi processi metabolici, la cui complessità è ai limiti del concepibile, necessita di una coordinazione nervosa, muscolare e umorale dalla precisione millimetrica. Al segno della Vergine possiamo dunque attribuire:

– l'*intestino tenue*, l'organo in cui avviene la scomposizione delle sostanze introdotte con l'alimentazione e il loro successivo assorbimento. Letteralmente impacchettato nell'angusto spazio addominale, e per questo disposto in circonvoluzioni (come del resto la corteccia cerebrale, l'organo principe del segno speculare, i Pesci), questo lungo tubo è rivestito internamente da metri e metri di mucosa anch'essa accuratamente ripiegata su se stessa e in un certo senso miniaturizzata, così da occupare il minimo spazio avendo la massima capacità assorbente. È qui che si compie, fra l'altro, la scelta fondamentale di quali sostanze è utile trattenere e quali sono invece da eliminare. Tutto quello che viene assorbito è poi avviato, tramite il circolo linfatico e venoso, al

– *fegato*, altro organo solitamente assegnato alla Vergine. In verità, vi è un'attribuzione anche al segno del Sagittario, in quanto in quasi tutte le culture e le tradizioni il fegato è considerato l'organo più direttamente connesso all'espressione del coraggio, dell'energia vitale, della determinazione, riassunte per esempio nelle espressioni "avere fegato" o "persona di fegato". L'essenzialità di quest'organo, insieme al cuore e al cervello, per la continuazione della vita, ne ha fatto, nella fantasia e nella concezione di tutti i popoli, il "re" della materia, da cui sa trarre l'energia necessaria al sostentamento e, per analogia, anche le qualità per superare i momenti critici: il coraggio, l'ardimento. Inoltre, la sua apparente inesauribilità, dovuta all'incessante rigenerazione, lo ha reso simbolo di impavidità, abnegazione, capacità di rinnovamento. Non a caso, dunque, la mitologia narra che l'aquila di Zeus (ovvero Giove, patrono del Sagittario) dilaniava tutti i giorni al ribelle Prometeo il fegato, che ogni notte gli ricresceva, in attesa della sua liberazione. La sua struttura e le funzioni cui è preposto confermano insomma sul piano fisico le intuizioni dell'inconscio collettivo, espresse in miti, immagini, credenze, metafore. Come maggior laboratorio biochimico dell'organismo, in effetti il fegato è davvero alla radice della produzione dell'energia e della sua conservazione, mentre l'incessante autorigenerazione e il rinnovamento continuo cui si sottopone sembrano mimare un atto di "eroismo", un autosacrificio in favore del bene dell'intero organismo.

Per tutti gli altri aspetti, però, il fegato è sicuramente un organo di stampo virginiano. Dopo la nascita, il fegato raccoglie e filtra tutto il sangue proveniente dagli organi addominali e in genere il sangue venoso che è circolato nei tessuti periferici, caricandosi di sostanze di scarto, tossiche, che qui vengono ossidate, scomposte o coniugate in composti innocui o, comunque, neutralizzate. Si può dunque affermare che il sangue esca dal complesso circolo epatico accuratamente filtrato, ripulito, ricaricato. In un mondo che mette continuamente le nostre cellule a contatto con sempre maggiori quantità di veleni, molti dei quali inediti nella nostra storia evolutiva, questa funzione del fegato viene sicuramente enfatizzata, rischiando addirittura, nelle immagini e nei modi di dire riguardanti quest'organo, di oscurare le altre, altrettanto importanti e vitali. Dal passaggio nei meandri epatici il sangue esce comunque più leggero, più sottile e raffinato. Questa capacità di rinnovare la linfa vitale dell'organismo veniva paragonata dagli antichi cinesi, grandi fisiologi e simbolisti, al trascorrere dall'inverno alla primavera, stagione dei germogli e dell'inizio di un nuovo ciclo vitale, al verde, colore della nuova vegetazione, all'Est, da dove sorge il nuovo sole ogni mattino.

Il fegato tuttavia non si limita a un'azione disintossicante – svolta peraltro anche in associazione con il rene –, ma si comporta come una vera e propria ghiandola, secernendo sostanze che agiscono anche a distanza nell'organismo. La più nota e quantitativamente importante di queste sostanze è la bile, che in verità è per il fegato solo un sottoprodotto. È però riciclata per la sua attività disgregatrice e quindi digestiva sulle proteine e sui grassi, e anzi l'organismo la considera preziosa al punto che viene più volte recuperata attraverso il circolo intestinale. Un eccesso di bile o un disturbo nel suo normale fluire dal fegato alla cistifellea e da questa, al momento opportuno, nell'intestino erano alla base dei segni di "biliosità"; segni non solo fisici, ma anche psichici e attitudinali. Bilioso era detto colui che, per questo cattivo rapporto con la sua componente aggressiva, dava segni di forte irritabilità, intolleranza, collera repressa o una certa malinconia, con rimuginazione di pensieri ossessivi. L'invidia è un altro sentimento spesso abbinato al fegato, quasi che la carica aggressiva e distruttiva insita in quest'organo, che continuamente trasforma e smista tutto ciò che vi viene depositato, si disgiungesse dalle sue capacità di ricostruzione, ricomposizione, creazione, rinnovamento. Anche l'invidioso, in effetti, vede solo un lato del problema: la sua competitività e il suo senso di inferiorità, mentre rifiuta di prendere atto dei suoi limiti e delle sue possibilità individuali, originali e irripetibili.

Il fegato è soprattutto un deposito e una fabbrica di energia: infatti, immagazzina il glucosio sotto forma di glicogeno e lo rilascia a seconda delle esigenze energetiche del momento. Questo meccanismo apparentemente semplice permette in realtà di svincolare l'animale o l'uomo dal dover continuamente provvedere ad alimentarsi, per mantenere costante il nutrimento cellulare. Come una sorta di alchimista, quindi, il fegato libera dalla materia bruta – il cibo digerito – le sue potenzialità energetiche e plastiche, riducendola all'essenza, in un certo senso spiritualizzandola (ancora una valenza del Sagittario), così da renderla disponibile per lo sviluppo e la continuazione della vita.

Inoltre, il fegato entra in modo preponderante nella sintesi dell'emoglobina, nei meccanismi della coagulazione, nel controllo della pressione sanguigna, nella produzione delle membrane di tutte le cellule, nella sintesi delle proteine trasportate dal sangue, nel metabolismo della vitamina D, nella regolazione dell'immunità: tutte operazioni che lo indicano come il maggior artefice e il massimo compensatore del metabolismo, cioè della capacità di trasformare, riciclare, reinventare la materia e il corpo stesso.

Si può in definitiva dire che ogni sostanza ingerita o assorbita passa prima o poi di qui, dove sarà sicuramente trasformata con l'obiettivo di sfruttarne al massimo le potenzialità o di liberarsene con meno danni possibili. Un vero esperto in fatto di pulizia ed eliminazioni è poi il

– *colon*, la parte terminale dell'intestino, dove si raccolgono i prodotti di scarto e vengono recuperati i fluidi.

Inoltre, alla Vergine compete

– l'*innervazione del sistema digerente e degli organi viscerali in genere*. Questa è sostenuta dal sistema nervoso autonomo o vegetativo, che è funzionalmente e anatomicamente suddiviso in due branche, ciascuna con una differente modalità d'intervento: attivazione (sistema *ortosimpatico* o semplicemente *simpatico*) e disattivazione (sistema *parasimpatico*). Dalla modulazione e dal coordinamento di queste funzioni nervose dipende per esempio la motilità del tubo digerente ed è noto quanto esse possono essere influenzate dallo stato emotivo dell'individuo. La percezione di uno stato d'allarme (per esempio, un forte o prolungato stress negativo) può infatti comportare il prevalere dell'innervazione simpatica, quella attivante; mentre una situazione di inibizione può indurre un eccessivo interessamento del parasimpatico, che tende a bloccare l'attività viscerale. Questo fenomeno costituisce la base anatomica e fisiologica della somatizzazione, che consiste quindi essenzialmente nello "scaricare" sulle funzioni organiche una risposta emotiva eccessiva o conflittuale. Arte in cui i Vergine, con i loro dirimpettai Pesci, sono veri maestri.

Mente & Corpo

Con le sue caratteristiche di meticolosità, impegno, senso pratico e affidabilità, il tipico rappresentante della Vergine rientra a buon titolo nella tipologia cinese *Terra/Metallo*, in quella *Kapha* e *Vata* della medicina ayurvedica, oltre che nel tipo *melanconico* – ma anche nel *bilioso* – della classificazione ippocratica.

Siamo in tutti i casi di fronte a un individuo che, detestando l'approssimazione e il disordine, si sa sempre cavare dagli impicci – quelle rare volte in cui la sua capacità organizzativa non riesce a prevenirli – grazie all'eccezionale senso pratico, di marca mercuriale. Inoltre, malgrado potrebbe vantare la sua costanza e precisione, non è certo uno che ama magnificarsi e tanto meno raccontare frottole o fare voli pindarici. D'altronde, il pianeta dell'espansione (Giove) e quello della fantasia (Nettuno) stanno alla larga dal segno. Questo lo porta ad amare prima di tutto l'oggettività e la verità, ma anche i dettagli, le cose piccole (per esempio, potrebbe collezionare piccoli oggetti), a miniaturizzare (è spesso abile con le mani), a ottimizzare gli sforzi e il tempo. Una tendenza che potrebbe però sfociare anche nella mancanza di autostima e nella tentazione di programmare tutto, togliendo spontaneità e brio alla sua vita. Ci tiene alla sua salute (fin troppo, in verità, tanto che a volte scivola nell'ipocondria), ma, come si è detto, fegato e intestino sono gli organi che possono maggiormente risentire della sua tendenza a rimuginare e del perfezionismo, e sui quali non esita a somatizzare.

Essendo un soggetto che sviluppa eminentemente la funzione *sensoriale*, gli può fare difetto la funzione opposta, l'*intuizione*, ma probabilmente potrà avere difficoltà anche con il sentimento. Questo non significa ovviamente essere incapaci di amare, ma piuttosto, nel caso specifico, mostrare un pudore e un ritegno che per gli altri diventano a volte ritrosia e freddezza. Anzi, proprio dal versante sentimentale il Vergine può ricevere le più intense lezioni di vita (leggi batoste), magari perché aspetta troppo tempo a dichiarare i suoi sentimenti, o non riesce a trasformare un'amicizia in qualcosa di più intimo oppure, se si concede di manifestare le sue passioni in campo sessuale, si trova in difficoltà al momento di integrarle con l'intensità affettiva. In sostanza, spesso, per timore di prendere abbagli o di essere ingannato – o semplicemente perché non crede che qualcosa di tanto bello possa capitare proprio a lui –, blocca l'espressione di sé e si ritrova poi magari con una lunga lista di rimpianti. In alternativa, se è più deficitaria l'intuizione, troviamo soggetti ben inseriti nel corpus sociale e lavorativo, ma sovente alle prese con fantasie o credenze astruse, oppure eccessivamente ingenui e creduli.

Oltre ai disturbi dati da difetti del metabolismo del fegato (per esempio, ipercolesterolemia, ipertrigliceridemia, sintomi da congestione epatica), afferiscono alla Vergine, a pianeti significativi e alla sesta casa nel segno, anche i più frequenti disturbi della motilità intestinale: colite e stipsi.

Ipercolesterolemia, ipertrigliceridemia La clinica medica utilizza sistematicamente queste rilevazioni da qualche decina d'anni, ovvero da quando sono state associate all'insorgenza di malattie coronariche e circolatorie. Il danno provocato da un eccessivo aumento di queste sostanze è tuttora controverso. Si è passati infatti da una sorta di incondizionata demonizzazione del colesterolo a una sua parziale riabilitazione, o comunque a un ridimensionamento del pericolo costituito dalla sola ipercolesterolemia, in assenza di rare dislipidemie ereditarie e degli altri cosiddetti fattori di rischio (ipertensione, fumo, diabete, obesità, ipertrigliceridemia, sedentarietà, stress). Il colesterolo è un precursore di numerosi ormoni e un normale componente degli acidi biliari e delle membrane cellulari, insieme ai fosfolipidi. Quando è *libero* nel sangue risulta però poco solubile e pertanto tendenzialmente lesivo per le arterie. Anche quando è legato a molecole di trasporto a bassa densità (VLDL, LDL) sembra aumentare il rischio per l'aterosclerosi (formazione di una placca rigida all'interno delle arterie, con perdita dell'elasticità e maggiori probabilità di stenosi, cioè restringimenti). Invece, integrato a proteine ad alta densità (HDL, che lo trasportano dalla periferia al fegato) diventa un fattore protettivo da questa evenienza. Il colesterolo che si trova nel sangue è introdotto in parte (per il 30 per cento) con la dieta (alimenti di origine animale e ricchi di grassi insaturi), in parte (70 per cento) è sintetizzato dal fegato a partire dagli acidi grassi. Circa 300 mg al giorno vengono poi recuperati dall'intestino.

Se il colesterolo, in quantità normali, svolge la funzione di rendere più fluide le membrane cellulari, quindi permette scambi più agevoli e veloci, al contrario il suo eccesso ha l'effetto di impacciare e appesantire la circolazione. Le pareti delle arterie vengono irrigidite dai depositi di colesterolo e grassi, e soprattutto dalla reazione fibrotica che ne consegue (placca ateromatosa). Oggi si punta molto l'attenzione, anche per questo fenomeno apparentemente così meccanico, sulle tensioni emotive e lo stress, inteso come aumento della richiesta di prestazioni, dell'efficienza a tutti i costi, della competizione, dell'ansietà: il tutto a scapito della possibilità di coltivare le proprie emozioni. La sofferenza dei vasi sanguigni "soffocati" dalla placca ateromatosa sarebbe dunque analoga all'imbrigliamento e al soffocamento delle emozioni, considerate estranee ai concetti di produttività, raziocinio, efficienza che lo stile di vita contemporaneo persegue.

Per rimediare: alfa-alfa, carciofo, Chrysantellum americanum, cicoria, cipolla, Olea europæa, Prunus amygdalus, rosmarino, Rosmarinus officinalis; limone, salvia, timo; Manganese-Cobalto, Zolfo.

"Congestione" epatica Il fegato può "dolere" o ingrossarsi per una lunga serie di motivi, dalle cause tossiche a quelle metaboliche. La sintomatologia che interviene in questi casi è per lo più sfumata e spesso, date le complesse funzioni di quest'organo nel metabolismo generale e le sue interazioni con gli altri apparati, interessa tessuti apparentemente lontani da esso.

Tra i sintomi di affaticamento epatico si possono così annoverare i più vari disturbi digestivi: senso di pesantezza e distensione addominale dopo i pasti, eruttazioni, nausea o cattivi sapori in bocca, stitichezza. Questi si spiegano in parte con la vicinanza anatomica e funzionale di stomaco e duodeno. In quest'ultimo si riversano i succhi biliari, indispensabili per la digestione di proteine e grassi: se la bile secreta è insufficiente, la digestione non prosegue e si avvertono peso e tensione nella zona epigastrica (la parte alta dell'addome). Questi sintomi digestivi possono essere accompagnati da sonnolenza postprandiale, cefalea o emicrania, alitosi, pelle giallastra e untuosa, capelli e unghie fragili, eczemi, acne, e altre piccole "spie" molto significative.

Non solo: anche alcuni sintomi psichici, abbinati a quelli somatici, possono essere rivelatori di uno stato di seppur lieve sofferenza epatica. Si tratta in particolare di irritabilità, sentimenti di frustrazione, collera repressa per ingiustizie subite, intolleranza a cambiamenti, talvolta tendenza alla rimuginazione e all'insonnia.

Gli accessi di collera cui sembrano andare maggiormente incontro i sofferenti al fegato e alla cistifellea potrebbero costituire un tentativo di espellere in modo drastico le situazioni negative in cui si sentono calati, oppure di rinforzare confini minacciati. In realtà però questa collera è più trattenuta che espressa, nel timore che possa esplodere in tutta la sua violenza corrosiva.

Così, l'immagine tradizionale del soggetto "fegatoso" come di colui che si rode dentro per la rabbia o è morso dall'invidia può avere un suo corrispettivo proprio nel cattivo utilizzo delle funzioni epatiche. Da un lato infatti il fegato produce la bile, che attacca e distrugge il cibo ingerito, facendosi così garante del diritto di ciascuna creatura a vivere e di conseguenza a nutrirsi; dall'altro, è competente di quasi tutte le ricostruzioni e riconversioni. Questa doppia polarità fra distruzione e creatività è ben presente anche nell'invidioso, che si dibatte fra l'aspetto negativo del suo sentimento, la distruttività appunto, e il versante positivo, ovvero l'attivazione di quelle energie che permettono la risoluzione originale dell'aggressività prima trattenuta e autodiretta.

Per rimediare: carciofo, cardo mariano, Rosmarinus officinalis; Manganese-Cobalto, Zolfo; Gentian, Holly, Hornbeam, Walnut; luce gialla.

Epatopatie Spesso anche malattie potenzialmente gravi del fegato decorrono in modo del tutto silente. Non è raro infatti scoprire una epatite pregressa solamente in base alle alterazioni degli indici ematologici: il fegato ha in effetti un'eccellente capacità di compensare la funzionalità e di riparare i propri tessuti danneggiati, riuscendo a mantenere la sua attività anche a costo di sforzi "eroici".

Possono però esserci sintomi, più subdoli e indiretti di quelli citati per gli altri casi, che depongono per una perdita di vitalità di quest'organo, magari aggredito da un agente virale cui l'organismo non ha saputo opporsi. Si tratta in particolare di una stanchezza cronica, diffusa e inspiegabile, talvolta accompagnata da lievi malesseri generali, nausea, inappetenza, febbricola. Sintomi di anergia, ovvero di esaurimento delle risorse energetiche e reattive del fegato, cui possono seguire stati patologici anche a carico di altri organi, per esempio la pelle o il polmone.

Indagando tra i soggetti che hanno sofferto di rilevanti patologie epatiche, emerge spesso che nel periodo immediatamente precedente l'esordio erano presenti estrema stanchezza psicologica ed esaurimento, come se avessero dato fondo a tutte le risorse energetiche e terminata la spinta al progresso, il coraggio, l'iniziativa.

In effetti, le epatiti e le loro evoluzioni, con una sintomatologia che ricorda il venir meno in toto dell'energia vitale, sembrano mimare una stasi conflittuale tra la necessità di esprimere un forte bisogno, vitale per il soggetto, o un altrettanto forte rancore, e l'impossibilità di farlo, pena la perdita della stabilità emotiva. Quando questa situazione si fa insostenibile, può intervenire un deficit del fegato, e tanto più acutamente quanto più impellente è il bisogno di rompere lo stato di impasse e l'inerzia in cui si è calati. Il fegato sembra cioè "prendere il coraggio a due mani" al posto della persona interessata, obbligandolo a occuparsi di quel problema prima negato. Il rientro della sintomatologia, o meglio la silenziosità del fegato in molti casi di infezione, potrebbe allora stare a significare che si è riusciti comunque, agendo magari inconsapevolmente, a intervenire sul blocco emozionale, liberando così le proprie capacità di recupero. Del resto, il riposo e la dieta leggera d'uso in questi casi – per i quali non è prevista, nella medicina occidentale, una vera terapia, ma si fa affidamento proprio sulle intrinseche possibilità riparative e rigeneratrici del fegato – sembrano una tappa d'obbligo per recuperare dall'interno quella vitalità prima sopita o spenta.

Per rimediare: Chrysantellum americanum, Corylus avellana, Juniperus communis, Secale cereale.

Stitichezza La stitichezza consiste nel rallentamento del transito intestinale, che condiziona direttamente l'assorbimento dei princìpi nutritivi, il riassorbimento di acqua e tossine, l'escrezione delle sostanze di scarto. Le cause della stipsi vengono in genere attribuite a errate abitudini di vita, in particolare a un'alimentazione troppo raffinata e povera di fibre aggravata da una scarsa introduzione di liquidi e dalla sedentarietà.

Malattia "culturale", dunque, nel senso che la sua diffusione è sicuramente maggiore nelle società in cui vige un ritmo di vita che non permette di intervallare periodi di stress (tensione, trattenimento) ad altri di serenità e recupero (distensione, rilasciamento), favorendo così lo sfogo equilibrato delle pulsioni interiori. È inoltre risaputo che in popolazioni primitive, dove i bambini sono educati con dolcezza a tenersi puliti, la stipsi è pressoché sconosciuta, mentre in società in cui l'educazione degli sfinteri è molto precoce e le funzioni di evacuazione sono considerate vergognose le patologie intestinali sono più frequenti.

Ciò si può in gran parte spiegare con il fatto che, dal punto di vista psicologico, alla stipsi si associano essenzialmente due concetti: la difficoltà a liberarsi di cose "sporche" – da cui l'importanza delle pratiche rituali di purgazione come analogo modo di ripulirsi e purificarsi da colpe e peccati – e il trattenere presso di sé qualcosa che si è elaborato e si possiede.

Per quanto riguarda la prima accezione, questa sembra rafforzare l'analogia tra le circonvoluzioni cerebrali e le anse intestinali, creando così una sovrapposizione tra il contenuto della mente – idee, pensieri, concetti – e quello intestinale. La medesima analogia tra cervello e intestino è ribadita dai digiuni e dalle purgazioni presenti in molte culture come mezzo per attivare una particolare consapevolezza: quasi che per liberare la mente dai contenuti superflui sia necessario evacuare il corpo. In realtà, spesso chi è affetto da stipsi presenta pensieri ricorrenti e rimuginazioni, come a significare un identico "ingorgo" in alto, nella mente, e in basso, nelle viscere. In senso astrologico, questa analogia è ripresa dall'attribuzione dell'intestino al segno della Vergine e della corteccia cerebrale al segno dirimpetto, i Pesci.

L'altra importante accezione psicologica della stipsi si collega invece alla generale tendenza a trattenere cose o situazioni, associata a una scarsa capacità di donare ed essere generosi. Si usa in effetti parlare di "stitichezza affettiva" per indicare persone poco propense a lasciarsi andare, a scambiare con gli altri, a farsi coinvolgere affettivamente.

Tra le caratteristiche emotive più salienti di questo disturbo descritte dalla ricerca psicologica si trovano pessimismo, disfattismo, diffidenza e mancanza di fiducia negli altri, sensazione di essere respinti, non sufficientemente amati. Infatti, la costipazione è di comune riscontro in chi soffre di depressione, come se il non aspettarsi niente dal prossimo portasse a trattenere il più possibile ciò che si possiede, ivi compreso il contenuto intestinale.

Quanto trattenuto può, in verità, avere anche significati negativi: si trattengono allora i sentimenti di ostilità e di bisogno di possesso, dei quali ci si libererebbe volentieri se soltanto si avesse la certezza che questa perdita non comporterà per se stessi un dispiacere.

Trattenere nel ventre la materia introdotta è anche un modo di sottrarsi alla naturalità del ciclo vitale, che prevede le tappe di introduzione/escrezione: vecchie forme sono divorate ed elaborate, costituendo il nutrimento; mentre nuove forme vengono prodotte e dirette all'esterno, con diverse finalità. Così, un'altra interpretazione di questo disturbo attribuisce a chi ne soffre l'inconscia volontà di trattenere per sé tutto ciò che è possibile dalla materia, anziché renderla di nuovo all'esterno, come sarebbe dovuto. Da qui, il legame quasi proverbiale della stipsi con l'avarizia, e ancora, della stipsi con la paura del nuovo, del mondo che è al di fuori, con il quale è bene bloccare ogni contatto e impedire ogni scambio. Si rinuncia cioè a partorire parti proprie, che si ritiene non possano essere comprese dal mondo circostante, e nello stesso tempo a rendere fertili la potenziale creatività e il proprio mondo interiore nello scambio con l'esterno. È in pratica una rinuncia alla dimensione creativa individuale, quella stessa che già gli antichi egizi attribuivano simbolicamente alla capacità dello scarabeo di trasformare lo sterco in alimento vitale per le proprie larve.

La stipsi si può interpretare infine anche come un tentativo di autosufficienza: il soggetto stitico cercherebbe cioè di non cedere parti di sé che crede inaccettabili dagli altri perché troppo discoste dai modelli di riferimento dell'ambiente, ma che nel suo intimo ritiene indispensabili alla propria individualità. Non considera però che, così facendo, rinuncia al suo apporto originale al mondo e perde simbolicamente, nello stesso tempo, la capacità di convertire le sostanze morte dell'intestino in materia vitale, pensieri, affetti, emozioni. (Vedi anche Scorpione.)

Per rimediare: Betula pubescens, Ficus carica, malva, piantaggine, Quercus pedunculata, rabarbaro, Vaccinium vitis idæa; Manganese-Cobalto; Crab Apple, Elm, Honeysuckle, Oak, Pine, Water Violet; luce gialla.

Colon irritabile È così chiamato l'alternarsi di periodi di prevalente stipsi con episodi di diarrea, evenienza di solito attribuita alla cronica sollecitazione delle terminazioni nervose dell'intestino, deputate a regolarizzarne la motilità. Dal punto di vista simbolico, questa alternanza di tensione/trattenimento e di mobilità/rilasciamento intestinale sta a indicare un unico desiderio, benché espresso in maniere apparentemente contraddittorie. Si tratta di non mostrare all'esterno, al mondo, le proprie brutture, i propri recessi bui, simboleggiati dalle feci, vissuti come un carico insostenibile di colpe e vergogne. Quando la situazione si fa critica e il "peso" di questi sentimenti negativi schiacciante, ecco comparire la diarrea, momento purificatore e liberatorio di quelle scorie materiali e morali troppo a lungo represse dentro di sé.

L'altalenante e apparente contraddittorietà dei sintomi denunciati rappresenta in realtà momenti complementari di un medesimo atteggiamento sottostante. Questo si può sintetizzare nella necessità di occuparsi in modo esclusivo degli aspetti più puri ed elevati dell'esistenza, negando e allontanando dalla coscienza tutto ciò che riguarda la materia e la soddisfazione dei bisogni carnali, come il lato Ombra della personalità, ovvero tutti quegli istinti e quelle pulsioni che potrebbero essere interpretate come bassi o impuri. Aggressività, ostilità, insofferenza, sentimenti distruttivi o torbidi sono così all'apparenza evitati; il linguaggio di chi soffre di questi disturbi è spesso depurato di qualunque volgarità, l'atteggiamento generale è di pulizia, sobrietà, onestà, rigore morale. In realtà, il lato torbido riemerge in modo più subdolo e quasi all'insaputa del possessore, facendo capolino nei sogni, o in fantasie inconfessabili, o nello stesso corpo, con i sintomi descritti.

Conviene ammettere questa scomoda verità, anche perché il modo migliore, se non l'unico, di realizzare veramente il nostro ideale di perfezione transita dall'incontrare, accettare e "digerire" anche il nostro lato materico e carnale. Come Dante, non ci resta perciò che partire per questo viaggio nelle nostre parti buie, in cui potremmo rischiare addirittura di... divertirci.

Per rimediare: Ficus carica, lavanda, malva, Vaccinium vitis idæa; basilico, camomilla, cannella, melissa; Manganese-Cobalto; Beech, Crab Apple, Impatiens, Larch, Mimulus, Pine, Scleranthus; luce gialla.

I rimedi della Natura

Alimentazione

La Vergine è di solito scrupolosa nella scelta della sua dieta, anche perché sa di avere una digestione delicata. Ciò non significa dover rinunciare al piacere del cibo, ma prediligere cotture semplici e alimenti genuini, meglio se biologici. Fra i vegetali, ottimi quelli ricchi di vitamine e fibre, come *agrumi*, *spinaci*, *zucca* e *zucchini*, *mele*, *prugne*, *noci*, *mandorle*, *succhi* e *centrifugati di verdura e frutta fresca*. Tra gli alimenti proteici, non bisogna dimenticare lo *yogurt*, meglio se arricchito di *fermenti lattici*, indispensabili al buon funzionamento dell'intestino. E, soprattutto, sarebbe utile non portare a tavola le tensioni quotidiane.

Erbe e gemme

Alfa-alfa Detta anche *erba medica*, è generalmente utilizzata come eccellente *rimineralizzante* e tonico in soggetti *astenici e inappetenti*. Contiene inoltre delle saponine che impediscono il *riassorbimento del colesterolo* dall'intestino: questo riassorbimento è probabilmente uno dei fattori maggiormente responsabili del fallimento, parziale o totale, della sola dieta ipocolesterolemica che si effettua come principale presidio per diminuire il tasso di colesterolo presente nel sangue.

Altea Il decotto di altea è tradizionalmente impiegato per alleviare la *stipsi*, in particolare quando siano presenti dolori crampiformi e tendenza alle emorroidi.

Betula pubescens La *stitichezza*, sintomo piuttosto diffuso nella nostra società, è generalmente attribuita alla trascuratezza di alcune basilari regole igieniche. L'eccessiva raffinazione dei cereali e dei loro derivati, la scarsa introduzione di verdure e acqua, la sedentarietà, la fretta sono infatti fattori scatenanti o aggravanti il fenomeno. La correzione di questi ultimi può contribuire in gran parte alla risoluzione del disturbo ma quando, come spesso succede, eliminare completamente le abitudini è difficile o problematico, è il caso di ricorrere a dei regolatori intestinali. Paradossalmente, una condizione abituale di stipsi può essere instaurata proprio dall'eccessivo e protratto uso di prodotti ad azione lassativa, che forzano la peristalsi (i movimenti propulsivi attuati dalla muscolatura viscerale) intestinale e possono provocare una sorta di assuefazione.

La gemmoterapia consiglia, in caso di stitichezza abituale, l'associazione dei macerati glicerici di *Betula pubescens gemme*, *Quercus pedunculata*, *Vaccinium vitis idæa*, tutti alle dosi di 20-50 gocce, 1 volta al giorno. La prima, antitossica, stimolante del fegato, regolarizzatrice del metabolismo del colesterolo, va sempre usata in abbinamento con altri gemmoderivati per ottenere un effetto completo; la quercia (*Quercus pedunculata*) è attiva, oltre che a livello delle ghiandole surrenali, anche sulla motilità e sulle secrezioni dell'apparato digerente; il mirtillo rosso, infine (*Vaccinium vitis idæa*), corregge scompensi anche profondi dell'organismo, essendo considerato un regolatore dei fenomeni immunitari e della funzionalità intestinale (adatto perciò anche in caso di colon irritabile, meteorismo).

Carciofo Entra a buon diritto fra le piante utilizzabili in caso di *difficoltà digestive*, *pesantezza postprandiale*, *sonnolenza*, *meteorismo*, *affaticamento*, *irritabilità psichica*, *aumento dei grassi e del colesterolo nel sangue*. È inoltre *diuretico e antiurico*, stimolando così anche la depurazione renale. Difatti, questa pianta è una specie di jolly in tutti i dismetabolismi. È controindicata però nell'allattamento, potendo ridurre la secrezione di latte. Molto interessante è anche il macerato spagirico, ottenuto con un lungo procedimento di separazione e purificazione degli elementi qualitativi costituenti.

Cardo mariano Tra i rimedi riconosciuti come più attivi e specifici per controbattere il colesterolo vi è senza dubbio questa pianta spinosa dai fiori porporini, che ha proprietà emostatiche e tonico-vascolari (per esempio, si può utilizzare in caso di *ipotensione*) e, soprattutto, è un eccellente *regolatore dell'attività epatica* e del metabolismo in generale. La farmacologia allopatica si è da tempo interessata a questa pianta (*Silybum marianum*), da cui trae la *silimarina*, usata proprio nei regimi a basso tenore di colesterolo. Ha effetto anche sul tasso dei trigliceridi, che può contribuire a normalizzare (meglio ovviamente se si segue contemporaneamente un regime alimentare idoneo). Inoltre, è un indiscutibile presidio in caso di affezioni epatiche, in particolare la *steatosi* ("fegato grasso"). Contiene infatti in quantità princìpi che si sono rivelati antiepatotossici e stimolanti le capacità di recupero delle cellule del fegato, seppur danneggiate. Ma non sono solo le affezioni epatiche il campo in cui questa pianta può essere utilizzata: anche i problemi di *circolazione venosa*, la *cellulite*, taluni *eczemi* possono trarre giovamento dalla somministrazione del cardo mariano. È inoltre consigliabile anche come pianta per il *drenaggio* delle scorie tossiche prima di intraprendere altre cure; non va somministrato agli ipertesi perché potrebbe dare un leggero rialzo pressorio.

Chrysantellum americanum* o *camomilla d'oro Un'altra pianta utile nelle *dispepsie* (disturbi digestivi) di origine epatica, nelle *ipercolesterolemie*, nelle *stasi venose*. Il suo uso si è ormai molto diffuso soprattutto nella cura della cosiddetta "*ipercolesterolemia da stress*", dovuta probabilmente alla costrizione dei vasi che nutrono il fegato e di quelli che drenano la bile, che tende così a ristagnare nel fegato stesso. Questa pianta riduce il tasso di colesterolo circolante e regolarizza quello lipidico; inoltre, rimuove la bile dal fegato e riduce le probabilità di formazione di calcoli nella cistifellea. Ha inoltre un'azione tonica sulle vene e depurativa sui reni e, forse per la sua attività regolatrice sulla cistifellea e contemporaneamente sul tono vascolare, è utile in molti casi di *emicrania*, specie di origine *digestiva*.

Cicoria Anche la modesta cicoria selvatica svolge un'azione benefica sulla funzionalità del fegato, contribuendo così a ripristinare anche i livelli di *trigliceridi* e di *colesterolo*.

Cipolla I preparati a base di cipolla, seppure poco tollerati da chi ha problemi di stomaco e possibile fonte di inconvenienti per via dell'odore sgradevole dell'alito e della pelle durante la terapia, sarebbero in realtà da prendere in seria considerazione, vista l'energica azione polivalente di questa pianta. *Diuretica*, *ipocolesterolemizzante*, *ipoglicemizzante* (e indicatissima quindi anche per chi ha problemi di intolleranza agli zuccheri o un diabete vero e proprio), ha messo in evidenza anche la sua capacità di innalzare il colesterolo "buono", ovvero la frazione HDL, ritenuta protettiva dall'azione potenzialmente lesiva sulla tunica delle arterie svolta delle altre frazioni.

Corylus avellana Può essere interessante, accanto alle normali regole igieniche e alimentari, fondamentali per recuperare la funzionalità e la salute del fegato, anche l'uso di alcuni gemmoderivati. Ognuno di questi possiede fra l'altro specifici effetti sui vari parametri ematochimici che rendono conto della funzionalità epatica, cosicché il loro effetto è anche facilmente controllabile attraverso il monitoraggio di questi valori. Il gemmoderivato del nocciolo è indicato soprattutto nel trattamento di *disturbi epatici cronici*, con tendenza alla riparazione fibrotica e al progressivo assottigliamento del tessuto funzionante. Sperimentalmente, normalizza le beta-proteine, riduce la tendenza alla formazione di trombi, diminuisce l'acido urico, stimola la formazione di globuli rossi e l'attività immunocompetente del fegato. La dose consigliata è abitualmente di 50 gocce 2-3 volte al giorno. Si può assumere insieme a *Juniperus communis* e *Secale cereale* (vedi oltre).

Ficus carica Indicato in tutte le *somatizzazioni dell'apparato digerente*, nella dose di 30-40 gocce 2 volte al dì, sembra particolarmente adatto nelle situazioni in cui l'addome sia teso e gonfio per la presenza di aria. Si può vantaggiosamente abbinare al macerato glicerico di mirtillo rosso, *Vaccinium vitis idæa*, regolatore della funzionalità intestinale in presenza sia di *stipsi* sia di *diarrea*; le dosi sono in questo caso di 30-50 gocce 1-2 volte al dì.

Juniperus communis Il gemmoderivato del ginepro può essere utilizzato nell'*insufficienza epatica iniziale*, anche con alterazione sostanziale dei dati di laboratorio: corregge infatti l'ipoalbuminemia, normalizza il profilo proteico, riduce il tasso di colesterolo ematico. Le dosi sono di 50 gocce 1-2 volte al dì, da alternare eventualmente a *Secale cereale* o a *Corylus avellana*. La gemmoterapia utilizza poi un efficace schema, che può essere proposto anche a livello preventivo a chi si sappia predisposto a queste alterazioni del metabolismo. In caso di *ipercolesterolemia semplice*, con trigliceridi normali, al mattino 50 gocce di macerato glicerico di *Olea europea*, e alla sera 50 gocce di *Juniperus communis*. Se vi è *ipertrigliceridemia con colesterolo relativamente normale* ma HDL ridotte, al mattino 50 gocce di *Prunus amygdalus* e alla sera 50 di *Rosmarinus officinalis*. Quest'ultimo sembra in grado di diminuire il colesterolo totale, innalzando contemporaneamente quello esterificato ("buono").

Lavanda In questa occasione ne parliamo come antispasmodico in caso di *colon irritabile*, specie se accompagnato da dolori, anche di origine nervosa. Insieme alla *passiflora* è infatti tra le piante più indicate: la prima in special modo a coloro che esprimono con questo disturbo un blocco della propria espressività e della propria capacità d'azione, l'altra a soggetti ipersensibili ai cambiamenti sia ambientali (freddo o caldo improvvisi, vacanze, spostamenti) sia di abitudini (sonno, alimentazione). Entrambe le piante possono essere assunte sotto forma di infuso: 1 cucchiaino per l'acqua di una tazza bollente, da lasciare in infusione per 3-5 minuti per quanto riguarda la lavanda, 10 minuti per la passiflora, alla quale si può unire, per potenziarne gli effetti antispasmodici, una pari quantità di fiori di *biancospino*.

Malva In genere, la Vergine ama tutto ciò che è naturale, quindi non disdegna di prepararsi tisane curative. Una formula che può darle giovamento è costituita da fiori di *malva* e *tiglio* in parti uguali, dall'azione emolliente e antispasmodica, utile per tutti i *disturbi intestinali di origine nervosa*. Il decotto di *malva* è indicato specialmente quando la *stipsi* sia accompagnata da digestione lenta e scarsa motilità intestinale.

Piantaggine Per quanto riguarda questa pianta, si può utilizzare il tegumento dei semi (detto Ispaghul o Isabgol) di una sua varietà (*Plantago ovata*). Questo ha la proprietà di assorbire parecchia acqua, formando una massa gelatinosa che ammorbidisce le feci, facilitandone l'eliminazione con un meccanismo del tutto naturale: per questo è possibile utilizzarla per la *stitichezza* anche in gravidanza o nell'infanzia. Questa gelatina si comporta fra l'altro come un vero e proprio "spazzino", assorbendo tossine e rallentando l'assorbimento di carboidrati e grassi. Poiché occupa un certo volume nello stomaco, può inoltre favorire il senso di sazietà, risultando pertanto utile anche quando si desideri limitare l'apporto alimentare (*diete dimagranti*).

Rabarbaro Per ottenere un'azione lassativa nello stesso tempo efficace e poco aggressiva occorre abbinare un regolatore meccanico (ovvero ricco di mucillagini, come l'altea o la piantaggine) a un rimedio naturale che agisca proprio sull'innervazione intestinale. Il *rabarbaro* e la *cassia* sono fra i meglio tollerati se assunti per pochi giorni di seguito. Molto spesso la *stipsi* accompagna una sintomatologia più vasta, che investe l'intero sistema digestivo, e in particolare la funzione epatica e biliare. In questi casi, può molte volte essere sufficiente stimolare la secrezione biliare (vedi le piante idonee) e regolarizzare l'attività del fegato per vedere alleviato il disturbo principale.

Rosmarino Questa pianta presenta una spiccata "simpatia" per le vie biliari. Oltre che digestiva e tonica per tutto l'organismo, sembra infatti svolgere un'azione specifica a livello di cistifellea e fegato, del quale risveglia le potenzialità detossicanti e probabilmente anche quelle immunitarie. Regolarizza inoltre il tasso di *colesterolo* e di *lipidi ematici*. Si può usare in varie forme, dall'infuso all'olio essenziale (vedi tra gli aromi). In caso di *calcolosi biliare*, per esempio, si consiglia il gemmoderivato (*Rosmarinus offici-*

nalis MG 1DH), nella dose di 50 gocce di macerato glicerico 1-2 volte al giorno.

Secale cereale In caso di interessamento acuto del fegato, potrebbe essere utile l'impiego del gemmoderivato dalle radici di segale (50 gocce 1 volta al giorno), che agisce come *epatoprotettore* direttamente sulle cellule del fegato, riducendo sperimentalmente in molti casi il livello delle transaminasi e favorendo la ripresa delle funzioni del tessuto.

Aromi

Può sembrare inconsueto curare disturbi così tipicamente internistici come quelli digestivi e del metabolismo con gli oli essenziali, impiegati in prevalenza per la terapia di affezioni esterne, e comunque solitamente applicati con massaggi, bagni o inalazioni. In verità, questo è uno dei casi in cui si dimostra che l'efficacia delle essenze va ben oltre la cura locale, e che con esse è realmente possibile intraprendere una terapia riequilibrante in senso globale.

Le essenze sono in grado di produrre effetti (che possono essere anche abbastanza rapidi e massivi, motivo per il quale non si inviterà mai abbastanza alla prudenza e alla parsimonia riguardo le dosi) anche "a distanza". Questi transitano per i sistemi di regolazione neuro-ormonali e psichici, i quali possono essere attivati dall'aromaterapia e mettere così in moto efficaci meccanismi di autoregolazione. L'organismo, in sostanza, può ricevere da queste cure – i cui effetti sono discretamente quantificabili e oggettivi – la giusta spinta al riequilibrio.

In alcuni casi viene indicata la possibilità dell'uso interno degli oli essenziali: è però riservato al medico, che deve valutarne l'effettiva tollerabilità da parte del paziente e le dosi più idonee. Comunque, salvo le consuete controindicazioni (gravidanza, epilessia, gravi insufficienze epatiche, renali, cardiovascolari) le dosi qui indicate sono in generale sufficientemente sicure. Si sottolinea comunque la necessità di non superarle.

Basilico Quando il dolore da *spasmi viscerali* è vicino o concomitante a *emicranie nervose*, o si è in un periodo di superlavoro. Se ne possono inalare 2-4 gocce 2-3 volte al giorno, su un fazzoletto.

Camomilla In questo caso, il dolore addominale è accompagnato da *digestione difficile*, *flatulenze*, *diarrea*. 2-4 gocce 3 volte al giorno, per massaggio o, metà dose, per bocca su 1 cucchiaino di miele.

Cannella Originaria della Cina, dell'Indocina e dello Sri Lanka, la cannella, spezie straordinaria, magnificata già da egizi, ebrei e fenici, può ampiamente risollevare il fisico e il morale. Non è legata a un mito in particolare: questa pianta è un mito in se stessa. Basta leggere, per accorgersene, ciò che tramanda Erodoto circa i metodi di raccolta: gli arabi dicevano di doversi ricoprire integralmente di una pelle di bue, lasciando scoperti solo gli occhi, per ingannare degli animali alati, simili a orribili pipistrelli, che emettevano urli raccapriccianti e tentavano una strenua difesa delle piante di cui erano a guardia. Altri ancora asserivano che uccelli giganteschi portavano da chissà dove rami di cannella per costruire i loro inaccessibili nidi e che per impadronirsene gli uomini fornivano loro grosse prede vive, cosicché il peso stesso di questi animali, trasportati nei nidi, li distruggeva, facendoli rovinare a valle. Plinio, a corto di effetti speciali, annota semplicemente che gli etiopi sacrificavano un gran numero di buoi, capre e arieti ad Assabinus, una specie di Giove indigeno, per propiziarsi il permesso di raccoglierla. Oggi potremmo pensare che molte di queste dicerie servissero in realtà soprattutto a far lievitare i prezzi del già raro e prezioso aroma.

Ma anche senza queste leggende, la cannella sarebbe comunque insostituibile: in una sola pianta troviamo infatti concentrate proprietà disinfettanti, specie in ambito intestinale, degne dei moderni antibiotici; è *vermifuga* e stimolante del tratto gastroenterico in caso di *costipazioni*, *coliti* e *flatulenze*, e ripristina le capacità digestive dopo pasti insolitamente abbondanti. Ha un effetto riscaldante che la rende di grande utilità, in inverno, contro i *disturbi da freddo* di qualunque tipo. Eccellente *tonico nervoso e muscolare*, efficace per esempio prima di uno sforzo fisico intenso (una *gara sportiva*, un periodo di *surmenage*), si rivela un vero toccasana in caso di *astenia*, nelle *convalescenze*, nei soggetti sottoposti a *stress prolungati* o dall'*umore depresso*.

Dal punto di vista emozionale, è indicata a individui introversi, con scarsa propensione alle relazioni sociali, mentalmente e affettivamente compressi e spenti, ai quali dona il suo calore e la sua forza, la sua allegria ed esuberanza tropicale e, si dice, la giusta grinta in amore. Poiché l'essenza è fortemente riscaldante e a dosi improprie irritante, non va usata, se non fortemente diluita, sulla cute.

La scorza di cannella entra nella composizione di molti piatti e dolci tradizionali e, insieme a chiodi di garofano, pepe, zenzero, cardamomo, in una bevanda di facile preparazione, dal sapore piccante ed esotico, tonica quanto un caffè ma utile anche come potente *digestivo* e nella prevenzione e cura dell'*influenza* e delle *malattie da raffreddamento*. Si lascia bollire per 10 minuti 1 cucchiaino della miscela di queste spezie in 200 ml d'acqua, aggiungendo poi a piacere miele e latte. Evitare alla sera.

Limone La buccia e il succo del frutto del limone hanno proprietà ipoglicemizzanti e ipocolesterolemizzanti, cosicché possono essere usati un po' in tutti i *dismetabolismi*. L'essenza di limone può quindi essere assunta anche in questi casi (2-3 gocce 2-3 volte al giorno in acqua e/o miele).

Melissa Contro le *tensioni addominali*, si possono usare poche gocce di olio essenziale di melissa in un cucchiaio d'olio di mandorle, praticando un dolce massaggio sul plesso solare e attorno all'ombelico; 1-2 gocce dell'essenza in 1 cucchiaino di miele, ingerite un paio di volte al giorno, possono avere lo stesso effetto. Questo uso va però evitato in gravidanza e in chi soffre di disturbi tiroidei.

Fra le altre essenze con proprietà ipocolesterolemizzanti ricordiamo la *salvia* e il *timo*.

Oligoelementi

Manganese-Cobalto La diatesi di riferimento per l'*eccesso di colesterolo* (da alimentazione scorretta e stress) è senz'altro questa del Manganese-Cobalto, tipica anche dei primi stadi dell'involuzione senile fisiologica, dove quindi prevalgono i fenomeni di difficoltà di *smaltimento delle tossine* e le sindromi da *distonie neurovegetative*. Oltre a curare la dieta, quindi, si può assumere 1 dose di Manganese-Cobalto da 2 a 5 volte alla settimana, eventualmente insieme a *Zolfo* se sussistono anche disfunzioni epatobiliari.

Omeopatia

I dolori crampiformi improvvisi, specie dopo indigestione o accessi di collera, mitigati dal caldo e dalla pressione locale, sono in genere migliorati da *Colocynthis 30 CH*, 1 dose ogni 2-4 ore. La stipsi dei viaggiatori può invece richiedere *Platina 30 CH*, 1 dose 1-2 volte al giorno.

Fiori di Bach

Beech Il tipico soggetto Vergine è metodico, preciso, dotato di grande sensibilità per i dettagli: ma se diventa irritabile di fronte a piccoli imprevisti, o è esageratamente infastidito dagli errori e dalle cadute di gusto altrui, è il caso di prendere il fiore del faggio, che stimolerà le sue capacità di osservazione e la tolleranza. Il rimedio è infatti dedicato a persone che hanno la capacità di vedere immediatamente cosa non va nell'aspetto o nel comportamento altrui, e che puntualmente tendono a riferirlo all'interessato. Il prossimo viene cioè valutato e giudicato solo nei suoi aspetti negativi, che provocano nei tipi Beech irritazione o fastidio; non viene lasciata possibilità di comprensione e immedesimazione con i problemi di chi è in quel momento sotto tiro. Questo comportamento ipercritico alla lunga isola il soggetto Beech e lo indurisce nei rapporti con gli altri. Si può spesso accompagnare a episodi di *diarrea*, talvolta alternati a periodi di *stipsi*.

Crab Apple È il rimedio di scelta per quanto riguarda la paura dello sporco e il bisogno di purificazione, ma agisce anche negli stati di intossicazione, sia fisica sia psicologica. È quindi particolarmente adatto a coloro che sentono spesso la necessità di lavarsi o di praticare digiuni, o il bisogno di purgarsi e comunque di evacuare. Si può dunque utilizzare in tutti i disturbi dell'alvo (*stipsi*, *diarrea*, *colon irritabile*). Questo rimedio è comunque anche un buon disintossicante, quindi è indicato come ausilio in tutti i casi di assunzione di cibi guasti e terapie farmacologiche pesanti, o per aiutare il fegato a disintossicarsi. Insieme a Mimulus, si può usare anche per mitigare la paura di malattie, vere o immaginarie.

Elm Il problema principale di questo soggetto è l'eccessivo accumulo di incarichi e impegni difficili da smaltire: si sente sovraccaricato e iperresponsabilizzato, pur riuscendo comunque a non soccombere. In questi momenti di particolare stress, in cui occorre cioè "stringere i denti", è facile andare incontro a vari disturbi riguardanti l'apparato muscolo-scheletrico (rigidità muscolari, crampi, dolori diffusi) e quello digestivo, non ultimo la *stipsi*, come equivalente somatico del "tener duro, non mollare" che il soggetto sta mettendo in atto.

Gentian È il perfetto scettico, che mette sempre in forse la riuscita di qualunque programma, che vede sempre il lato negativo o il limite delle cose intraprese, anche quando si tratti, per esempio, di terapie indirizzate alla risoluzione dei suoi disturbi. Questo pessimismo di fondo, questo continuo depotenziamento di tutto ciò che di bello e di positivo potrebbe succedere, alla lunga può inquinare anche il *fegato*, l'organo deputato a smaltire i rifiuti tossici di tutto l'organismo.

Holly Il sospetto, l'invidia, la collera repressa, il timore di essere raggirati, fanno di questo soggetto il classico "*fegatoso*". Holly proietta le sue energie, i suoi difetti e i suoi limiti all'esterno di sé, nell'ambiente circostante, che gli rimbalza un'immagine in negativo. Anziché accettarla come propria e cercare di volgerla in positivo, questo soggetto preferisce in un certo senso sentirsi contro tutto il mondo piuttosto che modificare le sue aspettative e il suo atteggiamento. Il malumore può anche intervenire violentemente e apparentemente per un nonnulla. C'è inoltre la tendenza a sminuire il valore o il lavoro degli altri e si provano sentimenti di vendetta.

Honeysuckle La stessa difficoltà che questo tipo trova nello staccarsi dal passato, dai ricordi mitizzati e dalla nostalgia verso cose ormai finite e spente si riscontra anche a livello somatico. Honeysuckle è infatti soggetto a tutti i disturbi determinati dalla difficoltà a liberarsi dalle scorie, da ciò che non serve più, che anzi appesantisce e grava sull'organismo, il che spiega anche la sua tendenza alla *stipsi* e alla *ritenzione di liquidi.*

Hornbeam Si tratta del soggetto che accusa i malesseri tipici della routine o di un periodo in cui le energie sono state malamente impiegate o disperse. La stanchezza avvertita è più pesante al mattino, alla messa in moto, all'inizio delle attività, e regredisce un poco con il trascorrere della giornata o con l'entrare nel vivo di ciò che si sta facendo. Tipicamente, ritornano il buonumore e l'entusiasmo nel momento in cui si rende possibile uno svago gradito, un diversivo, una trasgressione. In queste situazioni, è spesso il *fegato* che si carica di un lavoro extra nel tentativo di metabolizzare una situazione stantia e ormai priva di interesse.

Impatiens Il problema più importante per questi soggetti è che tutto scorra il più velocemente e fluidamente possibile, come in effetti essi sanno ben fare. Peccato però che questa tipologia manifesti solitamente un'intolleranza nei confronti dei ritmi del prossimo, vissuti come lenti e frustranti. Non è raro, così, vedere un soggetto Impatiens strappare letteralmente di mano a qualcuno ciò che stava facendo, o terminare la frase al posto di qualcun altro.

La tensione nervosa di cui sono carichi può portare, a livello somatico, a disturbi quali *spasmi dolorosi* in differenti distretti corporei, fra cui l'intestino.

Larch È il rimedio più indicato per i casi in cui il disturbo (per esempio la *diarrea*) compare o si accentua in occasione di esami o prove importanti. I soggetti Larch tipici sono infatti caratterizzati dal timore di fallire in qualunque cosa intraprendano, ragion per cui spesso non la iniziano neppure.

Mimulus Sono persone afflitte da paure ben precise: l'aereo o l'ascensore, i luoghi aperti o chiusi, gli insetti o altri animali. Sono inoltre ipersensibili a ogni più piccola variazione ambientale, dal caldo al freddo, al rumore, alla luce troppo intensa. Talvolta la tensione e il timore le portano ad arrossire, balbettare o ridere nervosamente. I disturbi intestinali (tipica è la *colite*) in questi casi assumono spesso un andamento cronico, interpretabile come il tentativo di liberarsi il più velocemente possibile di contenuti paurosi e inaccettabili.

Oak Il senso del dovere e l'affidabilità arrivano in questo soggetto ai limiti estremi. La sua resistenza proverbiale, la sua tenacia e costanza possono però, se spinte all'eccesso, trasformarsi nel sentire di dover a tutti i costi "tenere duro", senza concedersi tregua o riposo. Tale atteggiamento si può tradurre, sul piano somatico, in *problemi osteoarticolari* e nella *stitichezza*.

Olive Lo stato di spossatezza e soprattutto l'incapacità a ricaricare il fisico caratteristici di questo rimedio lo rendono indicato, anche solo a livello sintomatico, per patologie che richiedano il recupero della propria energia vitale, dello spirito di iniziativa, dell'ottimismo, quali per esempio quelle che interessano il *fegato*.

Pine Si tratta di soggetti che tendono a stare sempre sulla difensiva, a scusarsi di ogni minima mancanza e persino quando in realtà non hanno alcuna vera colpa da addossarsi. L'autodeprezzamento si spinge fino a ritenere di avere comunque la coscienza "sporca": persino in caso di successo, dunque, si tormentano internamente per non aver saputo o voluto fare di meglio. È spesso presente un atteggiamento di scrupolo esagerato e di ipercoscienziosità, dovuto al timore di essere da meno degli altri. Possono essere presenti una vasta gamma di sintomi interessanti il colon, quali la *diarrea*, il *colon irritabile*, la *stipsi*.

Rock Water Il controllo dei propri istinti e delle proprie emozioni è al centro dell'interesse di questo soggetto, che è tra i più frequenti portatori di *colite* o *stipsi*. L'ideale di vita quasi ascetico lo porta infatti a negare e trascendere tutto ciò che ha a che fare con la materia e gli istinti più "bassi". La stipsi ha perciò il senso di una ferrea disciplina imposta al corpo, mentre la diarrea rappresenta il tentativo di autopurgarsi, di pulirsi dalle scorie materiche più grevi.

Scleranthus Questo rimedio si può utilizzare anche in modo sintomatico in tutti i casi di disturbi altalenanti (colite/stipsi, insonnia/ipersonnia, aumentato appetito/anoressia), pertanto è indicato anche in presenza di *colon irritabile*.

Walnut È il rimedio per l'ipersensibilità nei periodi di grandi cambiamenti e per la difficoltà a elaborare i distacchi, a gettare via il vecchio per far strada al nuovo. Può esservi una particolare, momentanea dipendenza dalle opinioni altrui, perché si fatica a liberarsi di situazioni passate. Il *fegato*, come organo che rimescola e ricostruisce le sostanze introdotte in funzione delle esigenze continuamente rinnovate dell'organismo, può risultare in questi momenti più debole e quindi venire interessato da *disturbi da sovraccarico*. Indicato anche per aiutare l'organismo nel cambio di stagione.

Water Violet Il volontario ritiro dal mondo che caratterizza la personalità di questo soggetto spiega in parte il problema intestinale cui spesso va incontro, ovvero la *stitichezza*. Water Violet infatti può giungere a un tale livello di autosufficienza intellettuale e affettiva da non concedere più nulla al mondo, nemmeno quel simbolico "prodotto" di sé che sono le feci.

Cromoterapia

Giallo Il colore di Mercurio è senz'altro adatto a curare l'ipotonia del sistema digerente, che si manifesta con *digestione rallentata*, *sonnolenza postprandiale*, *flatulenza*, *stitichezza*. Si può pertanto bere acqua solarizzata (che si ottiene ponendo al sole per qualche ora una bottiglia di vetro del colore prescelto riempita con acqua minerale non gassata), o esporsi per qualche minuto al giorno alla luce gialla. Attenzione, però: essendo un forte attivatore, questo colore è controindicato in caso di infiammazioni e irritazioni interne o esterne.

BILANCIA

(23 settembre-22 ottobre)

Autunno: atto primo

Bilancia: espressione del verbo *equilibrare*. Sullo sfondo del cielo autunnale, il cui colore sfuma giorno dopo giorno dall'azzurro luminoso al grigio tenue, si stagliano i campi spogli: la Natura riposa ancora, nel *perfetto ordine* creatosi dopo la pulizia effettuata dalla Vergine. E mentre riposa, attende il mese successivo, quando la terra accoglierà nel proprio ventre dissodato i semi della vita che sboccerà alla fine di marzo. Gli uccelli intanto migrano, portando altrove la propria festosa allegria, come se un ordine superiore imponesse loro di fare silenzio, per non disturbare l'assopimento *riequilibratore* nel quale è scivolata la Natura. Ma il sonno ha bisogno anche della penombra: ecco allora che il sole, galante e rispettoso com'è nel suo stile, dal 23 settembre smorza le luci tutt'intorno e cede sempre più il passo alle ore di oscurità: è il momento dell'equinozio d'autunno, punto di partenza verso il semestre più sommesso dell'anno alle nostre latitudini.

Concordanze stagionali e riti agricoli

In totale assonanza con il simbolismo autunnale, anche per la maggior parte delle persone, al *calar del sole* comincia la fase della giornata da dedicare al riposo riequilibratore, agli affetti familiari, al partner, alla vita privata in genere, tutti momenti che *bilanciano* e *compensano* le fatiche delle ore diurne trascorse sul lavoro (simbologia, questa, agganciata infatti alla Vergine, segno che sullo Zodiaco precede la Bilancia).

Scavando fra i ricordi e i riti agricoli del passato, ci si accorge che una volta era proprio al *tramonto* (o al termine dell'intera stagione estiva) che i braccianti ricevevano il *giusto compenso* per il loro lavoro, usanza che sembra ribadire l'associazione fra il concetto bilancino di "tramonto del sole" con quello di "applicazione delle leggi di giustizia", siano esse quelle degli uomini (la paga degli operai) o quelle del cielo (il bilanciamento perfetto delle ore di luce con quelle di buio). Anche nel grafico oroscopico di nascita, si riscontra una stretta affinità fra la Bilancia e il calar del sole, visto che il settimo segno dello Zodiaco corrisponde proprio al *Discendente* (opposto all'Ascendente), punto dell'orizzonte in corrispondenza del quale ogni sera il sole tramonta. Nelle aule dei tribunali, inoltre, com'è noto, spicca l'emblema della bilancia quale strumento di misura, insieme alla frase "La legge è uguale per tutti". A tal proposito però è bene precisare che la Bilancia esprime il concetto di "Giustizia" e non quello di "Legge", quest'ultimo riconducibile forse in modo più pertinente al possibilista Giove, il quale, come insegna la mitologia, pur essendo un giusto legislatore, non esitava ad aggirare le norme da lui stesso stabilite in nome del proprio tornaconto personale: che sia stato il re dell'Olimpo a coniare il modo di dire "Fatta la legge, trovato l'inganno"? Non è da escludere.

In quanto alle attività lavorative connesse ai riti agricoli tradizionali, ieri come oggi, in ottobre si cominciano a *scegliere* i semi di miglior qualità che dovranno poi essere piantati nel mese successivo, mentre nelle cantine inizia la delicata fase di *filtraggio* e rifiltraggio del vino, che il contadino travasa con *gesti attenti* da una botte all'altra, in modo da eliminare man mano le impurità che costituiscono il cosiddetto "fondo" e raggiungere la *perfezione* in fatto di *limpidezza*, *purezza* e *prelibatezza* (si tenga presente che la tradizione astrologica associa proprio alla Bilancia l'attività di filtraggio e depurazione del sangue svolta dai reni).

La Bilancia e i rapporti con gli altri

Con la Bilancia inizia il cosiddetto emiciclo superiore (o esterno) dello Zodiaco, che terminerà con il dodicesimo segno, Pesci. Se nei primi sei segni l'uomo ha esperito sostanzialmente l'ambiente – e le persone – che ha trovato attorno a sé dalla nascita, nei successivi sei egli viene proiettato verso una realtà esterna, fatta di richieste, necessità e rapporti nuovi. Affinché tali rapporti possano funzionare nel modo migliore, occorre però applicare fin da subito alcuni *canoni di comportamento*, scritti o convenuti, che regolino le relazioni interpersonali e salvaguardino *diritti* e *doveri* di tutti. Ecco nascere allora l'*ordinamento*, il *contratto*, il *cerimoniale*, la *convenzione*, il *patto* (che, come sottolinea Mario Zoli, "è garantito dalle due persone che lo contraggono e da un testimone, non occorre la carta, bastano le mani strette e il taglio, come si può vedere sull'asse della bilancia, con le mani che funzionano da piatti"[14]). Insomma, nella Bilancia tutto è normativa, rispetto, doveroso limite della libertà personale a favore della libertà dell'altro.

La Bilancia nell'evoluzione antropologica

Tali considerazioni inducono a ricollegare il settimo segno, dal punto di vista antropologico, alla fase in cui l'uomo, dopo aver fatto la propria comparsa sulla Terra (Leone) e aver scoperto il modo di sostentarsi (Vergine), si trovò di fronte alla necessità di integrare il proprio Io con l'Io di molte altre persone. Nacquero così le prime *regole della convivenza*, l'individualismo cedette terreno alla *considerazione del prossimo*, il singolo fu costretto a *moderare* le proprie esigenze affinché tutti gli *altri* potessero soddisfare le loro. Ma in questo modo, lo stesso singolo poté ottenere in cambio risultati vantaggiosi che con le proprie uniche forze non avrebbe mai raggiunto (la difesa della propria casa, per esempio, la cattura di grossi animali, la stessa riproduzione della specie): insomma, la Bilancia potrebbe essere considerata la traduzione astrologica del detto "l'unione fa la forza".

Identificazione zodiacale

Sul piano strettamente astrologico, la Bilancia viene considerato un segno di genere *maschile*,[15] di modalità *cardinale*, apparte-

[14] ZOLI, MARIO, *Miti e simboli dello Zodiaco per coppie opposte e complementari*, Dispensa del corso omonimo, Biblioteca del Centro italiano di astrologia.

[15] A tale proposito, ricordiamo che Lisa Morpurgo ha ribaltato la tradizione astrologica, cambiando la polarità dei sei segni che vanno dalla Bilancia ai Pesci. La grande studiosa sosteneva che di fronte a un segno deve esservene collocato un altro di polarità opposta, cosicché se l'Ariete è maschile, la Bilancia – a 180 gradi di distanza – dovrebbe per forza di cose risultare femminile. Se una considerazione del genere, in via generale, appare più che convincente, diventa a nostro parere estremamente opinabile nel momento in cui il

nente all'elemento *Aria*. L'*Aria* della Bilancia è comunque molto diversa dal venticello di primavera dei Gemelli o dalla gelida tramontana dell'Acquario: essa rappresenta il ritorno progressivo alle temperature miti dopo la calura insopportabile del solleone, è la piacevolezza del clima che scaturisce, simbolicamente, dalla fusione del calore di Venere (pianeta governatore del segno) con il gelo di Saturno (pianeta in esaltazione) e che finalmente agevola il sonno dopo le torride, sudate, insonni notti estive. È l'aria che simboleggia la lucidità di giudizio e di osservazione (l'Aria è unico elemento attraverso il quale l'occhio umano riesce a vedere, al contrario del Fuoco, della Terra e dell'Acqua) che deve comunque mediare fra le spinte del cuore (Venere) e il rigore della ragione (Saturno).

L'armonia fra gli opposti

La Bilancia presenta inoltre una stretta connessione con il concetto teologico di *psicostasia*,[16] ovvero della *pesatura delle anime*, celebrata anche dall'arte egizia. Secondo tale tema, dopo la morte ogni individuo verrebbe posto di fronte a una bilancia, su un piatto della quale si trova adagiato il cuore del defunto stesso, simbolo della sua coscienza, e sull'altro una piuma di struzzo della dea Maat, simbolo della giustizia: se il cuore risulterà più leggero della piuma, l'anima del defunto sarà salva, ma se a essere più pesante sarà la sua coscienza, l'anima subirà la dannazione eterna. La Bilancia rappresenta dunque l'eterno *oscillare* dell'uomo fra bene e male, come si può notare anche dalla collocazione che questo segno assume nello Zodiaco: un piatto è rivolto verso la Vergine, segno che simboleggia la santità della Madonna, e l'altro piatto ver-

discorso si sposta sul particolare. In effetti, l'idea di considerare la Bilancia un segno femminile e lo Scorpione e il Capricorno maschili (al contrario di quanto sostiene la tradizione astrologica millenaria) potrebbe in teoria poggiare su basi concettuali solide (la Bilancia è infatti governata da Venere, pianeta femminile, lo Scorpione da Marte e Plutone, pianeti maschili, il Capricorno da Saturno con l'esaltazione di Marte, pianeti maschili), ma considerare maschile il trepido, emotivo, sognante segno dei Pesci (dove la stessa studiosa colloca l'esaltazione della Luna, astro della femminilità) o femminile il "rude" Sagittario, governato da Giove (il quale nella mitologia forniva continue dimostrazioni della propria virilità), francamente non convince molto. La stessa studiosa ha anche proposto l'introduzione del genere "neutro", ma neanche ciò sembra aver reso particolarmente persuasivo il nuovo schema. In attesa di studi più approfonditi, si dovrà continuare a considerare la regola della tradizione che stabilisce la scansione alternata dei generi (a un segno maschile deve seguirne sempre uno femminile e viceversa).

[16] Chevalier, Jean e Gheerbrandt, Alain, *op. cit.*, vol. I, p. 250.

so lo Scorpione, segno governato da Plutone, oscuro e terrifico dio degli Inferi. Non solo, ma questo gioco di equilibri è insito anche nel confronto planetario che si crea all'"interno" della Bilancia stessa: il bene è rappresentato dalla dolce Venere e il male è simboleggiato da Saturno, pianeta che governa lo zolfo, così caro al diavolo. Il compito della Bilancia è dunque quello di armonizzare le tendenze opposte, di creare un equilibrio fra positivo e negativo, fra maschile e femminile, fra perdono e vendetta. È, in definitiva il segno dell'*unione*, come viene spiegato piuttosto chiaramente anche dal celeberrimo mito bilancino per eccellenza, quello che vede protagonisti la principessa Psiche e il bellissimo Eros, dio dell'amore.

La Bilancia, segno amletico

Ma anche in questo oscillare fra il "piatto" di Venere e quello di Saturno, per la Bilancia la *scelta* e la *decisione*, nel loro significato più ampio, e non solo in ambito affettivo, costituiscono quasi sempre atti di volontà troppo impegnativi (e in ciò già si ravvisa l'esilio di Marte-*intraprendenza*, di cui si riferirà nei paragrafi successivi). Ecco allora che il nativo di questo segno somiglia spesso al titubante Innamorato della lama numero sei dei Tarocchi (che non sa se scegliere la sicurezza che gli infonde la dama bruna o le grazie della dama bionda – la quale, anche nell'iconografia cinematografica, è quasi sempre l'emblema dell'amante "rovinafamiglie" che scatena la passione più accesa). Ma assomiglia anche al dubbioso Amleto, in bilico fra essere e non essere, passato e futuro, rivalsa e altruismo. Tale "effetto pendolo" lo si osserva abbastanza frequentemente anche nel comportamento della maggior parte dei nativi del segno della Bilancia, i quali sono capaci di manifestazioni d'affetto e di cordialità particolarmente accese, ma anche di frasi taglienti come la falce di Saturno e di comportamenti glacialmente distaccati che paralizzano l'interlocutore. In questo si ravvisa la singolarità del segno della Bilancia, in quanto unico settore dello Zodiaco rappresentato da un "oggetto", freddo, metallico, senz'anima. Gli altri undici sono invece simboleggiati da figure animali e umane.

Dallo Zodiaco ai Tarocchi

Altra lama dei Tarocchi riconducibile al settimo segno è La Giustizia, che tiene nella mano sinistra la bilancia e nella destra la spada, emblema dell'opposto segno dell'Ariete. Tuttavia, la giustizia simboleggiata dalla Bilancia non è ricollegabile alla mera imparzialità (che può anche essere ingiusta e raggiungere la spietatezza), ma è piuttosto l'applicazione di regole universali che tengono conto dei doverosi distinguo fra persone e circostanze. Citiamo ancora Mario Zoli, il quale scrive: "Per giudicare non occorre solo il distacco, la freddezza saturnina, l'imparzialità, occorre anche una affettività non viscerale, una affettività aerea, che è solo di Venere. Comprendere per giudicare, e giudicare per comprendere. Se guida soltanto un polo, per esempio Venere, ci piangiamo addosso, e nessuno fa più un passo, la malattia dell'uno diventa la malattia dell'altro. Se guida l'altro polo, quello di Saturno, è una radice talmente fredda e talmente dura che può diventare da sovrumana disumana. Occorrono tutt'e due. Sciascia ha scritto un libro dal titolo *A ciascuno il suo*: per la stessa colpa, con gli stessi cinquanta testimoni, la sentenza non può essere la stessa perché sono in ballottaggio due storie, due condizionamenti, due attitudini diverse nei confronti della vita".[17] Questo è il concetto di giustizia che appartiene al segno della Bilancia.

Sempre a proposito della dicotomia Venere-Saturno, la pratica astrologica dimostra come sotto il segno della Bilancia nascano un gran numero di *giudici*, *avvocati*, *magistrati* (influenza saturnina) e di *stilisti*, *artisti*, *esteti* (influenza venusiana).

Le simbologie bilancine si esprimono comunque, in modo più o meno evidente, nella personalità di ogni individuo e non solo in chi nasce sotto il settimo segno, poiché il tema natale si redige sull'intero Zodiaco: i settori simboleggiati dalla casa che poggia sulla Bilancia risentono dunque dei significati a essa correlati e citati in questo paragrafo.

I pianeti della Bilancia

Pianeta governatore: Venere

Di Venere si è già parlato estesamente nei capitoli dedicati al Toro e al Cancro, ai quali rimandiamo chi fosse interessato a un approfondimento del simbolo venusiano. La Venere della Bilancia tuttavia assume alcune sfumature diverse rispetto ai due segni appena citati. Se nel Toro si è incontrata una Venere sensuale, genuina, legata ai piaceri terreni, carnali, nella Bilancia ci si trova di fron-

[17] Zoli, Mario, *op. cit.*

te a Venere-Afrodite, soave dea della bellezza immortalata da Botticelli. Nel primo domicilio, dunque, Venere simboleggia l'attrazione fisica, ricca di pathos, che si crea fra due persone durante i primi tempi del loro legame (l'"innamoramento"); nella Bilancia (segno del matrimonio), Venere rappresenta invece la *fase matura* dell'amore, che segue all'intensità della passione iniziale e che spesso è caratterizzata da una sensibile attenuazione del desiderio sessuale. Questo può trovare una propria rappresentazione simbolica nel racconto mitologico in cui si narra della castrazione di Urano, i cui testicoli furono strappati da Saturno e gettati in mare: dal seme misto a sangue che ne fuoriuscì nacque Venere, la dea della bellezza e dell'amore. Dall'"estirpazione" e dall'"annegamento" del sesso puramente genitale, fine a se stesso, scaturiscono dunque sia il sentimento autentico (che va oltre l'attrazione fisica) simboleggiato da Venere, sia la componente del *dolore* che immancabilmente pertiene ogni relazione a due.[18] La Venere bilancina perde anche quelle connotazioni materne, avvolgenti, protettive che la caratterizzavano nel Toro e nel Cancro, mentre acquisisce il significato di sentimento esclusivo nei confronti dell'"altro", inteso come partner.

Sempre alla Venere bilancina possono essere attribuiti, in modo ancor più evidente rispetto alla Venere degli altri segni, le simbologie di *senso estetico*, *charme*, *bellezza formale*, *eleganza*, *sobrietà*, *raffinatezza*, *garbo*, *savoir-faire*, *formalismo*, *schizzinosità*. È curioso inoltre osservare come la forza del simbolo venusiano, che fa parte dell'inconscio collettivo come tutti gli archetipi, si esprima anche attraverso un'usanza piuttosto diffusa: quella di celebrare i matrimoni, con maggior frequenza, proprio nel... "matrimoniale" mese di ottobre, sotto il segno della Bilancia. L'altro mese particolarmente "gettonato" per pronunciare il "sì" è maggio, anch'esso sotto il dominio di Venere, pianeta che governa il tradizionale e stanziale Toro.

Pianeta in esaltazione: Saturno; astro in caduta: Sole

Si è pensato di trattare in un unico paragrafo l'esaltazione di Saturno e la caduta del Sole, perché spiegando l'una si finisce immancabilmente per illustrare l'altra.

Con l'ingresso del Sole nel segno della Bilancia, la Natura, alle nostre latitudini, si incammina verso la stagione *fredda*, il *buio*, il *grigio*, la *spoliazione* di sé, la *ritrazione* e la *contrazione* (che deri-

[18] SICUTERI, ROBERTO, *op. cit.*, p. 153.

va da "contrarre", il cui participio è *contratto*, termine che indica anche l'accordo scritto fra le parti), entrando così in un clima saturnino che ammanterà le giornate per lunghi mesi. L'oscurità raggiungerà il proprio culmine al solstizio d'inverno, il 22 dicembre, quando l'entrata del Sole nel segno del Capricorno, governato proprio da Saturno, celebrerà l'arrivo del generale inverno. Le *calde temperature*, le *vacanze*, la *festa di luce*, la *rinascita* e l'*esplosione* della Natura, simboleggiate dal Sole esaltato nell'opposto Ariete e domiciliato nel Leone, sono ormai alle spalle, ricordi di un periodo *d'oro* per il quale si prova nostalgia e rimpianto. Nella Bilancia dunque Saturno rappresenta la meta del rigore invernale verso il quale la Natura si sta dirigendo giorno dopo giorno, mentre il Sole simboleggia il remoto punto di partenza (nell'Ariete) dal quale ha preso il via il ciclo vitale di piante, animali ed esseri umani. Sole e Saturno, nell'ottica bilancina, si trovano dunque agli antipodi, poiché il primo rappresenta il passato, il secondo è invece l'emblema del futuro e del destino segnato. Il gelido e plumbeo Saturno poi ben si attaglia a un segno che viene raffigurato da un freddo oggetto metallico, senz'anima. Chissà poi se vi sia un significato recondito nel fatto che, come aveva già notato argutamente Lisa Morpurgo, il settimo pianeta astrologico si trovi esaltato proprio nel settimo segno dello Zodiaco?

Il Sole, dal canto proprio, dal 23 settembre diventa una presenza discreta, "cade" (per l'appunto) sempre più al di sotto dell'Equatore e la sua declinazione assume il segno "meno" (o sud). Tutto il contrario di quanto accadeva nel segno dell'Ariete, dove il Sole, posto in esaltazione, cominciava la propria scalata verso la massima declinazione "più" (o nord), imponendo al mondo la propria luminosa magnificenza. In considerazione poi del fatto che nell'evoluzione della specie umana la Bilancia corrisponde al primo impatto che il singolo individuo ebbe con la necessità di riconoscere *gli altri* e i loro *diritti*, è facile comprendere come nel settimo segno l'*Io solare* sia automaticamente costretto a rinunciare in gran parte al proprio egocentrismo e al proprio istinto di dominio.

Per concludere, è interessante notare che l'esaltazione di Saturno si traduce in modo evidente anche negli *obblighi* e nello *spirito di sacrificio* che un serio rapporto a due implica. Senza contare che nel rito cattolico il matrimonio viene considerato indissolubile, quindi *eterno* (Saturno-*tempo*) e celebrato a suon di frasi saturnine come "nella buona e nella cattiva sorte" e "finché morte non vi separi": la morte, nell'immaginario collettivo, viene sempre raffigurata come uno *scheletro* (governato da Saturno) coperto da un manto nero e con una falce[19] in mano. L'espressione "finché morte non vi separi" sottolinea inoltre che il vincolo matrimoniale può essere sciolto solo dal Giudice Supremo (figura saturnina), l'unico ad avere in mano il *destino* (altra simbologia saturnina) di ogni individuo. Non solo, ma visto che Saturno rappresenta "il tempo che scorre lento", la sua esaltazione nella Bilancia potrebbe rappresentare in modo lampante anche i *tempi lunghissimi della giustizia* (che sono tali almeno in Italia).

Dal punto di vista organico, l'esaltazione di Saturno e la caduta del Sole inducono ad associare alla Bilancia la *tendenza alla cronicizzazione dei disturbi*, mentre non sembrerebbero inclinarla particolarmente verso le patologie acute e improvvise.

Pianeti in esilio: Marte e Plutone

Nel momento in cui la Natura ha bisogno di refrigerio saturnino e di quiete venusiana per recuperare le proprie forze, è meglio che il chiassoso Marte, così focoso e incline alle intemperanze, stia lontano. E con lui il torbido e superenergico Plutone, deputato all'eruzione indiscriminata delle energie terrestri profonde (che avverrà invece sei mesi più avanti, con l'avvento del segno dell'Ariete).

La simbologia di *impulsività* correlata a Marte non può inoltre armonizzare con quella bilancina di *autocontrollo*, come la giustizia che nasce dall'equilibrato mix Venere-Saturno non può essere applicata con *animosità* marziana. L'esilio di Marte è anche la causa primaria di una certa *mancanza di volontà* che caratterizza il settimo segno e che sfocia nella già citata *indecisione*, mentre l'assenza pressoché totale di *schiettezza* "made in Marte" origina la tanto celebrata *diplomazia* (o *gioco di equilibrismi ed esitazioni*, che dir si voglia) della Bilancia.

Come se non bastasse, la *selettività* bilancina e il suo *senso estetico* tutto seta, cachemire e flûte di cristallo, non potrebbero tollerare né la *rudezza* né l'esortazione al "volemose bene" che animano Marte. Allo stesso modo, il *senso della misura* e il *rispetto degli altri* caratteristici della Bilancia mal sopporterebbero certe *smanie di protagonismo* un po' eccessive, i *giochi di potere*, le *rivalità*, gli *inganni* tipici della natura plutoniana. In sintesi, l'*armonia* e il *clima di attesa*, che per volere dello Zodiaco devono regnare nella Bilancia, non possono essere disturbati da due pianeti fin troppo *vitali*, *pretenziosi* e *impazienti* come Marte e Plutone.

[19] Anche la falce è un oggetto tradizionalmente associato a Saturno, il glifo del quale (♄), se osservato alla rovescia, ricorda proprio la forma di un falcetto.

Concordanze e analogie nel corpo umano

Consolidata dunque la capacità di affrontare, organizzare e saper trarre sostentamento e sicurezza dagli aspetti concreti della vita (Vergine), eccoci pronti, come si è visto, a incontrare l'Altro da noi, il mondo, l'ambiente, i nostri simili, e a mantenere un equilibrio con esso. La Bilancia esprime infatti l'interazione ordinata fra il sé e il non sé, che sul piano fisico si manifesta nei meccanismi di salvaguardia e mantenimento dell'omeostasi. Questa consiste nell'incessante aggiustamento delle reazioni metaboliche e della composizione dei fluidi dell'organismo, volti a mantenere la perfetta efficienza anche quando le condizioni interne o esterne subiscano brusche modifiche.

Tra gli organi più direttamente interessati al mantenimento dell'omeostasi dei fluidi, troviamo quindi:

– i *reni*, che con la loro complessa struttura filtrano accuratamente e continuamente il sangue, diluendo ed eliminando attraverso l'acqua che ne viene separata molte sostanze di scarto. Entrano in gioco in modo sostanziale nel restauro dell'equilibrio acido/base dell'organismo, indispensabile a mantenere l'ambiente intra- ed extracellulare costantemente idoneo allo svolgimento delle reazioni biochimiche che vi avvengono. Inoltre, i reni contribuiscono alla regolazione della pressione sanguigna tramite il rilascio di ormoni ad azione ipertensiva o ipotensiva;

– i *surreni*, ghiandole piccole ma infinitamente importanti, appoggiate al polo superiore dei reni. I numerosi ormoni da esse elaborati sono responsabili di svariate regolazioni, estremamente complesse, che spaziano dalla pressione del sangue alle reazioni difensive e di allerta (in pratica, la risposta agli stress) fino alla produzione di ormoni sessuali. Le malattie surrenaliche, proprio perché coinvolgono l'intero organismo, sono spesso evidenziate da sintomi che compaiono molto lontano dalla loro origine;

– gli *ureteri* (i dotti che convogliano l'urina dai reni alla vescica) e la vescica urinaria.

La vicinanza anatomica dell'apparato urinario a quello genitale può talvolta spiegare il propagarsi di una patologia, per esempio infettiva, da uno all'altro. In realtà però questi due apparati sono vicini anche da un altro punto di vista, quello embriologico. Nel corso dello sviluppo e dell'organizzazione dei singoli organi, infatti, l'apparato genitale e quello urinario si vanno differenziando da una matrice comune. Fino alla comparsa delle mestruazioni o delle polluzioni, del resto, spesso le sensazioni provenienti dalle zone urogenitali vengono riferite a una struttura unitaria. Talvolta è solo dopo la maturazione sessuale – almeno nella nostra cultura – che viene avvertita la loro differente funzionalità e vengono attribuiti differenti significati emotivi e valori ai due apparati.

Anche molte tradizioni sottolineano questa comune origine: i cinesi per esempio riconoscono al rene un ruolo fondamentale per il corretto svolgersi dell'energia sessuale, mentre secondo una tradizione alchemica lo sperma è costituito da sangue che ha filtrato e perso la sua componente acquatica, urinaria.

Una caratteristica dell'apparato urinario è la dualità (due reni, due ureteri) che si fa unità (una vescica, un'uretra). Anche il sangue, filtrato dai reni, perde il suo bipolarismo acqua/fuoco (plasma/globuli rossi) per acquisire nell'ambito renale un unico aspetto, quello femminile, acquatico. L'acqua/urina propone infatti la sua appartenenza all'indistinto mondo materno originario, quello acquatico, oscuro, inconscio, informe. Ecco perché le malattie di questo apparato sono così spesso legate a una dimensione femminile.

L'aspetto e le funzioni del femminile/acqua e del maschile/fuoco vengono simboleggiati nei processi alchemici come Mercurio e Zolfo: il primo indica il principio della passività, l'infinita potenzialità delle forme, la forza centripeta (principio femminile, umido, *yin*), il secondo quello dell'attività, dell'espansione, dell'esteriorizzazione (maschile, secco, *yang*). Così, l'acqua che spegne e "fissa" in una determinata forma il fuoco è analoga all'azione alchemica del Mercurio e dello Zolfo che, congiunti, determinano una forma specifica, cristallizzata (il Sale). Se i due elementi non vengono a contatto, o se uno dei due prevale sull'altro, questa trasformazione non può aver luogo.

Trasponendo il tutto sul piano fisico, i disturbi della sfera urogenitale compaiono quando l'acqua e il fuoco, lo yin e lo yang, non possono interagire, spesso perché una componente di "fuoco", per esempio quella sessuale, non trova una collocazione adeguata. Così, con le mestruazioni si dovrebbe realizzare nell'adolescente una separazione fra il mondo arcaico della fisiologia infantile, soggetta all'influenza dell'ambiente familiare e materno in particolare, e un nuovo modo di essere, che presuppone un'identità femminile autonoma, aperta anche alla sessualità, all'incontro e all'integrazione con il maschile. La difficoltà o il timore di lasciarsi andare a questo incontro può esprimersi con l'immagine di qualcosa di "bruciante" e sofferto che interessi le zone intime, sede di pulsioni e istinti da tenere a bada.

Nelle affezioni urogenitali sono in effetti molto spesso presenti sintomi di bruciore o prurito, a testimoniare lo scontro con componenti sessuali o aggressive emergenti, che richiedono attenzione e accettazione. Il prurito e il conseguente grattamento consentirebbero quindi una sorta di autogratificazione lecita, al posto di quella illecita, suggerita dalle pulsioni stesse. Del resto, cistiti e vaginiti, rendendo doloroso o impossibile il rapporto sessuale, costituiscono anche una valida difesa inconscia da contatti problematici o troppo coinvolgenti.

Per quanto meno frequenti, analoghi significati possono riferirsi anche ai disturbi ricorrenti dell'apparato urogenitale maschile, dove si può spesso associare anche una particolare valenza aggressiva o autopunitiva. I disturbi legati alla minzione possono per esempio parlare, sia negli uomini sia nelle donne, dell'inconscio timore di un'immagine materna vissuta come inglobante e soffocante, incapace di lasciar acquisire ai suoi figli la giusta autonomia, o comunque del tentativo – regredendo a uno stadio precedente la sessualità – di sentirsi meno responsabili delle proprie scelte. Le acque, principio dell'indifferenziato e del virtuale, simboleggiano infatti la sostanza primordiale, l'utero cosmico da cui escono tutte le forme possibili e alla quale tutte ritornano per regressione o cataclisma. Spesso perciò l'apparato urinario si fa carico di esprimere conflitti legati alla formazione dell'individuo e all'identità sessuale, al desiderio conflittuale fra autonomia e indipendenza (vedi oltre, Disturbi urinari).

Mente & Corpo

La Bilancia ha dei capisaldi ai quali non rinuncerebbe mai: armonia, gusto, socievolezza, sobrietà. Questi compaiono in genere in tutte le sue espressioni, dall'abbigliamento alla tavola, dall'arredamento della casa alla scelta del partner, dalla cura dell'aspetto fisico alla gestione delle relazioni con gli altri. Detestando la volgarità, l'ingiustizia, le tensioni immotivate, è sempre pronta, con gentilezza e fermezza, a mediare i conflitti, a placare gli animi. Guai però a cercare di imbrogliarla: in quel caso, tira fuori tutta la freddezza saturnina e raggela l'avversario dimostrandogli, dall'alto della propria classe, la sua meschinità. La coppia è in genere l'ambito in cui sa esprimere al meglio le doti di sensibilità, intuito e immedesimazione. Insomma, è difficile trovarle un difetto, essendo sempre così "a posto", in ogni circostanza. La sua predisposizione a mantenere gli equilibri può però sfociare nell'indecisione, nella scarsa incisività, nell'inibizione, oppure potrebbe essere tanto interessata ai piaceri e alle comodità da passare per edonista o superficiale.

Tutte queste caratteristiche fanno rientrare il soggetto Bilancia nella tipologia mista *sanguigna/linfatica*. Si tratta quindi di un individuo sospeso tra la razionalità e l'affettività, che probabilmente avrà spesso a che fare con il conflitto di interessi fra questi. L'eccessiva idealizzazione del partner e la dipendenza affettiva da questo sono comuni forme di espressione di tale conflitto. In pratica, si attribuiscono all'altro qualità (e difetti), prerogative, poteri sul nostro stato d'animo, senza premurarci di accertare quanto noi stessi siamo responsabili di ciò che stiamo percependo e quindi interpretando del comportamento o delle intenzioni dell'altro. Succede così che, prima o poi, il partner si muoverà al di fuori dell'immagine che gli abbiamo attribuito, di quello che siamo disposti a vedere e che, in pratica, abbiamo preordinato per lui. Ne riceveremo quindi un'ovvia delusione, della quale gli attribuiremo quasi sempre la piena responsabilità. Oppure, al contrario, ci sentiremo in colpa e assolutamente impotenti di fronte al "voltafaccia" del soggetto in questione.

Un caso forse ancor più frequente di conflitto tra ragione e sentimento consiste poi nel trovarsi partner impossibili (troppo lontani, socialmente troppo in alto o in basso, già impegnati), o ancora nell'instaurare rapporti gradevoli e appaganti dal punto di vista del sostegno reciproco e delle affinità elettive, ma magari carenti dal punto di vista sessuale, e viceversa.

Un'altra difficoltà che questa tipologia può incontrare per arrivare a una piena libertà di spirito è quella di superare il desiderio di non scontentare mai nessuno. La capacità di stare nel giusto mezzo, l'arte della mediazione e del compromesso possono essere virtù straordinarie se usate con criterio e consapevolmente o, in caso contrario, rivelarsi una prigione soffocante, in cui tutte le energie vengono impiegate per tamponare, smussare, diluire e non ve ne sono a sufficienza per proseguire nell'evoluzione. La parola *decidere* contiene in sé il senso dello spezzare, del recidere: è facile che una scelta possa accontentare noi e scontentare qualcun altro, ma se a guidarci sono stati i nostri veri desideri, e non ci siamo lasciati fuorviare da falsi stimoli, alla lunga troverà comunque (quasi) tutti d'accordo.

Per eccesso e per difetto

Le patologie abbinate al segno hanno come fulcro principale il mantenimento dell'equilibrio nell'organismo e interessano quindi i reni, con la loro funzione di filtro e regolazione della pressione e dell'equilibrio salino, e i surreni, vere e proprie "bilance" ormonali, responsabili della capacità di adattamento del corpo alle variazioni esterne. Inoltre, abbiamo inserito fra le patologie attinenti al segno la cellulite (le bilancine non ce ne vogliano), non perché esse ne siano particolarmente affette ma perché la sua insorgenza e il suo mantenimento vengono fortemente influenzati da situazioni ormonali e neurovegetative che ostacolano il ricambio dei fluidi nei tessuti interessati.

Cellulite La cellulite nasce generalmente da un ristagno linfatico, che provoca l'imbibizione dei tessuti circostanti. Alla lunga, questa situazione di insufficiente drenaggio – aumentata o innescata dalla presenza di metaboliti di scarto e quindi tossici, dalla sedentarietà, dalla compressione venosa – può portare all'alterazione delle molecole connettivali e a reazioni simil-infiammatorie, che costituiscono il tentativo di limitare l'estensione del problema in atto. L'ispessimento così provocato della sostanza fondamentale del connettivo – quella sorta di morbida gelatina che tiene insieme le cellule e i tessuti connettivali – impedisce ulteriormente gli scambi nutritivi di queste zone, che diventano sempre più fibrotiche, fino a costituire, nei casi più seri, un vero e proprio pannicolo duro e non di rado anche dolente per l'irritazione delle terminazioni nervose.

L'organismo femminile può dunque "decidere" a un certo punto – molto variabile, dall'adolescenza alla menopausa – di mettersi addosso un cuscinetto antiestetico, è vero, ma funzionale a un'esigenza profonda, altrimenti inespressa, della donna: bloccare, congelare il flusso energetico che investe quelle zone così significative nell'ambito erotico. La minor sensibilità e mobilità di tali distretti, ottenuta con questo ispessimento protettivo dall'effetto anestetico, dovrebbe garantire anche il controllo o almeno l'attutimento delle pulsioni e dei desideri che hanno simbolicamente o fisiologicamente a che fare con il bacino, il ventre, le natiche, le cosce. Una sorta di rinuncia inconscia alla sessualità, al piacere, all'abbandono, per evitare i coinvolgimenti e anche le eventuali esperienze, positive e negative, a questi legate.

Anestesia affettiva, ristagno energetico, senso di inadeguatezza o di colpa: questo è insomma scritto nella cellulite delle zone a rischio. Le età del suo apparire possono poi meglio specificare il tipo di conflitto che questo inestetismo sta mascherando o cercando di tamponare. Così, per esempio, la cellulite che fa la sua precoce comparsa in ragazze con una tradizione familiare relativa a questo disturbo potrebbe testimoniare la difficoltà del nascente femminile di differenziarsi dal modello materno o matriarcale di riferimento, di sgrezzarsi per assumere una forma e una funzione nuove, originali. Più spesso questo tipo di cellulite compare, nella sua varietà edematosa o mista, non solo sul bacino, ma anche sugli arti inferiori. Le gambe rappresentano il sostegno della persona, e ciò che permette di muoversi nel mondo, di allontanarsi o di andare verso qualcosa o qualcuno, insomma di essere autonomi e autodeterminati. Tutto ciò che appesantisce le gambe va quindi in un certo senso a limitare la capacità di autonomia e svincolo dai modelli dominanti.

Un significato per certi versi simile ha la cellulite dell'età postpuberale, che si accompagna sovente a disturbi mestruali (oligomenorrea, dismenorrea), aumento ponderale, acne e problemi di pelle: segnali di un rapporto ancora problematico con la femminilità e la sessualità, che scatena conflitti e difese. Anche le aggressioni – fisiche o psichiche, esterne o interne – possono essere alla base dell'insorgenza o del mantenimento, malgrado le cure, del pannicolo che poi diventerà cellulite. Il trattenimento dei liquidi e la successiva reazione fibrotica dei tessuti, simile per molti aspetti a quella che si ha nelle infiammazioni croniche, parlano infatti di una difesa continua e protratta nei confronti di tutto ciò che è riconosciuto come tossico o pericoloso. Non si tratta però solo di sostanze chimiche o di processi fisici: ci si può dover difendere anche da situazioni, eventi traumatici, delusioni o frustrazioni, che in questo caso apparterranno soprattutto all'ambito affettivo e sessuale. Per proteggere le parti più esposte e vulnerabili il corpo, se non si interviene in modo cosciente elaborando strategie opportune per accettare e superare questi accadimenti negativi, può mimare un irrigidimento difensivo, una corazza anestetizzante che si può tradurre anche in un pannicolo di cellulite.

Per rimediare: ananas, betulla, centella, edera, ginkgo biloba, ippocastano, pungitopo; achillea, arancio amaro, cannella, finocchio, geranio, ginepro, lavanda, limone, pepe nero; Manganese, Manganese-Cobalto, Manganese-Rame, Rame-Oro-Argento, Zinco-Rame; Crab Apple, Walnut; luce arancione, verde.

Disturbi urinari: cistiti, uretriti Quando la sfera urinaria viene investita con troppa frequenza da disturbi e malattie, quasi sempre si può rilevare un rapporto problematico con il mondo materno, simboleggiato dall'acqua dei fluidi corporei, e, nel caso specifico, dall'urina. Questo non significa avere un atteggiamento "mammone" o di evidente dipendenza dalla propria madre quanto, piuttosto, la difficoltà di acquisire una forma propria e definita, autonoma e completa rispetto alle figure di riferimento. Può esservi per esempio un'inconscia paura di essere abbandonati, o di deludere fortemente le persone al cui giudizio o affetto viene attribuita un'importanza estrema per la propria sicurezza e il proprio benessere.

D'altra parte, se il problema è più spostato sull'incontro/scontro con il "fuoco" della sessualità, sul timore o sulla difficile gestione della passionalità, è facile riscontrare infiammazioni o infezioni tipicamente recidivanti (cistiti, uretriti, vaginiti). Queste da una parte segnalano che "lì" c'è un problema... scottante, dall'altra salvaguardano per esempio la donna (che statisticamente incorre con più facilità nelle infiammazioni delle basse vie urinarie) da contatti sessuali vissuti come scomodi, o da un maschile avvertito come troppo focoso, invadente o violento. Non è affatto raro che i primi rapporti sessuali della donna siano accompagnati da piccoli disturbi infiammatori, pruriti, perdite bianche, che di solito si attribuiscono a cause "tecniche" (scarsa igiene o inesperienza del partner, scarsa lubrificazione vaginale), ma che in realtà potrebbero significare un iniziale impaccio nell'accettare e nello svolgere un ruolo sessuale responsabile e maturo.

Per quanto riguarda l'uomo, la ricorrenza dei disturbi genitourinari spesso investe sia l'identità personale sia quella sessuale. Nel sesso maschile, costituzionalmente meno soggetto alle cistiti – anche per via della minor accessibilità della vescica urinaria dall'esterno –, a persistenti o ripetuti disturbi urinari, si manifesta generalmente un disagio ancor più profondo che nella donna. Tali disturbi possono infatti simboleggiare un problematico distacco dal mondo materno, e quindi una difficile differenziazione e definizione di sé e della propria autonomia. La conquista di questa autonomia è fondamentale nel percorso evolutivo di ciascun individuo, ma si rivela ancor più importante, almeno per quanto riguarda l'acquisizione di una solida identità sessuale, per l'uomo. Per lui è infatti necessario differenziarsi, integrandone e superandone i modelli, in primo luogo dalla propria matrice originaria, simboleggiata dalla figura materna e, dopo averne acquisito e accettato le caratteristiche fondamentali, anche dal maschile "convenzionale" proposto da quella paterna. Anche in questo caso non è difficile riscontrare contemporaneamente o in tempi ravvicinati infiammazioni urinarie e genitali, a significare un coinvolgimento delle tematiche dell'identità sessuale o del confronto con le proprie pulsioni (per esempio, il timore di nuocere a qualcuno nel momento in cui si vorrà manifestare la propria indipendenza affettiva o sessuale).

Non è detto che chi va incontro con frequenza a queste affezioni trascuri l'igiene intima: molto spesso, anzi, cade nell'eccesso opposto, magari perché ha sempre la sensazione che il basso ventre sia una zona di per sé poco pulita, o teme che possa emanare cattivi odori. Spesso questa paura o disgusto del proprio odore si accompagna a un atteggiamento più generale di insicurezza o vergogna in rapporto al proprio corpo e alle proprie capacità di seduzione. Un eccessivo uso di detergenti aggressivi – come di indumenti troppo attillati e comprimenti, o che non lascino traspirare la cute – crea peraltro, come è noto, un ambiente favorevole all'attecchimento di germi patogeni, normalmente tenuti a bada dalla presenza di bacilli "buoni", la cui funzione è quella di mantenere l'acidità ottimale dell'ambiente mucoso.

Per rimediare: achillea, Alnus glutinosa, bardana, Calluna vulgaris/erica, ippocastano, mirtillo, Ribes nigrum, Rosa canina, uva ursina; ginepro, lavanda, limone, rosmarino, sandalo; luce arancione, verde.

I rimedi della Natura

Per la loro collocazione e la particolare irrorazione, gli organi genito-urinari sono spesso soggetti a congestione, condizione questa che favorisce l'instaurarsi, l'estendersi o il permanere delle infiammazioni o delle infezioni. Pertanto, in vista delle terapie più specifiche, è opportuno ricorrere, specie in fase acuta, a trattamenti drenanti e decongestionanti. Inoltre, non va sottovalutata, sia nella genesi sia nella cronicizzazione degli stati infiammatori degli organi del bacino, la vicinanza con il retto e il colon, la cui funzionalità va attentamente osservata e, nel caso, corretta.

Alimentazione

L'acqua dev'essere al primo posto per i nativi del segno: è utile berne almeno un litro al giorno, possibilmente oligominerale. Per integrare i sali minerali e introdurre sostanze antiossidanti, bisognerà comprendere nella dieta *crescione*, *barbabietole*, *acetosella*, *carote*, *fragole* e soprattutto *uva*. La vitamina E, che mantiene giovani pelle e vasi sanguigni, la si trova soprattutto nel *germe di grano*, nelle *noci*, nell'*orzo*, nella *lattuga* e nell'*erba medica*.

Erbe e gemme

Il trattamento, sia locale sia generale, con le erbe medicinali è di riconosciuta efficacia nello stimolare la circolazione linfatica e sanguigna, nel drenare liquidi e tossine e nel ridurre così gli antiestetici e talora fastidiosi cuscinetti cellulitici.

Per quanto concerne cistiti e uretriti, oltre al drenaggio decongestionante, in presenza di infiammazioni urinarie è indispensabile un trattamento diuretico e antinfiammatorio. In tutti i casi, può essere di grande aiuto ripristinare una corretta flora intestinale con preparazioni a base di *fermenti lattici e sostituti della flora batterica*, e/o disinfettare con *argilla* (1 cucchiaino al giorno di argilla verde ventilata) se è presente infiammazione nel colon (colite).

Achillea Se si vuol favorire la cicatrizzazione dei tessuti urinari (*calcolosi, cistite emorragica*) si può ricorrere all'estratto fluido di questa pianta e all'*equiseto*, anche in miscela fra loro. Soprattutto per gli uomini sono inoltre indicati il *rosmarino* (estratto fluido), che stimola il rinnovamento dei tessuti di rivestimento, o la radice di *consolida*, quest'ultima sotto forma di tintura. L'*achillea* è inoltre indicata, insieme alla *borsa del pastore*, anche quando il *disturbo infiammatorio* ha una più marcata componente *genitale*.

Bardana Tra le piante in grado di svolgere efficacemente un'azione sia *diuretica* sia *antinfiammatoria* a livello delle *mucose urinarie* vi sono la *bardana*, ricca di sostanze simil-antibiotiche, l'*erica*, disinfettante e astringente, l'*uva ursina* e il *mirtillo*. Possono essere assunte sotto forma di estratto fluido o come decotto.

Betulla Le tradizioni nordiche collegano questa pianta alle ninfe acquatiche e alle energie femminili. Ottimo drenante e depurativo, è indicata sia in caso di *cellulite* e di *ritenzione idrica* sia per reintegrare sali minerali. Se ne usano le foglie come infuso (da preparare come un tè), o meglio ancora la linfa, sotto forma di macerato glicerico (vedi oltre). Si può abbinare alla *centella asiatica*, che stimola il metabolismo del tessuto sottocutaneo. La gemmoterapia consiglia cicli di 3 settimane al mese con i macerati glicerici alla 1 DH di *Linfa di Betulla*, 50 gocce al mattino, e *Juniperus communis*, 50 gocce alla sera, da accompagnare ovviamente ai trattamenti esterni, oppure alle altre erbe di questo capitolo.

Edera Il trattamento della *cellulite edematosa* può avvalersi, oltre che di una dieta appropriatamente disintossicante e del supporto dell'oligoterapia, di massaggi linfodrenanti e rassodanti da eseguire utilizzando piante dall'attività specifica. In una prima fase, occorre drenare e riattivare la circolazione con creme agli estratti di *edera* (si può far preparare dall'erborista, oppure fare "in casa" unendo a qualche cucchiaio di olio di mandorle dolci un terzo di estratto fluido di edera ed emulsionando bene il tutto), oppure riscaldanti, con polvere di *peperoncino* (capsico). Quest'ultima è bene farla preparare da una persona esperta, per evitare irritazioni, oppure si può acquistarne una già pronta, meglio se arricchita di oli essenziali quali quello di *alloro*, *cannella* o *maggiorana*; questo tipo di crema è però controindicato a chi ha problemi di fragilità capillare. Il massaggio con queste creme può essere alternato: al mattino quella riscaldante, alla sera quella con l'edera. Con quest'ultima si possono inoltre preparare efficaci cataplasmi, che si ottengono triturando foglie fresche di edera e lasciandole sobbollire per 10 minuti in poca acqua bollente. Una volta raffreddate, si strizzano e si applicano sulla parte interessata, fasciando poi con una garza o un telo. Si ricorda che il massaggio linfodrenante va eseguito essenzialmente dalla periferia verso il cuore, insistendo in particolare sulle stazioni linfatiche più importanti (caviglie, cavo popliteo, inguine, addome). Poiché è una pratica delicata, però, è il caso di affidarsi soltanto a personale competente.

Ginkgo biloba È una pianta che si può rivelare preziosa anche in caso di *cellulite dura o fibrotica*, per la sua azione sulla permeabilità capillare, preventiva dei ristagni e dell'innesco dell'infiammazione, e soprattutto per la sua attività sull'ossigenazione dei tessuti. Si può utilizzare sotto forma di estratto fluido, da unire a un olio o a una crema da massaggio.

Il massaggio in questo caso sarà necessariamente affidato a mani esperte, per evitare di aggravare la situazione infiammatoria con interventi aggressivi, anche se potrebbe essere di aiuto, in un tempo successivo, smuovere in profondità i tessuti. Lenire l'infiammazione sottostante e permettere il recupero degli scambi tessutali è l'obiettivo da perseguire. Per questo, ci si può servire di alcune piante ad azione disinfiammante, drenante, depurativa e riattivante la circolazione. Il ginkgo biloba, come già detto, svolge un'azione antiedema e drenante. A questo si può aggiungere, anche per via interna, l'*ippocastano*, protettivo dei vasi, dei quali aumenta la resistenza e quindi diminuisce la permeabilità, responsabile dell'effetto infiammazione; la *centella asiatica*, stimolante la rimozione delle scorie metaboliche dai tessuti ed elasticizzante il connettivo; il *carciofo*, regolatore del metabolismo epatico, in particolare per quanto riguarda i trigliceridi; il *boldo*, anch'esso attivo nella stimolazione della funzionalità epatica, particolarmente importante nello smaltimento dei metaboliti di scarto.

Ippocastano In caso di *infezione urinaria* dominante (*cistite*, *uretrite*), le piante più indicate per decongestionare e quindi diminuire i fattori di mantenimento dell'infiammazione sono l'*ippocasta-*

no, l'*idraste*, l'*amamelide*. La loro azione si esplica soprattutto sulla circolazione venosa.

Oltre che per via generale, può essere comunque utile intervenire anche localmente, con dei semicupi (lavaggi dei genitali esterni, sedendo in una bacinella, nel bidet o nella vasca da bagno) decongestionanti, alla cui acqua aggiungere magari oli essenziali, per esempio *lavanda* o *camomilla* (vedi Aromi).

Pungitopo Due o tre giorni dopo aver cominciato a mobilizzare con il massaggio ed eventualmente con gli esercizi fisici le parti interessate dalla *cellulite edematosa*, è bene iniziare una terapia disintossicante e drenante anche per bocca, per eliminare ciò che è stato smosso dalle altre tecniche. A questo scopo, si può utilizzare il *pungitopo* (*Ruscus aculeatus*), che svolge un'azione elettiva di drenaggio sugli arti inferiori e sul bacino, intervenendo sia sul sistema linfatico sia su quello venoso, facilitando quindi il riassorbimento dei liquidi in eccesso, eliminati poi dalla diuresi. Questa pianta si può utilizzare sotto forma di estratto fluido o come estratto secco (capsule). Inoltre, per prevenire l'insorgenza di *cellulite dura*, è utile l'assunzione di estratto del *gambo di ananas*, ricco di enzimi che "sciolgono" le proteine, svolgendo quindi un'attività antiaggregante, fluidificante e antinfiammatoria (si ricorda che è l'infiammazione che porta le fibre connettivali a organizzarsi in ammassi compatti).

Ribes nigrum Per quanto riguarda la gemmoterapia, nel caso i *disturbi urinari* siano iniziati da poco si consiglia il macerato glicerico alla 1DH di *Ribes nigrum*, alla dose di 50 gocce in un'unica somministrazione giornaliera, cui abbinare *Alnus glutinosa*, sempre 50 gocce al dì. Se invece si tratta di *affezioni recidivanti o cronicizzate*, più indicata è *Rosa canina*, 50 gocce 1-2 volte al giorno, insieme a *Calluna vulgaris*, 40 gocce 1-2 volte al giorno.

Aromi

Negli oli e nelle creme per massaggi, nell'acqua del bagno e dell'idromassaggio, nella sauna, nell'ambiente in cui ci si rilassa o lavora le essenze possono svolgere un ruolo non secondario per il trattamento fitocosmetico della cellulite e nella prevenzione e nella cura delle infiammazioni delle basse vie urinarie.

Achillea Le proprietà antinfiammatorie e stimolanti la riparazione dei tessuti di questo raro olio essenziale lo rendono particolarmente interessante nei casi di *cellulite* abbinata a *infiammazioni* e difficoltà circolatorie, e nei *disturbi ormonali* (problemi mestruali, menopausa), soprattutto nelle fasi di grandi cambiamenti e ristrutturazioni esistenziali.

Arancio amaro La sua azione tonificante e depurativa sulla pelle si rende utile anche in caso di *cellulite*, in particolare *edematosa* e *mista*, specie quando vi sia anche una sofferenza asfittica della *cute* soprastante, che si presenta allora *secca* o *finemente rugosa*, rilasciata.

Cannella Se è utile anche un'azione "riscaldante", per esempio in caso di *difetti di circolazione* (cute fredda, pallida, secca) si può usare quest'essenza, a piccole dosi e sempre diluita in un olio vegetale. Oltre alla cannella, sono indicati a questo scopo anche il *pepe nero* e lo *zenzero*.

Finocchio Regolatore dell'idratazione e della circolazione cutanea, viene utilizzato con successo anche in caso di *adipe localizzato* su fianchi, addome, cosce (tipica disposizione femminile), per la sua attività di modulazione sugli ormoni. Per questo, si può usare anche in massaggi rassodanti per il seno. Controindicato in gravidanza.

Geranio Tra le essenze più utili nella cura della pelle, è indicato anche per prevenire le *smagliature* e curare le *zone edematose*; è da utilizzare perciò in particolare in presenza di *cellulite molle*.

Ginepro Depurativa, antisettica, antitossica, buon tonico generale e circolatorio, l'essenza di ginepro può prevenire le *smagliature*, ridare tono alla pelle e *drenare* il sottocute, ma è anche un efficace *disinfettante delle vie urinarie*.

Lavanda Antisettica, stimolante il sistema nervoso e quello immunitario, la lavanda è utile in caso di *cellulite dura e dolorosa*.

Limone Una delle essenze più versatili, dalle più ampie possibilità di impiego; viene utilizzata anche nella cura della *cellulite* con buoni risultati per la sua azione disintossicante, stimolante la circolazione linfatica, antifatica.

Rosa Regina dei fiori, sacra a Venere, dall'aroma soave e inebriante, ha insospettate qualità *antinfiammatorie*, stimola le *difese immunitarie* e la circolazione ed è depurativa. Inoltre, è *antidepressiva*, *afrodisiaca* e sembra predisporre chi ne inala il profumo alla tolleranza e all'amabilità, qualità fondamentali di ogni Bilancia. Si può usare come profumazione personale e della biancheria, o in oli e creme da massaggio (vedi anche Cancro).

Rosmarino Ottimo tonico nervoso e generale, il rosmarino favorisce la circolazione sanguigna e quindi l'apporto nutritivo ai tessuti periferici, è antidolorifico e antisettico, indicato sia per la *cellulite molle* sia per quella *dura*. Inoltre, può essere impiegato nei semicupi curativi per le *infiammazioni delle basse vie urinarie*.

Sandalo Tra gli aromi più appropriati al segno, perché oltre ad avere un'azione specifica sull'apparato renale, è dotato di straordinarie qualità riequilibranti a livello psichico. L'essenza è tratta dalla parte interna, spugnosa, del fusto di un alberello che cresce dall'India alla Malesia e che è da sempre considerato emblema di saggezza e dono degli dèi.

Anzi, per la verità è soprattutto Indra – re del Cielo e degli dèi della mitologia induista che, come Zeus in Grecia, maneggia la folgore, ma anche l'arcobaleno – a farne uso. Dopo aver ucciso con il fulmine l'immenso serpente di nuvole che teneva sequestrate in sé tutte le acque, minacciando la Terra di morte e desolazione, e aver quindi fatto sgorgare nuovamente la vita, Indra si sfregò il petto con il sandalo, che gli tinse la pelle e la ghirlanda di un caldo colore dorato. Ancor oggi nei luoghi di origine del sandalo si crede che spiriti maligni e serpenti non possano entrare nell'ambiente in cui se ne avverta il profumo. Nel paradiso di Indra vi era poi un albero – forse proprio un sandalo – in grado di esaudire tutti i desideri dei devoti: dai suoi rami pendevano infatti gioielli, vestiti preziosi e quant'altro rende piacevole e lussuosa la vita (una vera cuccagna per qualunque Bilancia!). Ma il monito di questa leggenda è che chi rimane abbagliato dal loro scintillio non raggiungerà mai la vera liberazione dalla materia e si condannerà a ulteriori rinascite e sofferenze.

Aroma da meditazione, è ritenuto un eccellente riequilibratore fra l'alto e il basso, fra le spinte emozionali e l'elevazione spirituale. È perciò adatto sia a chi necessita di "stare con i piedi per terra", facendo i conti con le proprie pulsioni erotico-affettive, sia a chi voglia dedicarsi ai livelli più alti di conoscenza e armoniosa integrazione di sé. Dal punto di vista fisico, è noto come *antisettico e antispastico delle vie urinarie*, interessante quindi in caso di *cistiti* e altre affezioni, sia acute sia croniche, dell'intero apparato, e nella prevenzione delle *calcolosi renali*. È bene che sia il medico a stabilire modalità di assunzione e dosi, perché l'efficacia dell'essenza è massima nelle terapie di terreno, cioè costituzionali.

L'uso più godibile del sandalo è senz'altro quello della profumazione ambientale, che evoca le sontuosità dei palazzi orientali ma anche i templi e le ascesi dei mistici. Per ricreare queste atmosfere, basta bruciare qualche bastoncino di incenso al sandalo o qualche pezzetto del suo legno.

Oligoelementi

La terapia con gli oligoelementi, modificando la reattività individuale, costituisce un ottimo supporto anche nel caso si voglia intraprendere un trattamento anticellulite. È infatti possibile stimolare o modulare l'immunità, il drenaggio di tossine, la circolazione, la secrezione ormonale, tutti fattori sicuramente importanti nella genesi e nel mantenimento del pannicolo di cellulite.

Manganese Se interviene in giovane età o in modo brusco, è possibile inquadrare la *cellulite* nella diatesi *allergica* o del Manganese, caratterizzata da una vivace reattività generale, sia immunitaria (tendenza alle allergie, orticaria, pruriti, tachicardia, nevralgie) sia psichica (passionalità, irascibilità, aggressività, memoria selettiva). Se invece insorge lentamente o in soggetti adulti, potrebbe rientrare nella diatesi *anergica* o del *Rame-Oro-Argento*, quella in cui si riscontra una depressione di un po' tutte le attività vitali, tipica della senescenza, anche precoce, o dei grandi esaurimenti psicofisici. In entrambi i casi, le dosi dei rimedi sono di 3 alla settimana.

Manganese-Cobalto La *cellulite* di tipo "molle" o *edematosa* compare talvolta in soggetti appartenenti alla diatesi *distonica* o del Manganese-Cobalto ed è allora caratterizzata da concomitanti difetti circolatori (tendenza alle *vene varicose*, per esempio) che possono manifestarsi anche con pesantezza, formicolii o intorpidimenti alle estremità. Può essere presente la tendenza a soffrire di gonfiori addominali e dispepsie, gastrite o ulcere gastroduodenali, meteorismo, cefalea. Naturalmente, non tutti questi sintomi fisici sono necessariamente presenti contemporaneamente; è di solito più agevole diagnosticare questa diatesi mediante i sintomi psichici. Questi possono spaziare dall'irritabilità al nervosismo, fino all'angoscia, allo scoraggiamento, alla depressione. Se invece la cellulite compare in soggetti tendenti all'obesità e all'accumulo di tossine, all'astenia che peggiora nel corso della giornata, alle infezioni genito-urinarie e alle affezioni cutanee recidivanti – mentre, sul versante psichico, è presente difficoltà di concentrazione, lentezza nell'esposizione del pensiero e nell'eloquio, pessimismo, introversione –, siamo nella diatesi *ipostenica* o del *Manganese-Rame*.

In entrambi i casi, i rimedi vanno assunti nella quantità di 3 dosi alla settimana. Se sono concomitanti lievi disturbi della sfera endocrina (mestruazioni difficili o distanziate, cronica diminuzione del desiderio sessuale, metabolismo rallentato) si può associare al rimedio di base la combinazione *Zinco-Rame*, 2-3 dosi alla settimana.

Per quanto riguarda la comparsa di *disturbi urinari*, troviamo fra le caratteristiche psicofisiche della diatesi distonica un'astenia diffusa, iperemotività, sintomi d'ansia e di depressione ansiosa, tendenza all'insonnia o all'ipersonnia, disturbi della memoria e dell'umore, fobie. Sono inoltre spesso presenti ipercolesterolemia, ipertensione arteriosa, sensazione di pesantezza alle gambe, diminuzione delle difese immunitarie. Tra i sintomi genito-urinari, si riscontrano amenorrea o mestruazioni abbondanti, fibromatosi uterina, prostatismo, tendenza alla formazione di calcoli urinari, impotenza erettiva accompagnata da sindrome ansiosa o disturbi circolatori. Anche in questo caso l'associazione *Manganese-Cobalto* va assunta in genere a giorni alterni, 1 dose al mattino a digiuno. La terapia va proseguita per alcuni mesi, di solito a cicli di 3 settimane al mese, quando si tratta di disturbi cronici o recidivanti.

In molti casi (*disturbi della prostata*, *annessiti*), dove si può ipotizzare o provare un interessamento delle ghiandole endocrine, è utile abbinare al rimedio diatesico l'associazione *Zinco-Rame*, stimolante la funzionalità ipofisaria. In caso di concomitante lieve disfunzione tiroidea, invece, può venire impiegato lo Iodio.

Manganese-Rame Le diatesi (predisposizioni ad ammalare) che più di frequente vanno incontro a *disturbi* dell'area *urogenitale* sono quella *ipostenica* o *infettiva* e quella *distonica* (vedi sopra).

La prima, che viene compensata dall'assunzione dell'associazione Manganese-Rame, è caratterizzata da una particolare sensibilità alle infezioni e allo sforzo psicofisico. I soggetti che rientrano in questa diatesi tendono a manifestare determinate caratteristiche: natura generalmente calma e riflessiva, astenia crescente nel corso della giornata, freddolosità, difficoltà di concentrazione, disattenzione, svogliatezza, pessimismo. Sul versante corporeo, sono frequenti le infezioni croniche o recidivanti, che a livello dell'apparato genito-urinario si manifestano soprattutto sotto forma di *cistiti*, *uretriti*, *herpes genitale*. Possono inoltre essere presenti *amenorrea*, *dismenorrea* con mestruazioni brevi o ravvicinate. L'assunzione del rimedio diatesico è in media di 1 dose al mattino a digiuno, a giorni alterni. Il trattamento andrà proseguito fino alla scomparsa dei disturbi infettivi; in caso di cure preventive, sarà utile procedere per almeno 3 mesi (ovviamente, a discrezione del medico).

Fiori di Bach

Ovviamente, i rimedi floreali non hanno un'influenza specifica sulle affezioni di cui stiamo parlando ma, ripristinando uno stato d'animo equilibrato, possono sostenere le altre terapie e aiutare l'organismo a recuperare le proprie facoltà di autocura.

Cherry Plum Se la manifestazione del disturbo, in particolare quando si tratti di un'*infezione*, ha un andamento "esplosivo", può essere indicato questo rimedio, adatto in tutte le manifestazioni, psichiche o somatiche, di un'energia a lungo trattenuta e compressa che deve trovare una via di sfogo, seppure caotica.

Chestnut Bud Indicato alle persone che stentano a trarre profitto dalle esperienze o dagli errori passati. Questa loro caratteristica si ritrova in un certo senso anche a livello fisico, manifestandosi per esempio in infezioni ricorrenti, come se anche il sistema immunitario non avesse imparato, sulla base delle attivazioni precedenti, a difendersi in modo efficace. A livello sintomatico, quindi, questo rimedio è comunque utile per ogni *malattia urogenitale recidivante*.

Crab Apple Sensazione di disgusto, sporco, fastidio legato alle zone intime, alle funzioni fisiologiche, alla forma e agli odori del proprio corpo possono essere i sintomi indicativi di uno stato che necessita di questo fiore. Il rimedio è adatto anche nei casi in cui sia presente un'eccessiva attenzione alla pulizia e alla disinfezione nel corso della malattia, o quando il timore di un contagio renda difficile la vita di relazione o quando, ancora, vi è imbarazzo per qualcosa che riguarda l'aspetto estetico (per esempio, la *cellulite*).

Heather *Disturbi urinari* che insorgano con particolare frequenza, caratterizzando in modo significativo lo stile esistenziale del soggetto, sono spesso concomitanti a uno stato Heather negativo. Questo si connota per esempio con la mancanza di una salda definizione della propria personalità, e quindi con la aperta ricerca dell'appoggio e della dipendenza da figure significative, specie di stampo materno. L'ambivalenza che spesso accompagna questo atteggiamento (da un lato, si è dipendenti da qualcuno e non si riesce a farne a meno, dall'altro si è carichi di aggressività verso l'oggetto di questa dipendenza) si può esprimere proprio con l'acuirsi della sintomatologia (fase di aggressività) o con la sua momentanea attenuazione (dipendenza accettata).

Walnut Più sensibile di quanto vorrebbe alle interferenze dell'ambiente esterno – il che può instillargli insicurezza e indecisione –, fatica a "tagliare" con quello che deve lasciarsi alle spalle, specie quando è in corso un mutamento ambientale o interiore: oltre che un problema comune tra i Bilancia, questa è anche la definizione di chi ha bisogno di questo fiore, che rafforza la personalità nei momenti di cambiamento. Può essere utile l'abbinamento con *Cerato*, per recuperare l'intuito e la fiducia nella propria opinione e nel proprio gusto.

Cromoterapia

Arancione L'applicazione della luce di questo colore viene spesso utilizzata nel trattamento di alcuni *disturbi renali* e le si attribuisce addirittura la capacità di facilitare l'eliminazione di piccoli *calcoli*. Per completare l'effetto, si possono mangiare anche cibi di colore o irradiazione arancione (carote, albicocche, pesche, zucche, meloni, manghi, cachi, uva, latticini). Il trattamento con la luce arancione è però sconsigliato a chi soffre di ipertiroidismo. Per un maggiore effetto *antinfiammatorio sull'apparato renale* si può ricorrere, questa volta senza particolari controindicazioni, alla luce *verde*, da irradiare sull'ombelico e sulla zona lombare. Gli stessi colori sono indicati anche nel trattamento di molte forme di *cellulite*.

SCORPIONE

(23 ottobre-22 novembre)

Autunno: atto secondo

Scorpione: espressione del verbo *rigenerare*. Tra la fine di ottobre e la fine di novembre la terra continua a riposare, con la garbata complicità del sole, che diventa sempre meno luminoso, mentre le protettive tenebre della notte ammantano il paesaggio ogni giorno più a lungo. Le mani esperte del contadino spargono intanto sui campi i semi che daranno origine alla nuova vita nei mesi a venire: è giunto il tempo dello Scorpione, ponte gettato fra le sponde della *dissoluzione* e quelle della *rigenerazione*, fra la *vita* e la *morte*, fra la morte e la *rinascita*.

Lo Scorpione e il principio di trasformazione

Se le leggi dello Zodiaco assegnavano alla Bilancia il compito di aprire la strada all'autunno e di condurre la Natura verso i rigori invernali (per via del freddo Saturno in esaltazione), allo Scorpione viene invece impartito l'ordine di *distruggere* le residue forme di vita vegetale ancora presenti sulla terra (le foglie che ingialliscono e cadono dall'albero, per esempio) e di renderle comunque *materia viva*, *nutrimento*, *sostegno*, *concime* per la Natura che si incammina verso la propria rinascita.

Lo Scorpione è dunque l'emblema supremo del *principio di trasformazione*, grazie al quale il materiale povero, di *rifiuto*, "morto", diventa preziosissimo, addirittura indispensabile al proseguimento della vita stessa. Sui campi infatti i contadini spargono il *letame*, prodotto di *scarto* che vivifica le zolle e permette al seme di nutrirsi e svilupparsi. Ma una volta affondato nel terreno, il seme deve *distruggere* se stesso, *putrefarsi*, accettare l'immolazione: solo così potranno spuntare le radici del futuro virgulto. Insomma, il messaggio della Natura sembra piuttosto chiaro: affinché la vita sbocci, è necessario che prima sia "lasciata libertà d'azione" alla morte. Lo Scorpione si fa portavoce di questo messaggio e lo inserisce nell'infinito reticolato di informazioni contenuto nello Zodiaco. Allo stesso input non si sottrae neanche la vita umana, visto che fin dall'attimo che segue l'avvenuto concepimento milioni di spermatozoi ancora vivi subiscono lo sterminio. E sempre in riferimento a questo "rapporto di collaborazione" fra la morte e la vita, non si può non notare che le foglie ingiallite cui si è fatto cenno, non solo imputridiscono e danno nutrimento alla terra stessa, ma prima ancora la difendono dal gelo, formando una coltre protettiva che impedisce alle radici delle piante in letargo e al seme stesso di essere bruciati dal freddo. Tutto quanto esposto finora indurrebbe a ipotizzare che la *morte* non sia affatto lo stadio finale dell'esistenza, bensì una delle sue tappe intermedie. Anche perché lo Zodiaco associa la morte all'ottavo segno e non al dodicesimo e ultimo: ciò sembra dunque significare che dopo la morte vi sono probabilmente altre quattro tappe, attraverso le quali l'anima deve passare prima di approdare a una successiva incarnazione. Ed ecco che il cerchio si chiude: dopo la morte si torna a rinascere, ma a un livello evolutivo superiore, secondo un movimento spiraliforme.

Il serpente, simbolo scorpionico per eccellenza

Tale movimento riporta alla mente il *serpente* che si morde la coda e che evoca la visione di un andamento circolare del tempo e della vita stessa. Il serpente è anche uno degli animali associati al segno dello Scorpione, in quanto animale che racchiude simbolicamente in sé il connubio vita-morte. I caldei,[20] infatti, avevano un unico vocabolo per indicare "vita" e "serpente", mentre gli arabi traducono la parola "serpente" con il termine *alhayyah* e "vita" con *al-hayat*. Il serpente è inoltre l'emblema dell'istintualità profonda dell'uomo, del nucleo creativo individuale dal quale si irradiano le energie vitali che vengono espresse in idee, azioni, sentimenti e manifestazioni dell'ingegno. Il fatto poi che il serpente appartenga alla famiglia dei rettili, i primi dominatori del mondo nell'era prei-

[20] CHEVALIER, JEAN e GHEERBRANDT, ALAIN, *op. cit.*, vol. II, p. 359.

storica, crea una sorta di gioco degli opposti fra l'uomo, che è il "prodotto finito" dell'evoluzione, e il serpente stesso, "materia prima" e punto di partenza della vita incarnata. Ecco allora ritornare alla mente ciò che Jung affermava a proposito di Plutone (pianeta governatore dello Scorpione): "esso rappresenta la coda del sauro che tutti ci portiamo ancora dietro". Lo Scorpione esprime dunque le *pulsioni aggressive*, l'ancestrale matrice *animalesca* di ogni uomo, la sua *libido* sommersa e creativa dalla quale nascono anche le *tentazioni* (il serpente biblico dell'Eden ne è una raffigurazione simbolica).

Ulteriori rimandi etologici

Nel mondo animale si possono osservare alcuni comportamenti particolari, che rendono ancor più evidente la simbiosi fra vita e morte e fra rifiuti e sopravvivenza. Gli *escrementi* degli animali erbivori, per esempio, diffondono su ampie zone del territorio i semi precedentemente ingeriti dagli animali stessi, consentendo così la nascita di nuovi germogli anche in aree piuttosto lontane dalla pianta brucata. Si prenda poi l'esempio dello scarabeo stercorario, che si ciba solo degli escrementi che trova in giro e che arrotola in palle per farne scorta in vista dell'inverno: anche in questo caso il prodotto di rifiuto viene rigenerato e trasformato in forza vitale. Lo stesso discorso vale per gli animali cosiddetti *spazzini* (anch'essi riconducibili per assonanza simbolica al segno dello Scorpione), i quali svolgono un ruolo determinante per mantenere inalterato l'ecosistema della savana: avvoltoi, iene, sciacalli, formiche, marabù contribuiscono a mantenere pulito il territorio cibandosi delle carcasse degli animali morti, che se venissero lasciate per lungo tempo sotto il torrido sole equatoriale ammorberebbero l'aria e darebbero luogo a epidemie mortali. La morte diventa dunque cibo che evita ulteriore morte.

Il mondo finanziario dello Scorpione

Vale la pena ricordare che nell'immaginario collettivo e nelle credenze popolari gli escrementi sono comunque associati alla *ricchezza* e alla *fortuna*: si dice infatti che calpestarli accidentalmente "porta buono" e che sognarli è presagio di un periodo di abbondanza (anche economica). Non a caso, lo Scorpione governa anche i *soldi liquidi*, ancor di più quelli cosiddetti "sporchi", ovvero guadagnati "in nero" (il nero è il colore associato per eccellenza a questo segno) o provenienti da *traffici illeciti* (quest'ultima simbologia appartiene comunque agli aspetti più involuti del segno). Lo Scorpione simboleggia inoltre il *potere occulto*, la *politica*, il *fisco*, le *banche*, le *finanziarie* e i soldi che giungono dalla morte di una persona, ovvero le *eredità* e i *lasciti*. È poi ferma convinzione di chi scrive che anche il Vaticano sia simbolicamente governato dallo Scorpione.

Le valenze dello Scorpione nella Pasqua

Il discorso condurrebbe lontano, ma per quanto riguarda il concetto scorpionico secondo il quale dalla morte scaturisce la vita, è opportuno riferire un ultimo aggancio simbolico con la dottrina cristiana, che nel *sacrificio pasquale* celebra la morte di Gesù quale tappa necessaria al conseguimento della vita eterna da parte dell'intera umanità (nel rito eucaristico, si "mangia" il corpo di Cristo e si ottiene l'immortalità dell'anima, come recita la formula: "Chi mangia di questo pane e beve di questo vino vivrà in eterno").

Dal buio delle tenebre alla luce del sole

Quando però lo Scorpione supera lo stadio della *sotterraneità*, della *visione tenebrosa* del mondo (che richiama l'ambiente buio nel quale vive il venefico animaletto emblema del segno), esso assume le valenze dell'*aquila*, che può essere considerata il "leone dei cieli", visto che tale rapace non ha predatori naturali e merita a buon diritto l'onorificenza di "regina dei rapaci". L'aquila guarda il sole e, unico fra gli esseri viventi, non ne rimane accecata; vola in alto, verso le vette, i cieli infiniti, si eleva in tutta la propria maestosità e dall'alto domina il mondo. In varie culture antiche l'aquila veniva considerata non solo l'emblema degli stadi spirituali superiori e angelici, ma anche la rappresentazione simbolica del sole stesso, quindi della vita, della luce, del calore. Ecco allora che in questa metamorfosi evolutiva dell'essenza scorpionica il *potere occulto* (non sempre esercitato per fini nobili), del segno si trasforma in *potere carismatico*. Si potrebbe dunque affermare che il serpente – con tutto il proprio carico di veleno e aggressività – sia il punto di partenza del percorso di crescita dello Scorpione, e l'aquila-*sole* il suo punto d'arrivo.

L'estate di san Martino

E a proposito delle equazioni *morte = vita*, *vita = sole*, *sole = estate*, è interessante notare che proprio sotto lo Scorpione si celebra la fugace estate di san Martino, quasi una sorta di promemoria da parte della tradizione popolare (che affonda le proprie radici nelle simbologie zodiacali) in merito all'aspetto "luminoso", "vivificante", "energizzante" di questo periodo dell'anno. L'anelito scorpionico alla gioia e alla vita è riscontrabile anche in una specifica usanza contadina, ovvero quella di assaggiare il vino novello proprio nel giorno di san Martino (11 novembre). Questo rito si è ormai trasformato in un appuntamento mondano e commerciale, che si accompagna a un altro evento stagionale altrettanto atteso: il lancio dei calendari sexy di fine anno, che scorpionici anch'essi sono...

Lo Scorpione e il Meridione d'Italia

Lisa Morpurgo individuò strette analogie fra lo Scorpione e certe caratteristiche temperamentali della gente dell'Italia del Sud: l'ardore, la passione, il temperamento sanguigno, la gelosia che nei secoli ha causato migliaia di cosiddetti "delitti d'onore", per lungo tempo non perseguibili dalla legge. La compianta studiosa aveva poi tracciato dei parallelismi fra la criminalità organizzata e lo Scorpione di tipo involuto, tutto il contrario di quello evoluto che mette onestà e rispettabilità al primo posto nella propria classifica dei valori. Allo Scorpione involuto si possono attribuire anche le simbologie di *vendetta*, *tradimento*, *faida*, *tormento interiore* (si dice infatti che spesso i nativi di questo segno vivono come se avessero nella pancia "un nido di serpenti"), *veleno* (in francese, infatti, questo segno viene per l'appunto chiamato *Poison*). Allo Scorpione evoluto appartengono invece le simbologie di *maturazione spirituale*, *combattività costruttiva*, *compassione*, *desiderio di aiutare gli altri* (molti psicologi e psicoanalisti appartengono infatti a questo segno). Lo Scorpione rappresenta inoltre il regno dell'*erotismo profondo*, che può indirizzarsi sia verso *un robusto, ma sano, appetito sessuale* sia, di contro, verso le *perversioni* vere e proprie. All'ottavo segno appartiene poi il significato di *segreto*, che emerge in modo evidente anche da alcuni modi di dire dalle sfumature squisitamente scorpioniche: "Sarò muto come una tomba", "Non parlerò neanche sotto tortura", "silenzio di tomba".

Nomadismo, occultismo, oscurantismo

Il concetto di stanzialità, che pertiene l'opposto segno del Toro, non fa parte del connettivo simbolico dello Scorpione, al quale si ricollegano invece i *popoli nomadi*, *i curdi*, *gli ebrei*. Lo Scorpione simboleggia inoltre la professione di *regista*, che permette a chi la svolge di dirigere il destino dei personaggi da "dietro la macchina da presa" o da "dietro le quinte", in modo *nascosto*, anche se tangibile e presente. Agganciata a tale simbologia si riscontra anche quella di *mondo dell'occulto*, per il quale molti nativi di questo segno nutrono un'accesa passione.

Il periodo storico simboleggiato in modo piuttosto evidente dallo Scorpione è il Medioevo, nei suoi aspetti più tenebrosi: l'Inquisizione, i veleni, la peste, lo scisma papale, le guerre e i saccheggi. Curioso notare che in inglese la parola Medioevo si traduce con l'espressione "*The dark ages*" ("l'era oscura", come "oscuro" è lo Scorpione).

Dallo Zodiaco ai Tarocchi

Nei Tarocchi, la lama riconducibile al segno è la numero tredici, La Morte, che molti chiamano "la carta senza nome", forse per timore di pronunciarne il vero nome. Ma questa carta celebra le nozze scorpioniche fra la *morte* e la *vita*, fra la *destrutturazione delle abitudini del passato* e il conseguente *passaggio a un piano evolutivo superiore*, fra la *crisi* e il suo *superamento*. In sintesi, sotto la spinta propulsiva dello Scorpione, citando Pina Gianquinto Puggioni: "Ogni fase, al suo compimento, lascia il dono di nuovi semi, che traggono linfa e forza dal marcire dei frutti precedenti. Ogni fase si apre e si chiude col messaggio celeste che le è proprio, e passa il testimone alla successiva con un simbolo svelato, l'Archetipo affiorato alla superficie, l'Idea incarnata nella fisicità dell'esperienza concreta...".[21]

Identificazione zodiacale

Dal punto di vista strettamente astrologico, lo Scorpione si configura come un segno *fisso*, di genere *femminile*, appartenente al-

[21] Gianquinto Puggioni, Pina, *Transiti di fine millennio: segnali celesti dai grandi segni del cielo*, relazione agli Atti del II Congresso della Delegazione lombarda del Centro italiano di astrologia, 28-29 novembre 1998.

l'elemento *Acqua*. Il fatto tuttavia che lo Zodiaco "battezzi" come femminile lo Scorpione e poi gli assegni il dominio di due pianeti ipermaschili come Marte e Plutone provoca un'antitesi, una dicotomia, un disagio lacerante in questo segno, che si sente maschio, ma deve "comportarsi" da femmina. La manifestazione più evidente di tale malessere è quell'aggressività (caratteristica maschile di Marte e Plutone) così incontrollata e talvolta isterica (dunque femminilizzata, come vuole l'Acqua) con la quale il nativo reagisce fin troppo spesso alle situazioni e alle persone. L'Acqua dello Scorpione è però molto diversa da quella del Cancro, riconducibile alla fonte e al ruscelletto di montagna, così com'è differente dalle mobili masse oceaniche correlate all'Acqua dei Pesci. Essa è piuttosto un'Acqua "fissa" (come il segno stesso), stagnante, paludosa, fangosa, fermentante. Tale acqua ben esprime, per analogia, la personalità e gli stati d'animo prevalenti di chi nasce sotto lo Scorpione o di chi nell'ottavo segno ha l'Ascendente o un numero significativo di pianeti: queste persone sono infatti preda di frequenti tumulti interiori, agitazioni sotterranee e pensieri oscuri. Comunque sia, in virtù del fatto che l'oroscopo di nascita di ogni individuo si erige sull'intero Zodiaco, che contempla tutti e dodici i segni, lo Scorpione è pur sempre presente nel tema natale, nella personalità e nel destino di ognuno: la casa o le case che occupano l'ottavo segno rappresentano gli ambiti nei quali la persona si esprime e vive "da Scorpione".

I pianeti dello Scorpione

Primo pianeta governatore: Plutone

Prima della scoperta di Plutone, la tradizione astrologica poneva Marte come unico pianeta domiciliato nello Scorpione. Un'approfondita serie di osservazioni e di studi indusse però gli studiosi a ritenere che l'ultimo pianeta dello Zodiaco presentava fortissime affinità con l'ottavo segno, ancor più evidenti di quelle che si riscontravano in Marte. A tale proposito, è importante mettere subito in risalto alcuni tratti che la mitologia attribuisce all'oscura divinità dalla quale il pianeta ha preso il nome. Narra la leggenda che Plutone era il sovrano degli Inferi, posti nelle fiammeggianti viscere della Terra. Nel proprio regno egli accoglieva le anime dei morti e dal basso del proprio trono le sottoponeva a crudeli verdetti senza appello, assistito da Minosse e da una serie interminabile di demoni. Questa immagine così tetra e inquietante riconduce il Plutone astrologico alle *profondità dell'inconscio*, alla *parte più oscura e infernale della personalità*, alle *pulsioni distruttive e autodistruttive* di ognuno. Il fatto poi che Plutone sia stato, per certi versi, il primo sequestratore della Storia (si rammenti il ratto di Proserpina) induce ad associare il pianeta ai *rapimenti* e alla *criminalità organizzata in generale*. Da notare inoltre che in Italia il gruppo di delinquenti specializzato nei rapimenti viene chiamato *anonima sequestri*: ciò potrebbe ricollegarsi simbolicamente a un tratto specifico di Plutone, il quale, sempre secondo il racconto mitologico, era solito indossare una pelle di cane che lo rendeva invisibile, irriconoscibile e dunque *anonimo*. Non solo, ma Plutone sembra simboleggiare anche un'antica e ormai scomparsa usanza meridionale: quella del "rapimento" di una fanciulla, perpetrato allo scopo di "disonorarla" e costringere poi la sua famiglia ad accettare le "nozze riparatrici". Si dice comunque che in diverse occasioni le ragazze fossero totalmente complici dei propri rapitori... In questa particolare consuetudine popolare risulta evidente la commistione di diverse simbologie plutoniane: oltre a quella già citata di "sequestro", si riscontrano anche quella di *sessualità nascosta*, *manovra occulta*, *compromesso* (il matrimonio riparatore). Considerato inoltre che il ratto di Proserpina a opera dello spietato Plutone spinse la disperata Cerere (madre della fanciulla e dea delle messi) a negare per molto tempo alla terra la propria forza fecondante (i campi e gli alberi inaridirono), sarebbe interessante effettuare una ricerca sulle posizioni occupate nello Zodiaco dal pianeta Plutone nei periodi delle carestie.

Fra le lame dei Tarocchi, Plutone può essere identificato con la carta numero quindici, Il Diavolo, anche per gli ovvi riferimenti al mito sopra riportato. È curioso fra l'altro notare come anche Giovanni Paolo II ebbe occasione di affermare che "la grande abilità del Demonio è quella di far credere alla gente che non esiste": come non riscontrare in questa affermazione l'affioramento prepotente del simbolo plutoniano, il richiamo, per quanto sicuramente involontario, al Plutone mitologico che indossa il manto del cane e inganna la vista di tutti diventando invisibile, inesistente?

Plutone è inoltre il pianeta delle *ricchezze*, non solo materiali, ma anche morali. Esso rappresenta infatti il *petrolio* (l'*oro nero*, così come nero è il colore associato al pianeta e allo Scorpione), fonte preziosissima di energia concentrata in massima parte nei giacimenti dei *paesi mediorientali* (non a caso governati proprio dal segno dello Scorpione). Il petrolio, è noto, deriva dalla *putrefazione plurimillenaria* di organismi viventi e ha fatto nel corso dei secoli la fortuna di milioni di persone, sebbene sia anche stato la causa primaria di guerre e crisi economiche mondiali. Sconfinando nella metafora, Plutone rappresenta i pozzi di petrolio che giacciono dentro ogni individuo, le *energie più preziose e profonde*, gli *zampilli inarrestabili della creatività* e della *forza rigeneratrice* che permettono all'uomo di superare i momenti di *crisi* e ne *arricchiscono* il bagaglio di esperienze. Plutone può dare tanto la *morte* (intesa come fine irreversibile di una determinata situazione), quanto la *vita*, nel suo significato di rinascita. È la *pelle vecchia* del serpente che viene lasciata al suolo, è l'*eliminazione delle scorie* finalizzata al raggiungimento della purificazione. Curiosamente, il trinomio plutoniano *ricchezza-distruzione-rinascita* si è manifestato in modo concreto sul piano collettivo proprio quando nel 2002, con la definitiva messa in circolazione dell'euro, le vecchie banconote degli stati che hanno aderito all'Unione europea verranno distrutte e utilizzate come *concime*...

Occorre inoltre ricordare che il pianeta simboleggia i *rifiuti*, le *cloache*, le *condutture fognarie* e la *sporcizia* in generale. Il fatto poi che Plutone rappresenti tutto ciò che è nascosto e invisibile ricollega il pianeta alla *bugia*, alla *menzogna*, all'*impostura* e all'*intrigo* vero e proprio. A questo proposito, è curioso osservare come il piccolo astro lontano sia riuscito a ingannare anche gli scienziati: quando essi scoprirono l'*atomo*, associato simbolicamente, dopo qualche tempo, proprio a Plutone, lo battezzarono con un nome che significa "indivisibile" (dal greco *atomos*). Il XX secolo, lo stesso della scoperta di Plutone, ha dimostrato con la Seconda guerra mondiale quanto tale nome fosse molto poco appropriato...

Dal punto di vista biologico, Plutone governa i *testicoli*, gli *spermatozoi*, i *caratteri genetici che determinano il sesso maschile*. Anche i *virus* sono rappresentati dal pianeta. Dal punto di vista astronomico, Plutone compie un giro completo dello Zodiaco in circa duecentocinquant'anni, fermandosi in ogni segno per periodi molto variabili, i cui estremi sono rappresentati dai circa trent'anni di permanenza nei Gemelli e dai tredici nel Sagittario.

Secondo governatore del segno: Marte

Se Plutone esprime la componente oscura dell'ottavo segno, Marte ne rappresenta l'aspetto-Orione, *aggressivo* e *brutale*, la *passionalità accesa*, la *genitalità violenta* (Marte governa infatti gli organi erettili e il pene in particolare). E a proposito di pene, è noto a tutti che quando una persona è arrabbiatissima, preda dell'ira, furiosa e senza autocontrollo (tutti tratti marziani) la si definisce, volgarmente parlando, una persona "incazzata". Ebbene, in virtù della più comune volgarizzazione del termine "pene", dire "incazzato" o dire "in-martato" è praticamente la stessa cosa: ancora una volta risulta evidente come un modo di dire popolare confermi e accentui la validità di un'attribuzione astrologica. Anzi, forse un'espressione ancor più strettamente connessa al Marte scorpionico è quella di *incazzato nero.*

Nei suoi aspetti evolutivi Marte rappresenta tuttavia anche la forza di volontà, la combattività e l'aggressività costruttiva che costituiscono il prezioso propellente con il quale lo Scorpione affronta e supera le proprie crisi.

Dal punto di vista patologico, Marte simboleggia le *infiammazioni*, le *irritazioni*, gli *arrossamenti*, i *processi ipertermici.* Sul piano biologico è l'emblema del *testosterone* e di tutto il *patrimonio degli ormoni maschili* (insieme a Plutone).

Di Marte si è già trattato nei capitoli riservati all'Ariete e al Cancro e se ne parlerà ancora in quello dedicato al Capricorno.

Pianeta in esaltazione: Mercurio

Questa esaltazione rispecchia, sul piano astrologico, una delle caratteristiche più spiccate della personalità dello Scorpione: il *senso dell'umorismo.* Come si è già riferito soprattutto nel capitolo dedicato ai Gemelli, Mercurio rappresenta l'*ironia*, la *battuta di spirito*, la *barzelletta*, la *freddura*, che anche se nell'ottica scorpionica sconfinano talvolta nel macabro, nel paradossale, nel provocatorio o addirittura nel canzonatorio, rimangono comunque tratti caratteriali che alleggeriscono la cupezza plutoniana e l'aggressività marziana. Non solo, ma il fatto che le leggi dello Zodiaco stabiliscano che Mercurio-*intelligenza* debba trovare la propria posizione di massima potenza proprio nell'ottavo segno, porta a concludere che lo Scorpione sia il segno più arguto. Non per niente, di una persona particolarmente perspicace si dice che è "intelligente come un'aquila" (guarda caso, proprio l'animale che rappresenta lo Scorpione). E rimanendo in tema di animali, un'antica credenza ritiene lo scarabeo (che costituisce uno degli emblemi scorpionici) il simbolo dei fratelli gemelli, poiché l'animaletto in questione possiede otto zampe, tante quanti gli arti di due persone. Pronunciare la parola gemelli, non può non far pensare subito al segno zodiacale omonimo, il quale è governato proprio da Mercurio. Insomma, anche lo scarabeo sembrerebbe sancire la stretta parentela esistente fra lo Scorpione e i Gemelli, segni nei quali si evidenzia oltretutto uno scambio interessante di pianeti in esaltazione: Plutone, governatore dello Scorpione, si trova infatti esaltato nei Gemelli, mentre Mercurio, domiciliato nei Gemelli, si trova esaltato nello Scorpione. Anche la mitologia mette in risalto il fattivo rapporto di collaborazione che si instaura fra Plutone e Mercurio, ovvero fra zio e nipote, il primo (fratello di Giove) nel ruolo di sovrano degli Inferi, il secondo (figlio di Giove) con il compito di accompagnatore delle anime che discendevano nell'Averno.

Mercurio è inoltre il pianeta delle *facoltà critiche*, che nell'ottavo segno diventano critiche *pungenti*.

Alla luce di quanto esposto fin qui, esisterebbero in teoria tre tipologie di Scorpione: il tetro plutoniano, l'aggressivo marziano e l'ironico mercuriale. Tanto per citare alcuni esempi di quest'ultima tipologia, ricordiamo tre attori Scorpione che hanno fatto della propria mercuriale simpatia una componente del proprio successo: Anna Marchesini, Monica Vitti e Roberto Benigni. Fra l'altro, è curioso notare come tutti e tre gli attori si siano prima o poi confrontati con ruoli tipicamente scorpionici: Anna Marchesini, dopo una lunga assenza, nel 1998 ritorna sul piccolo schermo con il personaggio della *sessuologa* (Scorpione-*sesso*) Merope Generosa; Monica Vitti agli inizi della propria carriera interpreta una serie di film di Michelangelo Antonioni, regista dell'*incomunicabilità* (Scorpione-*silenzio*), ma poi dà una svolta radicalissima con il ruolo di Assunta Patanè nel film *La ragazza con la pistola*, basato su una serie di evidentissime situazioni scorpioniche: il *rapimento*, il *disonore*, il *desiderio di vendetta* tramite il *delitto d'onore* (che poi non verrà commesso). Il tutto, in chiave tipicamente mercuriale, poiché il film presentava le vicende della ragazza siciliana (Scorpione-*Suditalia*) in chiave umoristica e satirica. Nel caso di Benigni, poi, si assiste a un vero trionfo di simbologie a marca scorpionica, basti pensare ai film da lui diretti e interpretati (non si dimentichi la simbologia di *regia* associata allo Scorpione): *Il piccolo diavolo*, *Il mostro*, *Johnny Stecchino* (ambientato nel mondo della *mafia*), fino ad arrivare al toccante *La vita è bella*, imperniato sulla Shoah, anche se poi il fulcro della storia è soprattutto il delicatissimo rapporto d'amore fra padre e figlio.

Tuttavia, è molto raro (per lo Scorpione come per qualsiasi altro segno) trovare personalità così nettamente distinte: è più corretto affermare, invece, che le componenti planetarie si amalgamano fra loro dando vita all'impalcatura psicologica "standard" del segno. Anche se in certi casi una componente può prevalere sulle altre.

Per dovere di cronaca, si rammenta comunque che l'astrologia tradizionale, prima della decifrazione logica dello Zodiaco da parte di Lisa Morpurgo, poneva Mercurio esaltato nella Vergine, segno nel quale trova anche il proprio domicilio (ma tale attribuzione non è mai stata convincente). Una corrente di pensiero americana lo porrebbe esaltato nell'Acquario, senza però fornire sufficienti motivazioni.

Infine, giocando ancora con le parole, l'esaltazione di Mercurio-*fratelli* nel segno governato da Marte-*lama tagliente*, potrebbe rappresentare la traduzione astrologica del detto popolare "fratelli coltelli".

Pianeta in esilio: Venere

Il fatto che lo Scorpione sia il regno delle ombre, dell'aggressività, dell'iperemotività, esclude automaticamente che nello stesso segno possano trovare posto anche le simbologie di *armonia*, *tatto*, *gusto della genuinità* implicite in Venere. Ma a ben guardare, tali caratteristiche venusiane nuocerebbero al ciclo vitale della Natura: affinché la vegetazione risorga, infatti, la demolizione del seme deve avvenire senza *pietà* e senza *mezze misure*, il letame dev'essere sparso sul terreno senza la *schizzinosità* tipica di Venere, la competizione ingaggiata dagli spermatozoi per raggiungere e fecondare l'ovulo non può tener conto di alcun *fair play*, di alcuna *delicatezza* di stampo venusiano. Questo non significa che nell'ottavo segno il concetto di "amore" (riconducibile proprio a Venere) perda la propria pregnanza, bensì che nell'ottica scorpionica l'amore è vissuto più come uno scatenamento viscerale di sentimenti e passione che come un insieme di sole coccole, di afflati di romanticismo, di tenerezze. Se è vero, dunque, che i legami unicamente platonici non sono amati da nessun segno, è ancor più vero che essi non vengono nemmeno lontanamente presi in considerazione dallo Scorpione: con due pianeti governatori come Marte e Plutone, signori del sesso, come potrebbe essere diversamente?

Al piccante e pungente Scorpione sono inoltre estranee la *dolcezza* e la *rotondità* (in senso figurato) di Venere, così come i *mezzi toni*, l'*ottimismo*, il *tradizionalismo*, il *godimento dei piaceri semplici della vita*, l'*aspirazione alla serenità* (in genere, l'ottavo segno ha una visione piuttosto complicata della vita). È anche vero però che questo segno non conosce le *affettazioni stucchevoli*, i *formalismi*, le *mielosità* tipiche di un certo comportamento venusiano.

Pianeta in caduta: Giove

Molte delle simbologie legate a questo pianeta assomigliano a quelle descritte nel paragrafo precedente. Tuttavia, se l'estraneità di Venere al mondo scorpionico risulta piuttosto evidente, quella di Giove appare meno netta. Anche perché il significato di *denaro* relativo al pianeta trova nello Scorpione un canale d'espressione particolarmente facilitato (ricordiamo che il segno rappresenta i *soldi liquidi*), mentre quello di *ambizione* viene amplificato dalle istanze di potere tipiche dello Scorpione. Di contro, le simbologie di *legalità*, *bonarietà* ed *espansività* correlate a Giove trovano difficoltà a esprimersi in un segno che – in termini assoluti e non personali – rappresenta la criminalità, la vendetta, l'introversione, per certi versi la trasgressione. Ricordiamo poi che Giove incarna la *festosità*, la *gioia di vivere*, l'*ottimismo*: come può esprimersi tale pianeta in un periodo dell'anno come quello scorpionico che, benché associato alla gloria di Ognissanti, viene sicuramente ricordato maggiormente per la ricorrenza dei defunti? E in quanto a Ognissanti, è noto che tale festa ha una matrice pagana, celebrata tutt'oggi folkloristicamente in molte parti del mondo, nella notte fra il 31 ottobre e il primo novembre, con travestimenti horror e allestimenti macabri: è Halloween, la festa delle streghe, sicuramente molto più affine all'infernale Plutone che al "pacioccone" e paterno Giove...

Concordanze e analogie nel corpo umano

Da tutto ciò emerge che, se nel segno della Bilancia, come si è visto nel capitolo precedente, sono avvenuti l'incontro consapevole e l'integrazione dei valori dell'Altro, ed è sorta la capacità di riconoscerne l'esistenza autonoma e di accettarne e amarne la diversità, con lo Scorpione compare la possibilità di rinunciare alle prerogative dell'Io in favore dell'apertura verso la trascendenza.

La personalità o Io, simboleggiata dal primo segno (Ariete), è costituita dagli aspetti della nostra vita in cui ci riconosciamo e identifichiamo, in pratica da ciò che pensiamo sia imprescindibile da noi stessi: nazionalità, famiglia, ruolo sociale o lavorativo, relazione con il nostro corpo, ideologia, gusti, tendenze, abitudini, ambizioni, convinzioni. Tutte cose che crediamo stabili e fondamentali, benché in realtà possano cambiare nel corso della vita. Ma, arrivati all'ottavo segno, l'individualità ha ormai fatto il suo tempo, come le foglie sugli alberi che devono dissolversi come individui e cedere la loro linfa all'unità della pianta per permetterle di sopravvivere oltre l'inverno. Se vogliamo proseguire con l'evoluzione consapevole della nostra anima, dobbiamo quindi permettere che ora la nostra personalità si dissolva, ovvero slegarci dalle cose, dai pensieri, dalle persone che sono stati finora un punto di riferimento apparentemente irrinunciabile e lasciarci andare nella corrente della trasformazione, che non può che coincidere con una sorta di "morte". Ciò che muore però è la parte caduca, relativa, di noi, per far emergere una componente immortale e impersonale, che possiamo definire Sé o Io superiore. Ogni punto di vista, ogni giudizio fin qui sostenuto si relativizza e si annulla in questa nuova e sconvolgente prospettiva, che si pone al di là e al di sopra delle cose transitorie del mondo, delle credenze e delle cognizioni che ci limitano, e annuncia il nucleo indistruttibile e invariato dell'*atman*, dell'Anima senza tempo.

Uno dei simboli più importanti di questo passaggio, di questa apertura che è insieme mortale per una parte di noi e vivificante per l'altra, è l'unione sessuale, da intendere non puramente come evento biologico ma come possibilità di trascendere i propri confini psichici, annullandosi nell'altro e riconoscendo nella potenza di questa trasformazione un formidabile strumento di conoscenza e consapevolezza. Le pratiche tantriche delle varie scuole iniziatiche orientali avevano proprio questo scopo fondamentale: tramutare l'energia sessuale nel potenziale per accedere ai più alti livelli di trascendenza.

La liberazione dalla vecchia forma dell'Io coincide anche, sul piano fisico, con la liberazione del corpo dagli scarti, da ciò che è morto e quindi potenzialmente nocivo. Allo Scorpione perciò competono anatomicamente e fisiologicamente:

– gli *organi erettili*, ovvero quelli nei quali è contenuto del tessuto spugnoso, che si riempie di sangue quando è sollecitato dal sistema nervoso. Nel corpo umano questo è sostanzialmente presente nel pene, nel clitoride e nella mucosa dei seni nasali. Non è solo la voce popolare a trovare collegamenti fra questi organi (vedi sezione astrologica). L'attrazione e l'eccitazione sessuale, infatti, negli animali come negli esseri umani – anche se in questo caso il meccanismo sottostante è prevalentemente inconscio –, è fortemente influenzata dalla percezione degli odori emanati dal corpo dell'altro, il che forse può spiegare anche il successo dell'industria profumiera nei secoli o quella sorta di istinto che spinge molti di noi a cercare un aroma gradevole da sentirsi addosso.

Del resto, l'afflusso rapido e massiccio di sangue in un organo o tessuto ha sempre un significato di attivazione, anzi, di *aggressione* (intendendo questo termine nella sua accezione più ampia di spingersi in avanti verso qualcosa o qualcuno, proporsi, reagire). Questa può avere connotazioni sia difensive (come succede per esempio nell'infiammazione, vedi Ariete) sia di eccitazione sessuale (anch'essa assimilabile a un comportamento "aggressivo", pur se finalizzato all'unione con il partner), il che spiega il connubio Marte/Plutone per governare tale fenomeno;

– gli *spermatozoi*. Da notare che al Toro, il segno opposto, competono gli ovuli femminili, rotondi ed emessi ciclicamente, seguendo i ritmi lunari, mentre le cellule germinali maschili, per la loro forma affusolata e appuntita (che qualcuno ha paragonato all'aculeo dello Scorpione), l'emissione rapida e violenta e la loro mobilità hanno connotazioni decisamente più marziali;

– l'*escrezione* delle sostanze di scarto e la *secrezione* di fluidi (sudore, sebo) dalla funzione protettiva (il sudore è un importantissimo fattore di termoregolazione; il sebo protegge la cute dalla disidratazione e dagli agenti aggressivi esterni) ma nei quali si possono veicolare anche molecole di cui l'organismo vuole liberarsi (tossine). Tra i disturbi correlati a questo ambito vi sono anche quelli dell'alvo, per esempio la stitichezza e il colon irritabile (vedi Vergine), ma anche le infiammazioni che interessano le basse vie urinarie, quali cistiti e uretriti (vedi Bilancia);

– la *milza*, l'organo in cui vengono distrutti i globuli rossi invecchiati e non più efficienti e viene recuperato il ferro (il metallo di Marte). Essa è inoltre una stazione linfatica importantissima, in cui giungono a maturazione alcuni tipi di cellule immunitarie.

Mente & Corpo

A questo segno, fortemente connotato dall'erotismo e dagli aspetti oscuri della realtà, dai processi di morte e rigenerazione della natura e della psiche corrispondono, nelle tradizioni mediche, gli elementi Fuoco e Acqua, quindi, per esempio nella medicina ayurvedica, la costituzione *Pitta* (formata, appunto, da questi due elementi), mentre quella ippocratica corrispondente potrebbe essere sia la *collerica* sia la *linfatica*. Nella tipologia cinese abbiamo invece, come elemento associato al dissolvimento e all'eliminazione, il *Metallo*, legato peraltro alla stagione autunnale.

Poiché all'ottavo segno corrispondono gli organi sessuali maschili, la capacità di dissoluzione e il catabolismo, le funzioni e gli organi più interessati da patologie potrebbero essere quelli che hanno a che fare con lo smaltimento delle scorie tossiche (intestino retto, vescica) e limitrofi (plesso emorroidale) e le disfunzioni o le perversioni sessuali.

Dal punto di vista psicologico, questa tipologia potrebbe aver sviluppato prevalentemente le funzioni del *sentimento* e dell'*intuizione*, oppure del sentimento e della *sensazione*, cosicché gli aspetti che andranno sviluppati maggiormente saranno quelli legati alla razionalità astratta, ovvero il *pensiero*, e, a seconda dei casi, la capacità di trascendere la realtà ordinaria e/o la sensorialità. Intendiamoci: quest'ultima non ha nulla a che vedere con la sensualità spesso prorompente che viene attribuita ai rappresentanti del segno, ma consiste piuttosto nella capacità di utilizzare coscientemente i dati di realtà per orientarsi in essa, anziché subirla.

In sostanza, potrebbero esservi degli Scorpione che si fanno travolgere dalle proprie sensazioni e passioni, invece di governarle e indirizzarle verso gli obiettivi desiderati, o che confondono i loro disegni e sogni con oggetti plausibili e accessibili, rischiando di sprecare tempo e forze preziose all'inseguimento di chimere. In questo si può ravvisare, in un certo senso, quell'atteggiamento che spesso viene definito autodistruttivo dai detrattori del segno. Invece di imparare a utilizzare le proprie potenzialità e a sfruttare l'energia spesso potentissima di cui sono dotati, alcuni nativi tendono infatti a lasciarsi sommergere dalle proprie emozioni o a combatterle con accanimento per reprimerle, ritenendole in ogni caso primarie, ovvero dati di fatto assolutamente reali. Ciò significa però non considerare che un'emozione è tale perché a un certo stimolo – esterno o interno – viene dato il potere di attivarla. Senza questo collegamento, che in fondo viene "deciso" dal soggetto, anche se non in modo consapevole, un'emozione negativa, tranne che in caso di paure oggettive (cioè in presenza di veri pericoli) o ancestrali, spesso non avrebbe forza né incidenza per "sequestrare" emotivamente chi la prova, o potrebbe essere tradotta in emozioni più positive e quindi in comportamenti più flessibili e utili. E ancora, potrebbe capitare che i soggetti che non hanno ancora sviluppato le funzioni psicologiche complementari non siano disposti a mettere in discussione o a sentire ragioni circa un'idea o un ideale – non importa se politico, religioso, o semplicemente un'abitudine di pensiero, un giudizio, un'opinione – che può allora assumere aspetti di dogma indiscutibile, che essi difenderanno con il loro... aculeo fino alla morte.

Disfunzioni sessuali Se nel mondo animale in generale l'istinto alimentare e quello riproduttivo sono i cardini della sopravvivenza dell'individuo e della specie, per l'uomo le cose sono molto più complesse e articolate, dal momento che siamo in grado, per esempio, di rinunciare volontariamente al cibo (digiuni rituali, anoressia) e al sesso (castità) in favore di un ideale di vita che preveda la sublimazione del proprio lato istintuale.

Inoltre, la sessualità per la razza umana non è circoscritta all'apparato genitale, ma, dati gli indubitabili condizionamenti culturali e sociali cui è sottoposta, la sua funzione investe un ambito ben più vasto, comprendente molte altre manifestazioni della personalità e del comportamento individuale. Così, molto spesso, un problema sessuale è espressione di un disadattamento che coinvolge un po' tutta la personalità, dalla gestione delle proprie pulsioni e convinzioni ai rapporti con gli altri.

Del resto, benché il concetto di normalità sessuale sia molto labile e variabile a seconda delle epoche e delle culture, e improntato inoltre a una estrema soggettività (per alcuni una certa condotta può rivelarsi adeguata e soddisfacente, per altri no), è comunque altrettanto vero che qualunque squilibrio – fisico o psichico che sia – può rivelarsi anche con un disturbo della sfera sessuale.

La sessualità è comunque contraddistinta dall'incontro con l'Altro, con la polarità opposta, così da ricreare, nel contatto e nella fusione fisica ed emotiva, un'unità, un intero. L'atto sessuale diviene quindi metafora e manifestazione del mitico androgino, dell'Uomo/Donna primordiale che si ritrova in quasi tutte le tradizioni, a simboleggiare la completezza trascendente, il superamento degli opposti nel loro mutuo abbraccio.

E in questo senso l'orgasmo rappresenta, oltre che il momento del massimo piacere fisico, soprattutto la modalità in cui l'individuo "esce" da se stesso, dalla propria coscienza ordinaria, per integrarsi a una dimensione più allargata e macroscopica, in cui cioè, perdendo e annullando il solito Io, la solita percezione di sé, il controllo sulle normali funzioni e i normali pensieri, trascende se stesso. Ed ecco anche perché chi è spaventato da questo "salto", chi teme inconsapevolmente di perdersi per sempre o di cambiare profondamente e durevolmente il proprio stato di coscienza e il proprio corpo, non riesce a raggiungere questo culmine.

L'anorgasmia, sia maschile sia femminile, riconosce nella maggior parte dei casi questa origine, che può anche essere dettata dall'insicurezza che il partner prescelto trasmette, oppure, contemporaneamente, esprimere un sentimento di inadeguatezza nei confronti di se stessi o dell'altro. In ogni caso, si palesa la necessità di essere all'altezza della situazione, in una parola, di tenere tutto quanto succede sotto controllo. Il che è di segno esattamente contrario al raggiungimento della piena soddisfazione sessuale. Questa, d'altra parte, può essere conseguita anche senza l'intervento dell'orgasmo, in quanto, come si è detto, la sessualità non è un evento circoscritto agli organi genitali, ma coinvolge tutto il corpo – e dunque tutte le possibili sensazioni fisiche – e la mente, comprendendo così anche un'infinita gamma di sfumature emotive e psichiche in genere. Anzi, in molte culture si coltivano piuttosto gli aspetti più propriamente psichici o spirituali legati all'atto sessuale, per favorire una miglior consapevolezza di sé e del mondo, e utilizzando il proprio potenziale energetico sessuale per travalicare l'esperienza comune.

Data la complessità della sessualità umana, non vi è da stupirsi circa la varietà di problemi e difetti che possono intervenire in quest'ambito. Tra i più evidenti e peggio vissuti dall'uomo è sicuramente l'impotenza erettiva, che quando, come nella stragrande maggioranza dei casi, ha origini prettamente psichiche (ovvero quando vi siano strutture nervose e vascolari integre e un sufficiente apporto ormonale), turba ancor più gli animi perché "inspiegabile".

Eppure, la delicatezza di certi circuiti emozionali ne può rendere perfettamente ragione. In particolare, questo sintomo può rappresentare la modalità maschile di astenersi da un pericoloso coinvolgimento, o di evitare una modalità sessuale potenzialmente aggressiva o distruttiva. Prova ne è che molto spesso l'impotenza si manifesta solo quando il rapporto è vissuto in senso trasgressivo, oppure, viceversa, solo quando con la compagna si sia instaurata una profonda intesa affettiva. Se il disturbo si verifica precocemente, può essere inoltre sinonimo di scarsa padronanza della propria identità sessuale.

Anche per quanto concerne l'eiaculazione precoce la dinamica sottostante può essere di evitamento o di aggressività, ed è comunque indice del bisogno di tenere lontano, abbreviando i tempi del contatto con la donna, quanto di "pericoloso" proviene dall'unione sessuale. La riduzione dei tempi dedicati all'amore è inoltre segno della difficoltà di sintonizzarsi con il proprio corpo e con quello dell'altra, e più in generale di ascoltare e percepire se stessi nel presente, perché il "dopo" viene ritenuto più importante.

Anche i disturbi femminili, ovviamente, hanno come sfondo il timore legato al contatto e in questo caso anche alla penetrazione. Nel tentativo di rendere inattuabile il rapporto e di conseguenza il coinvolgimento sessuale, il corpo della donna può così scegliere di non "sentire" (assenza di desiderio, frigidità), di negare la penetrazione (vaginismo) o di negarsi il piacere (anorgasmia), a seconda della dinamica sottostante e della profondità e radicalità del problema di fondo.

Diminuzione del desiderio Mentre in periodi di particolare affaticamento fisico o psichico è del tutto fisiologico un contemporaneo calo della disponibilità sessuale, ci si può domandare che cosa significa quando la diminuzione del desiderio sia divenuta una costante o un evento ricorrente.

In molti casi, è ovvio, tale sintomo viene alla luce in momenti di disaccordo o insoddisfazione, magari nascosta, nei riguardi del proprio partner. Oppure può comparire in particolari delicati periodi di passaggio o di trasformazione, in cui si assiste a una rapida ridistribuzione degli interessi vitali: la gravidanza o l'inizio della menopausa sono fra i momenti più rappresentativi a questo proposito. Ma lo stesso si può verificare anche in mancanza di cause così evidenti, a indicare situazioni riguardanti timori o incapacità più strettamente soggettive.

La sessualità può infatti rappresentare una delle più potenti energie trasformative ed evolutive del corpo e della personalità, perché mette in profonda comunicazione e comunione se stessi con l'Altro, la propria parte complementare. Poiché è in grado di smuovere tanto efficacemente la propria interiorità partendo da una connotazione prettamente istintuale, l'attività sessuale può essere temuta e perciò evitata quando si vogliono tenere a distanza le possibilità trasformative in essa contenute e, soprattutto, salvaguardarsi dal dover fare i conti con una istintualità inaccettabile, perché non armonica con l'immagine di sé.

Momenti di timore o disgusto nei confronti della sessualità possono dunque intervenire a qualunque età: sono però soprattutto i soggetti che attraversano periodi di grandi adattamenti o rimodellamenti di sé le principali "vittime" di un calo di desiderio. Quando infatti è urgente e necessario raccogliere tutte le proprie energie per far fronte a una situazione nuova che richieda un notevole sforzo fisico, psicologico o esistenziale, l'organismo tende a economizzare le energie più profonde e ancestrali, tra le quali senza dubbio quella sessuale e riproduttiva. Se invece il calo libidico perdura oltre lo stato di emergenza, è probabile che il problema di fondo investa specificamente il rapporto del soggetto con la propria sessualità, il proprio corpo, l'espressione dei propri istinti e della carica vitale.

Per rimediare: Betula pubescens, damiana, eleuterococco, ginseng, napo, panace, Quercus pedunculata, salvia; eugenia, gelsomino, patchouli, sandalo, ylang-ylang; luce arancione, verde.

Eiaculazione precoce Malgrado l'attenzione e la sensibilità a questo disturbo varino decisamente a seconda degli influssi culturali e sociali, è indubbio che esso rappresenti una tipica modalità difensiva nei confronti di una sessualità in qualche modo temuta. L'abbreviare i tempi dell'incontro intimo fino a impedire un vero e proprio contatto può infatti da un lato avere un significato aggressivo nei confronti della partner, che spesso viene vissuta come troppo esigente e competitiva, dall'altro costituisce una vera e propria fuga per sottrarsi all'ansia legata al rapporto sessuale stesso.

Coloro che ne soffrono sono soggetti generalmente ansiosi, la cui mentalità spesso spiccatamente razionale li può spingere a programmare e cercare di controllare gli eventi e i comportamenti futuri più in base a supposizioni logiche e a proprie convinzioni che in funzione delle effettive sensazioni. Questo stile li conduce il più delle volte a occuparsi – o meglio a pre-occuparsi – prevalentemente di ciò che succederà domani o comunque in un altro momento, trascurando intanto le occasioni e le sensazioni del presente. Un simile atteggiamento comporta, fra l'altro, anche l'incapacità di portare a termine concretamente quanto era stato in precedenza intrapreso, perché l'interesse cala immediatamente, non appena sia sorto qualcos'altro all'orizzonte. E significa anche, per esempio, che risulta difficoltoso reggere a lungo situazioni di tensione, davanti alle quali si preferisce molto spesso cedere il passo piuttosto che concluderle positivamente impiegando però altro tempo e altre energie. Dominati dal senso del tempo che fugge, questi soggetti vivono insomma in perenne attesa del "dopo", proiettati nel futuro. Non potendo prevedere l'imprevedibile, né sempre ricondurre lo svolgimento degli eventi e delle loro emozioni nei binari della logica o del buonsenso, finiscono tuttavia per farsi sbilanciare da tutto quanto si discosti anche di poco dalla loro originaria impostazione mentale.

Certamente mutare atteggiamento nei confronti del tempo potrebbe costituire un primo decisivo passo, specie se accompagnato dalla possibilità di imparare a gustare le cose durante il loro svolgimento, anziché solo prima di averle raggiunte. Per educarsi a questo, si potrebbe iniziare per esempio, molto semplicemente, a preparare o dare una mano nell'elaborare un cibo particolarmente gradito, assaporandone via via tutte le fasi di lavorazione e poi dandosi un tempo il più prolungato possibile per gustarne appieno tutte le sfumature di sapori – magari insieme alla propria compagna.

Per rimediare: Betula pubescens, napo, Quercus pedunculata, Tilia tomentosa; anice, menta, patchouli, sandalo, ylang-ylang; Elm, Heather, Impatiens, Mimulus; luce arancione, verde.

Impotenza erettiva L'impotenza funzionale (senza cause organiche quali malattie o malformazioni) è sempre vissuta in modo estremamente drammatico, anche perché la capacità sessuale è considerata una delle più importanti fonti di sicurezza e di identificazione, specie maschile. Tenendo conto del valore innanzitutto difensivo e compensativo di ogni sintomo, si può leggere anche questo come un tentativo di tenere il più possibile lontano un evento inconsapevolmente considerato pericoloso per l'attuale assetto psicofisico. Il pericolo è rappresentato in questo caso dal rapporto sessuale, ma il concetto si può estendere anche a numerosi altri ambiti, dove la mancanza di impulso e di spinta può costituire una sorta di alibi a non entrare in contatto né in competizione, a non mutare, permanendo in una invariata situazione di non-scambio con l'esterno.

Benché non sia possibile generalizzare, si può infatti vedere in chi è cronicamente affetto da questo disturbo il tentativo di astenersi, di mettersi fuori gioco. Questa modalità può peraltro essere estesa ad ambiti diversi da quello sessuale, per esempio lavorativo o sociale in genere. Il timore di fallire, di non essere all'altezza delle aspettative altrui – in particolare di quelle della propria partner, nei riguardi della quale sovente si rileva un atteggiamento ambivalente, di aggressività e insieme di timore del giudizio –, può essere alla base di questa sorta di paralisi dell'energia sessuale. Il blocco di qualsiasi iniziativa può inoltre servire a controllare ogni impulso istintuale, che viene avvertito come indissolubilmente legato a una forte carica aggressiva o distruttiva.

Impedendosi di agire le proprie pulsioni sessuali, si può in definitiva ottenere il duplice obiettivo di non mettersi alla prova (e quindi di non rischiare neppure il fallimento, o il contatto con parti aggressive e pericolose di sé o della partner) e quello di non coinvolgersi in un rapporto che può risultare altamente trasformante e perciò intimidente.

Ebbene, bisogna saper perdere: è il concetto da tenere a mente in questo caso e significa accettare i propri limiti e le proprie debolezze, i propri lati oscuri e, soprattutto, ammettere i propri timori, senza trincerarsi dietro un atteggiamento di negazione o di fuga.

Per rimediare: Betula pubescens, damiana, ginseng, napo, panace, Quercus pedunculata; pino, sandalo, santoreggia; Elm, Larch, Mimulus, Pine; luce arancione, verde.

Disturbi femminili Esperienze negative, traumi, o semplicemente più o meno inconsapevoli timori legati a condizionamenti educativi, familiari, sociali possono essere alla base dei disturbi della sessualità femminile, che vanno dal disinteresse o disgusto nei confronti del coinvolgimento fisico ai rapporti difficoltosi o dolorosi (dispareunia), alla mancanza di orgasmo (anorgasmia), fino a vere e proprie situazioni organiche quali vaginiti e cerviciti croniche o ricorrenti. Di particolare rilevanza, data la frequenza con cui si possono riscontrare, sono comunque la dispareunia, l'anorgasmia e le infezioni. La prima può indicare un rifiuto, spesso abbastanza consapevole, del rapporto sessuale, e può essere legata a un partner in particolare; la seconda può invece essere indice di una profonda difficoltà a fidarsi dell'altro o delle emozioni che suscita e quindi a lasciarsi andare completamente. Per quanto riguarda le infezioni, si tratta di una difficoltà o di un rifiuto meno consapevole, di una sorta di difesa "col ferro e col fuoco" di un'intimità che potrebbe essere assalita o aggredita da un maschile avvertito come troppo violento o invasivo.

In momenti quali l'adolescenza o la menopausa, quando cioè il femminile si ridefinisce e si trasforma radicalmente, è più facile riscontrare problemi e disturbi inerenti la sfera sessuale e genitale. Le donne che più spesso vanno incontro a tali sintomatologie sono a volte caratterizzate da segreti timori nei riguardi dell'immagine di sé, della conoscenza e accettazione del proprio corpo e delle sensazioni a esso legato. Ciò si traduce naturalmente anche in un difficile rapporto con il corpo e con i desideri maschili, che possono essere vissuti con senso di inadeguatezza e un più o meno inconscio rifiuto, traducibile anche in un atteggiamento di apparente lontananza o spiccata autonomia affettiva.

Malgrado non si possa fare a meno, in questi casi, di esaminare anche l'atteggiamento del partner, è utile in primo luogo scoprire se e in che misura vi sia da parte della donna un sentimento di ribellione o frustrazione nei confronti della propria femminilità (intesa a volte anche solo come passività, dolcezza, abbandono), che le impedisce di guardare in modo rilassato al proprio e all'altrui piacere fisico.

Per rimediare: Betula pubescens, damiana, eleuterococco, salvia; cannella, eugenia, gelsomino, patchouli, rosa, rosmarino, verbena; Crab Apple, Heather, Larch, Mimulus, Pine; luce arancione, verde.

Emorroidi Le varici emorroidarie sono un disturbo molto frequente, certo per la diffusa sedentarietà e l'alimentazione troppo raffinata e ricca di sostanze di difficile smaltimento. Ma non va dimenticato il significato più globale del sintomo, che, come è noto, spesso compare o si aggrava in concomitanza a periodi di particolare affaticamento o stress. La localizzazione del disturbo è in questo senso di primaria importanza: il tratto terminale dell'intestino è infatti quello in cui si raccolgono le sostanze di scarto, le parti più "sporche" e indesiderabili, delle quali è bene liberarsi. Il senso di peso e fastidio che le emorroidi provocano in questa sede, e ancor più il dolore e il prurito, solitamente riferito come il problema più fastidioso, e l'eventuale sanguinamento – il sintomo certo più allarmante –, sembrano tutti richiamare una difficoltà a entrare in contatto e a gestire le proprie parti "basse", sporche, inaccettabili.

Può apparire interessante esaminare, in un'ottica simbolica, il diverso significato del sanguinamento emorroidale e del prurito; sintomi che appaiono spesso contemporaneamente, o a poca distanza temporale, ma che possono comunque indicare stati reattivi differenti.

La fuoriuscita di sangue dall'ano, per esempio, potrebbe evidenziare un tentativo di "lavare col sangue" o di "purgare" e purificare in modo drastico e profondo una zona del corpo che si presta ad albergare un'imbarazzante sporcizia. Spesso la persona che ne è affetta soffre di stipsi o colon irritabile (alternanza di stipsi e diarrea) e ha un concetto della pulizia corporale e morale particolarmente sviluppato. Pertanto, non può tollerare di contenere nella sua personalità fantasie aggressive, trasgressive o "sporche", che vengono subito allontanate, eliminate insieme al sangue impuro delle varici emorroidarie.

Se è il prurito a prevalere, si può invece interpretare come il tentativo di cambiare di segno o di dissimulare a se stessi una pulsione, inizialmente magari di stampo sessuale, o comunque volta al piacere (non dimentichiamo la fase anale della sessualità) dotata però di una connotazione vergognosa o colpevole. Il prurito avrebbe qui la doppia funzione di sfogare questi impulsi intollerabili e di soddisfarli (vi è in effetti un certo piacere nel grattamento, anche se spesso unito al dolore).

Per rimediare: achillea, borsapastore, cardo mariano, pepe d'acqua; cipresso, cisto, lavanda, rosmarino; Magnesio, Manganese-Cobalto, Zolfo; Crab Apple, Pine.

Alimentazione

Gli Scorpione sono capaci di passare da un regime ascetico a pasti luculliani, ma rischiano di pagare questi eccessi con difficoltà di eliminazione delle scorie e quindi con l'aumento del colesterolo, dei trigliceridi, degli acidi urici. Oltre a limitare il più possibile i grassi animali, i dolciumi, i cibi precotti, andrebbero introdotti nella dieta alimenti ricchi in ferro o zolfo (*aglio*, *cipolle*, *crescione*, *cavolfiori*, *pomodori*, *porri*, *rape*, *ravanelli*, *amarene*, *uva*), utili per le difese immunitarie, e integrare la dieta con vitamine C (da *agrumi* o *Rosa canina*) ed E (*lattuga*, *noci*), ad azione antiossidante e protettiva.

Erbe e gemme

Achillea Ad azione prevalentemente emostatica e astringente, con questa pianta si preparano anche creme e unguenti per l'applicazione locale sulle *emorroidi*. Si può associare al *pepe d'acqua*, astringente e vasocostrittore, e alla *borsapastore*, efficace *emostatico*, da assumere in particolare in caso di *emorroidi sanguinanti*. Con l'infuso concentrato di queste ultime piante si possono inumidire delle garze da applicare localmente per lenire il sanguinamento e il prurito.

Betula pubescens Da sempre uomini e donne hanno confidato nelle erbe per accrescere la propria capacità amatoria e il desiderio sessuale, talvolta spinti più da suggestioni "magiche" che dal riconoscimento di una loro reale efficacia. Ma in effetti, senza attribuire a queste sostanze meriti impossibili, non si può negare che un uso corretto e non miracolistico dei preparati erboristici può aiutare a ripristinare quel gioco sottile di energie che è alla base di un buon assetto psicofisico e dunque di una vita sessuale soddisfacente.

Le gemme di betulla, sotto forma di gemmoderivato, possono essere prescritte, in associazione ad altri rimedi (in particolare *Quercus pedunculata*) anche in caso di *impotenza funzionale maschile* o *diminuzione della libido*, sia maschile sia femminile. Le dosi sono in genere di 50 gocce di macerato glicerico 1DH al mattino.

Cardo mariano La stipsi, la sedentarietà, gli errori alimentari, al pari dell'obesità e delle malattie o delle congestioni epatiche anche misconosciute possono facilitare, nel tempo, la comparsa delle *varici emorroidarie*. È consigliabile pertanto fare uso, oltre che di piante dalle proprietà emostatiche – da prendere in considerazione soprattutto in caso di sanguinamento –, anche di quelle che esplicano un'azione *decongestionante* sul circolo venoso del bacino e della vena porta (che conduce il sangue refluo dell'intestino al fegato). Tra queste ultime è il cardo mariano, spesso usato come disintossicante epatico (vedi anche Vergine).

***Crisantemo americano* (*Chrysantellum americanum*)** Oltre a un'attività decongestionante sul fegato, svolge un effetto positivo sulla permeabilità e la *fragilità capillare* (effetto vitaminico P). È utile anche in presenza di *turbe della circolazione venosa periferica* (arti pesanti, formicolii alle mani o ai piedi).

Damiana Il nome completo di questa pianta è *Turnera aphrodisiaca* e spiega la reputazione di questo arbusto di origine americana. In effetti, oltre che un ottimo tonico e ricostituente generale per l'intero organismo, la damiana sembra avere una specifica azione stimolante sui centri nervosi periferici deputati al controllo dell'erezione. È pertanto indicata nei casi di *impotenza maschile funzionale*, di *diminuzione della libido* sia maschile sia femminile, di *sterilità*. Si può abbinare sia ad alcuni gemmoderivati (*Betula pubescens*, *Quercus pedunculata*), sia al *ginseng*, alla *santoreggia*, al *panace* (vedi le singole piante).

Eleuterococco Eccellente tonico adattogeno (che stimola cioè le difese adattative dell'organismo), questo lontano parente del ginseng ha anche un effetto *stimolante* sulla profusione *ormonale delle gonadi* (organi sessuali) e delle ghiandole surrenali, che producono sostanze attivanti tutto l'organismo. Questa pianta, particolarmente indicata alle donne, può dunque essere utilmente impiegata anche in caso di *apatia sessuale*.

Ginseng Delle proprietà *rinvigorenti* ed *energizzanti* di questa pianta è quasi superfluo parlare; si ricorda qui che può avere un effetto specifico *in campo sessuale* (ragione per la quale le migliori radici di ginseng raggiungono quotazioni iperboliche sui mercati orientali). Attenzione, inoltre, a non abusarne: questa pianta, infatti, smuove secondo i cinesi le energie più profonde, che non è utile richiamare se non in caso di vera necessità. Le dosi variano ovviamente a seconda della preparazione utilizzata. È controindicata nei soggetti giovani e negli ipertesi.

Napo Con i semi di questa pianta poco nota ai più si ottiene, mediante una complessa lavorazione spagirica, un macerato di indubbia efficacia nella cura delle *astenie sessuali*, sia maschili sia femminili.

Panace Anche di questa conosciutissima pianta, con la quale si può preparare un elisir (vino medicato), è nota la fama di *afrodisiaco*. E in effetti il suo nome latino, *Heracleum spondylium*, richiama in qualche modo le fatiche d'Ercole... Comunque, rimane un ottimo *tonico generale* per l'intero organismo.

Quercus pedunculata Un altro gemmoderivato, stavolta specifico per la *diminuzione della libido* sessuale, da assumere sotto forma di macerato glicerico 1DH, nella dose di 50 gocce al mattino. È abbinabile ad altri gemmoderivati (per esempio *Betula pubescens*) o ad altri rimedi fra quelli citati (*panace*, *santoreggia*, *eleuterococco*).

Salvia Oltre che ottimo *regolarizzatore del ciclo mestruale* (vedi Toro), la salvia, ricca di estrogeni vegetali, può essere utilmente usata in caso di *disturbi del desiderio femminile* in soggetti apatici, astenici, impressionabili, o in concomitanza con il *climaterio* (inizio della menopausa). La somministrazione dev'essere sospesa ogni 2-3 settimane per evitare la comparsa di sanguinamenti uterini. Inoltre, è sconsigliabile a chi soffra di ipertensione. Non va assunta in gravidanza!

Tilia tomentosa Tra i gemmoderivati questo appare indicato, per le sue qualità ansiolitiche e antispasmodiche, prive degli effetti indesiderati dei farmaci sintetici, nei casi in cui l'*eiaculazione precoce* sia accompagnata da una sintomatologia ansiosa generica (senso di *tensione psichica*, *irrequietezza*, *sensazione di "tremore interno"*, *ipereccitabilità* e *irritabilità*) o specificamente legata a timori inerenti la sessualità e quindi a una *condotta di evitamento*. In questo caso, quando cioè sia ipotizzabile una sorta di "sindrome di fuga", al tiglio si può abbinare l'acero (*Acer campestris*), sempre sotto forma di gemmoderivato. Le dosi sono indicativamente di 30 gocce di macerato glicerico di *Tilia tomentosa 1DH* per 2 volte al dì, da abbinare eventualmente a 50 gocce di *Acer campestris 1DH*, 1 volta al dì. Questo trattamento di base può essere completato anche da altri gemmo- o fitoderivati ad azione più prettamente stimolante la libido (vedi *Quercus pedunculata*, *Betula pubescens*, *damiana*), alle dosi indicate per ogni singolo rimedio.

Aromi

Per risvegliare l'attività erotica possono venire utilizzati aromi ora dall'azione stimolante, atti a incentivare e ridistribuire le energie psicofisiche, ora ad azione rilassante, per contrastare i freni inibitori, ora ad azione combinata. Se ne raccomanda soprattutto un uso esterno (profumazione di se stessi o dell'ambiente) per sfruttare al meglio le prerogative dell'olfatto, in diretta e immediata comunicazione con la psiche.

È noto infatti che non solo gli animali inferiori, ma anche i primati e l'uomo sono sensibili a molecole odorose che stimolano specifici sistemi neuroendocrini atti, fra l'altro, ad aumentare la spinta erotica. Questo meccanismo, che agisce il più delle volte a livello subliminale, è estremamente potente, come ben sanno i fabbricanti di profumi, ma, naturalmente, molto soggettivo: non è perciò detto che la "preda" prescelta si faccia... prendere per il naso, anche se vale sempre la pena di fare un tentativo.

Poiché la maggior parte degli oli essenziali, se usati puri, ha effetto irritante per la pelle, si consiglia, nell'uso personale, di diluirli sempre in olio (di mandorle, germe di grano, jojoba, per esempio) o in alcol etilico, fino a ottenere l'intensità di profumazione desiderata. Inoltre, gli oli sotto indicati possono essere fra loro variamente miscelati, in modo da costituire veri e propri profumi personalizzati.

Di seguito, abbiamo elencato una serie di aromi indicati per le loro proprietà stimolanti o rilassanti. Per scegliere l'aroma giusto, oltre che attenervi alle indicazioni sarà ancor più importante seguire l'estro del vostro olfatto e utilizzare solo aromi che vi risultano gradevoli, altrimenti il loro effetto verrà drammaticamente smorzato.

Calo del desiderio

Un po' per gioco, un po' per le ragioni spiegate sopra, si può provare a creare un'atmosfera sensuale ed "erotizzante" diffondendo per casa con una lampada per aromi una miscela di 3 gocce di sandalo, 2 di gelsomino, 1 di vetiver; in alternativa, 3 gocce di sandalo, 3 di ylang-ylang, 2 di gelsomino, 2 di pompelmo, 1 di vetiver.

Eiaculazione precoce

Anice L'olio essenziale di anice, stimolante e insieme rilassante, è molto attivo sul sistema nervoso autonomo. Il suo profumo predispone all'ottimismo e alla disponibilità. È indicato in particolare in caso di eiaculazione precoce, perché calma l'ansietà e contemporaneamente induce un lieve stato di euforia.

Menta Il suo aroma stimola l'attenzione e la concentrazione, riordina il mentale e le energie psicofisiche. Anche questa essenza è indicata in caso di eiaculazione precoce.

Diminuzione del desiderio

Eugenia L'aroma dei chiodi di garofano o eugenia rafforza il potenziale energetico e risveglia la voglia di novità e avventura. È indicato in particolare per la diminuzione del desiderio maschile, ma può funzionare altrettanto ben anche in caso di "freddezze" femminili.

Gelsomino Sembra che l'effetto erotizzante di questo aroma derivi da un'attività simil-ormonale, che si esplica soprattutto sull'organismo femminile. È un profumo sensuale, che induce a lasciar spazio alla fantasia e alle sensazioni più piacevoli.

Patchouli Antidepressivo, afrodisiaco: anche questo aroma è indicato in caso di diminuzione del desiderio, sia femminile sia maschile.

Impotenza

Pino Oltre che antisettico delle vie respiratorie e urinarie, il pino ha proprietà toniche e rinvigorenti. Il suo aroma aiuta la concentrazione e l'equilibrio, riportando la persona "con i piedi per terra". È indicato in caso di mancanza di iniziativa, astenia, impotenza.

Sandalo Nelle scuole tantriche, il suo aroma veniva utilizzato per rimuovere i blocchi energetici e favorire l'integrazione dell'esperienza erotica in un piano spirituale. Può venire impiegato in caso di impotenza funzionale.

Santoreggia Basterebbe l'etimologia del suo nome a rendere merito alle sue doti: viene infatti da *Satiro*, l'essere mezzo uomo mezzo animale che accompagnava Dioniso o Bacco nelle sfrenate feste orgiastiche e la cui fama di impenitente sciupafemmine è universale e proverbiale. Simbolo delle forze inconsce, animalesche (la parte inferiore del suo corpo è quella di un caprone), che devono essere guidate e condotte dall'intelletto e dalla coscienza (la parte superiore del corpo, umana), il satiro dell'epoca classica, raffigurato con zoccoli e corna, è servito da modello all'immagine del demone tentatore di stampo medioevale. Personaggio temuto, ma dotato di alquanto fascino, esso rappresenta sostanzialmente, nella sua accezione negativa, la difficoltà di fronteggiare e scegliere tra la padronanza dei sensi e la soggezione ai desideri o, se vogliamo, tra il realizzare la propria vera natura e il proprio destino o il lasciarsi fuorviare da falsi obiettivi. In senso positivo, è la funzione che ci mette spietatamente di fronte a noi stessi, fornendoci la prova dei nostri limiti e quindi, anche se dolorosamente, la possibilità di migliorarci. Nella mitologia induista questa stessa funzione può essere rappresentata dagli *asura*, i demoni al servizio del dio Rudra, aspetto terrifico di Shiva, il distruttore. Benché abbiano sembianze e intenzioni poco rassicuranti, essi rappresentano comunque forze appartenenti al piano cosmico globale e servono sempre alle intenzioni dell'Assoluto, anche quando si pongono in antagonismo con gli dèi. Tutto ciò che è nato è destinato a morire per poter evolvere sotto una forma differente: l'energia agente e testimone di questa distruzione e separazione è ben rappresentata dal segno dello Scorpione e da questa pianta, che peraltro, con la sua eccezionale attività antisettica – unita a quella tonica e afrodisiaca –, sembra avere a cuore che la vita biologica si perpetui sulla Terra. Pianta con forte reputazione *stimolante sulle energie psicofisiche* profonde e sulle componenti istintuali, tanto che la sua coltivazione era interdetta nei conventi perché si temeva che l'aroma forte, caldo e sensuale potesse attirare i satiri, la santoreggia è in effetti ritenuta un potente *afrodisiaco* e le si attribuisce la proprietà di stimolare il primo chakra. Come *antisettico*, è interessante soprattutto nelle *infezioni gastrointestinali e urinarie*, e per esempio in caso di *micosi* (infezioni da funghi) sia degli organi interni sia sulla cute. Inoltre, è un potente *antiparassitario* e regolatore della peristalsi intestinale, utile quindi in caso di *coliti*, *flatulenze* e *costipazione*. *Antiputrido*, previene lo sviluppo di flora batterica patogena. Come *tonico*, si può usare in caso di *astenia fisica e mentale*, ma è bene non abusarne e alternarla ad altri aromi, perché a dosi elevate può diventare *eccitante* e ipertensiva e avere un effetto aggressivo anche sulle mucose digestive. È sconsigliata in gravidanza. Dal punto di vista caratterologico, è indicata per canalizzare e dosare saggiamente le forze brute, istintive e innate, purificarle e renderle la base per lo sviluppo successivo delle qualità spirituali dell'individuo.

Oltre che come profumazione personale, dalla nota sensuale e amara (magari in prossimità di incontri galanti particolarmente "caldi"), ricordiamo, anche se non diffusissimo, l'uso culinario della santoreggia: bastano poche foglioline per insaporire e rendere più digeribili insalate e pietanze, e per risvegliare Cupido.

Anorgasmia, dispareunia femminile

Cannella Considerata una spezie "calda", il suo aroma serve nei casi di "freddezza" interiore, dove manchi il calore fisico e il trasporto erotico (vedi anche Vergine).

Rosa Anche l'olio essenziale di rosa sembra regolarizzare la produzione degli ormoni femminili; è inoltre antidepressivo, antinfiammatorio, delicatamente erotizzante. Utile quindi per ripristinare il complesso equilibrio femminile e riattivarne le energie (vedi Cancro).

Rosmarino Eccellente riequilibrante psicofisico, soprattutto per le donne, il suo aroma sembra aumentare lo spirito di iniziativa, anche sessuale.

Verbena Questo aroma è invece adatto a donne cui la spinta erotica è venuta a mancare soprattutto per mancanza di stimoli adeguati, quindi ove non ci sia un vero e proprio deficit del desiderio, ma questo semplicemente sia rimasto sopito.

Ylang-ylang Per problemi di frigidità e calo di disponibilità sessuale all'inizio della menopausa. Il suo aroma distende il corpo e lo spirito e si dice faccia "dimenticare" offese e frustrazioni. Può avere effetti ipotensivi.

Emorroidi

Le emorroidi possono essere sintomo di errori alimentari, stipsi cronica, sforzi o stress psicofisico. Tra le essenze più indicate, per la loro azione *decongestionante e cicatrizzante*, troviamo quelle di *cipresso*, *rosmarino*, *lavanda*, *cisto*. Se ne possono mettere 5 gocce di una singola essenza, o meglio della loro miscela, nell'acqua con cui ci si lava o in un cucchiaio di gel neutro, da applicare sulla parte 2 volte al giorno.

Oligoelementi

Manganese-Cobalto + Zolfo La terapia di base in caso di *emorroidi* consiste nel *Manganese-Cobalto* (per esempio, 1 dose 3 volte alla settimana) abbinato allo *Zolfo* (1 dose 2 volte alla settimana), in cicli da ripetere per alcuni mesi. Se, come solitamente succede, l'intestino mostra irregolarità funzionali (generalmente, stipsi o colon irritabile), è opportuno assumere anche il *Magnesio*, 1 dose 4 volte alla settimana. La fitoterapia o la gemmoterapia sono naturalmente un valido complemento all'oligoterapia, utile soprattutto per riequilibrare il "terreno" costituzionale, ovvero la predisposizione individuale ad ammalare.

Omeopatia

Per quanto riguarda l'*eiaculazione precoce,* l'omeopatia consiglia *Caladium 7* CH 4 volte al dì se vi è anche difficoltà di erezione ed eiaculazione senza orgasmo, o *Selenium 5* CH se il disturbo è accompagnato da fantasie erotiche fuori luogo e disturbanti.

Fiori di Bach

Ricordiamo che i rimedi di Bach si possono miscelare tra loro, per ottenere un effetto sinergico.

Crab Apple Questo rimedio è indicato quando il sesso viene inteso come qualcosa di sudicio o comunque spiacevole e le sensazioni legate al corpo interpretate come riprovevoli. In particolare, ci può essere una sorta di attrazione/repulsione verso tutto ciò che è considerato "sporco" o deviante. Ciò si verifica per esempio nei riguardi della masturbazione, che può venire praticata in modo compulsivo e provocare successivamente disgusto e riprovazione verso di sé. Questi soggetti frequentemente accusano dolori durante il rapporto sessuale (*vaginismo*), così da dilazionarlo o evitarlo.

Per quanto riguarda la somministrazione in caso di *emorroidi*, l'indicazione sussiste perché tale disturbo è senza dubbio qualcosa di intollerabile, fastidioso (aggiungere *Agrimony*) e soprattutto vergognoso. Questo rimedio può agire anche in modo sintomatico, specie in caso di *emorroidi sanguinanti* (quando prevale quindi l'istanza di "purgazione") e ancor meglio in soggetti esageratamente interessati alla pulizia corporale e morale, sofferenti di *stipsi* o *colon irritabile*, dediti a pratiche igieniche ritualistiche ed esagerate.

Gentian Occasionalmente o comunque in seguito a stimolazioni negative, si può verificare nell'uomo un'*impotenza sessuale funzionale*, dovuta al timore di fallire, di non essere all'altezza delle aspettative della partner, e soprattutto alla mancanza di fiducia nelle proprie capacità. In molti casi, questo rimedio può risultare d'appoggio, soprattutto per controbilanciare la sensazione di scoraggiamento e inadeguatezza che si accompagna a tale sintomatologia.

Heather Questo soggetto non riesce a dare spazio all'altro, nel timore di sentir venire meno l'affetto e l'interesse nei propri riguardi. Il suo obiettivo è essere acriticamente al centro dell'attenzione altrui, perché ciò lo rassicura circa la disponibilità e l'amore di chi lo circonda. La cosa più difficile per lui e quella per la quale più spesso si lamenta con il prossimo è infatti la solitudine, il timore di essere abbandonato. In campo sessuale, un simile atteggiamento può favorire incomprensioni e malcontento nella coppia, e si esplicita spesso, a livello fisico, in disturbi quali l'*eiaculazione precoce* nell'uomo o nella *carenza di desiderio sessuale nella donna*. È spesso associato a stati di ipocondria.

Impatiens Quale rimedio migliore per l'*eiaculazione precoce*, disturbo tipico di chi non riesce a dare i giusti tempi alla propria sessualità, ma anche in quest'ambito pretende di "consumare" tutto rapidamente, magari a scapito della qualità del rapporto? Chi necessita di questo rimedio difficilmente delega ad altri qualcosa che lo riguarda ed è perciò impensabile che possa farlo con il proprio corpo o con il piacere che ne deriva. In realtà, spesso si tratta di un individuo animato dal bisogno di controllare tutto quanto accade attorno a lui, il che lo conduce a vivere in uno stato di perenne tensione.

Larch Lo stato emotivo corretto dal rimedio è quello di chi preferisce fuggire piuttosto che affrontare una prova o un ostacolo. Per timore di sbagliare e disattendere i risultati che ci si aspetta da lui, si sottrae infatti preventivamente all'azione, seguendo alla lettera il motto "chi non fa, non falla". L'esitazione è una caratteristica riscontrabile in molti ambiti e il mettersi fuori gioco la modalità preferenziale per evitare le conseguenze delle proprie azioni e del confronto con gli altri. Questo atteggiamento può alla lunga condurre, in ambito sessuale, all'*impotenza maschile* e alla *frigidità femminile.*

Mimulus Se le difficoltà sessuali dipendono da una *paura concreta* (del dolore, di una gravidanza, di malattie) amplificata fino a impedire una normale vita sessuale, può essere scelto questo rimedio, adatto a persone ipersensibili, suggestionabili, timide, nervose.

Pine Quando, per qualche motivo, la sessualità viene vissuta con più o meno consapevoli sensi di colpa – nei confronti dell'educazione ricevuta, di un vecchio partner, dei figli – e compaiono dunque delle difficoltà, questo può essere il rimedio giusto. Il soggetto tipico è infatti preda della sensazione di essere responsabile di tutto ciò che di negativo è presente nell'ambiente. Questo lo induce a bloccare ogni iniziativa, se non per giustificarsi o "rimediare" ai presunti torti o errori: un atteggiamento, questo, che può essere letto come un modo per tenere a bada una forte carica aggressiva, repressa e temuta. Naturalmente, tutto ciò può risultare deleterio anche ai fini di una soddisfacente vita sessuale e condurre per esempio all'*impotenza maschile* e alla *dispareunia femminile.*

Per quando riguarda invece le *emorroidi*, se il sintomo prevalente è il *prurito*, può essere utile questo rimedio, che viene associato al senso di colpa e di indegnità, alla vergogna di sé o delle proprie azioni. Il sintomo prurito, che alcuni interpretano come un piacere dissimulato, ha molto spesso in questa localizzazione (bassa e "sporca") una forte connotazione masturbatoria, o comunque di istintualità inaccettata: si tratterebbe insomma di impulsi colpevoli repressi, che trovano l'unico sfogo lecito nel prurito e la sola soddisfazione accettabile nella possibilità di grattarsi. In caso di sintomi accompagnati da prurito, è utile valutare l'associazione con *Agrimony*, indicata quando il disturbo abbia carattere tormentoso.

Cromoterapia

Arancione Tra i colori che possono favorire la *disintossicazione* e la reazione difensiva dell'organismo – ma anche la risoluzione di *blocchi emotivi* alla base di *disturbi della sfera sessuale* – vi è l'*arancione*. La sua applicazione dev'essere però sempre seguita dal *verde* o dal *blu*, per evitare un'eccessiva stimolazione nervosa. L'arancione è controindicato in caso di infiammazioni e disturbi tiroidei.

SAGITTARIO

(23 novembre-21 dicembre)

Autunno: atto terzo

Sagittario: espressione del verbo riflessivo *incamminarsi*. Dopo la sepoltura del seme avvenuta sotto l'egida scorpionica, la vita vegetale intraprende il proprio cammino verso la rinascita primaverile. Nella nuova dimora sotterranea il seme comincia a subire le prime *metamorfosi*, aprendosi pian piano e liberando le proprie minuscole radici. In superficie intanto la Natura riposa, in attesa del momento più delicato del proprio ciclo annuale: il solstizio d'inverno, che avrà luogo il 22 dicembre, quando alle nostre latitudini il sole raggiungerà il punto più basso sull'orizzonte. In quel giorno, si verificheranno la notte più lunga dell'anno, il calo massimo delle energie vitali della Natura stessa (poco sole significa infatti poca luce, poco calore e dunque poca vitalità), il silenzio più lungo e più magico. Il Sagittario è dunque un segno di *passaggio*, di *attesa*, di *preparazione* al momento del raccoglimento supremo. Il concetto viene ribadito anche dalla liturgia cattolica, che celebra l'Avvento proprio nel periodo astrologico del Sagittario.

Le sagitte del Sagittario

Nell'iconografia zodiacale, il Sagittario viene raffigurato da un centauro al galoppo che scaglia verso l'infinito la propria freccia (secondo il pensatore greco Parmenide, l'infinito è simboleggiato dal numero nove e il Sagittario, nello Zodiaco, è proprio il nono segno). È interessante notare come la freccia – o sagitta – venga ritenuta presso svariate culture, sia occidentali sia orientali, il simbolo della *conoscenza*, assimilabile al *lampo* che squarcia il buio dell'ignoto (lampo = saetta = sagitta). Questa attribuzione trova due agganci simbolici immediati con il Sagittario, segno che è infatti tradizionalmente associato alla *cultura*, agli *studi superiori*, alla *didattica*, ma anche governato (come si vedrà in seguito) da Giove, che nella mitologia scagliava le proprie saette quando veniva colto dall'ira. Per certi aspetti, questa caratteristica attribuita al padre degli dèi confermerebbe anche un'altra valenza simbolica della freccia, quella di *collegamento fra il divino e il terreno*, un po' come l'arco (con il quale le frecce si scagliano) che, assimilato all'arcobaleno, rappresenta in molte zone geografiche il *ponte fra il Cielo e la Terra*. In questa immagine così suggestiva, si cela inoltre una simbologia pregnante del Sagittario: quella di *senso del religioso* (André Barbault definisce la casa nona dell'oroscopo personale – analoga al nono segno, il Sagittario – come "la casa delle acquisizioni superiori dello spirito e dell'anima"[22]). Nella leggenda che narra di due pentole ricolme d'oro sepolte nei punti in cui l'arcobaleno tocca la Terra, si incontra un ulteriore riferimento a Giove, astro che è da sempre associato alle *ricchezze*, al *denaro*, al *benessere*. Arco e freccia costituiscono inoltre l'"armamentario" per eccellenza degli eroi, dei paladini della gente comune, dei giustizieri, da Robin Hood a Ulisse. Nel caso dell'eroe omerico, l'arco rappresenta anche il simbolo del potere magico dei re: durante l'assenza da casa di Ulisse, infatti, nessuno era stato in grado di tendere il suo arco, nemmeno Telemaco; solo Ulisse stesso vi riuscì e sterminò i Proci che avevano invaso la sua casa. Il glifo della freccia, con il quale si stilizza il simbolo del Sagittario, esprime inoltre lo slancio con il quale l'uomo affronta sia il proprio cammino spirituale sia l'ampliamento del proprio bagaglio di conoscenze. La freccia sagittariana è dunque il simbolo di quel processo di crescita individuale che avviene per "estensione", ovvero tramite la spinta di una forza centrifuga che si sprigiona tanto dalla mente quanto dall'anima e che conduce all'esplorazione dello scibile a trecentosessanta gradi. Alla luce di quanto finora esposto, è plausibile affermare che, se all'evoluzione individuale si potesse attribuire un carattere tridimensionale, il Sagittario rappresenterebbe la crescita in ampiezza *orizzontale* (o meglio, *circolare*), lo Scorpione quella in *profondità* e i Pesci (come si vedrà nell'ultimo capitolo) quella in *elevazione*.

[22] Barbault, André, *Trattato pratico di astrologia*, Astrolabio Ubaldini, Roma 1979, p. 103.

Uomo o cavallo?

Se nella personalità del nativo di questo segno prevale la componente "cavallo" (simboleggiata dal personaggio mitologico di Issione), egli prova insoddisfazione per il proprio stato sociale, il proprio ruolo, le proprie condizioni di vita. Da qui nasce allora l'inquietudine che si incanala nel desiderio di viaggiare per fuggire da se stesso, dalle proprie radici e dalle tradizioni troppo vincolanti. In questo caso, l'individuo Sagittario incarna simbolicamente il cavallo allo stato brado: non tollera alcun tipo di redini e si sente "cittadino del mondo"; ma a volte, proprio a causa di questo rifiuto delle regole, finisce con il perdere il controllo del proprio destino. Se invece nell'impalcatura caratteriale del nativo prevale la parte "umana" (simboleggiata dal saggio Chirone), egli è l'individuo che segue fedelmente e con entusiasmo la traiettoria della propria freccia interiore, diretta verso mille conquiste personali, prime fra tutte la conoscenza, la crescita interiore e la saggezza, che possono anche tradursi in soddisfazioni concrete nel lavoro e nel privato.

Analogie con la Storia

Nello scorrere infinito della Storia, il Sagittario simboleggia il periodo che dalla scoperta dell'America prosegue con le spedizioni coloniali, le deportazioni dei neri d'Africa come manovalanza a costo zero per le colonie, le eresie religiose e le persecuzioni delle eterodossie religiose.

Non sarebbe azzardato, forse, associare al Sagittario (segno del movimento che avviene sulle lunghe distanze) anche la preistorica invenzione della ruota, strumento che poi rese possibile viaggiare e spostarsi con agevolezza. Non solo, ma il Sagittario potrebbe corrispondere anche a una delle tappe evolutive fondamentali dell'umanità: quella dell'invenzione del *linguaggio verbale*, in virtù del fatto che Giove governa la lingua e l'uso delle parole.

Dallo Zodiaco ai Tarocchi

Al Sagittario corrisponde la carta numero cinque dei Tarocchi, Il Papa, simbolo di grandezza d'animo, generosità, incorruttibilità. Tale lama rappresenta inoltre la *conoscenza* che si *espande* in mille direzioni, lo *spirito filosofico*, la mediazione fra Dio e il mondo terreno (e qui si riscontra di nuovo l'analogia con la freccia e l'arcobaleno di cui si è detto).

Identificazione zodiacale

Da un punto di vista strettamente astrologico, il Sagittario è un segno di genere *maschile*, di modalità *mobile*, appartenente all'elemento *Fuoco*. Tuttavia, è necessario precisare che il Fuoco sagittariano, a differenza di quello arietino e leonino, non ha fiamme: esso è piuttosto assimilabile al fuoco della brace nel camino, accanto al quale, nella stagione fredda, è bello ritrovarsi con gli amici o sedere in poltrona a leggere. È dunque un Fuoco che dà, certamente, *luce* e *calore*, ma che evoca una dimensione più intima rispetto a quelle riconducibili al Fuoco prorompente, ardente, incontrollato degli altri due segni ignei.

Il Sagittario e i grandi viaggi

Sul piano simbolico, inoltre, il Fuoco sagittariano può fornire interessanti spunti di riflessione: se il segno precedente, lo Scorpione-Acqua stagnante, rappresentava il momento del trapasso, l'ingresso nel tunnel nero di cui riferiscono tutti coloro che hanno avuto esperienze di pre-morte, il Sagittario-Fuoco rappresenta la luce in fondo a quel tunnel, l'alone luminoso al di là del quale, secondo le comuni credenze, vi sono le anime delle persone care già defunte, pronte ad accogliere l'anima dell'individuo appena deceduto. In definitiva, il Sagittario rappresenta la prima tappa evolutiva dopo l'esistenza terrena, il "grande viaggio", la nuova avventura, la scoperta dell'"Altro mondo" o "Nuovo mondo", espressione con la quale si identificava l'America o, se si preferisce, gli Stati Uniti, governati anch'essi dal Sagittario. Una tipica raffigurazione sagittariana dell'aldilà è quella dei pellerossa, secondo i quali, dopo la morte, l'individuo va a galoppare sui cavalli delle grandi praterie di Manitù. Sul piano dell'evoluzione individuale, il Sagittario rappresenta il *sollievo* dopo la crisi scorpionica, "la quiete dopo la tempesta", per dirla con Leopardi, il recupero dell'*ottimismo* dopo il superamento dell'ostacolo.

Dal punto di vista zodiacale – e dunque archetipico – il Sagittario fa parte della vita di tutte le persone: nello specifico, la casa dell'oroscopo di nascita che poggia sul nono segno rappresenta gli ambiti in cui l'individuo andrà incontro a un destino sagittariano e nei quali manifesterà le caratteristiche tipiche del Sagittario: bontà, generosità, irascibilità, ottimismo, inquietudine, ingenuità e tutte le altre elencate in questo paragrafo.

I pianeti del Sagittario

Primo pianeta governatore: Giove

È molto importante sottolineare il doppio domicilio planetario che si riscontra in questo segno, poiché esso dà origine a due personalità sagittariane ben distinte e piuttosto diverse fra loro: quella *gioviana* e quella *nettuniana*. Il primo "padrino" astrologico del Sagittario è Giove, il pianeta più voluminoso del sistema solare. Padre buono degli dèi ed estimatore dei *piaceri della vita*, Giove ben esprime, sul piano astrologico, l'essenza epicurea, edonista e gaudente del segno, ma al contempo ne conferma anche la natura perbenista, ottimista e altamente etica. La mitologia rimanda infatti alla figura di un dio dedito ai piaceri della carne, fedifrago e autoindulgente (basti pensare, fra le tante, alla tresca amorosa che Giove, trasformatosi in cigno, ebbe con Leda, o a quella che intrecciò con la ninfa Maia, dalla quale nacque l'astuto Mercurio). Ma nonostante questo suo "correre la cavallina" (espressione in sintonia con il simbolo iconografico del Sagittario), rimase comunque sempre legato alla sposa Giunone, nel più ferreo rispetto delle tradizioni e di un certo spirito conformista.

Anche l'impronta cattedratica del segno può essere ricondotta al domicilio di Giove, che corrisponde alla figura del *maestro*, che istruisce, educa e trasmette la propria esperienza, senza alcuna avarizia, men che meno *verbale* (e questo collega il discorso anche alla *generosità* e all'estrema *loquacità* che caratterizzano generalmente il Sagittario).

Ottimismo ed *euforia* sono altre due caratteristiche di Giove, che per certi versi risultano la causa e al tempo stesso la conseguenza di una delle simbologie più pregnanti del pianeta stesso, quella di *fortuna*: il Sagittario è da ritenersi realmente il segno più fortunato dello Zodiaco, poiché il suo ottimismo, la sua contentezza, la sua fiducia nel domani costituiscono le "calamite" mentali ed emotive più efficaci per attirare a sé gli eventi fortunati. D'altronde, è arcinoto che "cuor contento, il ciel l'aiuta". Così come è noto che, se Giove rappresenta gli "ampi volumi" e il Sagittario nel corpo umano governa i glutei, la commistione segnopianeta è la sintesi dell'espressione "grande culo", sinonimo di "fortuna".

Il fatto poi che Giove sia un pianeta *positivo* lo si evince anche dai vocaboli che derivano dal suo nome: *giovare*, *giovamento*, *giovialità*.

Giove rappresenta inoltre l'*abbondanza* e l'*accumulo* sotto ogni punto di vista, compreso quello fisico: dotato di un palato quasi insaziabile, il Sagittario (o chi ha l'Ascendente in questo segno) può tendere, per l'appunto, all'abbondanza delle forme, che con gli anni può accompagnarsi a un aumento del tasso di colesterolo e di glucosio nel sangue.

Il pianeta compie un giro completo dello Zodiaco in dodici anni, sostando mediamente un anno in ogni segno.

Nettuno, secondo pianeta governatore

Se l'impronta gioviana forgia il Sagittario bonario, pacioccone, ottimista e gaudente, Nettuno può invece strutturare una personalità *irrequieta*, riconducibile al "cavallo allo stato brado" di cui si è riferito all'inizio. Quando nel carattere del Sagittario prevale la componente nettuniana, l'ottimismo cede il passo alla *lamentela*, la gioia di vivere all'*insoddisfazione*, la fiducia alla *confusione*, il perbenismo alla *sregolatezza*, il piacere edonistico e materiale alla *fuga dalla realtà*.

Tuttavia, Nettuno rappresenta anche lo *spirito d'avventura*, che a questo segno non fa difetto e che sfocia, fra le altre cose, anche nel *desiderio di viaggiare*: molti nativi di questo segno, se potessero, trascorrerebbero la propria vita saltando da un aereo all'altro, visiterebbero a più riprese tutti e cinque i continenti e vivrebbero più che volentieri, nei casi estremi, anche tutte le avventure di Indiana Jones.

Nettuno però è anche il simbolo astrologico del *senso religioso*, che nel Sagittario – grazie al supporto di Giove – diventa *esperienza spirituale concreta*, *osservanza*, *sincerità d'accenti* e *applicazione* piuttosto rigida degli insegnamenti impartiti dal credo cui il nativo appartiene. Il senso religioso ispirato da Nettuno, se portato all'estremo, può tuttavia diventare *fanatismo*: le spedizioni coloniali del Cinquecento, che come si è detto sono riconducibili al Sagittario, ne forniscono un chiaro esempio, con lo sterminio di migliaia di indios ritenuti "senz'anima" perché non cattolici.

La *fantasia* nettuniana nel Sagittario si lancia al galoppo e assume forme variegate, che sfociano non di rado anche nell'espressione artistica. Basti ricordare, per esempio, che fra i Sagittario più fantasiosi si trovano Steven Spielberg e Walt Disney, "padre", quest'ultimo, di un'infinita serie di personaggi a fumetti (tutti molto borghesi e perbenino) che hanno a loro volta stimolato l'immaginazione di milioni di individui, generazione dopo generazione. A proposito di Disney, è curioso notare che la sua creatura più famosa, Topolino, è anche diventato uno dei protagonisti di un celeberrimo film intitolato, neanche a farlo apposta, *Fantasia*.

Infine, Nettuno-*frode* può costituire quella sfumatura piuttosto marcata della simbologia di *viaggi* correlata al Sagittario: non passa estate, infatti, che le cronache non riferiscano di turisti gabbati da tour operator disonesti che promettono vacanze in posti da sogno (naturalmente previo congruo pagamento) e poi si *dissolvono nel nulla* (in totale assonanza con la natura nettuniana) lasciando i malcapitati a disperarsi negli aeroporti o, nella migliore delle ipotesi, a trascorrere il periodo vacanziero in tuguri che nulla hanno a che vedere con gli hotel pluristellati decantati dal dépliant.

Pianeta in esilio: Mercurio

Mercurio l'*irriverente* non può trovarsi a proprio agio in un segno *solenne*, *adulto*, *borghese* come il Sagittario, che oltretutto rappresenta l'*attesa*, la *paciosità d'animo*, la *legalità*, tutte simbologie in antitesi con quelle di *rapidità*, *nervosismo* e *furfanteria* implicite nel piccolo pianetino.

Mercurio si trova inoltre a proprio agio sulle *brevi distanze*, mentre il Sagittario rappresenta gli *spazi lontani* e i *territori sconfinati*; Mercurio *miniaturizza*, il Sagittario *amplifica*; Mercurio *apprende*, il Sagittario *insegna*; Mercurio è *smaliziato*, oltre che un *furbo di tre cotte*, il Sagittario possiede invece un *candore* che lo porta spesso a credere che il mondo sia popolato solo di boy scout e chierichetti. L'antinomia fra il pianeta e il segno risulta dunque evidente.

Si rammenta infine che il significato mercuriale di *udito* trova poco spazio in un segno come il Sagittario, che rappresenta la *parola*, talvolta spinta fino alla *logorrea*.

Pianeta in caduta: Plutone

Nel 1999, mentre Plutone già percorreva il Sagittario – segno in cui si trova in caduta –, sui giornali comparve una notizia piuttosto sconcertante: secondo alcuni scienziati e astronomi, l'astro più misterioso del sistema solare non era affatto da considerarsi un pianeta, ma un corpo celeste minore, un asteroide o un planetoide. Dopo qualche settimana, tuttavia, l'"allarme" rientrò e a Plutone venne confermato il "rango" che gli spettava. È curioso notare come questo tentativo di declassamento, di *caduta* (in un certo senso) del "prestigio" plutoniano sia stato perpetrato proprio mentre Plutone transitava nel segno della propria debolezza massima.

Certo è che, nel *candido* Sagittario, l'*oscuro* Plutone non può trovare il terreno migliore per esprimersi, praticamente in nessuna delle proprie simbologie. E questo rende evidente come fra Giove e Plutone, secondo le ferree leggi dello Zodiaco, non possa esistere coabitazione: nel Toro, dove Giove è esaltato, Plutone è esiliato; nei Gemelli avviene il contrario, Plutone è esaltato e Giove esiliato; nello Scorpione è di nuovo Plutone a prevalere, con Giove in caduta, fino a giungere al Sagittario, dove Giove si trova a proprio agio e Plutone nel disagio massimo. E come si è visto per Mercurio, si crea un netto gioco degli opposti fra i significati del pianeta e quelli del segno: alla *menzogna* plutoniana si contrappone la *sincerità* sagittariana, alla *perfidia* la *lealtà*, alle profonde doti di *introspezione* implicite nel pianeta la *gioiosa superficialità* del Sagittario. Si è poi riferito della *legalità* espressa dal segno, che contrasta con la simbologia di *criminalità organizzata* dal tenebroso astro, così come la *trasgressione* plutoniana contrasta con il *perbenismo* sagittariano. Ma Plutone non possiede solo caratteristiche negative: esso rappresenta le *energie più preziose e profonde* dell'individuo, gli *zampilli inarrestabili della creatività* e della *forza rigeneratrice* che permettono di superare i momenti di crisi: nel Sagittario queste caratteristiche si attenuano, anche perché il segno è più rivolto al cielo, a ciò che sta sopra di sé (e in questo senso, il movimento ascensionale della freccia scagliata dal centauro ne è una dimostrazione) anziché a ciò che è nascosto "sotto", nelle profondità. Anche il mito che narra del ratto di Proserpina avvenuto per mano di Plutone sottolinea che Giove non si reca di persona nelle viscere dell'Inferno, non "scende" negli oscuri abissi, ma manda Mercurio come latore dei propri messaggi. Ciò significa che il Sagittario, più che un segno profondo, può essere considerato al massimo un segno "terreno", che trova bella la realtà che ha intorno, al punto da goderla in ogni aspetto, senza avvertire il bisogno di scavare e trivellare troppo o di infilarsi in oscure tortuosità. Plutone sta dunque alla *parte più oscura e infernale della personalità* come Giove sta a quella più *ottimista*.

Grazie all'esperienza di vita, inoltre, il Sagittario diventa *saggio* e *filosofo* (o quanto meno è convinto di diventarlo); Plutone invece, con la sperimentazione quotidiana del mestiere di vivere, fa diventare l'individuo *psicologo* e gli fa acquisire *carisma*, doti, queste ultime, per le quali in genere il Sagittario non brilla particolarmente.

Come non sottolineare, infine, la discrepanza che si crea fra le sulfuree qualità *demoniache* del pianeta e il solenne *senso religioso* del segno zodiacale? Insomma, dire Plutone e Sagittario è un po' come dire il diavolo e l'acqua santa...

Concordanze e analogie nel corpo umano

Superato il momento critico della rinuncia alla propria vecchia forma caduca (Scorpione), come si è visto, siamo ora approdati, con il Sagittario, alla possibilità di dirigere la nostra vita verso un orizzonte più vasto, accedendo a nuovi regni di conoscenza al di là della forma materiale, nell'universo dei princìpi eterni. Il viaggio verso questa nuova frontiera interiore richiede slancio ed entusiasmo, fede e capacità di proiettarsi oltre gli ostacoli. La mobilità è dunque la prima caratteristica richiesta, e difatti al Sagittario competono:

– il *femore* e *l'anca*, incaricati di sostenere il corpo nella stazione eretta e nella marcia. La stazione eretta è una conquista dell'evoluzione che dà modo di esplorare con lo sguardo e di controllare un più ampio territorio, e anche di operare rapidissimi cambiamenti di direzione, se richiesti.

La capacità di "reggersi sulle proprie gambe" è inoltre fondamentale per dirigerci volontariamente dove ci portano i nostri desideri e le nostre prerogative, rendendoci responsabili della direzione intrapresa, e questo sia fisicamente sia in senso morale. In quasi tutte le tradizioni e in moltissimi miti e favole il percorso di individuazione (cioè il divenire consapevoli di se stessi, fino ad arrivare a conoscere il Sé transpersonale) è assimilato a una Via o a una peregrinazione disseminata di incontri fruttosi e pericoli. Alla fine di questo viaggio, se siamo sostenuti dalla fede, dal coraggio e dall'umiltà di mettere in discussione le nostre acquisizioni precedenti, potremo approdare a un imperturbabile rapporto con la Realtà e con l'Unità di cui ci sentiremo allora parte integrante e cocreatori. Gli incidenti di percorso, le tentazioni (intese come fattori che ci distolgono dalla nostra vera natura e ci allontanano dalla strada maestra), le cadute vere o metaforiche rappresentano le lezioni da apprendere, che ci danno modo di correggere la rotta e acquisire nuovi poteri sulla nostra vita.

Da sempre, gli uomini hanno cercato di rendere questo percorso interiore tangibile, compiendo per esempio pellegrinaggi in località sacre o taumaturgiche, o semplicemente viaggiando in posti lontani dalla propria consuetudine e simbolicamente significativi (come gli occidentali che si spingono in India o in Tibet). L'obiettivo è però sempre un viaggio che cambi "da dentro" la persona, stimolandola a uscire dai soliti ruoli e a spogliarsi di se stessa. Non è del resto raro trovare, davanti o dentro molti luoghi santi, un labirinto o un tragitto obbligato, che simboleggia le peripezie dell'anima prima di approdare all'incontro con la divinità salvifica e che il pellegrino percorre a piedi o in ginocchio, per replicare consapevolmente le traversie incontrate e meditare sulle scelte compiute per avvicinarsi al Sé supremo;

– il *fegato* in quanto organo deputato alla gestione dell'energia, rappresentata dall'accumulo o dalla dismissione del glicogeno (una forma di stoccaggio del glucosio, lo zucchero che rappresenta il carburante principale usato dalle cellule per tutte le reazioni che richiedono un dispendio energetico). Per la medicina tradizionale cinese, il fegato è preposto alla messa in moto, proprio per il suo legame con l'utilizzo dell'energia, e perché una malattia di fegato spesso si annuncia con spossatezza (vedi anche la Vergine);

– l'*apparato muscolare*, che serve a muoversi nello spazio, e ciò che lo fa funzionare, cioè il metabolismo degli zuccheri e dei grassi e, inoltre, le arterie di grosso e medio calibro (dove è presente una notevole componente muscolare).

Alla posizione dei segmenti ossei e muscolari si deve la capacità di percezione *cinestesica*, ovvero legata alla posizione del corpo in generale e ai movimenti. Camminare, salire o scendere le scale, raccogliere o spostare qualcosa, danzare: ogni movimento, dal più semplice al più complesso, necessita dell'acquisizione e del corretto utilizzo del proprio schema corporeo, intendendo con questo l'immagine sensoriale che si forma nel cervello e che ha poi una precisa corrispondenza neuromuscolare. La conoscenza del proprio schema corporeo si struttura infatti a partire dalle sensazioni provenienti da tutta la superficie corporea e dagli organi interni, convogliate in apposite aree cerebrali. Essa si basa quindi sulle informazioni riguardanti lo spazio occupato dal proprio corpo fermo e in movimento, ed è anche all'origine dell'immagine di sé, somatica e psichica.

Sentirsi bene nella propria pelle oppure inadeguati, all'altezza della situazione o inetti, in grado di muoversi nel mondo o disorganizzati sono sensazioni che dipendono strettamente dall'immagine che ognuno ha di se stesso. Questa autopercezione è analoga, sul piano psichico, alla consapevolezza delle proprie capacità e dei propri limiti: quanto più efficaci e aderenti alla realtà sono queste sensazioni, tanto più un soggetto dovrebbe essere in grado di adattarsi alle diverse circostanze. Come lo schema corporeo, così anche l'immagine di sé è però in continuo mutamento ed evoluzione: piccoli riarrangiamenti quotidiani sono infatti essenziali per mettere costantemente a fuoco il mutare delle situazioni. Uno spostamento improvviso o una lacuna in questa sorta di trama neuropsichica può dunque essere sia il risultato di un trauma sia, in un certo senso, un possibile fattore che predispone a subire il trauma stesso.

In altre parole, una imperfetta o non aggiornata conoscenza del proprio schema corporeo può indurre a sopra- o sottovalutare le proprie forze, le distanze spaziali o temporali in cui ci si muove, predisponendo così agli incidenti. Ne è un esempio il modo impacciato di muoversi di molti adolescenti, che si ritrovano improvvisamente alle prese con un corpo troppo grande o troppo "adulto", comunque sconosciuto, spesso fonte di imbarazzo e ansietà.

L'efficienza e la rapidità nel riparare i danni traumatici sono fra i più importanti requisiti di un organismo ai fini della sopravvivenza. La ripresa della mobilità di un arto, l'emostasi e il recupero della funzione protettiva della cute (vedi anche il Capricorno) sono infatti essenziali per tornare a svolgere le attività finalizzate a procurarsi nutrimento e riparo, e quindi a garantire la continuità dell'esistenza e della specie. L'organismo umano reagisce spesso in modo drammatico agli eventi che seguono un trauma: il dolore, l'impossibilità funzionale, la forzata immobilità si ripercuotono immediatamente anche sul morale, motivo per il quale, oltre allo spavento per la repentinità o la violenza del trauma subìto, interviene anche una particolare ansia per la propria integrità o incolumità.

In realtà, il senso di spaesamento e quindi di angoscia che spesso consegue a una frattura, una distorsione, una ferita anche non particolarmente gravi si potrebbero spiegare con l'inaspettato e rapido mutamento dell'assetto psicofisico, che rende il proprio corpo momentaneamente inaffidabile e incontrollabile.

Ma ci sono anche motivi inconsci che predispongono o addirittura "spingono" il nostro corpo a incontrare l'evento traumatico. Indagando nel vissuto di soggetti pluritraumatizzati, si può infatti rilevare come talvolta l'incidente subìto non sia in fondo così casuale. La finalità non dichiarata è quasi sempre quella di evitare un evento che risulterebbe ancor più "traumatizzante" per l'assetto psichico: un cambiamento a cui non si è preparati, un'autonomia che non si è ancora in grado di reggere, un incontro che non si sa o non si vuole affrontare. Oppure, sono in gioco tematiche di autoaggressione o autopunizione, per esempio per avere inconsci sentimenti negativi verso qualcuno dal quale si è strettamente dipendenti.

Il tema della caduta come punizione del fato o della divinità è molto sentito dall'umanità, tanto è vero che sono numerosi i miti che contemplano, in genere come massima punizione per chi si oppone all'autorità divina, proprio l'essere scagliati in basso, sulla Terra o negli Inferi. La ribellione al disegno divino operata da Lucifero, scaraventato al centro della Terra, e la scalata all'Olimpo dei Titani, puniti poi dal fulmine di Zeus e segregati nel Tartaro, sono forse gli esempi più famosi di questo tipo di *hybris*, il peccato di tracotanza che offende gli dèi e la Natura.

In termini psicologici, si potrebbe invece parlare del timore che gli istinti repressi possano prevalere sulle componenti più evolute, spirituali, oppure della "ribellione" delle parti inconsce o rimosse contro le direttive morali e della convenzione sociale, cioè contro la funzione del Super-io. In questo senso, la facilità alle fratture potrebbe fra l'altro esprimere un simbolico tentativo di "rompere le regole", di spezzare le norme morali, le "Tavole della Legge": la durezza dell'osso e il suo rappresentare lo schema di base di tutto il corpo possono infatti farlo associare all'insieme di norme che regolano la Natura e i rapporti interumani, o alle gerarchie e ai doveri (vedi anche il Capricorno). Perciò, se non ci si sente adeguati al proprio schema corporeo, se non si accetta di conoscerlo e utilizzarlo per evolversi ma si crede di poterne fare a meno, ecco la "punizione", l'incidente, il trauma: la Natura ridimensiona ogni cosa, riportando bruscamente sulla Terra, a contatto con la dura, limitata, ma inevitabile, realtà.

Mente & Corpo

Irrequieto e avventuroso, sempre in movimento, curioso e ottimista, si riconosce in genere al Sagittario uno spirito indipendente e audace. Le sue avventure possono benissimo trascorrere nel mondo delle idee e delle innovazioni, ma non disdegna certo quelle galanti. A volte un po' irruente, come tutti gli appartenenti ai segni di Fuoco, non gli mancano la capacità di organizzare le idee proprie e altrui e la filosofica saggezza dono del bonario Giove: una miscela davvero ineguagliabile. È forse per il fatto che al Sagittario vengono collegati le anche, il femore, l'apparato muscolare che in genere detesta stare fermo. Ed è forse proprio la sua continua tensione verso mete ulteriori (la freccia scagliata dal centauro) – che si può tramutare in irrequietezza anche motoria e in passione per lo sport avventuroso – a predisporlo a traumatismi, slogature, sofferenza del nervo sciatico. Inoltre, poiché può tendere all'autoindulgenza, e quindi anche a eccedere con il cibo, potrebbe ritrovarsi con colesterolo e trigliceridi ematici un po' troppo alti, e il rischio che si depositino nelle arterie.

Per la medicina ayurvedica è senz'altro vicino al tipo *Pitta*, focoso e idealista, e al tipo *Legno/Fuoco* della medicina cinese, che porrà l'accento sulla messa in moto e sulla gestione delle energie, ambiti che potrebbero essere anche quelli maggiormente implicati nella genesi dei suoi disturbi.

Dal punto di vista psicologico, ci troviamo di fronte a un soggetto che predilige probabilmente occuparsi dell'ideazione e della progettazione di un oggetto o di un evento, anziché delle fasi responsabili del suo mantenimento e della inevitabile routine che ne consegue. Il suo scarso appiglio agli aspetti sensoriali potrebbe indurlo a errori di valutazione in questo ambito (per esempio, come detto sopra, la facilità ai traumatismi) o ad annoiarsi poco dopo aver intrapreso una nuova iniziativa, ben prima di averne sviscerato tutti gli aspetti: ecco spiegata l'inquietudine del segno. A fronte di ciò, comunque, resta il fatto che di solito il tipico Sagittario è, nella prima parte della vita, un individuo estrovertito (cioè più interessato agli oggetti e agli eventi esterni che alle proprie elaborazioni interiori), ben dotato di intuizione e capacità razionale (funzione del pensiero), che gli consentono di gravitare e spaziare soprattutto nell'ambito delle idee e dei concetti filosofici, dei princìpi morali e della ricerca dell'Assoluto. Dal punto di vista sentimentale, l'eccessivo affidamento su queste stesse funzioni può fargli tendere a idealizzare i suoi interessi lavorativi o culturali, gli amici o il partner, salvo bruschi ridimensionamenti quando essi cadono giù dal piedistallo. Oppure, a trascinare la ricerca del principe azzurro (o dell'equivalente femminile) per molto tempo, prima di accorgersi che è molto meglio gustarsi ciò che si ha già, specie se si è attenti a valorizzarlo.

Per eccesso e per difetto

Ci occupiamo in questo ambito di una condizione tra le più frequenti, ovviamente non solo nella vita dei Sagittario, rimandando i consigli per i disturbi del fegato alle pagine dedicate alla Vergine.

Traumatismi Vi sono persone che sembrano bersagliate dalla sfortuna, per quanto riguarda incidenti e traumatismi: per periodi anche piuttosto lunghi, infatti, capita loro di incorrere in numerosi, ovviamente accidentali e imprevedibili, infortuni. Ma a un esame più attento si può in parecchi casi rilevare che molti di questi "casuali" accidenti sono successi in momenti particolari e che hanno un loro senso. A questo proposito, è molto importante valutare anche quale parte del corpo sia stata lesa, e il significato funzionale e quindi simbolico a questa sottintesa. Per esempio, farsi spesso male alle mani mediante scottature, ferite o fratture potrebbe indicare un problema con la propria aggressività (diretta contro se stessi o contro gli altri) o con la propria capacità/incapacità di agire nel mondo. Se sono le braccia a essere colpite con più frequenza, può essere presente una tematica di autodifesa o repressione dell'aggressività (anche le braccia possono essere usate per colpire). Lesioni alle gambe parlano invece del tentativo di bloccarsi, magari per timore dell'autonomia o di fare scelte che non si è capaci di gestire. La schiena ha una accezione molto complessa, in quanto percorre e sostiene diversi, ugualmente importanti distretti corporei: collo, torace, bacino. Spesso anche un'unica lesione vertebrale può essere interpretata in modo significativo: le vertebre cervicali, che sostengono e articolano la testa e il collo, possono per esempio far pensare a un'autodifesa che si esprime con rigidità di pensiero e chiusura dei propri orizzonti; quelle dorsali, a difficoltà nel mondo affettivo e degli scambi emotivi, al non sentirsi accettato; quelle lombari, a problemi che investono l'autonomia di azione e la sessualità.

Senza ovviamente voler generalizzare, si può dire che chi trascorre periodi costellati di incidenti è quasi sicuramente in un momento di ridefinizione della propria vita, il che implica anche un mutamento nel rapporto con il proprio corpo, spesso fonte di disagio. Se l'"incidentite" è invece più cronica, fino a costituire quasi un tratto costituzionale, si può prendere in considerazione un particolare atteggiamento nei confronti della trasgressione alle regole e ai limiti, anche quelli imposti dal corpo stesso: una sorta di sopravvalutazione delle proprie possibilità o, se vogliamo, il conflitto tra l'onnipotenza del pensiero e la limitatezza del corpo.

Per rimediare: Affaticamento muscolare: aromi, oligoelementi – Contusioni: erbe, aromi – Distorsioni e slogature: medicina popolare, omeopatia – Facilità ai traumatismi: fiori di Bach – Ferite: medicina popolare, erbe, aromi – Preparazione atletica: erbe – Punture di insetti: aromi – Sciatalgie e contratture muscolari: cromoterapia, aromi – Sindromi dolorose post-traumatiche: erbe, cromoterapia – Stiramenti e strappi muscolari: aromi, oligoelementi – Traumatismi in genere (conseguenze o cause emotive): fiori di Bach.

Disturbi epatici Vedi Vergine.
Per rimediare: alimentazione, fiori di Bach (Olive).

I rimedi della Natura

Alimentazione

L'alimentazione gioca un ruolo chiave nel caso dei Sagittario, data la loro predisposizione ai *disturbi del metabolismo del fegato* e alle *malattie ostruttive delle arterie*. Tendono infatti al disordine nei pasti e spesso, come tutti i segni di Fuoco, a esagerare nelle quantità. Per mantenere i tessuti elastici, occorre un surplus di silicio, che è possibile trovare in erbe quali l'*equiseto* (indicato anche nel consolidamento dei tessuti dopo i *traumatismi*) e in tutti i tegumenti vegetali. È quindi utile mangiare frutta e verdura biologica, ben lavata, possibilmente con la buccia. Sono particolarmente consigliabili *avena*, *riso e frumento integrali* (anche in fiocchi), *fichi*, *fragole*, *ciliegie*.

Medicina popolare

Acqua, argilla, vapori: con questi pochi elementi, poveri ma preziosi, la medicina popolare insegna a rimediare ai danni da ferite, piaghe, contusioni, slogature.

Slogature Il freddo rimane il primo rimedio: ecco perché un impacco di *ghiaccio* o, in mancanza di questo, di acqua molto fredda può migliorare decisamente la situazione. La semplice borsa del ghiaccio o un fazzoletto riempito di cubetti posti sulla parte dolorante infatti anestetizzano (azione sui nervi periferici) e disinfiammano (azione sui vasi sanguigni), riducendo l'edema e quindi diminuendo anche il dolore da compressione. In seguito, si potrà ricorrere, a seconda dei casi, a una pomata o a un unguento all'*arnica*, oppure a un decotto di *equiseto*, da applicare freddo, mediante garze imbevute.

Ferite e slogature Il cataplasma con l'*argilla* è un toccasana per le *ferite* e anche per le *slogature*. A volte può risultare, alla lunga, anche migliore del ghiaccio, perché meglio sopportato. Si prepara unendo a qualche cucchiaio di argilla (a seconda dell'estensione della zona da trattare) un po' d'acqua, sino a ottenere una pasta fluida. Si stende il miscuglio su una garza che poi si ripiega e si pone sulla parte lesa. Si può eventualmente fasciare il tutto, non troppo strettamente per evitare la compressione dei vasi. Il cataplasma va rinnovato ogni tre ore. In molti casi, dà un sollievo dal dolore quasi immediato.

Per ottenere un effetto *antiemorragico*, si può unire all'argilla, anziché semplice acqua, un decotto di *potentilla* o di *equiseto*, oppure di equiseto e *calendula* in parti uguali. Se la ferita è lieve e non si teme un eccessivo sanguinamento, può bastare l'applicazione di questi decotti tramite compresse fredde.

I vecchi manuali di naturopatia assicurano che non c'è *ferita* che non si possa rimarginare in ventiquattr'ore se trattata nel modo seguente: dopo averla disinfettata, la si espone ai vapori di un decotto di *equiseto* e *calendula* per 15 minuti, poi la si lava con la stessa acqua (ovviamente intiepidita), quindi si applicano le erbe utilizzate a mo' di cataplasma (si pongono cioè, una volta strizzate, fra due garze e si legano sulla parte). Se c'è uno stato generale di debilitazione, può seguire una frizione fredda, che si pratica con un asciugamano umido, su tutta la superficie del corpo. Questo trattamento va praticato 3-4 volte nel corso di una giornata.

Erbe e gemme: medicina popolare e curiosità

Traumi e ferite rappresentano un settore di patologie in cui l'intervento erboristico, se ben eseguito, può risultare davvero soddisfacente. Del resto, l'applicazione di erbe medicinali alle lesioni cutanee è una pratica istintiva e le erbe vulnerarie (cicatrizzanti) e lenitive sono numerose e ben conosciute dalla tradizione più antica. Un traumatismo può però lasciare sovente anche strascichi dolorosi di natura muscolare o tendinea (strappi, contusioni), infiammatoria, nevralgica. Per ciascuna di queste evenienze vi sono erbe dall'azione prevalente specifica, eventualmente da associare per ottenere la giusta sinergia.

Contusioni Sui lividi, è di solito molto efficace un pesto di foglie fresche di *prezzemolo*, cui aggiungere eventualmente, per l'applicazione, un po' di sale e d'olio di oliva. Chi ha a disposizione dell'*assenzio* fresco può farne lo stesso uso, ottenendo fra l'altro anche un buon effetto analgesico. Oppure, si possono utilizzare degli infusi, con i quali preparare impacchi: molto indicato è quello di *calendula*, lenitivo e antinfiammatorio (30 grammi per 1 litro d'acqua bollente; lasciare in infusione 10 minuti), oppure il decotto di *arnica* (30 grammi per 1 litro d'acqua fredda; portare a ebollizione, lasciar bollire 10 minuti; applicare freddo, ma solo se non ci sono graffi o ferite). Sempre dell'arnica si può utilizzare la tintura per la preparazione di un gel molto efficace in questi casi: 1 cucchiaio di tintura di arnica da mescolare a 1 cucchiaio di glicerina e a 1 cucchiaio d'acqua. Per quanto concerne l'uso interno, si può ricorrere all'infuso di *coriandolo*, da preparare con i frutti (40 grammi in 1 litro di acqua bollente; lasciare in infusione 10 minuti; berne almeno 2 tazze al giorno), oppure a quello di foglie di *frassino*, antinfiammatorio e depurativo, se c'è un interessamento muscolare (stesse modalità di preparazione e dosi).

Ferite lievi Dopo aver ovviamente ben lavato ed eventualmente disinfettato la parte, si possono applicare vari medicamenti erboristici per facilitare la cicatrizzazione e la riparazione dei tessuti. Un rimedio spesso sorprendente è dato dalle foglie fresche di *cavolo*, leggermente sbollentate oppure spianate con un mattarello o addirittura "stirate" con un ferro caldo. Si poggia la foglia di cavolo direttamente sulla lesione oppure la si pone tra due garze sterili, rinnovando la medicazione due volte al giorno. Anche foglie fresche di *rovo*, opportunamente contuse, si possono applicare sulle ferite lievi per facilitare l'*emostasi* e ridurre l'infiammazione. Altre preparazioni vulnerarie sono date dall'*achillea*, che è anche un ottimo antinfiammatorio, della quale si possono usare il succo della pianta fresca oppure il decotto; le foglie fresche di *nocciolo* oppure l'infuso (2 manciate per litro d'acqua); l'infuso di *consolida* (3 manciate per litro d'acqua). Anche il decotto di *equiseto* oppure il suo estratto fluido possono essere applicati in corrispondenza di una ferita per facilitarne la risoluzione. Infusi, decotti, estratti si applicano con garze sterili e si rinnovano più volte al giorno. Quelli di achillea, rovo, nocciolo, equiseto si possono usare contemporaneamente anche per uso interno (2-3 tazze al giorno).

Preparazione atletica Il Sagittario è forse il segno più dedito agli sport avventurosi e al movimento. Potrà quindi essere utile assumere, in previsione di gare o preparazioni sportive, e per ridurre i tempi di recupero psicofisico, l'*eleuterococco*. Poiché è un forte "risvegliante", efficace anche per chi studia o è sotto stress, non va preferibilmente assunto nel pomeriggio, perché potrebbe ostacolare l'addormentamento serale.

Scottature Pennellature di *oleolito di iperico* sono un tradizionale rimedio sempre efficace. L'olio di iperico si può preparare anche "in casa" ponendo una grossa manciata di sommità fiorite in un pentolino contenente circa un bicchiere d'olio d'oliva e mezzo bicchiere di vino rosso. Si scalda il tutto a fuoco lento finché il vino non sia evaporato, si filtra strizzando bene e si spalma dove occorre, 2-3 volte al dì, proteggendo sempre con una garza. In alternativa, si possono utilizzare compresse imbevute di infuso di *verbasco* (30 grammi per litro d'acqua bollente).

Sindromi dolorose post-traumatiche Di solito, se l'ansia o lo spavento associati al trauma sono cospicui, il dolore, arricchito dalla componente psicogena, è ancora più insopportabile. Così, va tenuto conto che nella cura dei dolori da trauma non devono mancare erbe ad azione blandamente ansiolitica e sedativa, per riequilibrare il sistema nervoso. Una miscela di tinture madri di *melissa*, *passiflora* e *angelica* può essere molto utile a questo proposito. Per quanto riguarda le terapie locali, una preparazione tradizionale molto efficace, anche se richiede una lunga attesa, è l'*olio al gelsomino*, che si ottiene lasciando macerare 100 grammi di fiori freschi (o 30 essiccati) in 300 ml di olio d'oliva per almeno 1 mese (oppure, ma è un'alternativa più costosa, 20 gocce di olio essenziale di gelsomino in 100 ml di olio di mandorle). I fiori vanno lasciati nell'olio fino al momento dell'uso; si applicano compresse imbevute di olio sulle parti doloranti, frizionando leggermente quando sia possibile. Infine, si ricorda che un ottimo analgesico a buon mercato è ancora una volta il *cavolo*, le cui foglie sbollentate, contuse o pestate si possono applicare calde fra due garze, a mo' di cataplasma, sulle zone doloranti, per esempio sul tratto lombare dopo un "colpo della strega".

Aromi

Gli oli essenziali possiedono quasi tutti qualità antisettiche, antinfiammatorie, lenitive o stimolanti, che li rendono preziosi per far fronte ai piccoli incidenti.

Punture di insetti

Basilico Oltre che buon insettifugo, l'olio essenziale di basilico si rivela un ottimo presidio da "pronto soccorso" casalingo in caso di *punture d'insetti*, in particolare *vespe* e *api*. Ne basta una goccia in corrispondenza della zona colpita; allevia il dolore e decongestiona la cute.

Menta Per un sollievo immediato in caso di *punture di zanzara* e una piacevole sensazione di fresco, quest'olio è proprio l'ideale. Anch'esso può essere usato puro, ma solo in piccolissime quantità, direttamente sulla puntura.

È da ricordare che anche *lavanda*, *limone* e *melissa* godono di proprietà disinfettanti, lenitive e antipruriginose in caso di *punture* o *piccole morsicature di animali*.

Contusioni e piccole ferite

Calendula Sebbene non molto usato, l'olio essenziale di calendula ha numerose qualità: è antinfiammatorio, stimolante la ricrescita dei tessuti, antispasmodico. In particolare, si può utilizzare, con una leggera diluizione, in caso di *contusioni*, *distorsioni* e *scottature*.

Canfora L'essenza di canfora è fortemente analgesica; si può utilizzare perciò per *lievi scottature* e *ferite*, ovviamente diluita in un olio vegetale e applicata con una piccola garza.

Geranio Più noto come insettifugo, questo olio essenziale ha in verità anche notevoli proprietà disinfettanti, antinfiammatorie e cicatrizzanti. Si può usare leggermente diluito su *piccole ferite* e *ulcerazioni*.

Issopo Per le *contusioni* e i *lividi* può essere invece utile questa essenza, diluita in un po' di olio vegetale (per esempio di mandorle dolci). Si può pennellare o applicare con una garza più volte al giorno.

Limone L'essenza estratta dalle scorze del limone sembra fra le più indicate ai nativi del Sagittario. Malgrado questa pianta sia un emblema del paesaggio mediterraneo, le sue origini sono molto lontane, addirittura la Penisola indocinese e le foreste a sud dell'Himalaya, da dove probabilmente furono i romani a importarla, in epoca imperiale. Ma è divenuta una pianta tanto "nostrana" che l'Italia è stata definita da Goethe "la terra dove fioriscono i limoni". Pianta solare, gioiosa, dal fresco profumo che pervade ogni sua parte, è considerata simbolo di fertilità per la caratteristica di fiorire e fruttificare praticamente tutto l'anno. In epoche durante le quali la carenza di vitamine, specie in inverno, poteva mettere a rischio di gravi malattie, il limone, così generoso di frutti anche quando la natura intorno ne è priva, fu probabilmente ritenuto un toccasana e una sorta di "cacciaguai". Inoltre, le sue proprietà detergenti e sbiancanti dovettero far pensare ad analoghe qualità di purificazione anche a livello spirituale. Fatto sta che in molte regioni italiane il limone è tuttora considerato, oltre che utile per i malanni del corpo, un rimedio contro le negatività. Il suo profumo dolce e fresco dà l'idea della chiarezza e dell'apertura mentale, della pulizia, della freschezza, della giovinezza. È adatto a chi studia e lavora molto, perché aiuta a mantenere viva la concentrazione, ma anche a chi ricerca chiarezza nelle idee e nell'ispirazione, desidera lealtà e purezza in sé e negli altri, vuole perseguire ideali altruistici ma ha timore della disonestà. È utile soprattutto a bambini e adolescenti, agli intellettuali, alle persone sfiduciate e spente, alle quali dona conforto e rinnovata capacità di aprirsi al mondo e di "rifiorire".

L'essenza di limone è *vitaminica*, *tonica*, *antisettica*, *antinfiammatoria*, *astringente*, *purificante e fluidificante del sangue*, *immu-*

nostimolante, *mineralizzante*, *antireumatica*, *antinausea*, *decongestionante del fegato*: insomma, una vera panacea. Per via interna (da 1 a 3 gocce 2 volte al giorno, in acqua o poco miele; chiedere prima conferma al proprio medico) è utile anche in caso di *digestione difficile* e *aerofagia*, e come cura preventiva per i malanni invernali. Un dentifricio davvero efficace è invece costituito da 1 cucchiaino di bicarbonato amalgamato a 1 d'olio, un pizzico di sale e una goccia di essenza di limone. Poche gocce di essenza aggiunte alla crema idratante schiariscono l'epidermide e combattono l'eccesso di untuosità.

Origano Analgesico, antinevralgico, antispasmodico, l'olio essenziale di origano è ideale sulle *contusioni*, specie quando vi sia una concomitante sofferenza muscolare a causa di uno *stiramento*, evenienza non rara fra gli spericolati Sagittario. Si usa sempre diluito (10 gocce in 30 ml d'olio), magari in olio di calendula, anche per il classico "colpo della strega".

Pepe nero Per i dolori di origine muscolare (*crampi*, *stiramenti*) può essere indicata quest'essenza riscaldante e stimolante la circolazione e nello stesso tempo analgesica. Va usata diluita in olio vegetale, unita anche a essenza di legno di sandalo o di incenso.

Oligoelementi

L'oligoterapia può rappresentare un importante supporto, sola o abbinata ad altre terapie naturali, per stimolare le risorse dell'organismo e riequilibrarlo. Essendo fra l'altro una terapia costituzionale e di terreno (vi sono associazioni di oligoelementi che configurano delle diatesi, ovvero predisposizioni generali ad ammalare), si ripromette di svolgere un'azione globale, che interessi cioè la reattività sia fisica sia psichica.

I risultati di questa terapia possono essere interessanti anche per quanto concerne i danni da traumatismi: la riparazione dei tessuti lesi è infatti affidata a meccanismi finemente regolati, che chiamano in gioco fattori immunitari e il metabolismo di varie sostanze. L'oligoterapia scende molto in profondità, agendo a livello delle reazioni enzimatiche intracellulari e permettendo quindi una rapida messa in moto delle autodifese.

Strappi e affaticamento muscolare In questo caso, un ottimo *antidolorifico muscolare* e *antifatica* è il *Potassio*, che in realtà è presente in relativamente grandi quantità nell'organismo, ma che in terapia catalitica (oligoterapia), magari associato al *Magnesio*, viene utilizzato per le sue qualità analgesiche e depurative (diuretiche). Una dose al giorno di entrambi, per qualche giorno.

Scottature, ferite È possibile anche un uso locale degli oligoelementi: per esempio, per rafforzare i processi riparativi della cute può essere davvero utile applicare, 2-3 volte al giorno, 1 dose dell'associazione *Manganese-Rame* in soluzione catalitica. Se ne imbeve una garza e si lascia in sede fino all'essiccamento.

Omeopatia

Le cure per le distorsioni che intervengono per esempio durante l'attività sportiva possono essere supportate, oltre che dalle idonee manovre ortopediche, anche da alcuni rimedi omeopatici, in grado di abbreviare i tempi di guarigione e contenere il rischio di cronicizzazione. Un abbinamento efficace in caso di *distorsione recente* è *Arnica 7CH, Bryonia 7CH*, *Ledum palustre 7CH*, 5 granuli di ciascun rimedio ogni 2 ore.

Fiori di Bach

La floriterapia può essere molto utile in caso di traumi: anzi, una sua particolarità è quella di poter essere utilizzata per superare l'impatto – in primo luogo emotivo – provocato da un trauma di qualunque genere. Si possono cioè trattare sia gli "incidenti" psichici (lutti, cambiamenti improvvisi, delusioni) sia quelli fisici, dal momento che entrambi agiscono sull'organismo umano, che è un sistema combinato di entrambi gli aspetti. La reattività a tali eventi, del resto, è sempre il frutto di un sistema difensivo che investe strutture sia somatiche (sistema nervoso, muscolatura, visceri) sia psichiche. Così, si può affermare che un trauma non è mai solo fisico o solo psichico. È noto per esempio che un episodio emotivamente significativo, che abbia inciso in modo negativo sul soggetto, può comportare a livello fisico una particolare modalità difensiva che si esprime per esempio nella cronica contrattura dei muscoli o nell'irrigidimento in una particolare postura, che diventa poi preferenziale e automatica. Non deve stupire perciò che si utilizzino i rimedi floreali di Bach, eccellenti riequilibratori degli stati emotivi, anche per risolvere blocchi e rigidità che compaiono – sempre su entrambi i versanti, psichico e fisico – in seguito a puri choc fisici.

Traumatismi in genere

Rescue Remedy Rimedio composito, ideato dallo stesso Bach, consiste di cinque rimedi floreali che costituiscono la sinergia ideale per far fronte a *situazioni di emergenza*, sia psichiche sia fisiche. Ha il più delle volte un effetto rapidissimo e può essere comunque somministrato a distanza ravvicinata (per esempio, ogni 5-10 minuti) per il tempo necessario a far sì che la persona che ha subìto il trauma o lo choc riprenda conoscenza o comunque si rianimi. Può avere anche un notevole effetto "analgesico", poiché riduce notevolmente la componente psichica del dolore stesso. Se lo si prepara con il metodo della tradizionale diluizione si deve ricordare di mettere nella boccetta 4 gocce anziché le solite 2.

Rock Rose È il rimedio per il *panico* e i sintomi neurovegetativi (pallore, sudorazione, vomito...) a questo correlati. Si tratta di una situazione causata in genere da *sovvertimenti esterni*: assistere a un incidente o esservi coinvolti, subire uno scippo, scampare un grave pericolo e così via. Si usa spesso in associazione ad altri rimedi, per esempio Star of Bethlehem (vedi oltre). Entrambi entrano inoltre nella composizione del Rescue Remedy.

Star of Bethlehem Rimedio d'elezione per gli eventi traumatici, ha la particolarità di poter essere usato anche per *traumi pregressi*, perfino molto lontani (per esempio, quelli infantili). È comunque utile per superare le conseguenze di situazioni che abbiano obbligato il soggetto a reagire con una chiusura difensiva accentuata, che in seguito ne abbia limitato le capacità di espressione emotiva. In sostanza, oltre che per le conseguenze fisiche del trauma stesso, è indicato quando la persona sia impedita o bloccata nell'ambito affettivo-emotivo perché ha subìto traumi significativi.

Facilità ai traumatismi

Chestnut Bud Si può somministrare questo rimedio, eventualmente in associazione con altri, a chi incorre in *traumatismi per sbadataggine o noncuranza*, e in particolare a chi si fa male sempre nelle stesse circostanze o nello stesso punto. Questo rimedio infatti è consigliato a chi non riesce a trarre profitto dall'esperienza, a chi non è sufficientemente aperto e quindi attento al mutare delle condizioni esterne, a chi dà insomma per scontato quanto lo attende o lo circonda.

Clematis Anche questo rimedio è adatto alle persone che si fanno male perché *distratte*, ma stavolta si tratta di soggetti davvero poco interessati al mondo reale, persi come sono in *elucubrazioni* e *sogni* più gratificanti della realtà. Peccato che spesso questa gli si pari improvvisamente e duramente davanti, con conseguenze certo non molto gradevoli.

Impatiens Questo soggetto invece si fa male soprattutto per la *fretta* con cui conduce tutte le sue azioni e che spesso lo porta a mal valutare tempi e distanze. È per esempio la classica persona che provoca incidenti perché non calcola i tempi di reazione degli altri, basandosi esclusivamente sui propri, di solito molto rapidi.

Olive Uno dei primi e più importanti sintomi di un periodo critico per il *fegato* è la *spossatezza*, unita all'incapacità di ricaricare il fisico. Queste sono anche le sensazioni riequilibrate da questo rimedio, che lo rendono indicato, anche solo a livello sintomatico, per tutte le patologie che richiedano il recupero dell'energia vitale, dello spirito di iniziativa, dell'ottimismo. Inoltre, è indicato nella *convalescenza* anche *post-chirurgica* o *post-traumatica*, per facilitare la guarigione e ridurre i tempi di ripresa.

Rock Water Può sembrare strano che un tipo tutto d'un pezzo come questo, di solito così attento e contenuto, possa andare incontro a problemi di traumatismi. E invece, è proprio il suo "mi spezzo ma non mi piego" e il suo voler essere d'esempio quello che può procurargli problemi, perché gli impedisce di esprimere una parte "morbida" ed elastica che potrebbe attutirgli molte scosse, non solo emotive. Spesso questi soggetti vanno incontro a problemi di schiena (*colpo di frusta*, *colpo della strega*). La loro rigidità è ben visibile anche nella postura.

Vervain Anche questo instancabile soggetto può farsi spesso male, di solito perché non si risparmia e non tiene molto conto delle esigenze del proprio corpo, motivo per il quale può improvvisamente esaurire le forze o è il suo stesso fisico a fermarlo letteralmente, per esempio procurandogli un terribile *mal di schiena* o una rovinosa *caduta*.

Cromoterapia

Il potere decontratturante e analgesico di certe lunghezze d'onda – ovvero, di certi colori – non cessa di stupire anche coloro che studiano e praticano la cromoterapia. Per esempio, molti Autori testimoniano come l'uso del *rosso* e del *verde* alternati possa dare risultati molto soddisfacenti nella cura delle *sciatalgie* (dolori del nervo sciatico) e delle *contratture muscolari* che vi sono abbinate. La luce rossa viene irradiata di solito lungo tutto il decorso del nervo, dunque dalla zona lombare della schiena al piede, per pochi minuti alla volta. L'unica controindicazione è la presenza di infiammazioni acute.

CAPRICORNO

(22 dicembre-20 gennaio)

Inverno: atto primo

Capricorno: espressione del verbo *resistere*. Con l'arrivo della stagione più fredda, la *lotta per la sopravvivenza*, nel mondo vegetale e in quello animale, raggiunge la *massima durezza*. Gli animali scelgono il *letargo*, la Natura l'*immobilismo silente* quali tattiche di autodifesa, come se ogni minimo rumore e ogni azione potessero togliere energie all'impegno di resistere ai rigori invernali. I lavori nei campi sono sospesi, mentre sotto le zolle il seme riposa; rami scheletrici, sottomessi alla brina e alla neve, si stagliano inerti verso il cielo ammantato di grigio: ogni attimo si nutre solo di *raccoglimento*. Il clima è pungente, così come *pungenti* sono alcuni dei prodotti della terra di questo periodo (oltre che certi tratti caratteriali di chi nasce sotto il segno del Capricorno): il carciofo, il cardo, il bucaneve, che anche se pungente non lo è fisicamente, lo è comunque nel nome.

Corrispondenze astronomiche

Nel proprio giro apparente intorno alla Terra, il Sole tocca il punto più basso (23° e 27′ circa di declinazione sud): nell'emisfero terrestre nord, il 22 dicembre, il giorno più breve lascia frettolosamente il testimone alla notte più lunga dell'anno, a ribadire, sul piano simbolico, che il *silenzio* della Natura in questo periodo dev'essere massimo. Di lì a qualche giorno il mondo cattolico festeggerà il Natale di Gesù Cristo, il *capro* espiatorio supremo.

Tuttavia, proprio perché con l'arrivo del Capricorno si entra nel momento clou del periodo natalizio, accanto alla quiete della Natura si affiancano i frenetici preparativi per la festa più bella dell'anno. E, in una sorta di affannosa fuga dalla simbolica *carestia* invernale, la gente effettua acquisti in quantità, compra regali, imbandisce la tavola di ogni ben di Dio come mai in altri periodi dell'anno. Apparentemente, questa corsa all'abbondanza nasce dall'esigenza di celebrare degnamente le festività, ma la motivazione più profonda è probabilmente – e più banalmente – da ricercarsi nell'ancestrale istinto di sopravvivenza dell'individuo, che inconsciamente si vede minacciato di morte dall'arrivo del *buio* più profondo dell'anno, dal *freddo* più intenso, dalla *sterilità* della Natura, dalla *frugalità*, tutti elementi in netta antitesi con il concetto di "vita", che si associa invece alla luce, al calore, alla rigogliosità esuberante della vegetazione (e non per niente, alle nostre latitudini si addobba di luci e colori un albero sempreverde come l'abete, in un rito propiziatorio che controbilanci l'oscurità antivitale del momento). Le smanie di opulenza, divertimento e piaceri che caratterizzano questo periodo rappresentano dunque accese reazioni da parte della pulsione vitale che è alla base del comportamento umano e dell'istinto di conservazione.

Le usanze natalizie affondano le proprie radici nella Storia lontana, quando con l'ingresso del Sole nel Capricorno si dava il via ai Saturnali, feste orgiastiche in onore di Saturno (governatore del Capricorno) molto in voga soprattutto a Roma. Durante questo periodo i servi prendevano il posto dei padroni e viceversa, in una bizzarra inversione dei ruoli; la gente si riversava per le strade, si abbandonava a eccessi di ogni tipo, danzava, beveva abbondantemente e consumava molteplici rapporti sessuali nella massima libertà, con chiunque volesse e al di fuori del vincolo matrimoniale. Nel IV secolo dopo Cristo, con un apposito editto di Costantino, la religione cristiana venne proclamata religione di stato, ma questo non servì certo a far desistere la plebe romana dal gettarsi nel vortice della perdizione: all'approssimarsi del solstizio d'inverno, infatti, i festeggiamenti venivano nuovamente celebrati con la frenesia di sempre. La contromisura fu allora presa con più energia: l'imperatore proibì espressamente tali bagordi e stabilì che il 25 dicembre era il giorno in cui, quattrocento anni prima, Gesù Cristo aveva visto la luce sulla Terra. Tale decisione fu presa dal religiosissimo Costantino (figlio di sant'Elena) anche per compiacere la chiesa che aveva assunto, col tempo, un peso politico sempre più rilevante.[23] Da allora, ogni anno i giorni attorno al solstizio d'inverno divennero giorni di preghiera e raccoglimento. Le orge, i divertimenti senza limiti, la dissolutezza di quell'epoca assunsero i contorni di uno sbiadito ricordo; tuttavia, col passare dei secoli ricomparvero in una forma traslata e "purificata", dando origine alle usanze natalizie sopra descritte e al Carnevale, come si vedrà nel prossimo capitolo dedicato all'Acquario.

Simbologia religiosa

Sempre per rimanere in tema natalizio, è curioso osservare come in questo periodo abbondi sulle tavole la *frutta secca* (la *secchezza* è riconducibile a Saturno, astro governatore del segno), altamente *energetica* (esaltazione di Marte, pianeta dell'energia), in contrapposizione a quanto avviene sotto l'opposto segno del Cancro che, come si è visto nel quarto capitolo, rappresenta la rotondità, la pienezza, la succosità della frutta fresca dell'estate. Non solo, ma anche la simbologia religiosa offre uno spunto interessante circa la contrapposizione/complementarietà di questi due segni solstiziali: il 24 giugno la chiesa festeggia san Giovanni Battista (colui che apre la strada alla salvezza dell'anima tramite il battesimo), mentre esattamente sei mesi dopo, il 25 dicembre, festeggia la nascita di Gesù Cristo (colui che definisce e compie l'opera del cugino Giovanni tramite il *sacrificio estremo*, per merito del quale, nella dottrina cattolica, al momento della morte fisica l'anima acquisisce il dono della vita eterna). Senza contare che gli antichi romani consideravano il numero dieci (strettamente collegato al Capricorno, in quanto decimo segno) il simbolo della croce (dieci si scriveva infatti X. E a tale proposito, diverse fonti affermano che Cristo sarebbe stato inchiodato proprio su una croce a forma di X, chiamata "croce di sant'Andrea").

[23] Sembra che questa operazione di "buoncostume" (e al tempo stesso di strategia politica) si sia basata su un passo di Malachia (Mal. 4,2) contenuto nel Vecchio Testamento, che recita: "...ma a voi, che temete il mio nome, si leverà il sole della giustizia e guarigione sarà nelle sue ali...". Evidentemente, l'espressione "sole della giustizia" fu ricollegata all'evento astronomico più importante di questa fase dell'anno, ovvero al solstizio d'inverno, momento di buio massimo, certo, ma anche punto di partenza per il ritorno progressivo alla luce, visto che proprio dalla fine di dicembre le giornate cominciano a diventare a poco a poco sempre più lunghe. Di fatto, anche i Saturnali erano feste celebrate in onore della luce che rinasceva.

Il Capricorno: l'unico animale zodiacale immaginario

Il senso del sacrificio trova un proprio riferimento anche nel simbolo iconografico che identifica il decimo segno: come il lettore esperto già saprà, il Capricorno è l'unico animale zodiacale che nella realtà non esiste. L'Ariete, il Toro, il granchio del Cancro, il Leone, lo Scorpione, i Pesci sono tutti animali reali, il Capricorno è invece un animale mitologico, teriomorfo, immaginario, costituito nella parte superiore da una capra rampante e nella parte inferiore da una coda di pesce attorcigliata su se stessa: la parte ambiziosa, raffigurata dalla capra che scala lentamente e inesorabilmente la montagna in cerca di traguardi sempre più elevati, si fonde con la parte spirituale e sacrificale simboleggiata dalla coda del pesce. E forse è proprio per via di questa coda simbolica che nel destino del Capricorno il mare riveste spesso un ruolo determinante, in campo professionale, sentimentale o nell'ambito delle passioni personali.

Dallo Zodiaco ai Tarocchi

L'*ambizione* e la *sete di potere* sono le peculiarità che saltano maggiormente agli occhi, osservando il comportamento del Capricorno-tipo. E proprio perché l'impervio costone roccioso della montagna è un luogo deserto (che diventa ancor più isolato e inospitale quanto più si sale verso la vetta), spesso il nativo di questo segno avverte in sé una vena congenita di *solitudine*, *isolamento*, *esclusione*, *abbandono*. Forse anche per tale ragione, spaziando su altre tastiere simboliche, L'Eremita è la lama dei Tarocchi che meglio di altre raffigura la natura capricornina. La carta, che è la nona fra gli Arcani maggiori, mostra un uomo anziano, che procede da solo nel proprio cammino. Si aiuta con un bastone, simbolo di comando, autorevolezza, ma anche di fragilità. Con la mano destra tiene davanti al proprio sguardo una lanterna accesa (simbolo del *lume della ragione*), che gli consente di percorrere il proprio sentiero con sicurezza, senza pericolo di imboccare strade sbagliate. Anch'esso simbolo di solitudine, L'Eremita simbolizza il vecchio saggio che, vivendo lontano dalle folle, si chiude nel proprio raccoglimento ascetico per meditare, avvicinandosi sempre più al cielo proprio come fa la capra nel suo arrancare verso la cima del monte. L'immagine del *vecchio* consente un ulteriore raffronto con il Cancro: quest'ultimo segno, come si è visto, simboleggia la famiglia e in particolare la madre, il Capricorno rappresenta invece il *nonno*, maestro di vita[24] (il concetto verrà ripreso e ampliato più avanti). Non solo, ma le figure mitologico-folkloristiche più note, a livello universale, di questo periodo sono proprio due vecchi: *Babbo Natale* e la *Befana*.

Altre fonti assocerebbero al Capricorno anche la lama numero dieci dei Tarocchi, La Ruota di Fortuna (forse perché il Capricorno è il decimo segno dello Zodiaco).

Analogie storiche

Nella storia recente, il Capricorno potrebbe ricollegarsi simbolicamente alla Guerra dei trent'anni (1619-1648), che fu scatenata dalle controversie fra protestanti e gesuiti: questi ultimi volevano infatti sia mantenere i propri privilegi, sia strappare la Germania – paese che molte fonti ritengono governato proprio dal Capricorno – alla Riforma. Sempre riconducibile al decimo segno è il pressoché concomitante periodo degli assolutismi, o autocrazie, che così bene riflettono, dal punto di vista storico e sociale, l'azione simbolica combinata dei "duri" pianeti capricorniani (Saturno-Urano-Marte). Così come capricorniano è l'Illuminismo, che glorificò le simbologie saturniano-uraniane di *ragione* e *pensiero positivista*.

Identificazione zodiacale

Dal punto di vista strettamente astrologico, il Capricorno è un segno di genere *femminile* (nel senso di *introvertito* nell'accezione junghiana), di modalità *cardinale*, appartenente all'elemento *Terra*. Anche in questo caso, come si è già visto per la Bilancia e lo Scorpione, si assiste a un'antitesi fra il genere di appartenenza del segno (femminile) e i pianeti che lo governano (maschili, come Saturno, Urano e Marte). Il disagio che nella Bilancia era palpabile e nello Scorpione dilaniante, nel Capricorno viene superato più o meno brillantemente, senza conflitti apparenti, perché, anche se "battezzato" come "femmina" dallo Zodiaco, questo segno agisce e si comporta senza alcun problema da maschio, come vogliono i

[24] Un'interpretazione distorta del rispetto dell'anzianità, e dunque anche della simbologia di nonno, parrebbe concretizzarsi nel nonnismo, fenomeno tribale e inquietante in molte caserme che associa in modo esasperato la spietatezza saturnina alla violenza di Marte esaltato nel segno.

suoi padrini planetari. La dimostrazione di ciò è rintracciabile nei modi un po' *bruschi*, nel *rigore*, nella *glaciale capacità di autocontrollarsi* in ogni situazione, nel convogliamento di quasi tutte le energie verso la *realizzazione della propria ambizione*, salvo poi dover fare i conti con quella fragilità emotiva di fondo, di stampo femminile, cui si è accennato poc'anzi nei riferimenti alla solitudine e all'abbandono avvertiti dal nativo.

La Terra rocciosa del Capricorno è inoltre ben diversa da quella del Toro (ricca, grassa, piena di zolle tondeggianti), così come da quella della Vergine (secca, sterile, orizzontale e livellata). La Terra capricornina è invece verticale, come il costone della montagna. Proprio per questo essa implica simbolicamente un cammino in salita, faticoso e lento, assimilabile a quello che la capra intraprende verso la vetta.

Le simbologie correlate al Capricorno occupano un posto, più o meno di rilievo, nella personalità e nel destino di ogni individuo (anche se non si è nati sotto questo segno), in virtù del fatto che l'oroscopo di nascita si costruisce sull'intero Zodiaco, che racchiude tutti e dodici i segni. Nei settori simboleggiati dalla casa natale che poggia sul Capricorno, la persona esprime dunque le proprie caratteristiche di *durezza*, *resistenza*, *stoicismo*, *lungimiranza*, *autocontrollo*, *organizzazione*, *pianificazione rigorosa* e tutte le altre simbologie di cui si è riferito.

Infine, un'ulteriore breve annotazione: si dice del Capricorno che anche da giovane è sempre un po' *vecchio* (il segno simboleggia infatti la *senilità*), o quanto meno sempre un po' più *serio*, *riservato*, *responsabile* dei propri coetanei. Ma è anche vero che col passar degli anni questo nativo rifiorisce e mentre tutti gli altri invecchiano, egli entra nella fase della vita in cui si trova maggiormente a proprio agio, quella della *maturità* (dai quarant'anni in avanti), luminosa stagione di vigore, entusiasmo, successi personali concreti e sfavillanti. Non a caso, si dice che il Capricorno è *come il vino, che migliora invecchiando*.

I pianeti del Capricorno

Primo pianeta governatore: Saturno

Settimo pianeta della sequenza astrologica, Saturno viene tradizionalmente associato alla *privazione*, al *sacrificio*, alla *spoliazione*, alla *penitenza*, alla *vecchiaia*, alla *frugalità* e al *freddo*, tutte caratteristiche affini a quelle del Capricorno. Ma Saturno simboleggia anche la *razionalità*, il *rigore organizzativo*, la *strutturazione della personalità* che avviene tramite l'accumulo delle *esperienze di vita* e la capacità dell'individuo di *far tesoro di tali esperienze*. Esso rappresenta anche il debutto dell'essere umano nella vita adulta, fase di passaggio che viene solitamente collocata attorno ai trent'anni e che, nell'oroscopo personale di nascita, corrisponde al primo ritorno di Saturno sulla posizione che esso occupava alla nascita (il pianeta compie infatti un giro completo dello Zodiaco in ventinove anni circa). Saturno raffigura dunque le *responsabilità*, il *senso del dovere*, la *visione realistica della vita* che talvolta può anche sconfinare nel duro *pessimismo*. Non solo, ma la pratica astrologica dimostra come molte persone – ancor più se fortemente influenzate, nell'oroscopo di nascita, da Saturno – sostengano di aver cambiato metabolismo proprio attorno ai trent'anni. Molto spesso l'astrologo si sente riferire frasi del tipo: "Prima di compiere trent'anni potevo permettermi qualsiasi stravizio, poi tutto è cambiato e se oltrepasso certi limiti, anche nell'alimentazione, sto male". Insomma, Saturno, paladino della *disciplina*, *mette in riga* e impone *regole* alle quali è ben difficile sottrarsi. È anche vero, tuttavia, che Saturno dà il via alle soddisfazioni veramente *concrete* proprio a partire dalla vita adulta. Esso rappresenta infatti i *successi costruiti con impegno*, *dedizione* e *sacrificio*, l'*autorevolezza* e la *credibilità*, il *potere*, l'*autonomia* e l'*autostima*, tutte caratteristiche che si evidenziano col passare degli anni. Saturno rappresenta dunque *il tempo che scorre lento* e non è un caso che alcuni strumenti di misurazione del tempo posseggano un nome che deriva proprio da Crono (il Saturno dei greci), come il *cronografo* e il *cronometro*, che stabilisce, fra le altre cose, l'ordine di arrivo *cronologico* in una gara sportiva. Il vecchio Saturno si ricollega inoltre in modo evidente al Natale. Innanzitutto tale ricorrenza celebra la venuta al mondo del Figlio di Dio, quest'ultimo rappresentato nell'iconografia classica come il *Grande Vecchio* dalla barba bianca, saggio, paterno, autorevole, Giudice Supremo: insomma, una perfetta rappresentazione saturnina. In secondo luogo, il Natale riporta alla mente, fra i tanti simboli collegati a questa festa, la famosa stella cometa che, secondo fonti autorevoli e ormai accreditate, cometa non era affatto: la luce che guidò i Magi alla grotta di Betlemme sarebbe stata infatti una sfavillante congiunzione Giove-Saturno (ancora lui), che ben rappresenta, sul piano simbolico, un evento storico così importante (Giove raffigura il padre caritatevole, generoso e protettivo; Saturno simboleggia l'*autoritas*, l'esperienza sacrificale, il potere, il giudizio, l'eternità). È curioso tuttavia osservare come l'immagine della *stella* si rintracci più volte fra le pieghe della tela simbolica del Capricorno. Uno dei fiori associati al Capricorno è infatti la stella alpina (fiore che cresce sulle montagne), mentre nel periodo natalizio giungono nelle case le stelle di Natale (piante che vengono tenute al *buio* dai floricoltori per far sì che possano produrre foglie rosse o gialle). Non solo, ma fra i rimedi floreali di Bach associati al Capricorno, come si vedrà più avanti, c'è *Star of Bethlehem* (Stella di Betlemme), fiore bianco che secondo la leggenda nacque proprio nei pressi della grotta della Natività. Le motivazioni del legame esistente fra la stella e il decimo segno, comunque, per il momento sfuggono. Certo è che tenere al buio una pianta è una tecnica contronatura, per certi aspetti anche *crudele*, proprio come crudeli sono le tecniche che in Giappone (paese governato dal Capricorno) vengono messe in atto nella produzione dei bonsai (affinché tali piante assumano e mantengano le loro ridotte dimensioni, si attuano infatti ripetuti tagli, torsioni e ripiegamenti delle radici). Il concetto di *taglio* ben si... "attaglia" a Saturno, pianeta che presiede sia alla *recisione del cordone ombelicale* (momento in cui il bambino si abbandona al primo *pianto doloroso* della propria vita e acquisisce la piena *autonomia* delle proprie funzioni vitali), sia ai *tagli col passato* e *con la vita terrena stessa*. Non a caso la morte viene raffigurata come uno scheletro (parte del corpo governata dal Capricorno e da Saturno in modo particolare) coperto da un cupo manto nero e provvista di sinistra falce (ancora il richiamo al *taglio*). Lo stesso simbolo di Saturno (♄) se osservato capovolto assomiglia a una roncola, a un falcetto con il manico. Fra le simbologie di *taglio estremo* (e dunque di *morte*), *scheletro* (*struttura portante* del fisico umano) e *tempo* si crea un'associazione logica, poiché dopo la *morte* l'unica parte del corpo che si conserva nel *tempo* sono proprio le *ossa*.

E rimanendo sul concetto di *tempo*, è noto che la sua scansione si conta in anni *avanti Cristo* e anni *dopo Cristo*: questa convenzione universale riunisce due simbologie marcatamente saturnine (*tempo* e *Cristo*) e dimostra quanto sia pregnante e pressante, nell'inconscio collettivo, la forza del simbolo e delle sue associazioni. Se così non fosse, probabilmente per il computo del tempo si sarebbe preso un punto di riferimento diverso dalla nascita di Gesù e presumibilmente del tutto estraneo alla natura di Saturno.

Ma il grande vecchio dello Zodiaco, fra le sue sembianze meno nobili cela anche quelle del *satiro* e del *pedofilo* (ovvero l'anziano vizioso che cerca la compagnia dei bambini – per sopraffarli –, rappresentati dall'opposto segno del Cancro). In un certo senso, tali figure potrebbero forse ricollegarsi al Saturno *antropofago* della mitologia, il quale trascorse gran parte della vita a divorare i propri figli.

All'austero pianeta si ricollegano inoltre le simbologie di *cautela*, *misantropia*, *rigidità, concentrazione*, *secchezza*. E per il fatto che Saturno simboleggi la *senilità*, esso è conseguentemente anche l'emblema del *senatore*, figura saggia, rispettabile e autorevole. A parere di chi scrive, il greve, pesante, plumbeo Saturno potrebbe anche rappresentare la *forza di gravità*.

Si rammenta infine che gli elementi chimici connessi a Saturno sono il *calcio* e il *piombo*. A questo proposito è interessante notare che in gergo medico l'intossicazione da piombo viene chiamata *saturnismo*, patologia che prende piede con particolare *lentezza* (dunque secondo modalità squisitamente saturnine). Non solo, ma al pianeta può essere ricondotto (per via della sua parentela con il sulfureo Belzebù) lo *zolfo*, che fa un gran bene alla pelle. Curiosamente (ma non troppo), una delle stazioni termali più note per l'efficacia delle proprie acque sulfuree contro le affezioni della pelle si chiama proprio *Saturnia*.

Secondo pianeta governatore: Urano

In genere, quando si parla del Capricorno viene attribuita un'importanza maggiore al suo primo governatore, Saturno, in quanto pianeta che presenta caratteristiche molto più affini al segno di quanto non lo siano le peculiarità di Urano. È per questo che trattando di questo secondo pianeta governatore, il discorso sarà più breve.

Fra le simbologie uraniane che maggiormente si evidenziano nell'intelaiatura psicologica del Capricorno, emerge quella di *lavoro*, grande, incommensurabile e inestinguibile amore della maggior parte dei nativi di questo segno. La laboriosità si aggancia poi a un altro significato uraniano, quello di *dinamismo*, che associato all'ambizione e all'instancabilità di marca saturnina fa solitamente di questo nativo un vero stachanovista, animato da un inesauribile *efficientismo* (altra simbologia uraniana), pronto a investire nel proprio lavoro la quasi totalità delle proprie energie. Ancor più se si tratta di un lavoro autonomo o se egli ricopre comunque un ruolo di responsabilità. Quest'ultima precisazione si rende doverosa poiché il decimo segno rappresenta proprio il *lavoro indipendente* e le *cariche dirigenziali*. Probabilmente questi significati derivano dal fatto che Urano esprime anche la simbologia di *indipendenza*, mentre la propensione alla *dirigenza* è forse più riconducibile a Saturno. Entrambe le manifestazioni dei pianeti, comunque, dimostrano come questo segno coltivi un vivissimo *culto del potere*.

Urano è anche l'emblema astrologico dell'*ingegno*, simbologia che trova la propria espressione concreta soprattutto nella spiccata propensione al *problem solving* che caratterizza il Capricorno: dato un problema, la soluzione è presto trovata. Anche la Natura, come si è detto in apertura, nel periodo di maggior rigore climatico dell'anno mette in atto tutti gli *espedienti* necessari per difendersi, come gli animali, che scelgono il letargo. Infine, anche il *pragmatismo* appartiene a Urano: questo sembra spiegare lo spiccato senso pratico che contraddistingue il Capricorno, per il quale contano i risultati concreti e il raggiungimento dei propri obiettivi, costi quel che costi...

Pianeta in esaltazione: Marte

Si è già riferito di Marte come simbolo dell'*aggressività bruta* e della *violenza*. Tuttavia, nel decimo segno il rosso pianeta si trova affiancato a due pianeti noti per le loro facoltà raziocinanti e la loro concretezza. Ecco allora che, in virtù di questa alleanza, Marte conferisce al Capricorno la *combattività fattiva*, l'*instancabile tenacia*, la *resistenza a oltranza*. Insomma, si tratta di un'aggressività finalizzata al raggiungimento di scopi ben precisi e non buttata allo sbaraglio come accade nell'Ariete. Certo, sempre del troglodítico Marte si tratta ed è per questo che al comportamento capricorniano non sono estranei certi modi di fare talvolta *bruschi*, *sgarbati*, che denotano uno scarso riguardo per la sensibilità altrui. Ma a volte essere bruschi e duri è necessario per emergere, vincere, attuare un'efficace strategia difensiva contro gli attacchi esterni: d'altronde la stessa Natura, con il sopraggiungere dell'inverno, ingaggia contro i soprusi del freddo una strenua lotta per la sopravvivenza.

Dal punto di vista anatomico, il sangue è governato da Marte: questa attribuzione ripropone l'analogia simbolica con il vino, poiché è proprio il vino che, nel *sacrificio* dell'eucaristia, rappresenta il sangue di Cristo-*capro espiatorio*. Ergo: se Marte = sangue e sangue = vino, Marte è a sua volta simbolo astrologico del vino, anche se non esistono studi in proposito. Il vino, infatti, si dice che "scaldi" (ed è noto che Marte sia il pianeta "rosso", che simboleggia il calore, le infiammazioni), che allenti i freni inibitori (Marte è un pianeta che non sa che cosa sia l'inibizione) e faccia dire la verità (Marte non ha sovrastrutture ed è lontano mille miglia dalla simbologia di *bugia*), che agevoli la produzione di globuli rossi, ancor più nel caso – per l'appunto – del vino rosso. Senza contare, poi, che esiste un detto che recita “buon vino fa buon sangue” (e si è più volte visto, nel corso di questo testo, come le espressioni popolari confermino spessissimo la validità di certi concetti astrologici. Non solo, ma la supposta funzione emopoietica del vino assocerebbe ancora una volta in modo piuttosto evidente tale bevanda al Capricorno, segno che governa la produzione del sangue).[25] Senza il vino, inoltre, secondo le ferree regole della religione cattolica (l’unica non astemia) non si potrebbe assolutamente celebrare la messa: in epoca di proibizionismo le leggi cristiane ebbero la meglio su quelle statali e nelle chiese fu consentito l’uso del vino durante le funzioni. Fra l’altro – incredibile ma vero –, il vino è ammesso nelle chiese cattoliche anche nei paesi musulmani: la forza dirompente di Marte abbatte dunque ogni ostacolo, secondo la legge del più forte che nell’ottica capricornina diventa la legge del più autorevole.

Astro in esilio: Luna; pianeta in caduta: Venere

Come si è già visto nel capitolo relativo al segno del Cancro, fra le morbide simbologie lunari-venusiane e quelle capricornine esiste un’ampia frattura. L’*intuizione a fior di pelle*, il *sesto senso* di marca tipicamente lunare si scontrano con il *ragionamento logico e razionale* che caratterizza l’approccio saturnino alla vita. Così come la *ricerca delle comodità*, la *pigrizia*, la *lamentosità*, espresse dalla Luna, si trovano agli antipodi delle simbologie di *rinuncia*, *privazione* e *stoicismo* riconducibili al Capricorno. Senza contare che la Luna simboleggia l’*infanzia*, mentre il Capricorno è l’emblema della *senilità*. E a proposito di senilità, è noto a tutti che più si invecchia e meno si digeriscono il *latte* e i *latticini in generale*, alimenti governati dalla Luna. Così com’è altrettanto noto che, più si diventa anziani, più breve diventa il *sonno notturno* (simbologia lunare). Tutto ciò, tradotto nel linguaggio dello Zodiaco significa che anche il “funzionamento” del corpo umano dimostra la proporzionalità inversa che si stabilisce fra le simbologie lunari e quelle capricornine: quando l’età di Saturno incalza, non c’è più posto per i simboli della Luna. Questo però sembra non accadere sul piano emotivo, come dimostra il rapporto che si instaura fra il Capricorno e la propria discendenza (e al quale si è accennato nella parte introduttiva). Ma per illustrare tale concetto occorre prendere il discorso un tantino alla lontana. La carenza di “lunarità” (e anche

[25] Il lettore più esperto potrebbe obiettare che il vino è da attribuire a Nettuno, ma forse è più corretto ricondurre a questo pianeta i superalcolici.

di "venusianità") conferisce generalmente al Capricorno, lo si è visto, uno scarso senso genitoriale: il padre o la madre di questo segno non sono di solito avvezzi, nei confronti dei propri figli, alle manifestazioni d'affetto particolarmente aperte, alle coccole, ai vezzeggiativi, così come raramente amano raccontare favole o mettersi seduti con loro a fare i compiti. Al contrario, spesso "dirigono" la vita dei pargoli con piglio che non ammette repliche, impongono, organizzano per loro, sono severi e pretendono impegno, rigore e disciplina. Ma se diventano nonni (o se hanno figli in tarda età) subiscono una trasformazione radicale e dilagano inaspettatamente in affettuosità, premure, attenzioni al limite del mieloso. In altre parole, il Capricorno non sembra molto incline al ruolo di genitore (soprattutto durante la giovinezza), mentre il ruolo di nonno o di "genitore anziano" gli calza a pennello, poiché con il sopraggiungere della senilità egli si appropria finalmente, sul piano emotivo, di quei teneri valori lunari e venusiani che nel corso della vita gli sono stati sempre (o quasi) estranei. Anche in questo caso ci si trova di fronte a una proporzionalità inversa, ma di tipo differente dalla precedente: quanto più il fisico, invecchiando, rifiuta le proposte della Luna e di Venere, tanto di più il cuore, con il passare degli anni, si intride di tenera lunarità e calda venusianità.

Anche sul piano anatomico si evidenzia l'antitesi esistente fra la Luna e il Capricorno: quest'ultimo governa le *parti dure* del corpo: scheletro, denti, unghie e, in base all'esperienza, anche la pelle, mentre la Luna rappresenta le *parti molli*, l'*addome*, le *mammelle*, l'*utero*.

In quanto alla simbologia lunare di *casa*, in questo segno essa si esprime non tanto come scarso amore per il proprio nido (come vorrebbe, teoricamente, l'esilio della Luna), quanto piuttosto come preferenza per una casa indipendente (tipo villetta), meglio ancora se isolata, o per un appartamento all'ultimo piano, in perfetta analogia con la casa decima dell'oroscopo personale (che corrisponde al decimo segno, il Capricorno, e che nello schema oroscopico si pone più in alto di tutte le altre).

Per concludere, la caduta di Venere, astro che simboleggia il *"cuore" come sede dei sentimenti*, rende generalmente il Capricorno *misantropo*, *avaro di slanci affettivi*, *sarcastico*, *freddo* e *controllato*. Ma di contro gli conferisce un concetto dell'esistenza che non contempla illusioni ipocrite e lacrimevoli. Il che, in sintesi, si traduce in un realismo spietato che spesso lo aiuta a evitare buggerature solenni.

Concordanze e analogie nel corpo umano

Dopo l'irruente mobilità del Sagittario, siamo dunque giunti, nel Capricorno, all'apice delle possibilità individuali, alle vette silenziose e luminose verso cui tendeva la freccia del Centauro. La luce adamantina della chiarezza mentale e spirituale e la conseguente cruda disillusione che qui regnano si traducono, sul piano fisico, in strutture cristalline, consolidate e stabili – per quanto possano esserlo in un organismo in continuo adattamento. Lo smalto dei denti (il tessuto più duro e compatto dell'intero corpo) e il tessuto osseo, unghie, capelli e cute configurano tutte le gradazioni di un'energia centripeta, che tiene insieme e limita i confini dell'individuo. Ma è questa stessa limitazione a consentire anche di realizzare consapevolmente l'autonomia personale e a fornire la possibilità di concretizzare il proprio operato nella realtà: accettare i propri umani limiti è difatti il passaggio obbligato per chi intende superarli.

Vediamo dunque più in dettaglio alcune delle strutture governate dal Capricorno:

– le *ossa*. In esse è inscritto un bel pezzo della storia di ciascuno: l'età, il sesso, la statura; le abitudini posturali, alimentari, lavorative, le tensioni, i logoramenti. Impalcatura essenziale del corpo e sua principale struttura portante, garante della postura e del movimento, lo scheletro è ricchissimo di interpretazioni simboliche, diffuse in tutte le epoche e in tutte le culture.

Ancora oggi, un teschio ammonitore fa vista di sé su oggetti virtualmente mortali (veleni, tralicci dell'alta tensione), così come una volta campeggiava sulle bandiere piratesche, a significare che per gli avversari non c'era più scampo. In effetti, la vista anche accidentale di un teschio non manca mai di provocare per lo meno un sottile disagio, forse perché rappresenta un monito sull'ineluttabilità della nostra fine, uno specchio del futuro su cui nessuno ha certo voglia di soffermarsi.

Oltre che simbolo dell'umana caducità, però, le ossa acquistano anche, per la loro semi-indistruttibilità, un significato contrario, diventando per esempio il tramite della continuità e dell'immortalità grazie al culto degli antenati, e venendo spesso considerate oggetti sacri o totemici. Si dice anche che i monumenti megalitici dell'antichità, costruiti con pietre, le "ossa" della Terra, avessero fra l'altro la funzione di custodire e proteggere per l'eternità gli scheletri dei defunti.

Ancora, era usanza dei popoli cacciatori seminare le ossa degli animali uccisi nella terra, restituendone quindi l'essenza alla Grande Madre di uomini e animali. Questo rituale assicurava la loro rinascita, cosicché, si credeva, nulla andava perduto, né vi era peccato o disobbedienza nell'averli cacciati e uccisi per cibarsene. E ci sono del resto numerosi miti o fiabe che prevedono la nascita o la rinascita di esseri straordinari dopo aver seminato delle ossa.

L'idea della resurrezione è in effetti un'altra delle accezioni simboliche più spesso attribuite alle ossa: nella nostra stessa religione, per esempio, vi è il concetto della "resurrezione della carne". Le ossa, è detto, si ricomporranno e saranno nuovamente rivestite di carne dopo il Giudizio universale.

Parti essenziali, irrinunciabili del corpo, le ossa racchiudono in sé, come i semi, le potenzialità dell'intera figura. Oggi i paleontologi riescono a ricostruire le caratteristiche di interi animali o uomini proprio a partire da poche ossa e c'è chi afferma che molti rappresentanti dei bestiari mitologici (i draghi, o le chimere) siano stati modellati sulla base del ritrovamento di ossa straordinarie o curiose.

Le ossa sono poste tradizionalmente sotto il dominio di Saturno, dio della concretezza, della solidità, del dovere, della legge. E infatti si può dire che l'osso rappresenti proprio ciò che regola e sostiene tutto il resto del corpo. Per esempio, la fine dell'accrescimento corporeo è stabilita dalla saldatura delle cartilagini ossee, cosicché l'osso, in questa accezione, può rappresentare il limite invalicabile da ciascun individuo, la norma, la legge di Natura, che non si può trasgredire impunemente. Se si indaga nella storia di chi ha subìto una frattura, si può osservare che spesso il momento della rottura dell'osso coincideva con un tentativo inconscio di trasgredire gravemente, rompendo un equilibrio consolidato, che non si era evidentemente capaci di modificare in altro modo (vedi anche Sagittario).

Poiché sopportano tutta la vita i carichi (sia reali, sia metaforici) che ogni persona si accolla, le ossa vanno incontro a un continuo rimaneggiamento, modificando dinamicamente la loro struttura, la loro composizione, persino la loro forma.

Ma non è detto che questo progressivo adattamento sia del tutto indolore. Molte patologie a carico dell'apparato muscolo-scheletrico parlano infatti di un cattivo utilizzo delle proprie potenzialità: per esempio, trattenere troppo a lungo certe tensioni, o impedire a se stessi di esprimere, attraverso un libero movimento, la fluidità di emozioni e sentimenti, può negli anni modificare la postura, accorciando muscoli e tendini e ingabbiando letteralmente le articolazioni.

Un esempio comune di questo logorio può essere rappresentato dalle patologie artrosiche, che simbolicamente propongono appunto, con il loro attrito doloroso, l'immagine di un movimento inceppato, di una possibilità non vissuta, di un'emotività frenata e trattenuta.

Ancor più esplicito è quanto sembra avvenire nelle forme acute, dove il dolore spesso lancinante, che impedisce di muovere l'arto, può essere interpretato come il tentativo di bloccare, insieme all'articolazione offesa, il movimento e quindi quello che quest'ultimo potrebbe significare: ricerca di autonomia, creatività, difesa, offesa, contatto;

– i *denti*. Molti secoli prima della nascita della psicoanalisi un famoso scrittore greco, Artemidoro, autore di una *Interpretazione dei sogni*, aveva attribuito ai denti il significato di abitanti della bocca/casa e, per traslato, li aveva ritenuti simboli di forza vitale, di capacità di reazione e aggressione.

I denti si possono in effetti considerare gli strumenti di un'azione "maschile" – la masticazione, che si opera all'interno di un organo cavo/femminile – e possiedono una accezione sia difensiva sia offensiva.

Una dentatura sana e completa, ben fissata al suo posto, è del resto un'arma temibile e costituisce spesso soprattutto un ottimo deterrente psicologico. Nel mondo animale, infatti, mostrare i denti non prelude necessariamente a un attacco, ma è senz'altro un chiaro avviso che, se sarà il caso, non si esiterà a passare ai fatti.

Ma i denti possono essere anche espressione di una modalità aggressiva ben più temibile. L'aggressività orale può rivestirsi infatti dei connotati più distruttivi, rappresentando, in senso profondo, il desiderio di appropriarsi in modo viscerale del mondo esterno attraverso il suo divoramento.

Questa volontà di inglobamento e di farsi simile a ciò che si vuole introiettare prende però tratti più gentili nell'atteggiamento che fa dire al genitore compiaciuto o all'amante "Ti mangerei", di solito specificando: "di baci". Per molti, del resto, il bacio è un residuo del succhiamento infantile del capezzolo materno, perciò esprimerebbe un bisogno antico e mai saziato di essere amato, accudito, nutrito (polarità cancerina), ma può costituire anche la possibilità di trasformare una carica aggressiva (da *ad-gredior*, andare verso) in un atto carico di affettività.

Denti sani, forti e regolari sono poi sinonimo di energia, vitalità, salute (ciò è tanto più vero per gli animali, il valore dei quali spesso si deduce già dallo stato della dentatura); al contrario, la scarsità o precarietà dei denti viene spesso interpretata come segno di senilità o anergia. Il dente rappresenta in effetti la concretizzazione di un'energia antica, primordiale in quanto simile all'osso e alla pietra; energia che si circoscrive e si inserisce, con una forma e una funzione ben precise, in un organo dotato di complesse attitudini, la bocca.

La carie interviene quando sono operanti e continue le opportune condizioni ambientali locali e, contemporaneamente, vi è un calo delle difese dell'organismo, che dovrebbero prevenire anche l'attacco degli agenti cariogeni. Essa ha un'azione disgregatrice inizialmente sulla parte più dura del dente, contrastando così e indebolendo la sua stessa struttura e innescando un processo spesso irreversibile di distruzione.

Una leggenda indiana narra che dall'ira del dio Shiva nacque una volta un essere terrificante, dal corpo e dalla criniera di un leone, dotato di un appetito insaziabile e pronto a slanciarsi contro gli avversari del dio. Ma poiché questi, arresisi, gli chiesero immediata clemenza, Shiva ordinò alla creatura di non infierire contro di loro e gli suggerì, per placare la sua fame, di mangiarsi invece mani e piedi. Fatto questo, e rimastogli ancora un appetito formidabile, l'essere leonino continuò l'opera, divorando via via le proprie braccia e le gambe, il ventre, il torace. Ne rimase solo il volto, detto da allora "Volto di Gloria" o *Kīrttimukha*, rappresentato appunto come una testa di leone dalla bocca spalancata e irta di zanne, a simboleggiare l'ira e la misericordia di Shiva e la protezione contro ogni male che il dio accorda ai propri devoti.

Oltre che per il suo valore religioso, in quanto testimone dell'aspetto terrifico eppure in fondo benevolo della divinità assoluta, questa immagine sembra proprio una metafora di quella autoaggressività che è rappresentata, oltre che dalla carie, anche da molte altre patologie, tutte con un'impronta autoimmunitaria, espressione di un'energia che si rivolta contro se stessa, non potendo avere altri obiettivi.

Si può allora interpretare la carie, lesione irreversibile sull'organo principe dell'aggressività, il dente, come la dimostrazione della presenza di un'aggressività pura e primitiva, incontrollata, intesa cioè solo come reattiva e difensiva, priva delle componenti di autoaccettazione e autolimitazione che possono favorire un'armonica modalità di proporsi e stare al mondo. Il dente cariato potrebbe insomma esprimere un'autodistruzione per rabbia e impotenza.

Benché il tessuto cariato non possa più riformarsi, il dente ha in sé anche l'idea di rigenerazione, di rinascita. Per la loro durezza e la conservazione anche dopo la morte, per il fatto che la dentatura viene rinnovata crescendo, o forse ancor più per il significato di forza distruttivo-difensiva che viene attribuito ai denti, da sempre mettersi al collo i denti di animali feroci è stato ritenuto un talismano protettivo, o addirittura un sistema per impadronirsi della forza o delle qualità dell'animale stesso;

– la *cute*. Assegnata al Capricorno in quanto tessuto corneificato (il suo strato più superficiale è ricco di una proteina compatta, la cheratina, comune alle unghie, ai capelli, ai peli e alle corna degli animali, che consente alla pelle tenuta e impermeabilità), limite e protezione dell'intero corpo, si potrebbero per la verità trovare molte altre attribuzioni, date le innumerevoli funzioni che quest'organo svolge. Per esempio, potrebbe in parte competere all'Ariete per la termoregolazione a cui partecipa, al Toro in quanto sede del tatto, ai Gemelli perché "respira" e comunica le nostre emozioni, al Cancro perché il suo ciclo di rinnovamento segue quello lunare (vedi oltre), alla Bilancia come garante dell'omeostasi, allo Scorpione in quanto organo emuntore...

Gli strati che la compongono sono costituiti da cellule che subiscono una continua metamorfosi: dallo strato più profondo – quello basale – al più esterno, infatti, modificano radicalmente la loro struttura. Da vive che erano, e complete di nucleo, si trasformano man mano in cellule cornee che, perdendo le loro caratteristiche vitali, raggiungono la superficie ormai soffocate dalla cheratina da esse stesse prodotta e, dunque, destinate a sfaldarsi e a essere eliminate. In condizioni normali, questo processo dura circa ventotto giorni (come il ciclo lunare!): ed ecco riproposto sulla pelle il simbolo del sacrificio che permette la trasformazione e il rinnovamento (tutte tematiche capricornine).

Oltre che fisiologica barriera protettiva che offre resistenza meccanica e chimica agli agenti esterni ritenuti pericolosi – e che allontana le sostanze tossiche prodotte nell'organismo –, la cute costituisce anche il confine e il limite dell'individuo con il mondo esterno. Così, le desquamazioni e le lacerazioni cutanee che si producono negli eczemi possono rimandare a una simbolica compromissione dell'identità personale, accompagnando per esempio periodi di profonda trasformazione, vulnerabilità emotiva, fino a vere e proprie "crisi d'identità". Gli ispessimenti cutanei quali quelli che intervengono nella psoriasi mimano invece un aumento delle difese dell'individuo, che in questo modo si "corazza" maggiormente nei confronti di ciò che avverte come ostile attorno a sé. Del resto, anche il linguaggio popolare sottolinea questo processo inconsapevole, utilizzando espressioni del tipo "avere la pelle dura", "averci fatto il callo", per testimoniare che si è abituati e ben difesi da certe situazioni.

La pelle, poi, come una grande tela esposta agli sguardi altrui, dà la possibilità di mostrare al mondo tutti i viraggi emotivi che attraversano la nostra psiche. Paura, rabbia, vergogna, imbarazzo si dipingono sul volto e sulla cute attraverso l'azione del sistema neurovegetativo, che vi fa affluire maggiori o minori quantità di sangue, ottenendo di *arrossire dalla vergogna*, *impallidire per la paura*, *diventare verdi dall'invidia*, *paonazzi per l'ira*... E può accadere che se, per esempio, abbiamo trattenuto la nostra voglia di *menare le mani*, se *ci prudono le mani dal desiderio* di fare qualcosa, o ci sentiamo *le mani legate*, rabbia e aggressività trattenute si possano esprimere con un eczema che interessi proprio le nostre estremità, con un arrossamento e un'irritazione tali da provocare anche lesioni da grattamento.

La pelle non è solo visibile, ma anche tangibile: è ciò che tocchiamo entrando in contatto con l'altro. È evidente quindi il ruolo che essa gioca nelle relazioni umane. *È una questione di pelle*, *è una sensazione di pelle* sono fra i modi di dire che raccontano quanto la cute sia coinvolta nello stabilire un feeling con chi ci circonda. Del resto, è proprio attraverso le innumerevoli terminazioni nervose presenti nel derma cutaneo che percepiamo il mondo esterno: tatto, temperatura, dolore, peso sono sensazioni che apprezziamo attraverso l'atto del toccare o dell'essere toccati. Tramite la cute impariamo a conoscere il mondo nella sua forma e consistenza ed è allora comprensibile come possa essere sempre questa a manifestare con un arrossamento o un indurimento quando siamo a disagio o avvertiamo una situazione come intollerabile: *mi fai venire l'orticaria*, *ho i nervi a fior di pelle*, *non sto più nella pelle* sono altrettante dichiarazioni di come l'irritazione o l'impazienza che ci domina si disegni sulla cute.

Mente & Corpo

Misurato, tenace e deciso, il tipico rappresentante del segno, quando ha in mente una conquista da compiere o un successo da consolidare, non permette a nessuno di intralciarlo. Le sue grandi doti di obiettività (è Saturno, maestro della freddezza e della concentrazione, a insegnargli il giusto distacco dalle cose), disciplina interiore, perseveranza sostengono una saggezza eminentemente pratica. Ma, anche se non sempre ama farlo trapelare, sotto quella scorza dura e fredda, di chi vuol ricondurre tutto alla ragione e al principio di realtà, albergano intense passioni (Marte in esaltazione), che può vivere nella dedizione a un ideale o a uno scopo, ma anche a una relazione d'amore. Non tutti però riescono a percepire questo suo lato caldo e vitale, e lo tacciano quindi di freddezza e misantropia, rigidità ed eccessivo moralismo. Tutto questo rigore richiama da un lato il freddo della stagione invernale, dall'altro, nel corpo umano, strutture calcificate e dure. Per questo il segno governa i tessuti mineralizzati (ossa, cartilagini, denti, unghie, capelli), la cistifellea, la cute in quanto barriera protettiva, la coagulazione del sangue, il metabolismo del calcio, i processi di invecchiamento e le malattie correlate a questi ambiti (per esempio, i disturbi reumatici e dentari, la cicatrizzazione delle ferite, il consolidamento osseo dopo una frattura, l'osteoporosi, le calcolosi).

Risulta decisamente *melanconico* secondo la classificazione ippocratica, in quanto sono in primo piano i processi di coagulazione e cristallizzazione governati dall'elemento *Terra*, mentre per i medici cinesi il Capricorno sarebbe senz'altro più vicino all'austero tipo *Acqua*.

L'oligoterapia potrebbe inserirlo nella diatesi "anziana" del *Rame-Oro-Argento*, l'associazione di oligoelementi che compensa il calo di energie proprio della senescenza o delle sequele infiammatorie e delle patologie dei tessuti profondi.

Dal punto di vista psicologico, senz'altro il tipico individuo capricornino sarà forte sul versante della *sensazione*, ovvero in rapporto agli aspetti sensoriali concreti della realtà, mentre potrebbero fargli difetto – e quindi dargli qualche problema – l'ambito *sentimentale* e l'*intuizione*. Per esempio, potrebbe avere una del tutto inconsapevole difficoltà a esprimere il calore umano e l'affettività, e dunque non riuscirà a capire perché la gente lo tratti con freddezza o insofferenza, non lo inviti ai ritrovi e alle feste, o smetta improvvisamente di ridere e scherzare quando lui/lei compare. Si sentirà pertanto ingiustamente escluso dal consorzio umano, e quindi sempre più isolato. In alternativa, il suo motto "valgono solo i fatti e le cose che si possono toccare con mano" può impedirgli di accedere a livelli superiori di conoscenza, oppure la sua scarsa dimestichezza con la funzione intuitiva spingerlo a credere fermamente in cose assolutamente indimostrabili (complotti, soluzioni miracolistiche...), come fossero fondatissimi dogmi.

Capelli, problemi di Vedi Toro.

Carie e disturbi gengivali

Per rimediare: alimentazione, erbe e gemme, aromi, oligoelementi, fiori di Bach.

Artrite Nel corpo, nulla avviene per caso: ogni sintomo è espressione di una difesa o di un tentativo di riequilibrio. Così anche l'insorgere, spesso improvviso, di un'artrite – con conseguente immobilità della parte interessata – può corrispondere a un simbolico tentativo di bloccarsi, in genere per evitare guai peggiori.

In sostanza, questo sintomo potrebbe volerci salvaguardare dal mettere in campo un eccesso di aggressività o mobilità, creando una sorta di camicia di forza in cui congelare le possibilità di muoversi e agire.

Le localizzazioni chiariscono spesso l'attribuzione simbolica del sintomo. A volte, sono le piccole articolazioni delle dita delle mani e dei piedi a essere colpite per prime: le mani rappresentano lo strumento principale dell'azione, delle capacità creative, del contatto, mentre i piedi sorreggono il corpo eretto e forniscono la spinta necessaria per camminare e spostarsi, per essere autonomi. Se ci si vuole inconsciamente impedire di agire o di essere indipendenti, perché questo darebbe origine a conflitti attualmente insostenibili, a farne le spese potrebbero dunque essere le articolazioni.

Molte malattie articolari, fra l'altro, sono autoimmunitarie: ciò significa che l'organismo stesso sembra in questi casi difendersi dalle strutture che permettono il movimento, disconoscendole da sé, come fossero nemiche o estranee.

Quando l'artrite non compare come episodio isolato, ma viene a configurarsi una vera e propria malattia articolare, si possono osservare tratti comuni a molti soggetti che ne sono affetti. Sono spesso persone potenzialmente molto originali, dotate di una carica vitale non comune che stentano però in molte occasioni a incanalare e della quale hanno un inconscio timore.

Le potenzialità aggressive (e spesso anche, contemporaneamente, distruttive) di cui queste persone sono dotate possono peraltro indirizzarsi senza problemi nell'iperattività sia fisica sia mentale, o in situazioni che possono dischiuderne nel concreto la creatività. L'episodio artritico segnala invece un'inversione di tendenza, un ristagno energetico con un blocco delle possibilità espressive e aggressive e dell'originalità del soggetto, alla quale viene impedito di emergere e affermarsi.

Per rimediare: alimentazione, erbe e gemme, aromi, oligoelementi, cromoterapia.

Artrosi Considerata un fenomeno per certi aspetti fisiologico, conseguente al normale invecchiamento dei tessuti, l'artrosi però, in molti casi, sconfina decisamente dalla normalità, o per la precocità di insorgenza, o per la sintomatologia invalidante.

Benché sia possibile su tutte le articolazioni, è più facile che se ne lamenti chi soffre di problemi inerenti la colonna vertebrale (per esempio, se è interessato il tratto cervicale o lombare) o le grosse articolazioni (anca, ginocchio). Il movimento articolare si fa sempre più impacciato e rigido, i muscoli perdono di tono, un movimento più ampio del consueto provoca dolore. Tutto ciò induce a limitare sempre più la mobilità di vari segmenti corporei, finché addirittura il dolore viene avvertito anche in assenza di movimento.

L'artrosi consiste in pratica nella consumazione del sottile strato di cartilagine perfettamente liscia presente su due capi articolari, con conseguente aumento dell'attrito al movimento e l'instaurarsi di fenomeni cronici di infiammazione e di riparazione. Questi ultimi peggiorano però ulteriormente la funzione, perpetuando la situazione finché si può giungere, nei casi più gravi, all'anchilosi (saldatura dei capi articolari).

Dal punto di vista simbolico, questo progressivo logoramento e ingabbiamento delle articolazioni e la corrispettiva perdita delle possibilità di movimento si possono interpretare come un eccesso di controllo o di autocontrollo, basato sulla autolimitazione, sulla repressione cioè delle proprie pulsioni (e quindi del movimento che vi è collegato o che può esprimerle).

Se il bambino, in condizioni ottimali, nei suoi percorsi di esplorazione e di gioco ha possibilità di movimento e quindi di conoscenza praticamente illimitate, ben diversa è la situazione dell'adulto, alle prese con i territori altrui, le gerarchie, la compostezza dovuta a luoghi e circostanze, tutti delimitati dalle convenzioni sociali.

Il controllo dell'emotività va di pari passo con il controllo della gestualità: i soggetti più rigidi nel movimento danno l'idea di esserlo anche a livello psichico, mentre la fluidità e l'elasticità delle movenze fanno piuttosto pensare ad analoghe possibilità di spaziare anche da parte delle componenti emotive e della creatività. Il logoramento articolare dell'artrosi sembra dunque corrispondere alla rinuncia all'espressione di una gamma più ampia di sfumature emotive e di stati d'animo che vengono invece congelati e dimenticati, per esempio in nome dell'accettazione sociale.

Per rimediare: erbe e gemme, aromi, oligoelementi, cromoterapia.

Fratture ossee
Per rimediare: alimentazione, erbe e gemme, oligoelementi.

Osteoporosi La perdita di calcio e di sali minerali dall'osso è anch'essa considerata parzialmente fisiologica, facendo parte dei mutamenti dell'organismo considerati normali dopo una certa età. Le più colpite sono le donne, probabilmente per via dell'assetto ormonale dopo il climaterio, ma non bisogna credere che gli uomini ne siano immuni. Inoltre, vi sono talune condizioni (immobilità, assunzione prolungata di certi farmaci, fumo, alcol, disfunzioni ormonali) che predispongono indirettamente alla comparsa di osteoporosi anche in età più giovanile e senza quasi distinzione di sesso.

Le ossa rappresentano il supporto generale della persona: sono l'apparato che dà la forma essenziale al corpo e ne costituiscono anche il limite invalicabile (una volta saldate le cartilagini di accrescimento, la statura raggiunta si stabilizza).

Per il fatto di rappresentare contemporaneamente la componente più antica (minerale), dura e inflessibile, che delimita le possibilità dell'individuo, ma nello stesso tempo ne garantisce la stabilità e la possibilità di movimento e autonomia, ogni affezione delle ossa può essere letta come un attentato all'affidamento che ciascuno fa su di sé, o come una rinuncia ad accettare e rispondere positivamente ai mutamenti.

L'osso che si rarefà e si disgrega può insomma esprimere un analogo profondo cedimento dell'immagine di sé, delle situazioni e dei ruoli in cui ci si era in precedenza identificati. In particolare, essendo l'osteoporosi una condizione prevalentemente femminile e della maturità, è in gioco la scarsa accettazione del mutamento del proprio corpo e la rinuncia a esprimere il proprio essere individuale.

D'altra parte, e in senso questa volta più positivo, la menopausa può simbolicamente rappresentare anche il superamento delle regole biologiche imposte dalla Natura, che prima cadenzava i ritmi mensili del mestruo, basato sul ciclo della Luna. Simbolo del limite umano e individuale, l'osso viene dunque riassorbito e reso più "leggero", così come più leggero e labile è il condizionamento della Natura, maestra dei limiti, sulla fisiologia della donna.

Per rimediare: alimentazione; equiseto; limone; Fluoro, Manganese-Cobalto; Calcarea Carbonica, Calcarea fluorica; luce viola.

Eczemi L'eczema rappresenta una modalità aspecifica della cute di reagire a sostanze o fattori irritanti, interni (prodotti del catabolismo, reazioni neurovegetative intense) o esterni. Segnala quindi che si è venuti a contatto con qualcosa di pericoloso o non gradito, da espellere e allontanare. Spesso, fra l'altro, il manifestarsi dell'eczema è facilitato da vere e proprie irritazioni psichiche represse o negate. I sintomi del calore, bruciore, rossore, secchezza della cute possono esprimere e condurre all'esterno una componente "calda", fortemente emotiva, non altrimenti incanalabile. Si tratta insomma di una sorta di "fuoco interno" che segnala passioni e vitalità che, non riconoscendo regole e convenzioni, possono apparire trasgressive o pericolose per il quieto vivere della persona interessata. Inoltre, nella lesione cutanea c'è spesso un'accezione di *marchio infamante*, vergogna, sporcizia. In realtà, accanto a questa convive il più delle volte anche l'attrazione proprio verso ciò che di "sporco" o impresentabile alberga dentro se stessi, ovvero ancora una volta le componenti istintuali non domate.

La reattività fisica e psicologica di chi va soggetto agli eczemi, specie per quanto riguarda le forme acute, è di solito rapida e tendenzialmente violenta. La lesione può subentrare per esempio in seguito a un afflusso massivo di sangue in certi distretti del corpo. Così, se la persona in questione è una *testa calda* o un soggetto cui il *sangue va alla testa*, si potrà verificare un eczema al volto o al cuoio capelluto; quando *prudono le mani* o si cerca/teme un contatto fisico ed emotivo con gli altri (erotico o aggressivo, fa poca differenza), potrebbero essere interessate le mani.

L'imperativo psicologico per aiutare l'organismo a far fronte a questo sintomo è di allearsi con la propria passionalità, invece di subirla; "consumare" le proprie emozioni, anziché cercare di averne ragione; vivere le proprie parti calde e volitive, incanalandole verso la realizzazione dei nostri desideri, senza più soffocarle.

Per rimediare: erbe e gemme; bergamotto, camomilla, cipresso, geranio, ginepro, issopo, lavanda, salvia, Tea-tree; Magnesio, Manganese, Manganese-Cobalto, Manganese-Rame, Zolfo; Beech, Cherry Plum, Crab Apple, Holly, Impatiens, Vervain, Walnut; luce blu, rossa, viola.

I rimedi della Natura

Alimentazione

I cibi che aiutano le ossa e i tessuti elastici sono soprattutto quelli ad alto contenuto di calcio, silicio e *fosforo* (*latte*, *yogurt*, *formaggi magri e stagionati*, *fegato*, *lenticchie*, *verdure a foglia verde*, *frutta secca*, *noci e semi in genere*). Per non esagerare con i latticini, ricchi di grassi animali e a volte difficili da digerire, è meglio abbondare con *spinaci*, *barbabietole*, *cavoli* e, in primavera, *asparagi*, *germogli di ortica* e foglioline di *tarassaco*, tutti fra l'altro ricchi di ferro e altri minerali utili per purificare il sangue.

Erbe e gemme

Disturbi dentali e gengivali

Altea Un emolliente e antinfiammatorio naturale per le gengive dei bambini durante la *dentizione* è la radice di questa pianta, che può essere data loro al posto del dentaruolo o del succhiotto. Un'altra pianta utile a questo medesimo scopo è quella dell'*ireos*.

Catecù La misteriosa *tintura di Catecù* pare venisse utilizzata per *pulire e rafforzare denti e gengive*, così come la tintura del tronco legnoso di una leguminosa, l'*Hæmatoxylon campechianum* o *legno campeggio*, dal quale si trae il colorante ematossilina. Quest'ultima lasciava probabilmente una tinta rossastra sui denti, non si sa se apprezzata.

Chiodi di garofano Con 1 parte di chiodi di garofano in 4 parti di vino si può preparare una tintura da usare come *collutorio* o leggero antinfiammatorio per pulire i denti e *diminuirne la sensibilità*.

Ratania Conosciuta ancor oggi come erba dentifricia, era apprezzata già in passato come polvere o decotto per la pulizia dei denti e come astringente in caso di piaghe e rilasciamenti della mucosa della bocca.

Disturbi osteoarticolari

Non solo la stagione freddo-umida è responsabile di una maggior incidenza di dolori riferiti all'apparato osteoarticolare: ci sono infatti numerose situazioni in cui la dolorabilità delle giunture o delle ossa è legata soprattutto a un difetto metabolico o a un'anomala reattività dell'organismo. In tutti i casi, è comunque utile impiegare piante ad azione drenante e depurativa (per meglio eliminare l'eventuale acqua in eccesso e i cataboliti presenti) oltre che, a seconda dei casi, ad azione antalgica, antinfiammatoria, rimineralizzante.

Le artriti possono insorgere per migrazione di un focolaio infettivo distante, per reazione sistemica a taluni agenti infettivi, oppure in seguito a un traumatismo o, ancora, per un eccesso di acidi urici o altri problemi metabolici. Per quanto riguarda il reumatismo cronico degenerativo o artrosi, si tratta invece del risultato di numerosi fattori ereditari e acquisiti, quindi culturali. Un'abitudine posturale inadeguata, che comporta una maggior usura o un anomalo utilizzo dell'apparato scheletrico, ha sicuramente alla base un atteggiamento psichico peculiare, da ricercare e riequilibrare per migliorare la situazione.

Il dolore può essere riferito a una sola o a poche articolazioni, oppure, soprattutto nelle forme croniche e sistemiche, esordire con un interessamento simmetrico. È sempre bene non sottovalutare l'insorgenza di dolori osteoarticolari, specie in età giovanile, perché possono essere la spia di disturbi generalizzati.

In genere, i dolori sono più accentuati al mattino, al risveglio, e accompagnati da rigidità nel movimento. È più probabile che si tratti di artrite anziché artrosi se questa rigidità perdura per più di mezz'ora. Spesso le artriti di origine dismetabolica (da problemi metabolici) iniziano alle piccole articolazioni, per esempio delle dita delle mani e dei piedi.

La fitoterapia propone in tutti questi casi piante ad azione decongestionante, antinfiammatoria e diuretica, in grado di ridurre il dolore provocato dalla distensione della capsula periarticolare e dall'infiammazione, insieme a piante ad azione rimineralizzante.

Sono inoltre utili gli oli essenziali che esplicano un'attivazione delle difese immunitarie (vedi Aromi) e i succhi e i centrifugati di frutta e verdura contenenti grandi quantità di vitamina C, e/o di magnesio, manganese e zolfo, utili alla ricostruzione del tessuto connettivo.

Si ricorda poi che la mobilità delle articolazioni colpite dev'essere ripristinata al più presto, onde evitare la saldatura dei capi articolari (anchilosi) e l'atrofia muscolare.

Argilla È da tenere presente che uno dei primi interventi di "pronto soccorso", spesso in grado di sgonfiare in relativamente breve tempo l'articolazione e quindi di diminuire in modo considerevole anche il dolore e l'impossibilità a muovere l'arto, consiste nell'applicazione di un cataplasma di *argilla*. Questo sarà *freddo* se è in corso un'affezione acuta (artrite), *tiepido* o *caldo* per dolori cronici (vedi anche il Sagittario per l'uso nei traumatismi).

Il cataplasma si prepara ponendo l'argilla, previamente resa una pasta fluida dall'aggiunta di un poco d'acqua (calda o fredda a seconda delle esigenze), tra due garze, da apporre sulla parte dolente e da lasciare in posa per almeno un paio d'ore. Il cataplasma si può rinnovare anche 4-6 volte al giorno per 1-2 giorni se il soggetto è allettato o immobile. Ovviamente, tale pratica è da effettuarsi in concomitanza con tutti gli altri presidi terapeutici del caso.

Equiseto È opportuno segnalare che, in tutti i casi di interessamento osteoarticolare, parallelamente alla terapia antinfiammatoria, antireumatica, depurativa, va condotta un'integrazione di minerali, che sembra anche in grado di prevenire le alterazioni postinfiammatorie della cartilagine articolare. Oltre agli oligoelementi (vedi sotto), sempre utili in questi casi, si possono utilizzare rimedi erboristici ad attività *rimineralizzante*. Fra i più importanti, si ricorda l'*equiseto* o *coda cavallina*, che fra l'altro sembra avere un'azione regolatrice sulle secrezioni ipofisarie. Un vero alleato nelle cure rimineralizzanti, in quanto ricchissimo in silicio e altri elementi che contribuiscono a consolidare le strutture portanti e i tessuti elastici dell'organismo, è quindi indicato nella prevenzione della *carie dentaria* e nei *difetti di mineralizzazione* (*unghie e capelli fragili*, *fratture ossee* lente a guarire, *osteoporosi*). In alcuni soggetti può dare una diminuzione dell'appetito. Anche la *centinodia* o *correggiola* possiede qualità analoghe.

Artrite

Artiglio del diavolo In caso di artrite, quindi in presenza di infiammazione acuta, i rimedi erboristici ad azione *antinfiammatoria* possono servire anche di complemento a quelli tradizionali, così che ne siano necessari dosaggi minori. A questo proposito, senz'altro di grande interesse è l'*arpago* (*Harpagophytum procumbens*) o artiglio del diavolo, che svolge un'intensa azione antinfiammatoria e analgesica, paragonabile addirittura a quella di potenti farmaci di sintesi. La cura può prevedere un abbinamento con altre erbe ad azione similare, come per esempio il *salice bianco*, l'*olmaria*, il *sambuco*, il *Ribes nigrum*, la *boswellia* o la *betulla*. L'abbinamento di più piante consente di abbassare la dose di ogni singola (in genere, si può usare per la somministrazione della miscela di droghe quasi lo stesso dosaggio mediamente previsto per una singola).

Betulla La betulla, oltre che un'attività *antireumatica*, svolge un'azione *diuretica*, che facilita l'*eliminazione* di scorie azotate e *acidi urici*, molto utile in questi casi per abbreviare i tempi di guarigione.

Alle piante già citate, dotate di qualità antinfiammatorie e/o antireumatiche, è utile associare dei *drenanti*, ovvero erbe che facilitino l'allontanamento dei metaboliti di scarto attraverso i reni, il sistema epatobiliare, i polmoni, la cute, l'intestino. Questo è tanto più indispensabile quando le affezioni articolari intervengano su un difetto metabolico, che accentui l'accumularsi delle tossine, in particolare quelle azotate, derivate soprattutto dall'ingestione di proteine.

Ecco pertanto che, in particolare in caso di *artrite da iperuricemia*, sono necessarie piante quali la *bardana*, ipoglicemizzante, diuretica, uricosurica; il *carciofo*, che aumenta la produzione di bile e l'*eliminazione di acidi biliari* e di colesterolo ed è utile pertanto anche in caso di artritismo associato a *ipertrigliceridemia*, *ipercolesterolemia*, *iperuricemia*; ancora il *Ribes nigrum*, anche come diuretico; il *fucus*, per attivare il metabolismo (salvo controindicazioni quali problemi cardiaci o tiroidei, nervosismo); il *pungitopo*, che appare indicato soprattutto a soggetti corpulenti o pletorici, con rallentamento della circolazione venosa e linfatica, ritenzione di liquidi, tendenza agli edemi (non è adatto agli ipertesi).

La gemmoterapia consiglia l'utilizzo del macerato glicerico 1DH di *linfa di Betula verrucosa* (50 gocce 1-2 volte al giorno) in particolare in caso di artriti da eccesso di acido urico e in soggetti che presentino ipertrigliceridemia, ipercolesterolemia; in abbinamento, sempre in questo caso, le gemme di *Fraxinus excelsior* (50 gocce 1-2 volte al giorno) o di *Populus nigra* (50 gocce 2-3 volte al giorno). Se è presente soprattutto una sintomatologia infiammatoria, meglio i macerati glicerici 1DH di *Ribes nigrum* (sempre 50 gocce, 1 volta al risveglio ed eventualmente un'altra volta nel corso della giornata) e di giovani getti della vite canadese, *Ampelopsis weitchii*, quest'ultimo particolarmente indicato anche in caso di reumatismo infiammatorio con una importante sintomatologia dolorosa (50 gocce 2-3 volte al giorno).

Artrosi

Il dolore, come già accennato, è in questo caso più facilmente simmetrico e può interessare di preferenza la colonna vertebrale, le anche (coxartrosi), le ginocchia (gonartrosi), le mani. È presente anche in questo caso la rigidità mattutina e, inoltre, il tipico rumore di "scroscio" articolare. Poiché si tratta di una malattia degenerativa, la nostra fitoterapia può consentire – allo stato attuale – soprattutto a limitare l'infiammazione e la conseguente alterazione della cartilagine. Oltre alle piante *rimineralizzanti* (vedi sopra), se ne possono quindi impiegare molte altre ad attività *antinfiammatoria* con un particolare tropismo per i tessuti ossei e articolari. Fra queste, vanno senz'altro annoverate i già citati *artiglio del diavolo* e *olmaria*, ricca in salicilati (ad azione simile all'acido salicilico), ferro, zolfo e calcio, per far assorbire meglio i quali è utile supportare l'organismo con vitamina C naturale, contenuta per esempio nel ribes rosso e nero, nella *Rosa canina*, nel lampone, nel *rafano*, che si possono consumare abbondantemente, freschi o in succo.

Occorre naturalmente, anche in questo caso, un drenaggio, che è possibile effettuare con le piante già citate per l'artrite, oltre a *tarassaco*, *ortica* e *fumaria* se si desidera attivare soprattutto il fegato; *tè verde*, *betulla*, *equiseto* per intensificare la depurazione attraverso i reni. Ovviamente, in caso vi sia qualche problema di iperglicemia si potrà ricorrere alla *bardana* o al *rovo*, mentre se vi è concomitante iperuricemia sono più indicati il *frassino* e la *betulla*.

La gemmoterapia consiglia in questo caso *Pinus montana* (50 gocce 1 volta al giorno) in abbinamento a *Ribes nigrum* (50 gocce al mattino) e a *Vitis vinifera* (50 gocce 1 volta al giorno). Questa associazione si è infatti rivelata la più utile in caso di osteoartrosi, per limitare la sintomatologia e prevenire ulteriori degenerazioni. Se è presente anche decalcificazione (osteoporosi), l'abbinamento consigliato è invece *Vaccinium vitis idæa* (50 gocce 1-2 volte al giorno) e *Rubus fructicosus* (50 gocce 1-2 volte al giorno).

Fratture ossee

Anche se la risoluzione di queste è essenzialmente di tipo meccanico e chirurgico, la fitoterapia può comunque essere d'aiuto nell'accelerare la formazione del callo osseo e nel diminuire l'eventuale infiammazione in atto. I gemmoderivati si rivelano di solito molto indicati in questi casi: *Pinus montana* come macerato glicerico 1 DH (50 gocce alla sera), in associazione per esempio a *Ribes nigrum* (50 gocce alla sera), stimola il trofismo della cartilagine e del callo osseo, riducendo nello stesso tempo l'infiammazione e i rischi di interessamento articolare.

Eczemi

Per tutti i tipi di affezioni cutanee è senz'altro utile, a fianco o meglio ancora *prima* di una terapia specifica, un intervento con rimedi depurativi in grado di esercitare un'azione di drenaggio delle tossine dai tessuti verso gli organi deputati al loro smaltimento (intestino, reni, polmoni, cute). Tra le piante più indicate vi sono la *bardana*, il *carciofo*, il *tarassaco*, la *fumaria*, il *rosmarino* e la *betulla*.

In linea di massima, in caso di *eczemi non infetti*, da *ipersensibilità*, *intolleranza* o *su base allergica* (per esempio *da contatto*), ciclici, migranti, pruriginosi possono essere utili il *tarassaco*, la *fumaria*, l'*ortosifon*, il *cardo mariano*. A questi si può aggiungere il *Ribes nigrum* in macerato glicerico, per accentuare l'effetto antiallergico.

Queste piante, sole o miscelate fra loro dal medico, possono essere assunte per esempio sotto forma di estratto fluido. La cura di drenaggio va protratta per circa 3 settimane, anche se l'eczema fosse nel frattempo scomparso.

Su *eczemi infetti*, da "autointossicazione", secchi, rapidamente estensivi, specie al volto, con tendenza all'ispessimento e in soggetti dal metabolismo lento sono invece più indicati la *bardana*, il *tarassaco*, la *fumaria*, la *noce* (come gemmoderivato, *Juglans regia*), l'*olmo* (sempre come gemmoderivato, *Ulmus campestris*). Per la loro assunzione, vale quanto detto sopra.

Se l'*eczema* tende a *cronicizzare* ed è associato a *prurito*, *bruciore*, sensazione di *calore*, turbe della circolazione locale (*congestione*, *formicolii*) sono adatti la *betulla*, il *carciofo*, il *rosmarino*, il *Ribes nigrum*.

Eczema acuto La gemmoterapia consiglia in questo caso *Ulmus campestris* in associazione a *Ligustrum vulgare* o *Alnus glutinosa*. Le dosi sono di 50 gocce per ciascuno al giorno, lontano dai pasti. Localmente, può essere interessante l'uso di un decotto tiepido di *malva*, *sambuco*, *verbasco* in parti uguali, da applicare con una garza, per diminuire l'infiammazione e il dolore. Se le lesioni sono molto irritate, il decotto si farà preferibilmente con *salvia*, *verbasco* e *camomilla*.

Se l'*eczema* è *secco*, esteso e *doloroso*, si può praticare un bagno tiepido cui aggiungere qualche cucchiaiata di *amido* e un litro del decotto ottenuto lasciando sobbollire 10 minuti, e riposare altri 20, una miscela in parti uguali di *scorza di quercia* e *foglie di noce*. Questo trattamento serve a disinfiammare e idratare la cute.

Eczema umido Oltre al drenaggio (vedi sopra), si possono abbinare i macerati glicerici di *Ulmus campestris* e *Juglans regia*, sempre alle dosi di 50 gocce per ciascuno al dì.

Eczema pruriginoso Si può trarre un certo sollievo dalla miscela disintossicante e depurativa ottenuta con queste piante: *menta*, *ortosifon*, *carciofo* o *tarassaco*, *bardana*. Se il prurito è costante e imponente, è bene controllare il tasso di glicemia, perché una sua alterazione potrebbe favorire una reazione irritativa a livello cutaneo.

Può essere indicata l'associazione di un blando trattamento ansiolitico, che si può indurre con una miscela di *tiglio* e *biancospino* in estratto fluido (10 gocce di ciascuno in un po' d'acqua) o sotto forma di infuso, o con *melissa* e *camomilla* (stesse modalità e dosi).

Aromi

Incenso Quest'olio essenziale è cicatrizzante, disinfettante, rivitalizzante per la cute e il cuoio capelluto. È indicato per i problemi della *pelle secca o matura*, ma anche per *raffreddori* e *bron-*

chiti (migliora e amplifica il respiro). Esercita poi un'azione calmante e bilanciante sull'umore. Si utilizza diluito in creme o oli da massaggio. Anche gli estratti della pianta dell'incenso (*Boswellia serrata*) sono tenuti oggi in grande considerazione come antinfiammatori e antidolorifici.

Pompelmo Utile per favorire la *ricrescita dei capelli*, *tonificare la pelle* e *drenare i tessuti* sottostanti, viene usato anche nei *dolori delle grosse articolazioni* (le ginocchia sono per tradizione assegnate al Capricorno) e ha sulla psiche un effetto rinfrancante e antidepressivo. Anche questa essenza si usa diluita, in creme o oli per massaggi drenanti e tonificanti.

Rosmarino Per riequilibrare i punti deboli del segno e rivitalizzare la psiche, vista la tendenza capricornina all'introversione e alla depressione, ecco un'essenza tratta da una pianta magica, simbolo di vigore, purezza, gioia. Nell'antichità, spesso i suoi rami venivano usati al posto dell'incenso, per purificare l'aria da presenze malvagie e, aggiungiamo noi, dai germi. Una credenza comunque estende questa proprietà difensiva anche a serpi e scorpioni, che non entrerebbero in una casa in cui vi sia del rosmarino. Poiché è una pianta sempreverde e sfoggia per la gran parte dell'anno bei fiori azzurri, è stata da sempre ritenuta simbolo di immortalità: gli egizi ne mettevano un rametto in mano ai defunti, i romani vi incoronavano i Lari. Le più belle leggende sul rosmarino riguardano la Vergine: i suoi fiori, una volta bianchi, si sarebbero tinti di azzurro per rendere noto a tutti l'onore che ella fece alla pianta, stendendovi ad asciugare il suo manto, dello stesso colore. Si dice poi che questa pianta sia stata ricompensata con le sue molte virtù per aver protetto la Sacra Famiglia dai soldati di Erode durante la fuga in Egitto. Nel Medioevo, era tale la fiducia nelle proprietà benefiche del rosmarino che con il suo legno si costruivano scatolette e amuleti e persino cucchiai che avrebbero impedito gli avvelenamenti, e pettini che proteggevano dalla calvizie.

Fra gli usi più strettamente terapeutici, ritroviamo il rosmarino in varie ricette di balsami contro le distorsioni e i dolori nevralgici, nel famoso *Aceto dei quattro ladroni* – ritenuto in grado di immunizzare dalle pestilenze – e, soprattutto, nell'*Acqua della regina d'Ungheria*, a base di fiori di rosmarino, che, si dice, riportò in un solo anno una regina settuagenaria a una vigoria e a uno splendore tali che venne chiesta in sposa dal re di Polonia. Leggende a parte, si tratta di una pianta di indiscutibile efficacia come antisettico, antalgico (*denti* e *dolori reumatici*), ipertensivo, stimolante delle difese immunitarie, tonico cardiaco e generale, regolatore epatico e dell'attività della cistifellea, diuretico, anticolesterolo; è inoltre utile per la *cura dei capelli*, e ritenuto un rivitalizzante per le *pelli mature*. A livello psichico, la sua azione più importante è quella antidepressiva e rasserenante. Il suo aroma si addice soprattutto a persone chiuse, introverse, indurite, quasi infastidite al pensiero di aprire il loro cuore ai sentimenti, anche se sentono un bisogno spasmodico di amore e tenerezza.

Con il rosmarino si può fare un vino aromatico, utile in caso di *disturbi digestivi*, *stanchezza* specie nel *cambio di stagione*, tendenza alla *pressione bassa*. Occorre 1 litro di vino bianco secco, di buona qualità, e 100 grammi di sommità fiorite di rosmarino. Si lascia macerare il tutto, agitando ogni tanto, per 20 giorni; dopo di che si filtra e si beve, nella dose di un bicchierino dopo i pasti.

Denti e gengive

Gli oli essenziali sono tra i più potenti ed efficaci disinfettanti naturali. Molti di essi possiedono inoltre qualità antinfiammatorie e antibatteriche, cosicché il loro utilizzo, sia localmente sia per via interna, è sicuramente indicato nelle varie affezioni della bocca.

Le essenze si possono utilizzare in questo caso o per eseguire sciacqui (bastano poche gocce in un bicchiere d'acqua tiepida), o per toccature sulle gengive (anche in questo caso, è sempre opportuno diluirle in acqua e alcol, o in acqua, un po' di alcol e glicerina).

Per un problema localizzato ai denti, si può invece inumidire una piccola garza o un batuffolo di cotone con un paio di gocce di essenza, in questo caso anche pura, e sistemarlo in corrispondenza del dente dolorante.

Se si tratta di rafforzare le difese, si può abbinare la via interna. È importante però precisare che quest'ultimo trattamento va sempre seguito direttamente da un medico.

Dolori dentari

Molte essenze hanno un vero e proprio effetto anestetico sulle terminazioni nervose periferiche. Si può sfruttare questa loro particolarità in attesa della visita odontoiatrica, quando il dolore si fa intollerabile. È naturalmente necessario non abusarne (ci si può intossicare!) e ricorrere al più presto allo specialista, che andrà avvisato al più presto di questa anestesia "casalinga".

Bastano in genere 1-2 gocce su un batuffolo di cotone da collocare in prossimità della radice del dente o, se è cariato, nella cavità del dente stesso. Tra le essenze più efficaci, e tutte dotate anche di azione antinfiammatoria e disinfettante, vi sono l'*eugenia* o *chiodi di garofano*, la *camomilla*, il *basilico.*

Sanguinamenti gengivali

Un'eccessiva fragilità delle gengive può avere origine in uno squilibrio più generale: per esempio, può esservi un deficit vitaminico (in particolare, di vitamina C), oppure qualche fattore intossicante, oltre alle solite cause locali: malocclusione, carie, protesi inadatte, cattiva igiene del cavo orale (placca, tartaro).

La cura risolutiva è affidata per lo più al dentista, ma si può limitare il disagio con essenze dall'azione cicatrizzante, lenitiva e in molti casi vitaminica, da impiegare per sciacqui e applicazioni locali.

Si può ricorrere perciò al *limone* e al *cipresso*, ma si avranno ottime risposte anche con l'essenza di *camomilla*, che è decongestionante, antidolorifica, antisettica, cicatrizzante. La sua azione può essere sorprendentemente rapida anche in caso di *dolori* di origine dentale.

L'essenza di *achillea*, purtroppo rara e costosa, è particolarmente indicata in questi casi, in quanto è un efficace cicatrizzante, antinfiammatorio e antispasmodico.

La *menta* è anch'essa un buon rimedio, specie quando le gengive, oltre che sanguinanti, siano anche dolenti; la *salvia* è rinforzante, cicatrizzante, disintossicante, pertanto è indicata in particolare quando vi siano problemi di intossicazione.

Un supplemento di coenzima Q10 e di integratori antiossidanti per qualche mese può in molti casi contribuire a ridurre il disturbo.

Disturbi osteoarticolari

L'utilizzo degli oli essenziali per la cura delle affezioni reumatiche ha diverse ragioni: innanzitutto, per l'effetto antinfiammatorio, spesso molto spiccato, che numerose essenze vantano vuoi per l'attività antisettica e antibatterica, vuoi per l'azione sul sistema nervoso e circolatorio o per l'attivazione dell'immunità e dei meccanismi difensivi generali dell'organismo (anche di riflesso, tramite la sollecitazione della ghiandola surrenale). Inoltre, molti oli essenziali hanno proprietà rimineralizzanti e sono ricchi di sostanze antiossidanti, utili per prevenire i danni da metaboliti infiammatori.

Artrite

Anche se la cura consiste in applicazioni esterne, si ricorda che l'assorbimento delle essenze attraverso la cute e il derma – e quindi il loro ingresso nel circolo linfatico e venoso – è molto veloce.

Questo vantaggio può essere ampiamente sfruttato nella cura delle affezioni osteomuscolari, in modo da fornire un duplice effetto, locale e sistemico.

Un buon olio da massaggio per le artriti si può ottenere miscelando una pari quantità (10 gocce per ciascuno) degli oli di *ginepro*, *eucalipto*, *timo* e *rosmarino* in 100 ml di olio di mandorle dolci o di sesamo. Se ne possono fare un paio di applicazioni al giorno, lasciando magari in sede una garza fino all'applicazione successiva. Nella scelta di essenze alternative a queste si ricordi che il *timo*, la *santoreggia*, la *cannella* e il *pino* hanno fra l'altro la proprietà di attivare la ghiandola surrenale, intensificando le *difese immunitarie*.

Artrosi

Un olio più complesso, ma senza dubbio efficace, si ottiene aggiungendo a 100 ml di olio vegetale (ancora una volta, di mandorle dolci o di sesamo) una miscela di 10-15 gocce di ciascuna essenza di *pino*, *ginepro*, *camomilla* e *canfora*, cui aggiungere 100 gocce di tintura madre di *zenzero*, 100 di tintura madre di *olmaria* e 100 di *salice bianco*. Le modalità d'uso sono simili a quelle viste prima. Prima dell'impiego, è opportuno agitare per miscelare bene gli ingredienti.

Entrambe queste preparazioni si possono poi utilizzare per bagni antireumatici: si mette un cucchiaio circa della miscela (alla quale si può aggiungere un cucchiaio di miele per miscelarla meglio) nell'acqua tiepida (per le artriti) o calda (per le artrosi) del bagno, in cui si resta immersi una ventina di minuti, 1-3 volte alla settimana. Se si vuole anche un effetto rimineralizzante, si possono aggiungere all'acqua anche preparazioni a base di *alghe marine*.

Osteoporosi

In questo caso, si può fare anche una cura interna: 1-2 gocce di olio essenziale di *limone* (ovviamente con un eccipiente idoneo: acqua tiepida e miele, o un po' di alcol da liquore e con il consenso del proprio medico) al giorno costituiscono un ottimo *rimineralizzante*, *antitossico* e *riattivatore immunitario*.

Eczemi

Vanno usati, in questo caso, oli essenziali dalle qualità lenitive, ammorbidenti, disinfettanti. Gli oli vanno usati sempre diluiti (come minimo, 1 parte di essenza e 20 di olio vegetale o altro eccipiente) e non direttamente su ferite aperte. È anche possibile miscelarli, sommando o temperando le qualità delle varie essenze.

Camomilla Molto versatile nelle patologie riguardanti la cute, per le sue proprietà antinfiammatorie, antinevralgiche, cicatrizzanti e lenitive sulle irritazioni in generale. Oltre che l'olio essenziale, sono molto utili i lavaggi e le compresse tiepide o fredde praticate con un infuso carico di fiori di camomilla. Se l'*eczema* è *esteso*, si può ottenere sollievo dall'*irritazione* e dal *prurito* con un bagno appena tiepido in cui sia stato diluito un infuso di fiori di camomilla (100 grammi per 3 litri d'acqua). L'essenza di camomilla è attiva anche negli *eczemi allergici* e si combina assai bene con quelle di *geranio*, *lavanda*, *rosa*.

Issopo Utilizzata in prevalenza per l'apparato respiratorio, ha però un buon tropismo anche sulla cute, dove risulta cicatrizzante e antisettica, utile quindi in presenza di *eczemi*, *piaghe*, *ecchimosi* (lividi). È però assolutamente sconsigliabile alle donne gravide e agli epilettici. Si abbina bene alle essenze di *agrumi*, alla *salvia sclarea*, alla *lavanda*.

Salvia Disinfettante, tonico della microcircolazione, cicatrizzante, si può usare anche per compresse fredde (poche gocce di essenza in mezzo litro d'acqua fredda in cui immergere una pezzuola o delle garze, da applicare più volte al giorno sulla parte affetta), su *eczemi* e *dermatiti*. Si raccomanda di sospendere il consumo di alcol durante il periodo di applicazione di questa essenza, perché potrebbe sovreccitare il sistema nervoso. Controindicata in gravidanza.

Tea-tree Preziosissima per la pelle, disinfettante e germicida, utile in particolare nelle infezioni da funghi e lieviti, lenisce *bruciori e pruriti da eczemi*, *punture di insetti*, *scottature* (anche solari) e favorisce l'eliminazione di sostanze tossiche dalla cute. Si può usare per lavaggi o impacchi, pennellata anche pura sulle unghie affette da *onicomicosi* (infezioni fungine). Può essere usata diluita su tutti i tipi di eczemi, anche infetti.

Eczema umido

Ginepro Per il suo potere astringente, disinfettante e cicatrizzante, questa essenza trova impiego in caso di *eczemi trasudanti*, in lavaggi o impacchi, sempre diluita.

Eczema secco

Geranio La *pelle secca e fissurata* che compare in alcuni eczemi si può curare con questa essenza dall'effetto tonico, astringente, cicatrizzante. Deterge la cute alleviando il dolore perché ha un certo effetto anestetico. Si può abbinare alle essenze di *basilico*, *bergamotto*, *lavanda*, *limone*.

Lavanda Questa onnipresente essenza ha un tropismo elevato per la cute, quindi è adatta a risolvere diversi problemi, quali *pia-*

ghe, tagli, fissurazioni, eczemi secchi e squamosi, punture di insetti, scottature. Dà inoltre un sollievo praticamente immediato al dolore e al bruciore.

Eczema disidrosico

Cipresso Tipico del periodo estivo, l'eczema disidrosico è provocato dall'irritazione delle ghiandole sudoripare e dalla macerazione della cute, specie nelle piccole pieghe tra le dita delle mani e dei piedi, ma ha spesso una causa irritativa interna (intolleranza alimentare) o emotiva. L'essenza di cipresso per compresse e lavaggi può offrire un certo sollievo al prurito e affrettarne la guarigione, impedendo fra l'altro che le lesioni si infettino. Alternare con un'applicazione locale di *Manganese-Rame* (vedi Oligoterapia).

Oligoterapia

Gengivo-stomatiti

Si innescano di solito quando esiste un problema dentario, oppure per la presenza di tartaro, o di una malocclusione. In questi casi, è evidente che la risoluzione del problema è affidata essenzialmente al dentista. L'oligoterapia può però contribuire a ridurre lo stato di infiammazione e quindi il dolore dovuto alla compressione.

In questo caso, si può somministrare il *Bismuto* (1-2 dosi al giorno per 3 giorni) per la sua specifica azione *antinfiammatoria* sulle strutture del *cavo orale*, da abbinare questa volta al *Fluoro* (1 dose ogni 2-3 giorni per lungo periodo; associare il rimedio di fondo), in particolare se c'è tendenza alla *retrazione gengivale*. Il Fluoro agisce infatti bloccando gli enzimi che disgregano il collagene e la giunzione muco-polisaccaridica che ottura lo spazio tra dente e gengiva, e quindi interviene a salvaguardare la stabilità del dente.

Per *aumentare le difese immunitarie* spesso compromesse, è utile come rimedio di fondo l'associazione *Manganese-Rame*; oppure, se c'è una più seria compromissione dello stato generale, *Rame-Oro-Argento* (1 dose ogni 2-3 giorni).

Molto utili sono poi gli sciacqui quotidiani che si possono effettuare con 3-4 dosi di *Manganese-Rame* diluite in mezzo bicchiere d'acqua, da tenere in bocca 10 minuti e poi sputare.

Carie

Il *Manganese-Rame* e il *Fluoro* sono anche in questo caso i principali oligoelementi da utilizzare; a questi si può unire il *Selenio* – 1 dose ogni 2 giorni – per la sua attività *antiossidativa* o la miscela Ferro-Manganese-Rame-Selenio.

Disturbi osteoarticolari

Nel campo della risoluzione dei dolori e delle infiammazioni dell'apparato muscolo-scheletrico l'oligoterapia può spesso portare risultati brillanti, dovuti al riequilibrio generale e all'attività che gli oligoelementi hanno sul ripristino delle autodifese dell'organismo.

Artriti, reumatismi infiammatori

Sia in caso di *reumatismo articolare acuto* (che spesso prende la forma di una vera e propria "febbre reumatica"), per il quale si utilizzano in genere gli antibiotici, sia in caso di artrite alle piccole articolazioni, anche con andamento cronico (*poliartrite reumatoide*), molto meno aggredibile dalle terapie tradizionali, si possono usare gli oligoelementi: come base terapeutica ma anche, eventualmente, come supporto alle cure già intraprese (si ricorda però che i farmaci cortisonici, sopprimendo l'immunità naturale, possono rallentarne l'efficacia).

In caso di una forma acuta, così, si somministrerà 1 dose di *Rame* – che svolge spesso una sorprendente azione *antinfiammatoria* –, 3-5 volte alla settimana, al mattino a digiuno; nei giorni in cui non si assume il Rame, si impiegherà invece l'associazione *Rame-Oro-Argento*, sempre al mattino. Al pomeriggio invece, 3 volte alla settimana, 1 dose di *Selenio*. Se invece, per esempio, sono colpite le piccole articolazioni e l'andamento è più cronico, *Rame-Oro-Argento* a mattine alterne, in associazione con *Manganese-Rame* 2 volte alla settimana quando non si assume il primo. Inoltre, *Selenio* 2 volte alla settimana, nel pomeriggio.

Artrosi

Anche se in questo caso si può disporre di schemi terapeutici più complessi, tutti da personalizzare, si può comunque ricorrere ad associazioni già pronte che risultano efficaci nella grande maggioranza dei casi. Si tratta ovviamente di cure da prolungare nel tempo (almeno qualche mese alla volta, in cicli ripetibili), così da permettere di rallentare la progressione della malattia. Si può quindi assumere al mattino 1 dose di un composto contenente *Fosforo*, *Fluoro*, *Iodio* e *Zolfo* e 1 dose serale di quello contenente *Cobalto*, *Litio*, *Manganese*, *Magnesio* e *Potassio*. Si consiglia di intraprendere cicli di 3 mesi di cura e di sospenderla nel quarto.

Fratture ossee

Per aiutare la formazione del callo osseo e quindi la saldatura delle ossa lesionate, si può somministrare il *Fluoro*. Questo oligoelemento entra a far parte dei tessuti duri (ossa, denti) dell'organismo, dove può svolgere fra l'altro un ruolo protettivo nei confronti del suo logoramento o della rarefazione. In oligoterapia è pertanto indicato per evitare le *recidive cariose* e per tutti i fenomeni di lassità legamentosa (*facilità alle distorsioni*) e anche per incentivare i processi riparativi dell'osso. Anche il *Selenio*, antiossidante e quindi anch'esso protettivo sulle sintesi tessutali, e il *Silicio*, che entra direttamente in gioco nella riparazione dei tessuti ricchi di collagene, possono essere associati al Fluoro. Le dosi medie sono 2-3 dosi settimanali per il Fluoro, e 1-2 dosi settimanali per il Selenio e il Silicio.

Osteoporosi

Anche in questo caso, lo schema proposto per l'artrosi può fornire validi risultati. Può essere comunque interessante notare come questa affezione sia tipica della diatesi distonica, cioè quella del *Manganese-Cobalto*, la cui opportunità di utilizzo va quindi senz'altro valutata (1 dose 2 volte alla settimana, a digiuno), in abbinamento al *Fluoro* (1 dose 2 volte alla settimana, a digiuno). Anche in questo caso, è utile intraprendere cicli di terapia piuttosto lunghi.

Eczema da contatto

Manganese Indicato in particolare per eczemi non infetti, dovuti ad *allergie*, *sensibilizzazione* o *intolleranza*, che si sviluppano spesso favoriti da una particolare situazione neurovegetativa (surmenage, aggressività trattenuta). Oltre alla facilità agli *eczemi*, che insorgono spesso precocemente e sono tendenzialmente *simmetrici e periodici* (specie primaverili), vi è una certa propensione alle allergie respiratorie, all'orticaria, all'ipertensione o all'ipotensione con tachicardie, ai disturbi digestivi dovuti a intolleranze digestive o a disturbi del fegato.

Al Manganese si può abbinare, se il *prurito* è accentuato e specie in caso di *eczemi o psoriasi al cuoio capelluto*, lo *Zolfo*. Se il prurito genera alterazioni dell'umore, associare 1 o più dosi al giorno di *Litio*. Il trattamento va sospeso alla scomparsa dei sintomi.

Eczema cronico

Manganese-Cobalto In questo caso, gli *eczemi* tendono a ispessire e a far perdere di elasticità la cute, che appare traslucida e in rilevo (*lichenificazione*) e a dare *prurito cronico*; sono spesso simmetrici e accompagnati da turbe della circolazione, formicolii, spasmi digestivi, cattiva qualità del sonno. Il soggetto riferisce di sentirsi stanco e con le gambe dolenti nel tardo pomeriggio. Vi può essere ansietà, perdita della memoria e dell'attenzione. In presenza di prurito e *rallentamento della cicatrizzazione*, può essere utile associare del *Magnesio*, sempre sotto forma di oligoelemento diluito e ionizzato.

Manganese-Rame Gli *eczemi* curati da questa associazione di oligoelementi insorgono più spesso in *autunno/inverno* in soggetti facili all'acne, alle infezioni respiratorie (riniti, faringiti, tonsilliti), alle coliti. Il trattamento dura in genere dalle 3 alle 8 settimane, con somministrazioni di 1 dose a giorni alterni. Le soluzioni a base di questi oligoelementi diluiti e ionizzati possono essere applicate anche localmente sulla pelle affetta dall'infezione, pulita e disinfettata, con una piccola garza.

Fiori di Bach

Denti

Clematis Il sintomo da tenere presente in questo caso è soprattutto la trascuratezza: la pulizia dei *denti* non viene eseguita scrupolosamente semplicemente perché non ci si pensa o non ci si dà peso, presi come si è dai propri sogni a occhi aperti.

Holly L'aggressività mal direzionata può dar luogo a sintomi che interessano anche, in una visione simbolica, bocca e denti. Il rimedio in questione può servire in questi casi proprio a modulare e accettare la propria carica aggressiva, perché non sia più distruttiva.

Mimulus In questo caso il rimedio è soprattutto sintomatico, ed è rivolto a mitigare la paura... del dentista. Si può cominciare ad assumerlo (alla dose normale di 4 gocce del rimedio diluito, 4 volte al giorno) 2-3 giorni prima dell'incontro temuto.

Oak Il fenomeno del *bruxismo*, il digrignamento notturno dei denti, che ovviamente alla lunga è deleterio per la dentatura, deriva da una forte tensione psichica, che si scarica nella contrattura delle mascelle. Il tipo Oak, abituato a "stringere i denti" e a non demordere mai (atteggiamento tipico del Capricorno), potrebbe quindi trarre giovamento da questo rimedio.

Eczema

Agrimony Per il tormento e il *prurito* provocato da una lesione cutanea, specie se il soggetto tende a negare o sdrammatizzare a tutti i costi il suo disagio. Può essere utile anche localmente, diluito in una crema da massaggio.

Beech Nelle fasi acute di un *eczema*, quando l'irritabilità che il soggetto dimostra si scarica sui dettagli della vita quotidiana, provocandogli una esagerata reazione di intolleranza e nervosismo. Utile nelle allergie.

Cherry Plum Per lesioni che insorgono in modo brusco, "esplosivo", o quando vi sia la sensazione di essere sul punto di scoppiare e di perdere il controllo di sé.

Crab Apple Uno dei rimedi più utili in tutti i *disturbi* e le *malattie cutanee*, in quanto aiuta a depurarsi da elementi o situazioni inquinanti, o dalla sensazione di essere "sporchi" o di doversi vergognare per il proprio aspetto (per esempio, per come appare la propria pelle).

Holly Se i sintomi più rilevanti sono *bruciore* e *dolore*, e la persona dimostra una certa aggressività, gelosia o irascibilità.

Impatiens Spesso efficace, insieme ad Agrimony, Holly, Cherry Plum, per smorzare il *prurito* e il *fastidio* dati da molte forme di *eczema acuto*, dove vi sia tendenza al grattamento e tensione muscolare.

Star of Bethlehem Nel caso il disturbo sia cominciato in seguito a un trauma – o comunque per aiutare il soggetto a liberarsi delle proprie "corazze" emotive, che spesso si accompagnano ad analoghe corazze muscolari o a malattie con *ispessimento cutaneo* –, può essere utile questo rimedio, tratto dal fiore Stella di Betlemme.

Vervain I disturbi cutanei sono qui accompagnati da sensazione di *bruciore e infiammazione*, in una persona che dimostra intolleranza su questioni di principio.

Eczema da contatto

Mimulus Il rimedio riequilibra l'*ipersensibilità* verso stimoli sensoriali (luci, odori, rumori forti), oggetti, persone. Si può associare a Holly, Agrimony, Crab Apple.

Omeopatia

L'*osteoporosi* (perdita di minerali dalle ossa) è un fenomeno che si può verificare soprattutto nelle donne in menopausa. L'omeopatia la cura sovente con *Calcarea carbonica* e *Calcarea fluorica 30 CH* (1 dose alla settimana di ciascuno) in cicli di 1-3 mesi, intervallati da brevi pause.

Cromoterapia

Il *rosso* marziale è il colore più attivante, utile nei *disturbi circolatori*, nei *dolori da artrosi* non accompagnati da grosse infiammazioni, per la cura di molti tipi di *eczema secco* e per *rivitalizzare* l'organismo (il *blu* invece calma ed è efficace sugli *eczemi umidi*). Si può alternare al *viola*, il colore di Saturno, la cui lunghezza d'onda è la più penetrante, e che risulta particolarmente adatto per curare l'*acne*, i *disturbi ossei* e le *nevralgie*, e altre affezioni dei tessuti profondi (*cellulite*). Il viola ha un eccellente effetto *calmante* e sembra favorire il raggiungimento di *stati di coscienza meditativa*.

ACQUARIO

(21 gennaio-19 febbraio)

Inverno: atto secondo

Acquario: espressione del verbo *rinnovare*. Con l'arrivo della fine di gennaio la Natura entra nel culmine dell'inverno, caratterizzato spesso dalle giornate più fredde e pungenti dell'anno, dalla tramontana violenta, da maestose mareggiate: tutto, intorno, assume una luce quasi metallica. Il seme sepolto mesi prima comincia adesso ad aprirsi e, in un sempre più rapido rinnovamento cellulare, libera le radici, conquistando man mano una vita propria. Il sole, intanto, sale sull'orizzonte e le giornate diventano a poco a poco più lunghe, ma le ore di buio, alle nostre latitudini, continuano comunque a essere più numerose di quelle di luce.

L'Acquario, i Saturnali, il Carnevale

Il prevalere dell'oscurità mortifera sulla luminosità (simbolo di vita) offre lo spunto per riprendere brevemente il discorso sui Saturnali già affrontato nel capitolo precedente. È noto infatti che in febbraio si celebra il Carnevale, periodo caratterizzato da scherzi, feste, gioia nelle strade grazie alle sfilate e ai carri mascherati. Ebbene, anche il Carnevale affonda le proprie radici negli antichi riti orgiastici romani (che si protraevano per settimane a partire dal solstizio d'inverno) proibiti poi da Costantino. Come i festeggiamenti natalizi, così anche quelli carnascialeschi rappresentano una versione per così dire "depurata" dei Saturnali, con tutto il loro significato simbolico di "reazione istintiva alla minaccia del buio". Da notare che l'inversione di ruoli che avveniva all'epoca (il servo diventava padrone, il padrone servo) si riaggancia in modo traslato alla "maschera" del Carnevale, grazie alla quale chi la indossa perde temporaneamente la propria identità per assumerne un'altra. Questa tela di fondo, comune a Capricorno e Acquario, è da ricercarsi nel fatto che entrambi i segni sono governati dagli stessi pianeti, Saturno e Urano, anche se l'incastro di esaltazioni, cadute ed esilii planetari determina comunque differenze sostanziali nelle impalcature simboliche dei due segni. Il Carnevale tuttavia ben esprime, sotto molti punti di vista, la natura dell'Acquario, campione nel mascherare le proprie intenzioni e il proprio pensiero, abilissimo nel mettere spesso in atto un gioco di astuta *diplomazia* finalizzata al raggiungimento degli scopi che si prefigge. Molte delle persone che alla nascita presentano l'Ascendente o un gruppo di pianeti nell'undicesimo segno (anche se non sono necessariamente nate fra il 21 gennaio e il 19 febbraio, ma in qualsiasi altro momento dell'anno) hanno solitamente pronta la "maschera giusta" (intesa come *tattica*) per sfruttare a proprio vantaggio ogni occasione. Questa peculiarità, sotto molti aspetti invidiabilissima, le conduce sovente verso successi e privilegi di particolare lustro. Ciò anche perché l'*intelligenza* dell'Acquario è prevalentemente vivissima, lucida, concreta, rapida nell'afferrare al volo l'opportunità propizia e incline a censurare i moti dell'orgoglio (che nell'ottica acquariana sono spesso quanto di più dannoso e sciocco possa esistere per il conseguimento delle proprie finalità). Insomma, l'Acquario dimostra generalmente di aver capito come "va" la vita fin dalla tenera età...

Per ritornare sul discorso del Carnevale, tale periodo festoso richiama anche altre simbologie salienti dell'Acquario: quelle di *antitradizionalismo*, *rottura degli schemi*, *originalità* portata spesso agli estremi della *stravaganza* e dell'*anarchia*.

Iconografia dell'Acquario

Nello Zodiaco, l'Acquario viene raffigurato come un uomo che trasporta un'anfora (talvolta due) dalla quale esce un rivolo d'acqua. Questo portatore d'acqua (definito anche "colui che versa acqua", come nel francese *Verseau*) mostra in alcune versioni iconografiche le aggraziate sembianze di un giovane, in altre invece i tratti somatici del *vecchio saggio*, elemento che lascerebbe intuire il dominio sul segno del grigio e autorevole Saturno, pianeta collegato alla *senilità* e alla *saggezza*. Secondo numerosi studiosi, le anfore non conterrebbero acqua, bensì *ambrosia*, il nettare dell'immortalità di cui si nutrivano gli dèi. Chi abbia ragione, non è dato saperlo...

L'Acquario, "uno e trino"...

Opposto al segno del Leone, simbolo degli *eccessi* in tutte le loro forme, l'Acquario si configura come il segno dell'*equilibrio*, dell'*armonia*, della *pacatezza delle emozioni*. In un certo senso, tale armonia sembra messa in risalto anche dalla sequenza dei pianeti che governano il segno: Saturno, Urano e Nettuno, corpi celesti che nel sistema solare sono disposti esattamente uno dopo l'altro (e tale collocazione consecutiva la si riscontra solo nell'undicesimo segno). Ma è interessante altresì notare come questi tre pianeti diano origine ad altrettante personalità acquariane, sensibilmente differenti fra loro. L'Acquario che risente maggiormente dell'influenza di Urano è spesso *dittatoriale*, *opportunista*, *individualista*, ma anche *geniale*, *innovativo*, *pragmatico*, *tempista nello sfruttare le occasioni vantaggiose*, *eclettico*, *abilissimo nel trovare rapidamente le soluzioni più adeguate a ogni problema*, *dotato di un'eccellente manualità che lo rende in grado di svolgere ogni genere di lavoro pratico*. Quella governata da Saturno è invece la tipologia di Acquario tramandata dalla tradizione e con la quale sono stati identificati, erroneamente, tutti i nativi del segno. L'Acquario saturnizzato è il *filantropo*, il *saggio*, l'*equilibrato* per eccellenza, l'*amico affidabile*, il *confidente*, la *persona corretta* e in possesso di *profondi valori etici*. Fra i tre tipi di Acquario, questo è forse l'unico che anziché sfruttare gli altri, viene spesso sfruttato e che rimane fedele nei secoli alla persona amata. Il nettuniano è *utopico*, *idealista*, *fumoso*, *inquieto*, *avventuroso*. Ha difficoltà a mettere radici, ad affrontare legami e lavori stabili, è sempre in prima fila nelle marce pacifiste, è attratto irresistibilmente dall'India, dal Tibet, dalla New Age, sostiene a spada tratta l'inoppugnabilità delle filosofie orientali e dei benefici derivanti dalla macrobiotica e dal vegetarianesimo (al quale tenta di convertire tutti quelli che incontra).

Tratti comuni a tutte e tre le tipologie sono lo sconfinato amore per la propria *libertà* e il rispetto assoluto della libertà altrui. Anche perché chi nasce sotto questo segno sa benissimo che concedere la libertà agli altri risulta il mezzo migliore con il quale ottenere e mantenere la propria. Nel *gioco delle convenienze e degli equilibrismi* l'Acquario mostra infatti un'abilità spiccatissima, tanto che forse non sarebbe peregrina l'idea di associare questo segno alla *politica*,[26] ambito nel quale tale gioco viene praticato pressoché quotidianamente. Questa considerazione permette l'approdo a un'altra simbologia acquariana, quella di *compromesso*. Ma si badi bene: questo termine, riferito all'Acquario, perde completamente le connotazioni negative spesso attribuitegli dal pensiero comune e testimonia invece la già citata *perspicacia ingegnosa* del segno, le sue doti di *diplomatico* nato, la sua natura *saggiamente pragmatica* che potrebbe condensarsi nella massima "l'importante è risolvere i problemi, raggiungere lo scopo e ottenere il vantaggio, al di là di ogni ostacolo e ideologia". Anche se ciò comporta, per l'appunto, il dover scendere a patti. D'altronde, l'Acquario è ben consapevole che un atteggiamento di eccessiva rigidità preclude già in partenza il conseguimento di certi risultati e favori. E a tale ragionamento si aggancia un'ulteriore simbologia acquariana, quella di *apertura di idee*, che nell'Acquario evoluto è dimostrazione di intelligenza e ragionevolezza, mentre nell'Acquario involuto assume i contorni di una *flessibilità interessata*, spia di un'*onestà non proprio adamantina*.

L'Acquario simboleggia inoltre il *sentimento d'amicizia* (basato soprattutto sulle *affinità elettive*), la *clientela*, i *generi* e le *nuore*, i *progetti* e le *aspettative* in generale, le *raccomandazioni* e le *protezioni*, la *contestazione dei valori tradizionali*.

Dallo Zodiaco ai Tarocchi

Fra gli Arcani maggiori dei Tarocchi, quelli presumibilmente più attinenti al segno dell'Acquario sono Il Matto e Il Giudizio. Il Matto rappresenta infatti il momento della perdita dei punti di riferimento usuali e il conseguente irrompere, nella quotidianità e nella coscienza, dell'evento inatteso, dello stato d'animo improvviso, del pensiero nuovo, del sentimento sconosciuto. Tutto ciò può rappresentare tanto il trampolino di lancio per la conquista di nuovi traguardi evolutivi (in senso materiale e spirituale), quanto il passo falso che determina la caduta nel baratro (Il Matto infatti è rappresentato da un uomo che sta per imboccare una strada, ma che viene contemporaneamente trattenuto da un gatto, simbolo dell'istinto). Il Giudizio (detto anche Angelo), dal canto suo, rappresenta la

[26] Insieme allo Scorpione, dei cui legami con il mondo della politica si è già detto a p. 230.

rinascita che avviene mediante un fatto improvviso e ineluttabile, tipicamente uraniano. Non si dimentichi poi che, fra i quattro Cavalieri dell'Apocalisse, l'Angelo rappresenta proprio l'Acquario (gli altri tre sono simboleggiati dal Toro, dal Leone e dallo Scorpione-Aquila). Altre fonti abbinano al segno dell'Acquario la carta numero diciassette, Le Stelle, in quanto simbolo dell'astrologia. Tale abbinamento sembrerebbe tuttavia errato, poiché sebbene per molto tempo si sia comunemente ritenuto che l'astrologia fosse governata dall'Acquario, studi approfonditi e verifiche sui temi natali di professionisti astrologi, curiosi e appassionati dell'antica scienza delle stelle hanno messo in evidenza che molto probabilmente la disciplina in questione è governata dal segno dei Pesci. L'Acquario, come si è detto, governa l'astronomia, scienza "costola" dell'astrologia. Al più, l'undicesimo segno potrebbe rappresentare l'aspetto "tecnico" dell'astrologia, costituito dallo studio dei movimenti planetari e dai calcoli matematici che devono essere effettuati prima della stesura di un oroscopo personale di nascita.

Analogie storico-sociologiche

Dal punto di vista storico, l'Acquario potrebbe corrispondere al periodo della Rivoluzione industriale (XIX secolo), durante il quale le masse contadine abbandonarono le campagne per insediarsi nei sobborghi operai e nelle fabbriche, dove il *progresso tecnologico* uraniano avanzava inarrestabilmente. In quel periodo, tuttavia, l'azione di Saturno e Urano, pianeti governatori del segno, si faceva sentire anche in altro modo: il periodo autocratico o degli assolutismi infatti proseguiva, portando alla ribalta personaggi come Napoleone III, il Kaiser Guglielmo II, lo zar di "tutte" le Russie Nicola II, e famiglie quali gli Asburgo e i Borbone. Ma il vento uraniano di rivolta cominciò a soffiare, al contempo, sia sulle colonie nordamericane che si affrancarono dall'Inghilterra, sia su quelle sudamericane che conquistarono l'indipendenza da Spagna e Portogallo. Anche l'Italia riuscì ad affrancarsi dal dominio straniero con i moti del Risorgimento, mentre qualche anno dopo una cospirazione atta a liberare i Balcani dal giogo austriaco (assassinio a Sarajevo dell'arciduca Francesco Ferdinando) fece scoppiare la Prima guerra mondiale (1914-1918). Quanta rivoluzione uraniana!

Identificazione zodiacale

Sul piano strettamente astrologico, l'Acquario è un segno di genere *maschile*, di modalità *fisso*, appartenente all'elemento *Aria*. L'Aria dell'Acquario è assimilabile allo schiaffo improvviso della tramontana invernale, che risveglia dal torpore, tonifica, talvolta sbigottisce per la sua repentinità. È il ciclone che tutto solleva da terra e trasporta in cielo, è il vento che nel corso dei secoli scolpisce le rocce, le montagne, gli scogli e fa assumere loro le "sembianze" più originali. In altre parole, è l'espressione del *pensiero rivoluzionario*, della *genialità*, dell'*eclettismo*, della *libertà*, ma anche della *socievolezza* che rende spesso gli Acquario compagni piacevolissimi e mai monotoni. Sempre a questo particolare tipo di Aria può ricollegarsi la spiccata *curiosità* verso il *nuovo* che caratterizza la vivissima mente acquariana.

Le simbologie dell'Acquario, è bene ricordarlo, non emergono solo nella personalità e nel destino di chi nasce sotto questo segno, ma in ogni individuo. Ciò avviene perché l'oroscopo personale di nascita (o tema natale) si costruisce sull'intero Zodiaco, che contempla tutti e dodici i segni. Negli aspetti del carattere e nei settori rappresentati dalla casa che poggia sull'Acquario, l'individuo risente dunque delle simbologie elencate nel presente paragrafo.

I pianeti dell'Acquario

Primo pianeta governatore: Urano

Fin dalla notte dei tempi la tradizione astrologica ha attribuito all'undicesimo segno il patrocinio del solo Saturno, in considerazione del fatto che per lunghi secoli le conoscenze del sistema solare si fermarono al settimo pianeta. Il 13 marzo 1781, però, grazie a William Herschel, venne avvistato Urano, e il "predominio" assoluto di Saturno cominciò a traballare. Numerose osservazioni empiriche effettuate negli anni a seguire dimostrarono infatti che fra Urano e l'Acquario esisteva una strettissima affinità, tanto che l'"ultimo arrivato" diventò il primo governatore del segno.

Scoperto dunque pochi anni prima dei noti avvenimenti del 1789 in Francia, Urano rappresenta il *sovvertimento dei valori tradizionali*, i *rivoluzionamenti* che possono cambiare dall'oggi al domani la vita di una persona. Scrive André Barbault: "Lo spirito nuovo, che soffia da due secoli sull'umanità, proviene essenzialmente da quest'astro, che è agli occhi degli astrologi il vero creatore del mondo moderno, fondato sui princìpi della Rivoluzione francese sul piano sociale, e sulla macchina e l'industrializzazione nella sfera di lavoro".[27]

Dal punto di vista mitologico, Urano si presenta come una divinità dai trascorsi turbolenti. Comparso sulla scena mitologica proprio all'atto della creazione del mondo, egli era la personificazione del cielo stellato che tutte le notti si univa in amoroso amplesso con Gea, la Terra, sua sposa. Ma ogni volta che Gea metteva al mondo un figlio, Urano vedeva in esso un potenziale usurpatore del proprio potere assoluto. Così, per evitare ogni rischio, lo nascondeva, come narra Esiodo, in un "sinistro luogo che dista dalla terra quanto la terra dista dal cielo".[28] Venne il momento però che Gea, stanca di tali e tanti soprusi, istigò i figli a ribellarsi al padre. Uno di essi, Crono, aiutato dai fratelli, sorprese Urano nel sonno e con una falce gli tagliò i testicoli. Da quel momento Urano, privato della virilità e del potere, scomparve definitivamente dal teatro dei miti (tanto che nella trasposizione dalla mitologia greca a quella romana non si trova neanche un lontano equivalente di tale divinità). Il suo posto venne preso da Crono, che comunque si rivelò tale e quale al padre, visto che anch'egli sterminava la propria prole divorandola (fino a quando non fu spodestato a sua volta da tre dei suoi figli: Giove, Nettuno e Plutone). Insomma, già le prime vicende del mondo dimostravano che i dittatori non fanno generalmente una bella fine.

Il racconto mitico mette dunque in risalto non solo la simbologia di *prepotenza* implicita nell'Acquario, ma anche la *scarsa propensione a riprodursi* che spesso caratterizza i nativi del segno, o chi presenta comunque l'Acquario in evidenza nel proprio tema natale. Che poi tale debole inclinazione alla genitorialità sia determinata da una scelta consapevole o da concreti impedimenti fisici, non fa differenza. In quanto agli organi genitali di Urano, essi vennero gettati in mare e dal seme misto a sangue che ne fuoriuscì nacque Venere, dea della bellezza e dell'amore. Dal punto di vista astrologico, Venere non figura fra i pianeti dell'Acquario, sebbene sia fra i protagonisti del mito legato all'undicesimo segno. Tuttavia, una reminiscenza di tale mito la si può rintracciare nel calendario, che celebra san Valentino, venusiana festa degli innamorati, proprio sotto il segno dell'Acquario, il 14 febbraio (ed è ben noto che la ripartizione dei vari santi sui 365 giorni dell'anno

[27] Cfr. CHEVALIER, JEAN e GHEERBRANDT, ALAIN, *op. cit.*, vol. II, p. 525.
[28] GRAVES, ROBERT, *I miti greci*, Longanesi, Milano 2005, p. 25.

risente in maniera più o meno evidente anche dell'influenza dei miti e delle antiche tradizioni esoteriche e popolari).

A Urano corrispondono le simbologie di *elettricità*, *elettronica*, *informatica*, *aeronautica* (e l'esperienza dimostra come tanti Acquario, o tante persone con Urano molto sollecitato nel proprio tema natale, svolgano la professione di tecnico, programmatore, elettricista, pilota, appassionato di tali materie. O, più semplicemente, amino volare in aereo... Non solo, ma a Urano, simbolo del cielo stellato, si deve anche la passione per l'*astronomia*, per l'*ufologia*, per ogni mezzo legato al *volo*). Al pianeta viene inoltre attribuita la simbologia di *lavoro* che, sposandosi con quella di *abilità nel saper usare le mani* (parte del corpo governata da Urano), contraddistingue persone particolarmente versate per i lavori manuali. Insomma, l'uraniano è colui di cui si dice "sa mettere le mani dappertutto".

Sempre riconducibili a Urano, sul piano simbolico, sono il *cinema*, la *televisione*, le *invenzioni*, il *progresso tecnologico* (di cui l'Acquario filantropo fa sempre un uso intelligente per migliorare le condizioni di vita altrui e proprie), il moderno *telelavoro* (il lavoro, autonomo o dipendente, svolto in casa con l'ausilio di computer, fax, modem, Internet e altri strumenti che consentano i collegamenti con le aziende). Queste simbologie fanno corrispondere all'Acquario due periodi storici ben definiti: il primo, il più remoto, è quello in cui l'uomo imparò l'uso delle mani, strumento preziosissimo per il lavoro e per ogni incombenza pratica, l'altro, più recente, è il periodo della Rivoluzione industriale e delle grandi invenzioni.

Urano rappresenta inoltre la *prontezza nel decidere* e l'*agilità dei riflessi mentali*. In quanto alla simbologia di *tempo presente*, citiamo ancora Lisa Morpurgo: "Per Urano, ciò che conta è l'oggi, la cattura dell'attimo fuggente e forse irripetibile, con totale disprezzo del passato e parziale noncuranza del futuro, grazie al principio che si possono sempre modificare le proprie opinioni e le proprie decisioni in base alle necessità".[29] E ciò riconduce al carattere *utilitaristico* del pianeta, che conferisce alla maggioranza degli Acquario il già citato talento nel saper volgere a proprio vantaggio le chance offerte dal destino.

Dal punto di vista astronomico, Urano compie un giro completo attorno al Sole in ottantaquattro anni circa, sostando approssimativamente sette anni in ogni segno.

[29] MORPURGO, LISA, *Lezioni di astrologia. La natura dei pianeti*, Longanesi, Milano 1986, pp. 264-265.

Secondo pianeta governatore: Saturno

Narra il mito che Crono, una volta spodestato da Zeus, Poseidone e Ade, approdò sulle coste del Lazio, dove divenne sovrano di un'epoca felice, detta Età dell'oro. Nel trapasso dalla mitologia greca a quella romana, Crono diventò Saturno e la sua figura subì una trasformazione radicale. Quello di Saturno fu un regno di pace e innocenza, abbondanza e gioia, in cui "la terra dava i suoi prodotti senza essere coltivata; scorrevano fiumi di miele e di latte; non c'erano animali feroci; i serpenti non avevan veleno; gli uomini erano miti, semplici, felici".[30] È questo tipo di Saturno che governa l'Acquario e che gli conferisce quelle doti di *equilibrio*, di *saggezza* spesso *illuminata*, di *concretezza* e *oblatività* che caratterizzano gran parte dei nativi. Saturno testimonia inoltre sia il *freddo ragionamento* di cui sono capaci gli Acquario, sia la loro *avversione per le perdite di tempo e per lo spreco di energie mentali e fisiche*. La massima di questo segno potrebbe dunque essere: "Bisogna ottenere il massimo dei risultati con il minimo degli sforzi", filosofia che dimostra senz'altro l'*efficientismo* e l'*assennatezza* del segno, ma che per traslato riflette anche la sua *tirchieria* e la sua più o meno mimetizzata *venalità*.

Pianeta in esaltazione: Nettuno

In astrologia Nettuno viene definito il pianeta della *metamorfosi*, che riferita all'Acquario si traduce principalmente nella *capacità di cambiare a seconda di quanto richiedono le circostanze*. Tale caratteristica rende questo segno *adattabile*, talvolta anche ai limiti dello stoicismo, visto il concomitante governo di Saturno, pianeta che rappresenta il senso del dovere.

Anche il vivissimo senso *spirituale* dell'Acquario è da ricondurre a Nettuno, di cui si ravvisano tracce molto evidenti nella corrente di pensiero della New Age, altresì chiamata Era dell'Acquario, manifesto un po' utopico degli ideali di *fratellanza*, *cooperazione*, *armonia con se stessi e con l'universo*. Valori, questi, che tuttavia vengono sposati da un gran numero di persone più per aderire a una sorta di moda che per reale convinzione. Tale constatazione si aggancia a un'altra simbologia di Nettuno, quella per l'appunto, di *moda* che, abbinata a quella di *tempo presente*, riconducibile a Urano, dà vita proprio ai *gusti del momento*, in cima ai quali, attualmente, vi sono le discipline dell'acquariana New Age. Ma come dimostra l'osservazione dei costumi, tutte le mode sono spes-

[30] CINTI, DECIO, *Dizionario mitologico*, Sonzogno, Milano 1989, p. 117.

so contrassegnate da atteggiamenti di *fanatismo* (simbologia nettuniana) da parte di chi le abbraccia. Così, sepolti sotto la fumosa cortina dell'*esaltazione* più o meno *collettiva*, i messaggi, l'utilità, i vantaggi connessi a certi movimenti vengono *trasformati*, per certi versi *adulterati*, e del loro autentico significato originario rimane ben poco. È quanto sta accadendo anche alla New Age, ridotta da molti solo a un redditizio business che nulla ha a che vedere con i valori che tale filosofia di vita intendeva promulgare: gli aspetti deteriori del Nettuno acquariano stanno dunque avendo la meglio su quelli più nobili. Ma dal mutevole pianeta c'è da aspettarsi di tutto, motivo per il quale si può ben sperare in una prossima inversione di tendenza.

Rimanendo in tema di spiritualità, l'esperienza astrologica ha permesso di rilevare che sono numerosissimi gli Acquario che aderiscono al buddhismo, religione evidentemente molto affine alla natura dell'undicesimo segno.

Nell'introduzione, si è poi accennato al fatto che l'Acquario presiede ai *progressi della tecnologia* e *dell'informatica*, dei quali Internet rappresenta uno dei risultati più recenti e attualmente di moda. Ora, tenendo presente che Nettuno è il dio mitologico del mare, ben si spiega l'espressione "navigare in Internet" coniata dai cybernauti. Ed è curioso che recentemente negli Stati Uniti sia stato lanciato un grido d'allarme dagli psicologi, i quali hanno accertato, dopo attente indagini, che in un'alta percentuale di utenti (abituati soprattutto a frequentare le chat-line, ma non solo quelle), Internet ha scatenato un pericoloso meccanismo di *dipendenza* (significato nettuniano), al pari di *droghe*, *alcol* e *gioco d'azzardo* (altre simbologie collegatissime a Nettuno, come ben sanno anche i neofiti dell'astrologia). Gli psicologi in questione affermano che l'unica terapia per *disintossicare* questo gran numero di cybernauti sia quella di incontrare gente, confrontarsi, avere insomma relazioni interpersonali dirette e non più *virtuali*. Traducendo i risultati di queste indagini in concetti astrologici, sembra che Internet sia utile finché si apprezza e si sfrutta l'aspetto uraniano-saturniano di tale strumento, ovvero quello legato agli scopi pratici, al lavoro, ai vantaggi a esso connessi, ma diventa dannoso quando se ne vive unicamente (o prevalentemente) l'aspetto nettuniano di *estraneamento dalla realtà* e *virtualità*.

Ritornando all'analogia di tale pianeta con l'acqua, non è da escludere che coloro che in secoli lontanissimi battezzarono con il nome di Acquario l'undicesimo segno abbiano in qualche modo avvertito la fortissima influenza (esaltazione) che Nettuno esercitava sul segno. Il lettore potrebbe obiettare che all'epoca questo pianeta non era ancora stato scoperto, ma ciò non ha alcuna importanza, perché l'archetipo a esso collegato faceva comunque già parte dell'inconscio collettivo e agiva quindi sul comportamento, sulle scelte, sulle intuizioni dei singoli e della massa. In caso contrario non si spiegherebbe la presenza dello stesso Nettuno fra i personaggi della mitologia, che come sappiamo è la rappresentazione simbolica dei processi che si svolgono nella psiche più profonda. E poi, chi può affermare con matematica certezza che gli antichi non fossero al corrente dell'esistenza di tale pianeta?

Astro in esilio: Sole

Molte volte si è visto che le ondate di bel tempo in inverno, le cosiddette "primavere precoci", danneggiano la vegetazione, poiché determinano un prematuro sbocciare di gemme e germogli destinati inevitabilmente a morire non appena tale parentesi di tepore si chiude e il freddo della stagione ritorna a farsi sentire. Durante la rigida fase centrale dell'inverno, patrocinata dal segno dell'Acquario, la "lontananza" del Sole è dunque necessaria, poiché in quel momento il seme ha bisogno anche di buio e freddo per potersi sviluppare nel modo più "sano". Questo "godimento" provato dal seme nell'oscurità del sottosuolo sembra collegarsi simbolicamente al criptico piacere che l'Acquario prova nel *mimetizzarsi*, nel *non uscire mai del tutto allo scoperto* (simulando e dissimulando con invidiata abilità) e che gli conferisce, generalmente, una scarsa propensione ad affrontare i *chiarimenti alla luce del sole*, i *confronti aperti*, le *discussioni delucidatrici*. Per mimetizzarsi occorre comunque un'*intelligenza strategica* particolarmente spiccata, spesso addirittura una *genialità fuori del comune*, doti che all'Acquario non fanno difetto e che nulla hanno a che vedere con l'*ingenuità* e la *semplicità* espresse dal Sole.

L'*ego* rappresentato dal Sole, inoltre, nell'Acquario diventa *noi* (il segno infatti è anche il nobile simbolo dello *spirito di aggregazione*), mentre l'*orgoglio* solare, venato non di rado da una sanguigna *impazienza* e da un vivido *complesso di superiorità*, si ribalta nella già riferita disponibilità acquariana alla *mediazione*, che richiede oltretutto *tolleranza* e *filosofia*, peculiarità piuttosto estranee al Sole. L'esilio del Sole nell'Acquario viene poi sottolineato anche dal fatto che tale segno, come il Capricorno, deve simbolicamente *risparmiare energie e provviste* per resistere all'inverno non ancora giunto al termine, tenendo lontani da sé gli *eccessi di generosità* e gli *sperperi* che sono invece simboleggiati dal Sole.

E per concludere, è interessante notare come la *scarsa memoria* dell'Acquario, di cui riferiscono diversi studiosi e che viene spesso confermata dalla pratica astrologica, sembri confermare che anche la Luna (pianeta che simboleggia, per l'appunto, la memoria) sia esiliata in questo segno. Tale ipotesi avvalorerebbe gli studi svolti finora su un possibile domicilio della Luna nel Leone.[31]

Concordanze e analogie nel corpo umano

Se il Capricorno – nel quale si manifesta la cristallina e abbagliante chiarezza della Realtà ultima, cui ciascuno di noi può giungere solo attraverso un faticoso percorso esperito singolarmente – assume connotati di individualismo e solitudine, con l'Acquario nasce dunque l'intento di portare le nuove acquisizioni del singolo alla collettività umana. In ambito fisico, ciò si concretizza nella capacità di trasporto di informazioni e molecole, dunque sostanzialmente nel *sistema nervoso* e in quello *circolatorio*.

Speculare al segno del Leone – massima espressione dell'individualità, a cui afferiscono il cuore, centro propulsore del sangue, e le pulsanti e contenitive condutture dell'albero arterioso –, l'Acquario governa invece in particolare:

– il *sistema venoso*. Qui si raccoglie il sangue che ha già scaricato la sua componente marziale (l'ossigeno legato all'emoglobina, che contiene ferro, il metallo di Marte) e parte della sua energia cinetica (Sole), ma si è impregnato lungo il tragitto di princìpi nutritivi (provenienti dall'intestino) o di scarto. Il sistema venoso si incarica quindi di veicolarlo e diffonderlo alle strutture (per esempio, il fegato o i polmoni) deputate a elaborare quanto vi è contenuto. Per questo tipo di lavoro, non viene spesa poi molta energia: si usa sostanzialmente quella che "avanza" dal moto propulsivo delle arterie (si sa che l'Acquario sa sfruttare al meglio le opportunità), dal pompaggio dovuto al movimento muscolare (per esempio, dei piedi e delle gambe camminando, e dalle caviglie che li articolano) e soprattutto alla conformazione stessa dei capillari e delle vene, che si riempiono con un meccanismo essenzialmente passivo. In pratica, si può dire che per portare a termine il suo compito l'Acquario non ha più bisogno dell'energia di tipo solare/individuale (difatti il Sole è esiliato), perché "sa" che si può ottenere molto per

[31] Si è riferito di tali studi nei capitoli 4 e 5, dedicati rispettivamente al Cancro e al Leone.

sé e per gli altri utilizzando al meglio le risorse già a disposizione, anziché cercando di prevalere.

Volendo dare una connotazione simbolica alle principali componenti del circolo ematico, si potrebbero insomma assimilare le arterie a un principio maschile (la pressione e la velocità del sangue è maggiore, il sangue arterioso stesso ha un colore più acceso), più *yang*, mentre le vene fanno riferimento piuttosto a un principio femminile (sangue più scuro e lento, maggior ampiezza e ricettività del vaso, che ha pareti più sottili e morbide), decisamente *yin*.

Questa diversa polarità si riscontra in effetti anche nella patologia: gli uomini si ammalano infatti più facilmente di ipertensione, mentre i disturbi venosi sono più di sovente riscontrabili nelle donne. Ecco perché, dal punto di vista psicosomatico, si può dire che la sofferenza venosa è indice di un'analoga distorsione della nostra componente femminile: non si intende, ovviamente, solo quella della donna, ma tutte quelle qualità di accoglimento, comprensione, diplomazia, cedevolezza, che possono variamente essere sottoposte a un'esasperata strumentalizzazione o al contrario represse o negate.

Tra i simboli legati alla capacità del circolo venoso di raccogliere il sangue e ricondurlo nella sua sede originaria c'è senz'altro quello della coppa o vaso sacrificale, in particolare quello che l'iconografia medioevale e la speculazione mistica chiamano *Graal*. Nel caso specifico, si tratta del recipiente che Cristo adoperò nell'Ultima Cena, in occasione dell'istituzione dell'eucaristia, e che in seguito ne raccolse il sangue. Simbolo di salvezza (il sangue di Cristo redime il peccatore e lo riconcilia con il Padre) e di santificazione, la ricerca del Graal variamente raccontata nelle leggende e nei canti medioevali (e che continua a fornire spunti alla letteratura e alla cinematografia moderne) simboleggia in fondo l'eterna ricerca della verità e della spiritualità. In questo, la nostra è simile a molte altre tradizioni anche di molto precedenti a quella cristiana, dove il fine della ricerca è fonte di eterna giovinezza o elisir di lunga vita (il *soma* degli indù, per esempio). Si tratta comunque sempre di metafore che indicano, al di là della leggenda, il percorso dell'uomo nel suo universo interiore, alla ricerca della propria identità globale profonda, di quel Sé – senza tempo e perciò eterno – che comprende un'unità più vasta della personalità singola. Una simbologia, questa, decisamente in linea con il segno dell'Acquario.

Oltre che il sangue e i preziosi liquidi dell'immortalità, il vaso o coppa sacrificale può contenere "semplicemente" del vino: di nuovo un liquido per certi versi simile al sangue, e come questo pieno di fuoco vitale. Ancora una volta, è immediato il richiamo al sacrificio eucaristico (vedi anche la sezione astrologica del Capricorno) e ad altri riti che, inizialmente cruenti e svolti probabilmente con un vero sacrificio di sangue, mutarono la loro modalità esecutiva ma non la sostanza del loro significato proprio mediante l'utilizzo di questo liquido ugualmente rosso, caldo e pieno di energia. Si trattava in genere di rituali legati al culto dei morti, dei quali ci si assicurava la benevolenza e l'aiuto nelle difficoltà terrene, o per favorire la fertilità dei campi, degli animali, degli uomini; spesso il vino veniva versato a terra, perché anche i defunti potessero gustarne (libagione). Un gesto che non era certo interpretabile come uno spreco, dunque, ma piuttosto rappresentava il modo di mantenere un legame "di sangue" con le potenze dell'aldilà tramite il prezioso fluido.

Al sangue venoso, raccolto per essere purificato e sublimato, è legata una componente acquatica più evidente che per il sangue arterioso. Anche questa compare in numerosi riti, tutti significativi di una purificazione o di una rinascita con un'acqua-fuoco, una linfa di origine divina o dalla divinità consacrata e resa simile a sé. Il più importante ed evidente di questi riti nella cultura cristiana è senza dubbio il battesimo, ma si ritrova lo stesso significato (abluzioni e libagioni purificatrici) in quasi tutte le religioni, dove l'acqua lustrale o quella della sorgente consacrata può lavare via le colpe del fedele. I luoghi sacri vicini all'acqua sono tuttora molto frequentati e amati (si pensi alle città lungo il Gange, oppure, in Europa, a Lourdes): dove si manifesta la divinità, dove essa porta il suo potere salvifico, ci si può sottoporre a una purificazione, che è comunque richiesta prima di avvicinarsi al luogo sacro o di interagire con la divinità stessa (si vedano le rituali abluzioni islamiche, tra i precetti più diffusi in quella religione);

– il *sistema nervoso*, inteso come veicolo di scambio e regolazione delle informazioni fra l'ambiente esterno e il corpo e fra i vari distretti corporei;

– le *caviglie*, punto cruciale per la flessibilità del passo e il sostegno dinamico del corpo in movimento. La stessa flessibilità e sostegno nei confronti degli altri alla quale invita l'undicesimo segno, ormai svincolato dalla necessità di "puntare i piedi" per affermare se stesso.

Sanguigno nella classificazione ippocratica, perché appartenente a un segno d'Aria, e perché le sue prerogative sono i sistemi distributivi, per la medicina tradizionale cinese potrebbe invece trovare somiglianze sia nel soggetto *Terra*, per la sua attinenza con i meccanismi di distribuzione, sia nel tipo *Fuoco* per l'idealismo e la prevalenza dei fattori circolatori.

Sul versante psicologico, è facile immaginare l'Acquario tipico come un individuo che ama spaziare e si trova perfettamente a proprio agio nel campo del *pensiero* e dell'*intuizione*, che gli forniranno la materia prima per escogitare ogni genere di soluzione estrosa e vantaggiosa, che (magari, ma non obbligatoriamente) salvi capra e cavoli, ovvero accontenti tutti. Peccato però che la sua scarsa aderenza alle tematiche del *sentimento* (che, lo ricordiamo, non hanno solo a che fare con la percezione e l'espressione dell'affettività o con l'empatia, ma danno anche la misura delle scelte morali, in quanto rappresentano la sensibilità anche ai sentimenti altrui e la volontà di non ferirli) lo possa far tacciare – spesso a ragione – di incostanza, inaffidabilità, opportunismo. Poiché comunque per l'Acquario tutto è sostanzialmente relativo al punto di vista da cui lo si osserva, non si preoccuperà particolarmente della vostra reazione, considerandola un vostro problema, oppure cercherà di convincervi con razionalissime obiezioni che siete voi nel torto. Del resto, riuscirà probabilmente a farsi perdonare, se non userete metodi coercitivi o autoritari (nel caso specifico assolutamente controproducenti). Nascere nel segno dell'Acquario significa infatti essere idealista e altruista, curioso, audace, ricco di intuito e inventiva, spesso un vero pioniere o un rivoluzionario. Sempre teso alla conquista e alla condivisione di nuove mete sociali e spirituali, il nativo tipico è però anche molto sensibile a ciò che la società o gli amici, il suo vero punto debole, gli richiedono e trasmettono, e per loro potrebbe essere tentato di sviare dai suoi veri valori. Dovrà quindi fare attenzione a non lasciare che la sua apertura mentale sconfini nell'indifferenza morale e il suo eclettismo nella dispersione, o che la sua ricerca di libertà sfoci in caparbia e preconcetta ribellione.

L'Acquario governa, come si è visto, le caviglie, la conduzione nervosa, la circolazione, specie venosa e linfatica: in pratica, i sistemi di distribuzione dei flussi e delle informazioni. Ciò si ricollega proprio all'immagine che illustra il segno, un uomo che porta acqua (e quindi linfa vitale) agli altri. Le patologie più attinenti all'Acquario saranno dunque quelle pertinenti a un blocco di questi scambi vitali o all'incapacità di accogliere i contributi degli altri, e di fornire poi loro un supporto e un'elaborazione originale. In sintesi, quindi, se gli "peserà" il suo ruolo, se, anziché aprire la sua mente agli altri e accoglierli senza pregiudizi, si irrigidirà su posizioni difensive (della sua libertà, della sua autonomia ecc.), l'Acquario potrà risentirne anche a livello fisico, per esempio in ambito circolatorio (sintomi di stasi e "pesantezza").

Per eccesso e per difetto

Fragilità capillare Anche se numerosi e non tutti perfettamente conosciuti, i fattori che predispongono all'insorgenza delle *teleangiectasie* (il nome scientifico che indica le dilatazioni dei capillari) sono certo in prevalenza di origine metabolica. Particolari teleangiectasie si riscontrano infatti in corso di alcune malattie croniche del fegato e quando vi siano determinati squilibri ormonali. Per quanto riguarda le teleangiectasie "arborescenti" – ovvero i comuni capillari visibili che compaiono solitamente nel sesso femminile, in genere sugli arti inferiori o sul viso, – si riconosce spesso una predisposizione dovuta a problemi più generali di stasi circolatoria venosa. In realtà, da un punto di vista simbolico si può invece considerare l'analogia fra la sclerosi – e quindi la rigidità del vaso capillare – e altri comportamenti o atteggiamenti che esprimono chiusura e intransigenza (tutto il contrario di quello che ci si dovrebbe aspettare da un Acquario!). Dove si manifesta un'eccessiva rigidità vi è di solito anche un eccesso di difesa, quindi un blocco emotivo. In questo senso, si può leggere nel sintomo un'estrema vulnerabilità (in effetti, spesso la fragilità dei capillari è più evidente dopo esposizione al freddo o altri agenti atmosferici) o l'irrigidimento difensivo (la sclerosi), magari proprio per ovviare a quella che viene avvertita come una struttura caratteriale troppo cedevole o ipersensibile.

Un soggetto costituzionalmente predisposto alla couperose o all'evidenziazione dei capillari ha sovente anche altri punti deboli: di solito, come già precisato, si può riconoscere a livello fisico un delicato equilibrio ormonale e metabolico; sul versante psichico, potranno essere presenti marcate intolleranze alle contrarietà o agli imprevisti, oppure timori inspiegabili, o ancora una certa impressionabilità. Tutto ciò testimonia la diffusa sensibilità (e quindi la vulnerabilità) cui si cerca di rimediare diminuendo la comunicazione con l'esterno, premunendosi e corazzandosi per far fronte agli eventuali attacchi provenienti dall'ambiente circostante.

Forse il segreto per ovviare a questo atteggiamento controproducente è semplicemente applicare la sottile arte della mediazione: essere troppo attaccati a se stessi e quindi perennemente sulla difensiva, chiusi e irrigiditi, è un incentivo a bloccare gli scambi (e i capillari hanno appunto questa funzione) con gli altri e con le parti più profonde di sé.

Per rimediare: alimentazione; amamelide, calendula, centella, ippocastano, mirtillo, ruta, vite rossa; limone; Manganese, Manganese-Cobalto; Mimulus, Vervain, Water Violet.

Vene varicose, flebiti, tromboflebiti Se la parte arteriosa dell'albero circolatorio, quella che veicola il sangue "pulito" spingendolo a forza in tutti i distretti dell'organismo (le arterie sono dotate di una parete elastica e di una muscolatura strutturate in modo da garantire una notevole spinta propulsiva), può essere considerata "maschile", di certo la parte venosa possiede invece caratteristiche "femminili". Il sangue arterioso è rosso chiaro ed esce a fiotti, cosicché sembra caricato di una grande energia; quello venoso è scuro, più lento, meno impetuoso. Il letto venoso inoltre, che raccoglie un sangue "impuro", povero di ossigeno, possiede una distensibilità molto maggiore delle arterie, pareti più sottili e morbide: è insomma più accogliente, svolgendo d'altra parte proprio una funzione ricettiva. Così, se i problemi che investono la parte arteriosa del circolo sanguigno sembrano riferirsi all'uso errato di un'energia maschile (l'ipertensione ne fornisce un esempio tra i più calzanti, vedi il Leone), i disturbi venosi rappresentano più spesso una patologia di segno femminile. Lo sfiancamento venoso che prelude alla varicosità potrebbe infatti sottolineare che non si "tiene" più, che si recede o ci si priva della possibilità di esprimere la propria cedevolezza, l'arrendevolezza, la capacità contenitiva.

Non sono ovviamente solo le donne a soffrire di questo disturbo; vi è però senza dubbio sempre in gioco una valenza femminile, legata per esempio alla presa in carico di persone, problemi, impegni, che a lungo andare, specie se questo atteggiamento è troppo accentuato, può portare a un vero e proprio cedimento, ben rappresentato anche sul piano fisico dalla dilatazione permanente della vena. Sono in verità possibili essenzialmente due diversi comportamenti: quello di chi sopporta e tollera per troppo tempo o fin troppo silenziosamente una situazione emotivamente difficile o pesante, e quello di chi invece fa o vorrebbe fare costantemente il "duro", intestardendosi su posizioni intransigenti e autoritarie. In entrambi i casi, si possono interpretare questi atteggiamenti come forzature delle proprie componenti "morbide" e passive. E dunque, o le si accentua esageratamente (quando per esempio si ha timore della propria aggressività), o le si reprime (spesso per controbattere l'aggressività altrui).

Una spassionata analisi dei propri comportamenti è senz'altro il primo passo per stabilire se e quando sia il caso di "fare i duri" o comportarsi invece da "cuori teneri".

Per rimediare: alimentazione; amamelide, Castanea vesca, centella, cipresso, ginkgo biloba, iperico (olio di), ippocastano, mirtillo, nocciolo, rusco, ruta, Sorbus domestica; cipresso, geranio, limone, niaouli; Manganese-Cobalto, Zolfo; Calcarea fluorica, Hamamelis virginiana, Vipera; Centaury, Oak, Rock Water, Vine; luce indaco.

Emorroidi Vedi Scorpione.

Per rimediare: alimentazione, idroterapia.

I rimedi della Natura

Alimentazione

Le patologie a carico del sistema cardiovascolare sono divenute predominanti in questo secolo, in particolare nelle società occidentali. Su questo ha senza dubbio inciso anche l'alimentazione, che modifica in modo sostanziale la qualità del sangue. Essa dipende infatti a sua volta dalla qualità e quantità del cibo assunto, e inoltre dalle condizioni del nostro intestino, attraverso il quale l'organismo assume i nutrienti dal cibo, proprio come le radici di un albero assumono il nutrimento dalla terra. Ancora, la qualità del sangue dipende dalla qualità dell'aria respirata e dalle condizioni stesse dell'apparato circolatorio; non ultimo, entra senza dubbio in gioco il sistema di regolazione neuroendocrino.

Anche le condizioni di salubrità o di patologia del sistema circolatorio venoso e della microcircolazione dipendono in modo diretto dalla qualità del sangue, essendo le pareti dei vasi costantemente a contatto con questo fluido. Un sangue alterato nei suoi componenti e troppo ricco di sostanze non catabolizzate, per esempio, favorisce l'irrigidimento e la sclerosi dei capillari e delle vene. La condizione di varicosità, dovuta a sua volta alla perdita di elasticità parietale, e spesso accompagnata da insufficienza dell'attività valvolare, favorisce inoltre il ristagno di sangue venoso soprattutto a livello degli arti inferiori. Patologie quali la *flebite*, ovvero l'infiammazione della parete venosa, e la *tromboflebite* sono spesso in parte da ascrivere a un pH ematico acido, terreno fertile per la proliferazione batterica e virale. L'obiettivo della prevenzione deve perciò essere diretto a migliorare la qualità del sangue, purificandolo gradualmente e favorendo l'apporto in minerali, che possano ridare corpo ed elasticità alle pareti venose.

La prevenzione della patologia venosa dovrebbe essere legata innanzitutto allo stile di vita, che comprende ovviamente l'alimentazione, e non solo a misure contenitive del danno (per esempio, l'uso delle calze elastiche, che rafforzano il tono venoso, favorendo il riflusso del sangue in direzione del cuore). Problemi di *fragilità capillare*, *couperose*, *epistassi* (sanguinamento dal naso), *varicosità* sono favoriti dall'eccesso di zucchero, frutta (soprattutto quella esotica), bibite gassate, alcol, tè, caffè, cioccolato, miele, aceto, spezie e sostanze chimiche (conservanti, coloranti) perché tendono a rendere il sangue troppo fluido, aumentandone eccessivamente il volume e al tempo stesso diminuiscono la risposta elastica delle vene per indebolimento della tunica media, ossia la parte strutturale, delle loro pareti.

Un'alimentazione ricca in prodotti animali e quindi in grassi saturi – provenienti da carni, insaccati, uova, formaggi – tende invece a creare un sangue molto viscoso e a sclerotizzare le vene, favorendo problemi quali ischemie degli organi parenchimatosi (cuore, polmoni, reni, cervello), sclerosi, gotta, crampi muscolari.

Un altro grande contributo all'instaurarsi della patologia venosa viene dall'eccesso alimentare di sale, soprattutto quello raffinato. Si consiglia quindi di usare sale marino mediterraneo integrale e solo in cottura, mentre è opportuno abolirlo a tavola, per evitare eccessi dannosi.

Tutti gli alimenti e succedanei alimentari menzionati, se assunti in misura eccessiva, possono portare a quella condizione di acidità ematica di cui si è detto in precedenza, che può fra l'altro favorire l'insorgenza o la cronicizzazione di fenomeni infiammatori.

Per facilitare la peristalsi intestinale – ovvero il movimento spontaneo dell'intestino, che favorisce l'evacuazione – è utile mangiare 1 cucchiaino di *semi di sesamo* leggermente tostati lontano dai pasti, masticandoli leggermente. I semi di sesamo, efficaci per la loro azione di stimolo sui villi intestinali, ma anche per le preziose proprietà nutrizionali, erano anticamente di uso quotidiano. Oggi sono ancora molto utilizzati in Sicilia per la panificazione e in alcune zone dell'Africa.

Non tutti sanno poi che il frutto del *cachi* sembra prevenire l'indurimento delle arterie e delle vene; se ne consiglia quindi, per la prevenzione dei disturbi legati alla sclerosi delle pareti vascolari, un uso regolare nella sua stagione, naturalmente senza eccedere.

Idroterapia

I disturbi venosi ed emorroidali possono essere validamente attenuati dall'idroterapia: impacchi e bagni sono infatti di grande utilità in questi casi, dal momento che è possibile, per esempio, veicolare nell'acqua o nell'impacco stesso sostanze medicamentose. Non bisogna poi trascurare l'importanza dell'idromassaggio – abbastanza dolce da non irritare i tessuti, ma nello stesso tempo sufficiente a drenare e tonificare le zone interessate dalle *varicosità*. Infine, la temperatura dell'acqua stessa può agire in senso curativo. Come è noto, infatti, l'acqua fredda ha azione vasocostrittrice e tonificante; pertanto, con le dovute cautele, può essere indicata per la sua azione decongestionante.

Bagno tiepido Si può preparare facendo bollire in 2 litri d'acqua 100 grammi circa di *galbuli di cipresso* per 20 minuti almeno. Il decotto così ottenuto si versa nella vasca precedentemente riempita di acqua tiepida. Ci si immerge poi per una ventina di minuti. Questo bagno si può effettuare un paio di volte alla settimana, possibilmente alcune ore prima di andare a letto (può avere un effetto tonificante e quindi favorire l'insonnia). Può essere indicato in caso di *varici* di ogni tipo.

Pediluvio Si tratta di aggiungere all'acqua (calda o tiepida) del pediluvio oli essenziali, rapidamente assorbiti, ad azione decongestionante e curativa sugli stati varicosi. Per esempio, si possono in questo caso utilizzare le essenze di *cipresso*, *limone*, *origano*, *salvia* (5-10 gocce sono più che sufficienti). Il pediluvio può essere praticato anche tutti i giorni, anche la sera, sempre in caso di *varicosità*. Le essenze di origano, cipresso e salvia sono controindicate in gravidanza.

Semicupi Freddi o tiepidi per le *emorroidi* (vedi anche Scorpione), anche 2 volte al dì, mattina e sera, 10 minuti alla volta. All'acqua tiepida del semicupio è possibile aggiungere, per un effetto emolliente, antipruriginoso e antidolorifico, un decotto raffreddato di *fiori e foglie di malva* e *verbasco* (lasciar bollire 10 minuti). In caso di *emorragie*, utile è il decotto di *borsapastore* o di *cardo mariano* (bollire 10 minuti). In caso di *ragadi* (fissurazioni) può essere d'aiuto il semicupio con un decotto di sommità fiorite di *achil-*

lea (bollire 15 minuti), o di *scorza di ippocastano* (far bollire 10 minuti). L'ideale sarebbe praticare questi semicupi almeno 1 volta al giorno, con acqua il più possibile fredda per ottenere un'azione vasocostrittrice ottimale. È consigliabile comunque sciacquare poi con un getto d'acqua tiepida (mai calda).

Erbe e gemme

La fragilità dei capillari, i difetti circolatori e il tono dei tessuti venosi possono essere in gran parte migliorati utilizzando le opportune specialità erboristiche. Molte sono infatti le piante medicinali ricche per esempio di vitamina C, importante fattore di protezione dei connettivi, di flavonoidi o di antocianosidi, che hanno un'azione diretta sui capillari, e di altre sostanze in grado di migliorare l'efficienza del circolo linfatico e venoso.

Tra i rimedi naturali che riducono la *fragilità capillare* si annoverano molte piante, utilizzabili sia per via interna sia localmente, in creme e impacchi. Come è noto, tra i fattori preventivi e curativi della fragilità capillare vi sono alcune *vitamine* (C, P, F), che abbondano in particolare in *agrumi*, *peperoni*, *pomodori*, *ribes*, *mirtilli*. È comunque utile associare a questi alimenti anche piante, impiegate del resto da tempo anche dalla medicina allopatica, dall'azione complementare e sinergica a quella sostenuta dagli agenti vitaminici.

Amamelide e ippocastano Senza dubbio, entrambe queste piante si possono annoverare fra i più noti e importanti *capillarotropi* e flebotonici (*astringenti venosi*) naturali. In particolare, il secondo appare maggiormente indicato a soggetti maschili oppure in persone attive, nervose, pletoriche, mentre la prima è consigliabile soprattutto alle donne. La parte terapeuticamente più attiva dell'ippocastano è il seme, completo del suo rivestimento. Si attribuisce a questa pianta la capacità di diminuire la permeabilità e la fragilità dei capillari, favorendo il riassorbimento degli *edemi* (è leggermente diuretica) se presenti. L'amamelide, oltre a proteggere le pareti venose, sembra in grado di ripristinare l'equilibrio fra la circolazione venosa e quella arteriosa, svolgendo una spiccata azione decongestionante anche in caso di *couperose* o di *"vampate" di calore*, per esempio attraverso l'uso esterno di acqua distillata di amamelide in compresse dall'azione rinfrescante, astringente e antisettica. L'amamelide è utile anche nelle turbe della menopausa e nelle alterazioni del ciclo mestruale. L'*ippocastano* può essere somministrato anche in forma gemmoterapica, come macerato glicerico, specie se sono concomitanti fenomeni di *stasi venosa*. La dose è in questo caso di 30 gocce 3 volte al dì. Il *mirtillo nero* può essere utilizzato contemporaneamente agli altri due per la sua azione protettrice sui *capillari.*

Meliloto Anche le preparazioni a base di meliloto sono utili nel favorire il ritorno venoso e linfatico e quindi controbilanciare la tendenza alla *ritenzione idrica* e alla *stasi circolatoria.* È inoltre *anticoagulante*, e quindi preventivo della tendenza alla formazione di trombi. In infuso, magari insieme all'amamelide, in tintura madre o in estratto fluido, è un utile complemento delle altre piante ad azione flebotonica.

Nocciolo Possiede un'attività flebotonica forse un po' meno marcata rispetto per esempio all'amamelide, ma in compenso più costante nel tempo. È indicato in particolare quando la sensazione di pesantezza e formicolio alle gambe tipica della cattiva circolazione venosa sia accompagnata da *edema.* Del nocciolo si possono utilizzare la corteccia, con cui si può fare un decotto, e le foglie, che è possibile assumere sotto forma di infuso. In alternativa, la tintura madre o il gemmoderivato (*Corylus avellana* MG 1DH, 30-50 gocce 2 volte al giorno, prima dei pasti principali). In quest'ultima forma viene somministrato anche per la *prevenzione della malattia trombotica.*

Rusco L'*insufficienza circolatoria degli arti inferiori* coinvolge più frequentemente il sesso femminile. Si presenta spesso con un senso di pesantezza alle gambe, formicolio, talvolta crampi dolorosi, mancanza di forza muscolare. Si può inoltre manifestare *edema*, in particolare *alle caviglie e ai piedi*, ed è spesso possibile notare *dilatazioni venose*, anche dolenti. Questa pianta, che svolge una notevole attività vasocostrittrice sulla muscolatura delle pareti venose – simile o addirittura maggiore rispetto a quella dell'ippocastano –, può essere considerata tra gli agenti terapeutici più interessanti. La vasocostrizione agevola il ritorno venoso, particolarmente importante nelle situazioni in cui questo sia già ostacolato per esempio da motivi meccanici (stazione eretta prolungata, obesità). Può essere utilizzato, oltre che per le *varici*, nella profilassi delle *tromboflebiti* e delle *ulcere varicose* (da ischemia, cioè mancanza di sangue, in distretti periferici, dovuta alla stasi circolatoria). Si utilizza sotto forma di estratto secco nebulizzato, estratto fluido, tintura madre. Richiede prudenza negli ipertesi.

Ruta Non va senz'altro dimenticata, in caso di *dilatazioni capillari*, *varicosità* e nella *prevenzione della malattia trombotica*, questa pianta della quale sono molto apprezzate le qualità protettive e rafforzanti le pareti venose. In dosi inappropriate può dare disturbi gastrointestinali.

Sorbus domestica La gemmoterapia consiglia, in caso di *varici agli arti inferiori*, i macerati glicerici alla 1DH di *Sorbus domestica*, che ha uno spiccato tropismo per i vasi venosi degli arti inferiori, sui quali svolge un'azione drenante, da abbinare possibilmente a *Castanea vesca*, specie in presenza di *edemi di origine linfatica.*

Vite rossa Anch'essa è un ottimo tonico venoso, adatta in caso di *varicosità* e *fragilità capillare* per la presenza di vitamina C e di sostanze ad attività vitaminica P. Si può assumere sotto forma di infuso o di estratto fluido.

Localmente, i tradizionali preparati a base di *olio di iperico* o le creme e le lozioni alla *calendula*, all'*amamelide*, alla *borragine*, al *ginkgo biloba*, alla *centella asiatica* svolgono un ruolo non secondario nel potenziare le cure interne.

Aromi

Le proprietà astringenti, decongestionanti, antisettiche degli oli essenziali possono essere di grande aiuto nei disturbi circolatori venosi. Si ricorda che le essenze vengono assorbite velocemente dai vasi sanguigni attraverso la pelle e le mucose, il che consente in molti casi di ottenere un effetto generale anche attraverso un'applicazione esterna.

Cipresso Originario dell'Oriente e forse di Cipro, da cui il nome, il suo aspetto simile a una fiamma lanciata verso il cielo e la sua eccezionale longevità ne hanno fatto nei secoli un simbolo di immortalità e trascendenza. Una leggenda narra che il giovane Ciparisso, amato da Apollo, uccise per sbaglio con un giavellotto un bellissimo cervo sacro dalle corna d'oro, al quale era molto affezionato. Nemmeno il dio in persona riuscì a placare il suo dolore e il suo pianto, anzi, il giovane chiese agli dèi solo di poter mostrare il suo lutto in eterno: ed eccolo trasformato nell'elegante ma funereo albero, dalla cui corteccia sgorgano "lacrime" di resina. Non dobbiamo però credere che al cipresso siano legati solo lamenti e pianti: in Cina, per esempio, si credeva che chi si fosse ferito il tallone con del legno di cipresso avrebbe potuto camminare sull'acqua (intendendo forse la capacità di non farsi sommergere dalle proprie emozioni). In Grecia si sosteneva che le frecce di Eros, lo scettro di Zeus e la mazza di Eracle fossero intagliate nel suo legno incorruttibile. Per i romani, addirittura, data la forma vagamente fallica, il cipresso era considerato simbolo di fertilità e veniva regalato agli sposi. A noi basta sapere che le proprietà della sua essenza amara e balsamica spaziano dal versante psichico, dove sembra avere il potere di temperare le passioni, padroneggiare le reazioni egoistiche e moderare gli eccessi affettivi e sessuali, a quello fisico. In questo campo, si rivela un eccellente drenante e decongestionante venoso, utile nei casi di stasi venosa e linfatica (*varici*, *edemi*, *cellulite*). È poi attivo in tutte le forme di congestione (per esempio, certe forme di *cefalea*, ma anche alcune *affezioni della prostata*) e nelle *patologie respiratorie accompagnate da catarro*. Riequilibrante nervoso, il cipresso è indicato a chi è affaticato mentalmente, ma anche alle donne in menopausa, per la sua attività di regolazione neurovegetativa. È perciò molto utile in presenza delle "*vampate*" tipiche del *climaterio*, e persino nella *traspirazione eccessiva* e maleodorante dei soggetti molto emotivi. Da evitare in gravidanza.

Se possedete un caminetto, vi consigliamo di bruciarvi di quando in quando qualche rametto ben secco e qualche bacca matura: oltre a purificare l'aria di casa, il profumo del cipresso acquieterà gli animi e spazzerà via le tensioni e la competizione in famiglia. L'essenza di cipresso risveglia infatti in noi la saggezza di chi riesce a distaccarsi dal proprio Ego limitato per condividere benevolmente con gli altri le sue acquisizioni.

L'essenza si può utilizzare sia per lievi massaggi (brevi e rapidi sfioramenti verso l'alto) in caso di varici agli arti inferiori (2-3 gocce di essenza per 2 cucchiai di olio di mandorle o di jojoba), sia in impacchi o semicupi freddi o tiepidi (vedi Idroterapia) per *varici* ed *emorroidi*. Questa essenza è decisamente penetrante, dunque le dosi di impiego saranno particolarmente piccole.

Geranio Rilassante senza essere un vero e proprio sedativo, antisettico con una spiccata elettività per la cute, è anche un ottimo astringente venoso ed emostatico. Si può quindi utilizzare, solo o associato ad altri oli essenziali (per esempio *limone* o *lavanda*) per la cura delle *varicosità*, specie se *dolenti* (svolge infatti anche un'azione antalgica), con le modalità viste per il cipresso. Da non sottovalutare la sua azione rivitalizzante sul sistema nervoso.

Limone Fluidificante del sangue, rimineralizzante, vitaminico (in particolare, vitamine A, C, PP), il limone, per via interna o localmente, può essere indicato per rendere più elastico il tessuto connettivo e prevenire le antiestetiche *dilatazioni dei capillari*. L'essenza si può utilizzare sulla cute, diluita in un po' d'olio vegetale, per frizionare delicatamente ogni giorno la pelle soggetta ad arrossamenti e predisposta alla fragilità dei capillari.

Niaouli Simile alle essenze di eucalipto e di cajeput, con le quali condivide proprietà e possibilità di applicazione, il niaouli ha però un'azione più delicata a livello della cute e delle mucose, risultando meno irritante e decisamente più tollerabile (per questo può essere somministrato anche ai bambini). Anche in questo caso, si può applicare tramite impacchi freddi o tiepidi sulle zone interessate dalle *varici*, oppure in oli o creme da lasciar penetrare dolcemente nella cute.

Oligoelementi

L'utilizzo degli oligoelementi opportunamente diluiti e catalizzati può essere di grande aiuto anche per stabilizzare o aiutare a risolvere i disturbi della circolazione venosa. Naturalmente, il trattamento avrà maggior efficacia quanto più precocemente verrà messo in atto.

Fragilità capillare, varici Spesso accompagnate da formicolio e senso di pesantezza, oppure tendenza alla ritenzione dei liquidi. La sensazione viene aggravata dalla posizione eretta prolungata, tipica per esempio di certe professioni. L'oligoterapia consiglia in questi casi l'assunzione di 3 dosi settimanali di *Manganese-Cobalto*, accompagnati eventualmente da 2-3 dosi settimanali di *Manganese*. Questi oligoelementi vanno assunti per 3 settimane al mese per alcuni mesi. Questa terapia si può abbinare sia alla fitoterapia sia alla gemmoterapia. Si ricorda che l'associazione Manganese-Cobalto è tipica della diatesi (predisposizione patologica) cosiddetta distonica, caratterizzata sul piano fisico da disturbi tendenti alla cronicizzazione e da difetti della capacità dell'organismo di autodisintossicarsi.

Varici Ovviamente, l'oligoterapia non è in grado di guarire una lesione anatomicamente già evidente, ma può servire a *prevenire l'insorgenza* di altre varici e a limitarne o evitarne l'*ulteriore evoluzione*. Anche in caso di varicosità già in atto è consigliabile l'associazione *Manganese-Cobalto*, 1 dose 3 volte alla settimana per 3 settimane, poi interrompere per alcuni giorni; il ciclo va seguito per alcuni mesi. Nel caso la *varice* sia *superficiale* e sia presente un interessamento cutaneo (*eczema varicoso*, solitamente pruriginoso o doloroso), si può abbinare l'oligoelemento *Zolfo*, 1 dose 2 volte alla settimana, per 2 mesi consecutivi; intervallare di 1 mese fra un ciclo e l'altro.

Omeopatia

In presenza di *varici doloranti* accompagnate dalla sensazione che possano "scoppiare", si può assumere *Vipera* 5CH, 3 granuli 2-3 volte al dì. Altrimenti, se l'accento è sulla *pesantezza delle gambe* e il gonfiore, *Hamamelis virginiana* 7CH, 1 dose 2 volte al giorno, e *Calcarea fluorica* 7CH, 1 dose al giorno.

Fiori di Bach

Anche se ovviamente la floriterapia non è un rimedio di prima scelta nel caso delle affezioni circolatorie venose – specie quando queste abbiano modificato in modo permanente la struttura anatomica e quindi la funzionalità dei vasi –, non bisogna comunque dimenticare l'importanza della predisposizione emotiva e quindi comportamentale nella genesi e nell'aggravamento anche temporaneo di ogni disturbo. In questo senso, i rimedi floreali possono dare un aiuto non trascurabile: modificando l'atteggiamento generale, infatti, può decadere la necessità dell'organismo di mantenere tale e quale il sintomo disturbante.

Centaury Solitamente accogliente e ben disposto verso gli altri, in stato negativo Centaury perde i confini del suo ruolo e talvolta della sua dignità. L'eccessiva disponibilità e l'atteggiamento quasi servile, pronto a giustificare qualunque torto subìto, può essere in realtà un sistema per rendersi indispensabili, per ottenere l'altrui affetto e attenzione. Ma, a furia di tollerare e accettare supinamente, anche un tipo Centaury si può magari inconsapevolmente "sfiancare", proprio come fanno le sue *vene*.

Mimulus Ipersensibile agli eventi e alle condizioni esterne, timido, riservato, il soggetto Mimulus in stato negativo ha fra le sue caratteristiche la facile impressionabilità, che si può tradurre nei più svariati timori, e la vulnerabilità agli agenti esterni. Per esempio, il caldo o il freddo possono provocare in lui disturbi più accentuati che nelle altre persone. La *fragilità capillare* che può affliggere questo individuo è spesso espressione della sua ipersensibilità e fragilità generale.

Oak Anche questo soggetto è in un certo senso uso alla tolleranza, essendo dotato di uno sviluppato senso del dovere, che lo spinge per esempio a prendersi carico anche di incombenze tralasciate dagli altri, o a impegnarsi al massimo in ciò che fa anche quando è ormai chiaro che non ne vale la pena o che non c'è più rimedio. Questo accanimento può talvolta generare una vera e propria dispersione energetica, che alla lunga si traduce in uno stato di debilitazione psicofisica. Le vene di questo soggetto possono mimare lo stesso cedimento; in questo caso, spesso le *varicosità* sono *profonde*, anziché evidenti in superficie.

Rock Water Ama insegnare attraverso l'esempio, ma cela un atteggiamento decisamente intransigente e idealistico, che lo spinge a sacrificare se stesso in nome del suo ideale e della sua integrità. Non solo il *sistema venoso* può andare incontro a problemi di *tenuta*, ma un po' tutto l'albero circolatorio del soggetto in questione può soffrire di disturbi dati dall'eccesso di rigidità, e così dicasi per la schiena e la *muscolatura*, spesso bersagliata da *spasmi dolorosi*.

Vervain Sempre entusiasta, sempre mosso da una notevole tensione interiore, il tipo Vervain in stato negativo soffre a seguito di rigidità diffuse, sia a livello muscolare e articolare sia, per esempio, circolatorio. Questi sintomi sembrano espressione della sua fondamentale intolleranza (alle ingiustizie, alle idee contrarie alle sue) che lo fa reagire alle contrarietà irrigidendosi, senza sentire ragioni. Per questo va frequentemente soggetto a sclerosi in vari organi e distretti. Se un individuo è costituzionalmente Vervain, può quindi essere facilmente interessato da *couperose*, *fragilità capillare*, *varicosità*.

Vine Anche un leader naturale può andare incontro a problemi, specie se spinge all'eccesso la sua tendenza a "tener duro", a non lasciarsi mai andare, a voler dimostrare sempre e comunque "chi è che comanda". Questo atteggiamento troppo rigido – e in realtà indice del timore che la situazione possa sfuggire inavvertitamente di mano – può infatti, nel tempo, predisporre il corpo a farsi carico di manifestare la parte tenera, morbida, passiva a lungo repressa o addirittura negata. Ecco perché, a fronte magari di una postura impositiva, di un atteggiamento deciso, di uno sguardo che non ammette repliche, è possibile osservare nei tipici soggetti Vine disturbi quali *prolassi* degli organi interni, *vene varicose* o, certo meno disturbanti ma significativi, il cedimento delle guance, o il doppio mento, o la ptosi (abbassamento) palpebrale.

Water Violet Indipendente, autosufficiente, amante della propria libertà e rispettoso di quella altrui, può però apparire un po' troppo freddo e distaccato, incapace di manifestare i propri sentimenti, chiuso nel suo orgoglioso isolamento. Tra i *disturbi* in cui può incorrere ci sono quelli *circolatori delle mani* (attraverso le quali entriamo in contatto con gli altri), spesso fredde, gonfie, dolenti.

Cromoterapia

I disturbi circolatori e nervosi tipici del segno sembrano ben compensati dall'utilizzo del colore *indaco* (un misto di viola e blu), del quale molti cromoterapeuti apprezzano l'effetto rigenerante sulle attività cerebrali e pacificante sull'umore, e la sua capacità astringente che lo rende interessante nel limitare la formazione di *edemi* dovuti a difficoltà circolatorie linfatiche o venose, nella *purificazione del sangue*, nella cura delle *emorragie*. Oltre che l'irradiazione con luce indaco (da effettuare per brevi periodi, essendo ritenuta piuttosto potente), si possono introdurre, per potenziarne i benefici effetti, acqua solarizzata con questo colore e cibi quali mirtilli, uva e prugne – questi ultimi, fra l'altro, tutti contenenti sostanze antiossidanti e ad azione protettiva sulle pareti venose.

PESCI

(20 febbraio-20 marzo)

Inverno: atto terzo

Pesci: espressione del verbo *purificare*. Con le ultime folate d'inverno, che tra la fine di febbraio e la fine di marzo diventano sempre meno dure, il lungo dipanarsi delle tappe zodiacali giunge al proprio epilogo: il ciclo vegetativo sotterraneo sta per concludersi e il seme, ormai alle ultime mutazioni, è pronto per dare origine al germoglio che uscirà alla luce, il mese successivo, nell'abbraccio del tepore primaverile. La gravidanza della madre Terra è dunque agli sgoccioli, con l'aumento delle temperature marzoline le nevi si sciolgono e confluiscono in ruscelli e cascate che dalla cima della montagna scorrono fino a valle: le acque si sono rotte, il travaglio ha inizio.

Concordanze stagionali e religiose

Come il Sagittario, segno dell'Avvento, così anche i Pesci si inseriscono in un periodo liturgico di *vigilia*, di *attesa*, in questo caso della Pasqua, che verrà poi celebrata sotto l'Ariete. I Pesci sono pertanto il segno della *Quaresima* cattolica, durante la quale, secondo i dettami della chiesa, si può mangiare – per l'appunto – il pesce e non la carne (o per lo meno non la si poteva mangiare fino a qualche lustro fa; adesso è vietata solo al venerdì). Il riferimento al Sagittario non sembri casuale, perché questo segno, come si vedrà più avanti, è governato dagli stessi pianeti che reggono i Pesci, Giove e Nettuno, i quali ben esprimono il significato religioso e spirituale di entrambi i periodi liturgici. La Quaresima significa dunque *penitenza* e *digiuno*, che non devono essere intesi unicamente nel loro significato mortificante ed espiativo, bensì anche come mezzi che consentono di accumulare un'*energia superiore* e di conseguire la *purificazione* dell'anima e del corpo. Appunto per questo i Pesci si configurano come il segno della conquista dei *beni spirituali* che passa attraverso la *rarefazione dei bisogni materiali*: il processo di crescita individuale, che nello Scorpione avveniva in *profondità* e nel Sagittario in *estensione*, nei Pesci procede in *elevazione*, poiché questo segno rivolge lo sguardo e l'attenzione al Cielo, al *trascendente*, a tutto ciò che sfugge all'umana razionalità. Anche la Natura, tra la fine di febbraio e la fine di marzo, risponde a tale richiesta di purificazione: le acque originate dallo scioglimento dei ghiacciai, scendendo dalla cima dei monti fino a valle, determinano una pulizia radicale di ciò che di impuro si era accumulato sul terreno nei lunghi mesi invernali. Tutto dev'essere pulito, insomma, accogliente, confortevole in vista della nascita (o sarebbe meglio dire, della *resurrezione*) imminente del germoglio, proprio come pulito e asettico dev'essere l'ambiente della sala parto in cui il bambino verrà al mondo.

Il senso della fede, del soprannaturale e del sacrificio nei Pesci

Nella Bibbia sono numerosissimi i riferimenti al simbolismo del pesce, basti ricordare che Cristo stesso viene rappresentato come un pesce e che gli apostoli vennero battezzati "pescatori di anime", il cui compito precipuo era quello di convertire e salvare gli uomini dalla perdizione. Note a tutti, poi, sono le parabole della *pesca miracolosa* e della *moltiplicazione dei pani e dei pesci*, che mettono in risalto l'aspetto prodigioso dell'opera di Gesù. Il segno dei Pesci, in effetti, è forse quello che maggiormente crede ai *miracoli*, al *soprannaturale*, all'*intervento del Divino*. Alessandro Manzoni, nato sotto il segno dei Pesci, ne dà una dimostrazione molto chiara ne *I promessi sposi*, opera letteraria nella quale la *Provvidenza* riveste un ruolo fondamentale. Citando Mario Zoli,[33] la *fede* dei Pesci nei miracoli è tale che il loro credere va, non al di là delle prove, ma *contro ogni prova*: esso è dunque l'*apertura all'impossibile* (e in questo si ravvisa l'opposizione zodiacale al segno della Vergine, che non crede se non vede e non tocca con mano). Insomma, l'immagine del pesce si carica di profondi valori *sacrali* rintracciabili non solo nel-

[33] ZOLI, MARIO, *op. cit.*, p. 43.

la simbologia biblica, ma anche in quella egiziana, fenicia e mesopotamica. I Pesci, inoltre, esprimono il dono della *fede*, l'anelito alla *speranza* e lo slancio oblativo della *carità*, racchiudendo dunque l'essenza delle tre virtù teologali che conducono a Dio. Ecco perché moltissimi nativi di questo segno si rivelano i più *compassionevoli* dello Zodiaco, i più inclini al *sacrificio* e alla *dedizione disinteressata* (soprattutto verso le persone care). Ne sono chiari esempi Claretta Petacci e Maria Vetsera, che rimasero fino all'ultimo accanto ai propri amati, rispettivamente Mussolini e Rodolfo d'Asburgo, con pescina abnegazione, condividendone volontariamente il tragico destino. Ma numerosi sono anche i nativi dei Pesci che si dedicano al *volontariato* (simbologia del segno) o a *opere di beneficenza*, che si prodigano insomma per i più deboli e i diseredati. Una precisazione si rende tuttavia necessaria: questo quadro caratteriale un po' da libro *Cuore* appartiene alla categoria dei Pesci che risentono maggiormente dell'impronta del *mistico* Nettuno, primo pianeta governatore del segno. Coloro che risultano invece più caratterizzati da Giove, secondo governatore, pur conservando alcuni tratti caritatevoli del segno, assomigliano in un certo senso ai Sagittario: sanno infatti *godersi la vita*, amano i *piaceri della buona tavola*, rivolgono lo sguardo al Cielo in cerca di sublimi mete spirituali ma al contempo perseguono le *sicurezze materiali* che derivano da un lavoro stabile e gratificante, da un conto corrente bancario ben rifornito, da affetti solidi e duraturi. L'argomento verrà ripreso più estesamente nella parte riservata ai pianeti del segno.

Luoghi di sofferenza e di raccoglimento

Cambiando argomento, la propensione dei Pesci a occuparsi con slancio compassionevole degli *emarginati*, o comunque di chi versa in difficoltà di qualsiasi genere, riconduce questo segno alle simbologie di *ospedale*, *carcere* (che, vista la natura "acquatica" del segno, sarebbe più corretto definire *bagno penale*), *centro d'accoglienza*, *comunità di recupero*, tutti ambiti nei quali questi nativi (o coloro che presentano il segno dei Pesci in particolare evidenza nel proprio oroscopo di nascita) lavorano spesso, si trovano a proprio agio o comunque prestano la propria opera, anche disinteressatamente. Ai Pesci corrispondono inoltre i *conventi*, i *luoghi di preghiera* e di *isolamento* in genere, gli antichi *manicomi*.

Molto frequentemente, però, quando tale fervore caritatevole per le *vittime* non trova sbocchi adeguati (attraverso una professione o un'attività di volontariato, per esempio), i Pesci possono manifestare due reazioni diverse. La prima: diventano loro stessi vittime, o meglio, *vittimisti*. Così si abbandonano volentieri ai *piagnistei* e parlano, parlano, parlano, scegliendo di volta in volta argomenti diversi che possono spaziare dalla propria terribile infanzia piagata da strazi e sofferenze, ai soprusi subiti a opera del partner, dei figli, dei parenti tutti, ai quali i Pesci danno sempre "tutto di sé incondizionatamente, ricevendo in cambio solo ingratitudine". Gli spunti di autocommiserazione possono comunque essere molteplici e l'intensità dei fatti tragici capitati in sorte a questi nativi addirittura ineguagliabile. Si provi a dire loro di avere mal di testa e di aver preso un analgesico: sicuramente loro risponderanno di avere male in tutto il corpo e di averne presi dieci, di analgesici, senza però ottenere alcun risultato, anzi, peggiorando drammaticamente la situazione a causa di un'orticaria improvvisa dovuta ai farmaci, che si è estesa sui quattro quinti del loro corpo. Risulta evidente che di fronte ad affermazioni del genere bisogna sempre fare la tara.

La seconda reazione: sviluppano una passione incontenibile nei confronti di tutto ciò che ha attinenza con il dramma e la tribolazione. Al cinema scelgono i film che fanno piangere dai titoli di testa a quelli di coda, sui giornali la loro attenzione viene calamitata dalle notizie tragiche, non si perdono un solo fotogramma dei programmi televisivi più lacrimevoli o degli speciali realizzati in occasione di terremoti, uragani, catastrofi nucleari e piacevolezze del genere. E non appena vengono a conoscenza del ricovero di un parente o di un conoscente, dell'improvvisa vedovanza di un'amica, della malattia di chicchessia, provvedono a spargere la notizia con estrema rapidità. Naturalmente narrandola con accenti accorati e arricchendola ogni minuto di particolari sempre più strazianti.

Il peggio è che una reazione non esclude l'altra...

È ovvio che si è voluto un po' esagerare, per il piacere di ironizzare e di ridere non "dei" Pesci, ma "con" i Pesci. Tuttavia, quanto esposto fin qui non è poi così lontano dal vero...

Concordanze storiche

Dal punto di vista storico, il segno dei Pesci sembrerebbe coincidere con la Rivoluzione russa (1917) e la nascita del comunismo/socialismo, utopia nettuniana che aspirava a mettere il potere nelle mani dei *poveri*, dei *disgraziati*, dei *derelitti*. Una certa impronta pescina potrebbero averla anche gli anni sessanta, periodo in cui cominciarono a diffondersi le droghe di massa, si crearono le prime comunità e nacquero gli hippy, personaggi pittoreschi e dalle evidentissime caratteristiche nettuniano-pescine. Sempre in quel periodo fu inventata la prima rudimentale versione di Internet che, obbedendo ai diktat di Nettuno, cominciò a "spazzare via" ogni frontiera. Intanto l'uomo diede il via alle proprie conquiste spaziali, "superando" la barriera atmosferica della Terra, prima grazie all'Urss (paese governato proprio dal segno dei Pesci[34]) che mandò in orbita Jurij Gagarin, poi con la conquista della Luna da parte degli americani. Periodi ricchi dunque di fermenti, di confusione, ma anche di creatività e scoperte geniali, in totale sintonia con l'essenza del dodicesimo segno.

Dallo Zodiaco ai Tarocchi

Fra le lame dei Tarocchi, quella attinente il segno dei Pesci è L'Appeso. Questa carta presenta un uomo appeso per un piede, il sinistro, a un patibolo. La posizione è dunque di *sacrificio*, ma l'espressione dell'uomo è serena, quasi compiaciuta, come se quella situazione di sofferenza non gli pesasse granché. Probabilmente tale espressione simboleggia la consapevolezza fiduciosa che dalla sofferenza derivi il raggiungimento di un nuovo benessere, spirituale, emotivo e materiale. Nella posizione capovolta dell'uomo si potrebbe inoltre ravvisare un collegamento simbolico con il *rovesciamento* del concetto di realtà implicito nel segno dei Pesci, dove il *magico*, il *misterioso*, l'*inconcepibile* prendono il posto di ciò che viene ritenuto "normale", ovvio e logico nella limitata visione della massa. Ciò sembra anche agganciarsi all'insegnamento del Pesce per eccellenza, Gesù Cristo, autore del più clamoroso ribalta-

[34] Secondo l'astrologia mondiale, ogni nazione è governata da un segno zodiacale, così come ogni città. L'attribuzione di un determinato segno a una nazione dipende principalmente dalle caratteristiche del popolo (o della cittadinanza nel caso delle città), dalle vicende storiche e soprattutto dagli usi e dai costumi tipici di quel paese.

mento di idee e di convinzioni della Storia. Si legge infatti nei Vangeli: "Beati gli ultimi, perché saranno i primi nel regno del Padre mio", "Chi si umilia verrà esaltato", "Beati voi che ora piangete, perché riderete", oltre a tante altre affermazioni basate sullo stesso concetto di "ciò che sta in basso va in alto e viceversa".

In alcune versioni dei Tarocchi, L'Appeso tiene due piccoli sacchi colmi di denaro ben stretti all'altezza delle ascelle (con le braccia legate dietro la schiena). A causa della posizione capovolta dell'uomo, dai sacchetti semiaperti fuoriescono tutte le monete d'oro in essi contenute. Questa immagine sembrerebbe ribadire che per raggiungere i traguardi spirituali più elevati è necessario rinunciare ai beni materiali, accettando la loro perdita. In un collegamento più pragmatico con l'astrologia, le monete che fuoriescono accidentalmente dai due sacchi potrebbero anche simboleggiare il *disordine finanziario* nel quale vivono molti Pesci e che, insieme alla eccessiva generosità tipica di molti di questi nativi, può dare origine anche a perdite economiche, raggiri, tenore di vita al di sopra delle possibilità.

Il valore esoterico del numero dodici

Si è detto che L'Appeso è l'Arcano maggiore numero dodici dei Tarocchi, così come i Pesci sono il segno numero dodici dello Zodiaco. Questo numero, com'è noto, racchiude un alto valore esoterico, per certi versi magico e proprio per questo inafferrabile. Dodici sono le fatiche di Ercole, dodici gli apostoli, le tribù di Israele, le imprese degli Argonauti e sempre dodici le porte della Gerusalemme celeste, le pietre preziose sulla veste sacerdotale di Aronne, le pietre che Giosuè raccolse nel Giordano e depose nell'Arca dell'Alleanza. E dodici sono anche i mesi dell'anno e i segni dello Zodiaco. In questo numero è probabilmente racchiuso il segreto dell'armonia universale. E secondo un'antica usanza bisogna scrivere i sogni delle dodici notti fra il Natale e l'Epifania; essi rispecchieranno l'andamento dei dodici mesi successivi.

Sotto il profilo prettamente astrologico, i Pesci sono un segno di genere *femminile*, di modalità *mobile*, appartenente all'elemento *Acqua*. L'Acqua dei Pesci è profondamente diversa da quella del Cancro e dello Scorpione, essa esce dal perimetro circoscritto del laghetto cancerino e della palude scorpionica, per estendersi a perdita d'occhio dando vita al mare, simbolo di immensità, maestosità, eterno movimento.

L'impronta dei Pesci non viene avvertita unicamente da chi nasce sotto questo segno, ma da qualsiasi individuo, poiché l'oroscopo personale di nascita si costruisce sull'intero Zodiaco, che contempla tutti e dodici i segni, Pesci compreso. La casa dell'oroscopo di nascita che poggia su questo segno identifica dunque i settori della vita nei quali emerge l'influenza pescina, sia sul piano del destino, sia su quello caratteriale.

I pianeti dei Pesci

Primo pianeta governatore: Nettuno

Le connotazioni mitologiche principali di Nettuno-Poseidone sono note a tutti: dio del mare, generatore di mostri e complice dei fratelli Zeus e Ade nel "golpe" contro il feroce padre Crono. Il fatto che Nettuno eserciti il proprio dominio sul mare, simbolo dell'inconscio e dell'acqua pescina, rende questo pianeta il re delle profondità psichiche, nelle quali ogni archetipo vibra ed esprime le proprie valenze simboliche. Ma nel segno dei Pesci tale pianeta simboleggia anche l'*elevazione dell'anima verso Dio* o, se si preferisce, verso l'*apice della perfezione spirituale* che al termine della vita terrena darà diritto all'ingresso in Paradiso. Tuttavia, una posizione particolarmente disturbata (o anche fin troppo armoniosa) di Nettuno nell'oroscopo di nascita può spingere alla ricerca di paradisi forse altrettanto celestiali di quelli post-trapasso, ma sicuramente molto più pericolosi. Il riferimento è ai paradisi artificiali creati dalle *sostanze stupefacenti* (nessuna esclusa) e dall'*alcol*, che da luoghi di beatitudine possono comunque trasformarsi in inferni veri e propri: la linea di confine fra *tormento* ed *estasi* nel segno dei Pesci è appena appena sfumata. E a proposito di ciò, una delle droghe in pasticche tanto di moda nelle discoteche (e responsabile della morte di parecchi ragazzi) è stata chiamata pescinamente e nettunianamente *Ecstasy*.

Altra simbologia nettuniana è quella di *collettivismo*, che nei Pesci emerge in modo particolarmente evidente. Al dodicesimo segno vengono infatti associati sia i movimenti collettivi che hanno dato origine al comunismo (e qui ritorna l'attribuzione dell'ex Urss ai Pesci), sia il consesso dei dodici apostoli, che può essere ritenuto a buon diritto una delle prime "comuni" della Storia. Senza contare che, fin dal suo primo apparire sulla scena mitologica, Nettuno-Poseidone formò immediatamente un minicollettivo con i fratelli Giove e Plutone. Alla luce di tali considerazioni, Nettuno simboleggia dunque la *sinistra politica*, con la sua attenzione nei confronti dei *diversi*, delle *minoranze*, degli *immigrati*, dei *deboli* (tutte simbologie nettuniane conseguenti).

Il domicilio di Nettuno nei Pesci si manifesta inoltre con l'*ispirazione artistica*, l'*estro geniale*, la *creatività*, il *romanticismo* (che però a volte sfocia nel *sentimentalismo* un po' *retorico*), la *medianità*. Sempre nettuniane sono la tendenza a *idealizzare* fatti e persone e la propensione al *martirio* vero o presunto, da cui potrebbe scaturire l'espressione "essere presi a pesci in faccia". Infine, a Nettuno è da ricondurre quell'*insoddisfazione* più o meno larvata tipica dei Pesci, che rappresenta spesso la causa prima della loro *voglia di evadere* dalla solita normalità del quotidiano, verso luoghi magici, reali o inventati non ha importanza, in cui trovare finalmente il principe azzurro o la principessa dei sogni, così tanto a lungo *fantasticati* e desiderati.

Il legame esistente fra il segno dei Pesci e Nettuno, dio del mare, sembrerebbe evidenziarsi anche in una poetica credenza maremmana secondo la quale, ogni anno, il 21 febbraio, sboccia una non ben definita *primavera in mare*, che precede di un mese l'arrivo della primavera terrestre.

Nel corpo umano, Nettuno presiede alla *formazione di anticorpi*, mentre in medicina governa l'*anestesia*. Dal punto di vista astronomico, il pianeta impiega circa centosessantaquattro anni per compiere un'orbita completa intorno al Sole e per effettuare, di conseguenza, un giro intero dello Zodiaco.

Secondo pianeta governatore: Giove

Fra i segni governati da Giove, quello dei Pesci è l'unico ad appartenere all'elemento Acqua. Tale particolarità sembrerebbe ricondurre l'essenza del pianeta alla figura mitologica di Giove *pluvio*, signore che manda la pioggia e fa fiorire le messi. Ma Giove è anche un pianeta che simboleggia i piaceri "terreni": come si spiega allora la sua presenza nell'etereo e spirituale segno dei Pesci? La risposta è semplice: esso sottolinea una curiosa contraddizione di fondo nell'impalcatura caratteriale di questo segno, che è spirituale e caritatevole finché si vuole, ma che persegue anche il *piacere immediato dei sensi*, le *sicurezze materiali*, le *soddisfazioni tangibili*. E così può capitare che un nativo di questo segno glorifichi la sofferenza come strada maestra per giungere alla salvezza dell'anima, propugni regole di vita al limite del monastico e poi si conceda vacanze faraoniche, comfort d'ogni tipo, che si mostri anche taccagno e attaccato ai quattrini e si ritrovi volentieri con gli amici al ristorante dove cedere alla seduzione di un menu completo dall'antipasto al dessert. Insomma, come si suol dire, il Pesci è uno che non si fa mancare niente. Se tuttavia nella personalità di questo nativo prevale la gaudente influenza di Giove a discapito del sacrificale timbro nettuniano (e solo un esame del tema natale può consentire una tale diagnosi), questo modo di vivere improntato all'*ottimismo* e al *piacere di vivere* diventa una costante, mentre lo spirito della comune si trasforma in un più casereccio "volemose tutti bene", sebbene le cadute nel piagnisteo, pur diventando sporadiche, non cessino del tutto.

La simbologia di *fortuna* collegata al Giove dei Pesci (segno che, come si è riferito, *capovolge* l'ordine delle cose e prova un interesse insopprimibile nei confronti delle *disgrazie*) può essere ricondotta anche al concetto sintattico-grammaticale dell'*antifrasi* e, più precisamente, all'auspicio di buona fortuna che si rivolge a una persona augurandole una disgrazia: il "*break a leg*" (rompiti una gamba) degli inglesi (che corrisponde al nostro "in bocca al lupo") ne è un esempio, così come l'italico "in culo alla balena". Le simbologie gioviane di *fortuna* e *pioggia*, associate a quella di *sposa* (riconducibile alla bianca Luna, astro esaltato nei Pesci), possono forse rappresentare la traduzione astrologica del detto "sposa bagnata, sposa fortunata", dai risvolti consolatori tipicamente pescini.

Il domicilio di Giove-*abbondanza* nei Pesci si manifesta inoltre con la tipica vocazione del segno a *ingigantire* le cose, si tratti di sensazioni, impressioni, sentimenti, dubbi, preoccupazioni, dettagli di tragedie e quant'altro. Non solo, ma se Nettuno simboleggia la vastità delle masse oceaniche, Giove rappresenta l'abbondanza di cibo contenuto nel mare (molto più abbondante di quello terrestre) e le *ricchezze* dei tesori sepolti nei fondali. Infine, è interessante annotare che la quasi totalità dei mitografi vede in Giove la personificazione del *Cielo divinizzato*, dunque l'immagine sacrale di un Cielo ricco di simboli e immagini: questa concezione ribadirebbe ancora una volta il legame strettissimo esistente fra il segno dei Pesci e l'astrologia, disciplina che come tutti sanno si pone lo scopo di interpretare i messaggi provenienti dai simboli celesti.

Pianeta in esaltazione: Luna

Si è detto in apertura che nel periodo annuale dei Pesci la Natura è ormai al termine della propria gravidanza simbolica. L'esaltazione della Luna-*maternità* si riallaccia a questa immagine, sottolineando, come afferma Lisa Morpurgo, "la massima dilatazione del grembo, in quell'imminenza del parto che unisce madre e creatura con eguale tenerezza emotiva, e con eguale angoscia di distacco".[35] Questo riferimento alla maternità sembrerebbe ricondurre l'esaltazione della Luna nell'ultimo segno (per di più femminile) dello Zodiaco a un remoto *matriarcato* di cui si conservano solo incolori ricordi sepolti negli abissi dell'inconscio nettuniano. A tale concetto di tempo *passato* (Luna) sembrerebbe agganciarsi un riferimento simbolico curioso: il passato rappresenta infatti le *radici* di un individuo, le quali sono riconducibili per traslato all'unica parte anatomica costantemente a contatto con la terra, i *piedi*, simbologia che parrebbe attribuibile ai Pesci proprio in virtù dell'esaltazione della Luna. E, senza voler scendere nel triviale, è noto che un'eccessiva sudorazione dei piedi (o una scarsa igiene degli stessi) dà origine al tipico odore di *formaggio* che, in quanto *latticino*, è da ricondurre anch'esso alla Luna. Il passato si aggancia inoltre al concetto di *memoria* (altra simbologia lunare), la quale viene notoriamente alimentata dal *fosforo*, minerale che abbonda proprio nelle carni dei pesci (i quali, per inciso, sono fra gli animali più fecondi, in piena assonanza con la fertile Luna, vista la loro capacità di produrre un numero pressoché infinito di uova). Annotazione conclusiva a questo discorso: Pico della Mirandola, l'umanista italiano entrato nella leggenda grazie alla propria memoria straordinaria, era nato, neanche a farlo apposta, sotto il segno dei Pesci.

Proseguendo con l'analisi delle simbologie lunari, si rammenta che l'astro della notte rappresenta anche la *donna*: è singolare (ma non sorprendente, almeno per chi si occupa di astrologia) che la *festa della donna* (o *esaltazione della figura femminile*) si celebri l'8 marzo, proprio sotto il segno dei Pesci. Sempre alla Luna appartiene il concetto di "amore che si nutre di solo sentimento" (si veda a tale proposito la descrizione del mito di Selene ed Endimione nel capitolo del Cancro), ovvero quell'amore spiritualizzato, santificato e talvolta sublimato di cui i Pesci sono portavoce. A supporto di quest'ultima considerazione, interviene ancora una volta il calendario: il 19 marzo si festeggia infatti san Giuseppe, emblema massimo di castità, obbedienza, amore sponsale devoto e sincero.

È importante sottolineare, infine, che se nel proprio domicilio nel Cancro la Luna rendeva la *ciclicità* delle maree una simbologia riconducibile al quarto segno, la sua esaltazione nei Pesci (associa-

[35] MORPURGO, LISA, *Introduzione all'astrologia*, Longanesi, Milano 1982, p. 132.

ta al domicilio del dilatante ed esagerato Giove) aggancia a questo segno le *maree anomale*, le *inondazioni* o, al contrario, l'*eccessiva siccità*. In quanto all'aggettivo "anomale", esso è giustificato dal fatto che i Pesci, come già riferito, si oppongono alla Vergine, dove invece è tutto normale e misurato.

Pianeta in esilio: Mercurio; pianeta in caduta: Urano

Le simbologie peculiari dei due pianeti consentono la trattazione degli stessi in un unico paragrafo. Innanzitutto, è necessario sgombrare subito il terreno da un equivoco protrattosi troppo a lungo: il fatto che i Pesci siano privati dei supporti di Mercurio-*intelligenza* non autorizza a definire frettolosamente poco acuto questo segno. Il pianeta qui esiliato, infatti, non è il Mercurio dei Gemelli, che rappresenta le pure facoltà di intelligere, bensì il Mercurio della Vergine, che simboleggia il senso pratico, l'abilità commerciale, la catalogazione dei dati acquisiti mentalmente, il ragionamento logico e concreto. Tutte caratteristiche, queste, abbastanza estranee alla natura del dodicesimo segno, che vive invece di *sensazioni*, *intuizioni* ed *emozioni*, le quali non possono essere ingabbiate in una verginea definizione verbale (che per quanto accurata o poetica non riuscirebbe mai a esprimerne l'essenza evocativa, palpitante e suggestiva). Senza contare che i bilanci familiari, i calcoli della spesa e quelli dell'Ici per un Pesci rappresentano di solito un dramma, considerato che egli ha la testa prevalentemente rivolta verso l'infinito e non verso gli steccati della quotidianità. A questo proposito può essere divertente ricordare che secondo l'aneddotica, Albert Einstein, illustre nativo del segno dei Pesci, avrebbe sbagliato più volte i compiti del figlio dei vicini di casa che gli si rivolgeva fiducioso. E come se non bastasse, l'illustre fisico fu bocciato a scuola. Col tempo, come sappiamo, Einstein si sarebbe riscattato... Ciò sembra comunque confermare che il ruolo del "primo della classe" ascrivibile al Mercurio-Vergine è estraneo ai Pesci, i quali, come si è visto, sono sempre protesi verso gli *ultimi* (e si atteggiano a loro volta a *reietti* per attirare l'amorosa attenzione della gente).

In quanto alle caratteristiche uraniane di pragmatismo e tecnologia, nel dodicesimo segno esse vengono ritenute di estremo disturbo dalle leggi zodiacali, le quali sanciscono che i Pesci debbano adempiere al compito di esprimere la *creatività*, l'*ispirazione artistica*, il *pensiero libero da vincoli*, il *brainstorming* (per usare un termine caro ai pubblicitari). E laddove la visione della vita è improntata a un'autentica *generosità disinteressata*, l'opportunismo non deve trovare il minimo spazio. L'esilio di Urano priva tuttavia i Pesci di una sufficiente abilità manuale, tanto che questi nativi rifuggono da ogni lavoro "fai-da-te", nutrono un sacro terrore per i libretti di istruzioni degli elettrodomestici, comprano i mobili in scatola di montaggio per risparmiare e poi spendono cifre cospicue per pagare l'artigiano che li assembli. Anche in fatto di tempismo (simbologia uraniana) i Pesci (o chi presenti questo segno in particolare evidenza nel proprio oroscopo di nascita) sembrano, in linea generale, alquanto difettare: la loro inclinazione a *temporeggiare* (spesso per paura) o, peggio, ad arrivare "troppo presto" o "troppo tardi" quando si tratti di sfruttare una buona occasione emerge con frequenza nella pratica astrologica. Tuttavia, la loro capacità di *fondere passato, presente* e *futuro* è alla base di quei fenomeni di *extrasensorialità* di cui sono spesso protagonisti (e fra i quali i più frequenti sono i *sogni premonitori* e la *telepatia*). Questa considerazione conduce il discorso all'approdo finale, a quel concetto di *caos creativo* di cui, come si è detto, il segno dei Pesci è l'emblema cosmico. Così, con l'ultimo segmento dello Zodiaco, la dimensione della vita ritorna al caos originario. Ma tutto è già pronto per il Big Bang arietino che darà vita a un nuovo ciclo del divenire umano.

Concordanze e analogie nel corpo umano

L'ultimo segno, che completa l'Uomo zodiacale, rappresenta dunque la trascendenza verso un'altra dimensione, non più solo umana, e riassume quindi dentro di sé tutto il percorso fin qui compiuto. Ciò è confermato anche dagli ambiti sui quali il segno dei Pesci estende il proprio dominio: la corteccia cerebrale e i piedi, ovvero l'organo che permette la più elevata forma di coscienza e quello che consente di poggiare sulla terra e di apprezzarne il sostegno e insieme il limite. L'alto e il basso sono insomma qui condensati e riuniti; sul piano fisico, questo si traduce per esempio nei sistemi che collegano il pensiero e l'emozione con la materia, ovvero, in particolare, nella

– *biochimica cerebrale*. In pratica, ogni reazione chimica che avviene nel cervello, ogni sostanza qui prodotta o inibita è frutto dell'adattamento all'interpretazione data agli stimoli che incontriamo. Se sia utile per l'organismo accogliere quel certo evento o difendersene, perseguire un certo comportamento o evitarlo, è scritto in parte nella nostra genetica, e per il resto nell'apprendimento e nell'esperienza. Ogni modificazione nel sistema di regolazione centrale si riversa in modo specifico (sia attraverso l'intervento del sistema nervoso vegetativo, sia attraverso l'emissione di ormoni) e con un meccanismo "a cascata" sulle strutture a valle, deputate a operare immediati cambiamenti nella funzionalità delle cellule e dei tessuti. Questo stupefacente sincronismo è la garanzia stessa della continuità della nostra vita: ogni singola parte del nostro corpo deve infatti essere costantemente al corrente di cosa fanno tutte le altre, per poter agire veramente all'unisono, come un ente organizzato e coerente – un organismo, appunto.

Il meccanismo alla base delle somatizzazioni, per esempio (del quale i Pesci sono, alla pari con il segno complementare, la Vergine, i migliori fruitori), richiede che venga attribuito a un certo stimolo – spesso di per sé inoffensivo – un significato di minaccia o di allarme, al quale l'organismo intero cercherà di far fronte, mobilitando i suoi sistemi difensivi (sindrome da stress). Non potendo discutere sulla validità della valutazione effettuata dalla mente, il corpo reagirà comunque *come se* un pericolo effettivo fosse presente, ma non potrà scaricare questa attivazione nella lotta o nella fuga *perché in realtà non è presente alcuna minaccia*. Il più delle volte, infatti, non vale realmente la pena di mettere in moto i sistemi di allarme, perché non è veramente in gioco la nostra vita, ma semplicemente qualche oggetto o situazione in cui ci siamo identificati (la nostra autoimmagine) e che *crediamo* fondamentale, ma che in effetti non ci appartiene o non ci rappresenta completamente e sempre.

Oggi si tende a considerare alcune situazioni patologiche (per esempio, certe forme di depressione, o gli attacchi di panico) come semplice frutto di "errori" del cervello. Si trascura però così di indagare sul fatto che il nostro cervello "decide" di modificare il suo assetto neurochimico soprattutto in seguito a input forniti dalle convinzioni mentali, dall'interpretazione emotiva che diamo agli eventi e dalle nostre reazioni preferenziali. È come se somministrassimo a qualcuno un cibo avvelenato e poi pensassimo che "sbaglia" ad ammalarsi. Comunque, visto che trattiamo ora di situazioni nelle quali il controllo del sistema neuro-ormonale è di immediata rilevanza, ci occupiamo di

– *depressione*, denominata spesso *male oscuro*. E non solo perché il suo arrivo è a volte misterioso, imprevisto, arcano, o perché provoca uno stato di malessere che non ha forma o nome, come invece le altre malattie, e che pertanto non può essere condiviso e spiegato agli altri. Probabilmente, l'oscurità è anche il colore emotivo della depressione.

Il colore nero, per esempio, ricorre con grande frequenza nella descrizione dello stato d'animo di chi è depresso: "essere di umore nero" (quello che per gli antichi era la *melaina cholè*), "vedere tutto nero", "sentirsi prigionieri in un tunnel" sono fra le metafore più comuni. Del resto, nero è sinonimo di buio, è l'assoluto negativo, la mancanza di luce, l'assenza di speranza: tutte immagini che chi ha sperimentato la depressione ben conosce.

Nero è per noi anche il colore del lutto e della rinuncia (così come in certe culture lo è il bianco, altro colore "assoluto", che indica assenza, privazione; il bianco è del resto assenza di colore). La rinuncia alle aspirazioni terrene, alla sensualità della materia, ai lussi e alle glorie mondane veste infatti di nero i sacerdoti; il lutto, la perdita, la penitenza hanno anch'essi bisogno di abiti neri e dimessi. E lo stesso fa, in sostanza, il soggetto depresso: si ricopre cioè di un manto scuro, per lo meno a livello emotivo e mentale. In realtà, però, in questo atto emerge già l'idea che qualcosa "là sotto" possa potenzialmente risorgere, così come il seme piantato nel buio della terra ha già dentro di sé la possibilità di germogliare a nuova vita (il nero è la somma di *tutti* i colori!).

Un episodio depressivo può costituire indubbiamente, per molti, l'inizio di un ripensamento, di una virata che consenta nuovi sviluppi, un'ulteriore possibilità di progresso. Dal punto di vista fisiologico, in effetti, la depressione che interviene per esempio dopo una grave delusione, una perdita, comunque un cambiamento significativo, appare come il tentativo di disimpegnare un investimento affettivo, emotivo o energetico da un oggetto o una direzione che non possono più essere perseguiti.

Ciò vale naturalmente anche per le questioni interpersonali: nel momento in cui ci si accorge di "essere quello che si è", e non quello che si era sperato di essere, può intervenire un sentimento depressivo, di svalutazione e delusione (è talvolta quello che succede intraprendendo un'analisi psicologica). Ma la consapevolezza dei propri limiti è senz'altro anche il primo passo per accrescere la conoscenza di sé e far meglio in futuro.

In questo senso, la rinuncia propugnata dallo stato depressivo può avere un'accezione positiva: quella di spezzare vincoli ormai sterili, di rinnovarsi in profondità, di far conto soprattutto su se stessi, consci finalmente delle proprie forze. Anche la momentanea mancanza di speranze può essere letta come una rinuncia alle aspettative infondate e alle illusioni infantili in favore di una forse più dura, ma sicuramente più credibile e costruibile realtà.

Saturno, dio del tempo e della concretezza – il cui colore è il nero, il cui metallo è il piombo –, è considerato anche il pianeta della depressione. Indubbiamente, quella saturnina ha l'accezione di un'energia "pesante", depressogena, apportatrice di malumore, ma simboleggia anche la ricerca approfondita, l'acquisizione della conoscenza, l'ottenimento di risultati duraturi grazie all'applicazione di sé e allo sforzo ponderato. Si potrebbe per questo attribuire la depressione, in particolare quella stagionale, che interviene proprio in autunno/inverno per mancanza di luce, e quella endogena (per quella reattiva, vedi Gemelli) anche al segno del Capricorno, invernale e fortemente connotato dall'ombra di Saturno.

Si potrebbe anzi dire che in qualche caso la depressione – ovviamente quella "fisiologica", non cronicizzata – ha la funzione di dare una scossa alle proprie false sicurezze, arrivando alle fondamenta dell'Io. Una funzione che ricorda in qualche modo quella di Nemesi, la dea figlia della Notte – del nero, del buio – incaricata di ristabilire le giuste misure, di controbilanciare gli eccessi, sia positivi sia negativi, di revocare le sorti di chi ha ingiustamente subìto.

Altre dee altrettanto "nere", rappresentanti il lato oscuro – ma non per questo forzatamente negativo – dell'energia femminile, sono presenti un po' in tutte le culture (la nostra ha però in gran parte rinnegato questa funzione, affidata ormai solo a suocere, fattucchiere e mangiatrici di uomini). Sono dee primordiali, connesse sempre, è vero, al concetto di distruzione e dissolvimento (della vita, ma soprattutto della coscienza individuale: un po' quello che si ripropone nel momento depressivo), ma contemporaneamente anche con la possibilità di rinascita e rinnovamento propri alla Natura, che a ogni stagione ricrea se stessa (vedi anche il Cancro). La *Mahakala*, la "Grande Nera" dea Kalī, è per esempio origine e fine di ogni cosa, nutrimento e distruzione di ogni essere vivente, di ogni cosa esistente. Senza il suo potere distruttivo, non potrebbe sussistere alcuna creazione, alcun mutamento. In questo senso, il nero, colore di morte, può diventare il colore della trasformazione, della manifestazione e dell'esistenza latenti, della fertilità della donna e della terra. Lo confermano del resto le numerose Madonne nere presenti in vari santuari europei che, anche se hanno perso l'accezione terrifica, sono di fatto connesse con il lato oscuro della Dea Madre e il suo culto arcaico legato al mistero della nascita, della morte e della rinascita.

Un altro ambito in cui sembra per certi aspetti giocarsi la battaglia vita/morte, e dove è fondamentale la biochimica cerebrale, è quello dei

– *disturbi del sonno*. Una corretta e proficua attività sonno/veglia è fondamentale per l'equilibrio psichico e fisico, tanto che la deprivazione del sonno veniva usata fin dai tempi antichi come raffinata tortura sui prigionieri (il *tormentum vigiliæ* dei romani o la *tortura insomniæ* medioevale o, purtroppo, anche esempi molto più recenti, per esempio staliniani).

Fu Maimonide, filosofo ebreo del XII secolo, che stabilì per primo la necessità di dedicare al sonno un terzo della durata totale del giorno e della notte. Otto ore furono così considerate il tempo ideale per il meritato riposo, anche se si trovano non pochi esempi storici, da Napoleone a Churchill, a Hitler, nei quali una quantità inferiore di sonno non toglieva certamente lucidità ed efficienza all'attività abituale. Si può in casi simili parlare di insonnia costituzionale o di brevi dormitori, dunque di una situazione non patologica: non di rado anzi è proprio il raccoglimento della notte a permettere una maggior creatività e produttività.

Certamente, comunque, nella nostra cultura è abbastanza facile trovare accezioni positive dell'insonnia, quasi che dedicare alla veglia quanto più tempo possibile – e soprattutto farlo fruttare in senso produttivo – rappresenti una nota di merito mentre, nel contempo, lasciar spazio al mondo dei sogni viene considerato quasi una perdita di tempo, se non una cattiva abitudine.

D'altra parte l'insonnia, comunque si manifesti, è innanzitutto definita da una sensazione soggettiva di non trarre giovamento dal proprio sonno, che può essere vissuto come non abbastanza lungo o non abbastanza ristoratore, indipendentemente dall'effettiva durata.

Così, per esempio, anche un semplice cambio di situazione o un'eccezione alle abitudini (dormire in treno o in aereo, in albergo o presso amici, a un'ora insolita o in vacanza) può essere di per sé sufficiente a scatenare serie difficoltà nel sonno. Come pure una situazione di eccessiva stanchezza o di tensione muscolare, non rendendo possibile un soddisfacente rilassamento – i muscoli e le articolazioni interessate continuano a trasmettere messaggi di allerta –, può rendere improponibile l'addormentamento. L'esempio più rilevante è costituito dalla sindrome delle "gambe senza riposo", consistente in contrazioni e scatti muscolari che avvengono senza l'intervento della volontà.

Ma più spesso l'insonne abituale ha caratteristici atteggiamenti psicofisici che spiegano la sua difficoltà a incontrare il sonno e il mondo dei sogni. Per esempio, il bisogno di controllare ogni accadimento, pena il timore di lasciarsi sopraffare da quanto di ignoto e buio è dentro di sé: l'istinto e la sessualità, magari, o qualche altro evento temuto/desiderato. Oppure, il tentativo di evitare quella sorta di piccola morte, non molto meno temibile di quella vera, che il sonno rappresenta. O il cercare di prolungare la veglia per far fronte all'insoddisfazione presente nella propria vita attiva.

L'insonnia, insomma, quando è cronica, raramente rappresenta un disturbo specifico: più spesso esprime un disagio generale della persona e può essere il sintomo iniziale di un disturbo più profondo. Le stesse modalità con le quali si manifesta e compare possono essere utili indicazioni alla sua origine.

Così, si può riscontrare una difficoltà iniziale, in corso di addormentamento; in altri casi si assiste a numerosi o protratti risvegli notturni, o a un'anticipazione del risveglio finale.

I disturbi della fase di addormentamento si ricollegano solitamente a situazioni di esagerata vigilanza ed eccessiva attenzione, ovvero a uno stato d'animo ansioso – non di rado inconsapevole – in vista di un possibile pericolo, reale o immaginario. Il pericolo spesso consiste anche solo nel timore di abbandonarsi all'incoscienza, incapaci di un controllo vigile e reale. La perdita di coscienza viene in questo caso assimilata all'impossibilità di muoversi, agire, decidere. Talvolta questo tipo di insonnia si accompagna a disturbi quali cefalea e ipertensione, oppure a problemi di natura sessuale (frigidità, vaginismo, eiaculazione precoce o impossibile).

Per quanto riguarda invece la prevalenza di risvegli notturni, essi possono indicare la difficoltà a incontrare parti significative della propria personalità, che emergono per esempio dai sogni. Il lato "pericoloso" dell'inconscio, quello a cui si cerca di sfuggire svegliandosi, è spesso rappresentato da tematiche aggressive o istinti comunque poco accettabili in un contesto civile: tutte le pulsioni o le istanze un po' fuori dalla norma, dalle regole comunemente rispettate, dalle consuetudini, possono rientrare in questa categoria. E pensare che in molte culture (ma, negli ultimi lustri, anche alle nostre latitudini) la capacità di entrare volontariamente nei sogni (cioè di fare i cosiddetti *sogni lucidi*) e di modificarli per ottenere, per esempio, insegnamenti chiari o risposte dall'inconscio è stata considerata una eventualità desiderabile, anzi, un vero e proprio passaporto per le massime espressioni della consapevolezza di sé.

Diverso può essere il risvolto da dare al risveglio definitivo troppo precoce: quando non sia da considerare un tratto costituzionale, infatti, o l'espressione di un adattamento ai bioritmi stagionali (nella bella stagione è più facile svegliarsi di buon'ora), è un sintomo che talora accompagna uno stato depressivo. Quando l'umore è depresso, ci si sente infatti come al buio, privi di entusiasmo, energia, carica vitale; tutto il contrario, insomma, di una situazione luminosa, calda, solare. Il risveglio anticipato può apparire così il tentativo, da parte dell'organismo, di recuperare quell'energia vitale, simboleggiata dalla luce, che in quel momento è deficitaria. Non stupisce perciò sapere che la luce è un reale fattore antidepressivo, tanto che molti tipi di depressione sono sensibili alla fototerapia.

Mente & Corpo

L'ultimo segno zodiacale è considerato il più inafferrabile e misterioso. Chi ne fa parte è infatti in genere emotivo, suggestionabile, intuitivo, con doti quasi da medium. La realtà gli può andare tanto stretta che potrebbe, prima o poi, volerla trascendere, trovando conforto nella speculazione religiosa o filosofica, nel sogno, nell'arte, nell'amore o, in casi limite, nei paradisi artificiali. Poiché non si sente completamente di questa Terra, tende a rifuggire le responsabilità della vita quotidiana, ma magari si accolla, in cambio, colpe che non ha. Inoltre, è sempre pronto a sacrificarsi per qualcun altro (anche se, di solito, non glielo ha chiesto). Complesso e affascinante com'è, sospeso tra le profondità oceaniche di Nettuno e le altezze olimpiche di Giove, il Pesci tipico può incorrere in disturbi dovuti all'incuria o all'iperattività del sistema nervoso. Benché il segno governi i piedi, gli ormoni e la corteccia cerebrale, il Pesci è infatti in grado di prodursi acciacchi un po' dappertutto, per esempio nell'apparato digerente, perché vi somatizza le sue ansie e ipocondrie; oppure potrebbe dormire troppo o troppo poco.

Troviamo conferme di queste caratteristiche, riportate dalla tradizione astrologica, anche per quanto riguarda la classificazione occidentale, che lo inserirebbe nel *linfatico* o *flemmatico*, e come *Kapha* in quella ayurvedica. In entrambi i casi gli si riconoscono infatti doti di equilibrio emotivo (ma si sa che questo potrebbe essere anche il tallone d'Achille del Pesci), empatia, socievolezza, e sul versante fisico lentezza nel metabolismo e nella digestione, molto o troppo poco sonno, tendenza agli accumuli (di adipe o di liquido nei tessuti).

Dal punto di vista psicologico, è sicuramente un individuo *sentimentale/intuitivo*, più spesso introvertito (ciò significa che è più interessato a ciò che succede nelle sue profondità, anziché agli oggetti esterni). Tutto ciò, tradotto in termini pratici, significa che gli difetta probabilmente un buon *grounding*, ovvero la "presa a terra" (da cui l'importanza dei piedi per i rappresentanti del segno), il rapporto con le noiose questioni pratiche, con la routine, insomma. Ciò spiega anche la distrazione del tipico soggetto Pesci, o l'ostinarsi a non volersi occupare direttamente per esempio delle proprie finanze, o dell'organizzazione della casa (salvo poi lamentarsi dell'operato di chi si è preso l'incarico).

Per eccesso e per difetto

Trattando di disturbi così complessi quali quelli che vedremo, non possiamo fare a meno di ricordare che le considerazioni e i consigli che seguono riguardano gli aspetti più propriamente emotivi e non vogliono, né devono, sostituire l'intervento del medico.

Depressione endogena o costante, psicastenia Anche se spesso questo tipo di depressione esordisce già con la sua connotazione specifica, chi ne è affetto riferisce di sentirsi come se avesse lungamente combattuto (e perso) un'immane battaglia. L'atteggiamento generale è dunque quello di chi si è arreso, di chi non ha più carte da giocare, o comunque si ritira dal gioco, ormai inerme. Questo "esaurimento" psicofisico – spesso, fra l'altro, si parla per l'appunto, anche se impropriamente, di esaurimento nervoso – si caratterizza con sintomi diversi, interpretabili però tutti come il momento di minima vitalità, lo stato più vicino alla anergia, al letargo, alla morte. Insonnia o ipersonnia, comunque stravolgimento dei ritmi sonno/veglia; mancanza di appetito o continuo, insensato piluccare cibo; apatia profonda, mancanza di desideri e di volontà; facilità al pianto anche senza motivo; sensazione di venir meno, di inutilità, di annullamento: si è toccato il fondo, ma non si sa se e come si potrà risalire.

Anche in questo caso non è agevole dare un quadro univoco della personalità di chi va soggetto a questa modalità depressiva, certamente la più difficile da curare. Questa difficoltà di approccio terapeutico è in buona parte attribuibile proprio alla mancanza di interesse nella guarigione stessa, oltre che alla iporeattività globale dell'organismo in toto (si ricorda che vi può essere un concomitante abbassamento delle difese immunitarie). Inoltre, spesso la persona che si trova in queste condizioni, non ritenendo di avere sufficienti energie per tirarsene fuori, rimane piuttosto in attesa di un evento "magico" (il farmaco portentoso, il medico-taumaturgo) anziché prendersi l'onere e la responsabilità di cercare anche dentro di sé un'immagine e una possibilità di guarigione. Comunque di solito, malgrado le apparenze, e soprattutto se si tratta di soggetti giovani, questo tipo di depressione può essere indice di energie e vitalità potenzialmente grandi, ma purtroppo mal gestite. Tali energie vengono insomma utilizzate, anziché in modo propulsivo, ovvero per far evolvere e maturare il soggetto, in modo "implosivo", vale a dire contro le esigenze e gli interessi dell'individuo stesso. Così, in sostanza, quanto più forte e vitale è il soggetto, con tanta più violenza si lascerà abbattere, come se avesse impiegato le sue stesse energie in modo controproducente per sé, a mo' di *boomerang*.

Per rimediare: avena, Fagus sylvatica, Quercus pedunculata, Sequoia gigantea; benzoino, bergamotto, gelsomino, limone, menta, rosa, rosmarino; Rame-Oro-Argento; Gentian, Gorse, Mustard, Star of Bethlehem, Sweet Chestnut, Wild Rose; luce verde.

Depressione alternata o ciclotimia, alti e bassi dell'umore Vi sono persone che passano in tempi relativamente brevi da un estremo dell'umore all'altro, ovvero alternano stati di grande benessere, carica vitale, loquacità, dinamismo, euforia a momenti di generale abbattimento, mutismo, disfattismo, autocolpevolizzazione o autocommiserazione.

Quando queste alternanze perdurino per settimane o mesi, e soprattutto quando gli stadi euforici portino il soggetto a intraprendere attività pericolose per sé o per altri – sia personalmente (eccessivi strapazzi fisici, alimentazione squilibrata, insonnia, abuso di eccitanti), sia socialmente (assenze dal lavoro, iniziative finanziarie avventate) –, siamo francamente nel campo della patologia. Questi casi andranno perciò trattati da un medico specialista. Ma vi sono anche situazioni parafisiologiche, che non necessitano di un vero e proprio trattamento farmacologico e che tuttavia possono in qualche caso mettere a disagio il soggetto sofferente o chi gli è vicino. Il senso di queste alternanze, se non sono concomitanti per esempio a un periodo di superlavoro o a grandi e veloci mutamenti, potrebbe stare nel tentativo dell'unità psicosomatica di riorganizzare un equilibrio e raggiungere un riassestamento in una personalità particolarmente labile, ancora alla ricerca di una forma e di funzioni definite.

L'espansività e l'estroversione che caratterizzano il soggetto nella fase alta dell'umore, il suo affidarsi con fiducia agli altri, al mondo, il suo tenere quindi come punti di riferimento oggetti esterni a sé si compensano poi nella fase bassa, quella depressiva, con un atteggiamento di introversione, autocritica, ripiegamento su se stesso. Queste fasi sembrano riassumere, in brevissimo tempo, cambiamenti che possono essere fisiologici nel lungo periodo e testimoniano di solito che la persona non ha ancora avuto accesso a un proprio "centro di gravità", ma lascia che tutto ciò che la riguarda rimanga ancora fluttuante, in divenire, in forse. La fase depressiva, allora, che potrebbe sembrare quella più negativa, appare invece come il miglior tentativo possibile escogitato dall'organismo per riportare il soggetto in asse, con i piedi per terra. Anche se magari la discesa può apparire un po' troppo brusca e procurare qualche livido al nostro malcapitato soggetto.

Per rimediare: lavanda, luppolo, menta, passiflora, salvia; finocchio, lavanda; Scleranthus; luce verde, viola.

Depressione reattiva Vedi Gemelli.

Insonnia da addormentamento Al sonno e alla notte sono collegati innumerevoli significati, riguardanti in particolare il contatto con il mondo oscuro e profondo dell'inconscio e con i suoi abitanti. Proprio perché appartenenti a una dimensione tanto lontana dalla vita diurna, dove le attività mentali svolgono un ruolo predominante, questi contenuti (immagini, pulsioni, emozioni) vengono tanto più temuti ed evitati quanto meno sono stati conosciuti e accettati.

L'insonnia è in questo caso un efficace (anche se alla lunga controproducente) meccanismo per allontanare o dilazionare, per quanto possibile, l'incontro con questo mondo notturno e con l'essere esposti, senza difese, alle nostre componenti "cattive", "stupide" o "sbagliate". In questa condizione, il sonno rappresenta insomma un pericolo, e può essere vissuto, in casi estremi, addirittura come una condizione di paralisi, quasi una "piccola morte", non molto meno spaventevole di quella vera.

Quando ciò accade, è di solito perché i soggetti in questione trovano intollerabile non poter conoscere, osservare e controllare direttamente e personalmente ciò che accade intorno o a se stessi. Questo comportamento è ovviamente indice della difficoltà di fidarsi in generale di se stessi e degli altri, e di accettare situazioni ed eventi che esulano da quanto è già noto e segue una logica prevedibile. Tutto ciò si può accompagnare anche a un atteggiamento di generale diffidenza nei confronti del nuovo e alla difficoltà a lasciarsi andare, a essere spontanei e senza difese preconcette.

Ciò non significa, ovviamente, che l'inconscio stesso non abbia alcun peso nel determinare le scelte e il comportamento di questi soggetti: al contrario, solitamente quanto più ci si allontana dalle istanze e dai progetti in esso rinchiusi, tanto più facilmente si incorre in tranelli dettati dall'impulsività o in inspiegabili avversioni o paure del tutto irrazionali. È come tenere un animale nato libero in gabbia: quanto più è costretto, tanto più ribelle e sanguinario diventerà, e ce la farà pagare alla prima occasione. Chi soffre cronicamente di insonnia da addormentamento, perciò – una volta escluse le numerose condizioni patologiche predisponenti –, risulta spesso un individuo in evidente contraddizione fra una difficoltà a lasciarsi andare in senso fisico o emotivo e l'involontario emergere di ansietà, paure, dubbi e incertezze immotivate (tipico è il caso dell'ipocondria o degli attacchi di panico).

Per uscire vittoriosamente da questa sorta di circolo vizioso (quanto più temiamo le nostre parti buie, tanto più le teniamo a bada, e tanto più buie diventano...) è fondamentale imparare a fidarsi del proprio corpo e del proprio istinto, così da recuperare la capacità di rilassarsi e lasciarsi andare naturalmente e spontaneamente. Possono perciò essere molto utili gli esercizi di rilassamento che comportano dapprima un movimento o uno sforzo muscolare. Inutile invece, anzi controproducente, intestardirsi a concentrare la propria volontà sull'addormentamento: non c'è modo migliore per rimanere svegli.

Per rimediare: biancospino, camomilla, escoltzia, lavanda, passiflora; basilico, camomilla, lavanda, maggiorana, neroli, ylang-ylang; Nux vomica; Cherry Plum, Impatiens, Oak, Rock Water, Vervain, White Chestnut; luce verde, viola.

Insonnia con risvegli notturni Secondo molti studiosi, l'abitudine a dormire tutta la notte e un certo numero di ore è più una conquista e un'abitudine sociale che una necessità. Sembra infatti che fisiologicamente il nostro organismo alternerebbe periodi di attività e di riposo lungo tutto l'arco della giornata e della notte. Questo meccanismo potrebbe risalire ai tempi in cui abitavamo nelle savane, dove non ci si poteva permettere di dormire a lungo in presenza dei grossi predatori notturni. Invece, una volta costituiti dei nuclei abitativi stabili e meno accessibili alle belve, è risultato più producente sfruttare tutte le ore di luce per raccogliere vegetali e catturare le prede diurne, e quindi concentrare il sonno in un unico lungo periodo. È possibile, allora, che coloro che si svegliano dopo 2-4 ore di sonno e stentano poi a riaddormentarsi stiano semplicemente rispondendo alla nostra fisiologia. Ma, visto che la nostra vita sociale attualmente si svolge in prevalenza nelle ore diurne, questi soggetti sono spesso sfavoriti.

A volte, il risveglio notturno avviene in seguito a un sogno che ha in qualche maniera turbato lo svolgersi regolare del sonno; oppure, si viene svegliati da un imperioso senso di fame o, semplicemente, ci si sveglia e si stenta comunque a riprendere a dormire. L'irruzione di uno stato di vigilanza nel momento dedicato al riposo, al sonno, al sogno, al mondo notturno, buio e misterioso, popolato da immagini e sensazioni lontane e complementari alla realtà e alla mentalità diurne può rappresentare il tentativo di allontanarle e neutralizzarle, perché la coscienza dell'Io, funzione che si è andata differenziando con fatica, durante il sonno torna fragile ed esposta a quanto viene imprevedibilmente emesso dall'inconscio.

Spesso questo disturbo compare in soggetti molto lucidi e coerenti, apparentemente tutti d'un pezzo, attivi e capaci, che amano ricondurre i loro comportamenti e le loro scelte entro i termini della ragione e del buonsenso. Questo però non li rende immuni da problemi, dovuti per esempio a una sorta di aridità nelle motivazioni che li animano, che si può riflettere nella mancanza di entusiasmo o in una certa freddezza e rigidità nei rapporti interpersonali. Inoltre, la lontananza della loro coscienza dalle tematiche soggettive profonde può condurre a uno stato di insoddisfazione generale e al timore di tutto quanto sa di trasgressione. D'altra parte, per questi soggetti la trasgressione ha comunque un fascino irresistibile, proprio perché tanto lontana dalla loro mentalità diurna e quindi, in un certo senso, opposta e complementare. In particolare, nelle fantasie e nei sogni, quando vengono ricordati, l'aspetto istintivo e trasgressivo può presentarsi in maniera evidente e talvolta sconcertante, costringendo la persona a confrontarsi comunque con il lato oscuro e inquietante della propria personalità.

Naturalmente, si tratta in questo caso di imparare a conoscere e frequentare l'"altro lato" di sé, quello nel quale albergano istinti e pulsioni non sempre completamente accettabili nel proprio contesto culturale e sociale. Ciò non significa, ovviamente, dar sfogo ai propri istinti, ma piuttosto imparare la loro necessità e importanza, e l'energia potenziale trasformativa e creativa che essi rappresentano.

Per rimediare: biancospino, meliloto, lavanda, tiglio; lavanda, maggiorana; Aspen, Cherry Plum, Clematis, Impatiens, Hornbeam; luce verde, viola.

Insonnia con risveglio anticipato La necessità di abbandonare al più presto il mondo notturno, carico di ombre e buio, e la passività che la notte e il sonno richiamano possono essere alla base della tendenza al risveglio anticipato. Spesso si paragona lo stato d'animo depresso a un lungo tunnel in fondo al quale è sperabile trovare uno spiraglio di luce. E la notte può rispondere abbastanza fedelmente a questa metafora luce/buio, essere cioè paragonata al momento "buio" dell'umore, in contrapposizione alla solarità della gioia e dell'ottimismo. Così, molto spesso questo particolare disturbo del sonno compare quando si stia vivendo, in modo più o meno palese, un momento critico di introspezione e trasformazione, che può comportare anche l'incontro con stati d'animo improntati alla tristezza, alla melanconia, al sentimento della rinuncia o della privazione. L'organismo stesso sembra, con questo sintomo, compensare la mancanza di vitalità e brio che pervade il corpo del depresso con una ricerca della luce e della coscienza vigile, propria delle ore di veglia, in contrapposizione alla pesantezza e al senso di stagnazione dato dal buio e dalla passività del sonno.

Non tutti i soggetti mattinieri, ovviamente, rientrano in questa tipologia: anzi, chi tende a svegliarsi di buon'ora pieno di entusiasmo e di progetti per la giornata è sicuramente da considerarsi esente da problemi di questo tipo. Ciò nonostante, è risaputo che il risveglio definitivo troppo precoce è annoverato fra i sintomi tipici dell'umore depresso: si tratta anzi del momento peggiore della giornata, perché chi ne è affetto lo passa generalmente a rimuginare sui propri trascorsi sicuramente poco allegri e sulle prospettive sicuramente non rosee. È come se tutte le energie a disposizione venissero usate per calarsi a picco anziché impiegate in modo costruttivo, per portare avanti progetti e obiettivi concreti. Questa difficoltà nell'impiegare bene le proprie forze è fisiologica nel momento in cui ci si accorge di aver fatto un investimento affettivo o emotivo sbagliato o prematuramente esaurito (un lutto, una perdita di qualunque natura). Se però non vi è nulla, almeno in apparenza, che possa giustificare questo stato d'animo, è utile ricercare più in profondità le motivazioni di questo atteggiamento e ridiscuterlo.

Se è vero che il mattino ha l'oro in bocca, può essere utile approfittare delle levatacce forzate per compiere qualche attività il più possibile piacevole e magari utile, sfruttando il momento antelucano tutto per noi: prendersi cura della propria persona con un automassaggio o un impacco per i capelli, per esempio, o occuparsi dei fiori sul balcone. Inutile, invece, cercare di recuperare il sonno in un altro momento: meglio coricarsi alla solita ora, così da avere più probabilità di svegliarsi in orario la mattina dopo.

Per rimediare: escoltzia, lavanda; rosmarino; Cherry Plum, Elm, Impatiens, Mustard; luce verde.

Insonnia occasionale Può capitare talvolta, in occasione di spostamenti, cambiamenti di letto o viaggi, di perdere il sonno a causa della difficoltà di adattamento o della scomodità del giaciglio, o ancora a causa del rumore o della luce troppo violenti. Naturalmente, nella maggior parte dei casi si tratta di problemi transitori, direttamente imputabili alle condizioni avverse al sonno. Ma vi sono persone soggette a un'insonnia che insorge con il minimo cambiamento di posizione o di abitudini: basta un po' più di luce o di rumore, la porta aperta o chiusa, un lieve aumento o diminuzione della temperatura ambientale per impedire loro di riposare. Una simile avversione anche a piccoli cambiamenti può venire interpretata in senso più generale e riportata spesso a un atteggiamento di diffidenza e faticosa accettazione nei confronti di tutto ciò che comporta un adattamento e una trasformazione.

È ovviamente difficile fornire un quadro particolareggiato della personalità di chi va spesso incontro a questo disturbo, a causa della natura incostante e accidentale che solitamente lo caratterizza. Comunque, se tale problema si fa più frequente, perdendo la sua occasionalità, può denotare un carattere ipersensibile ai cambiamenti, vissuti come un attentato a un equilibrio psicofisico di per sé fragile, sempre in discussione e in evoluzione. Sono infatti spesso gli adolescenti e le persone che attraversano periodi di intensi cambiamenti quelle che maggiormente incorrono in questo disturbo. Poiché sono in atto imponenti mutamenti nella personalità, a questi soggetti riesce più difficile assorbire con disinvoltura le variazioni – anche lievi – provenienti dall'ambiente circostante ma che, sommate alle altre occasioni in cui viene stimolato lo spirito di adattamento, sono in grado di interferire con la qualità del sonno. È un po' il caso della classica goccia che fa traboccare il vaso: nel momento in cui tutte le energie della persona sono dedite a un rimodellamento, un ulteriore sforzo, benché relativamente piccolo, può diventare intollerabile.

Per rimediare: passiflora, tiglio; basilico, maggiorana, melissa; Coffea cruda, Ignatia; Mimulus, Walnut.

I rimedi della Natura

Alimentazione

Di solito, i nativi tendono a pasticciare con gli orari o i sapori, oppure sono fin troppo dediti ai piaceri della tavola, e il risultato si vede sul giro-vita. Per compensare l'intensa attività mentale (che spesso però si associa a scarsa attività fisica, altro fattore che può incidere sul peso forma) è necessario introdurre fosfolipidi, che si dice abbiano anche un effetto benefico sulla memoria e sulla concentrazione, di cui spesso i Pesci sono deficitari (o fanno finta di esserlo). Ecco perché è opportuno, oltre che regolare gli orari dei pasti e non esagerare con le quantità, scegliere cibi ricchi in fosforo e digeribili come *pesci magri*, *uova*, *crostacei*, *alghe* – queste ultime contenenti iodio, che accelera il metabolismo – e *noci*, *nocciole*, *yogurt* e *verdure a foglia verde* per il ferro, a volte carente.

Erbe e gemme

La fitoterapia sta riscuotendo un crescente interesse da parte dei medici per quanto riguarda la cura dei disturbi nervosi. Sono infatti sempre più frequenti le pubblicazioni scientifiche che paragonano alcune piante medicinali all'azione dei comuni farmaci usati in questi casi. Il successo dei rimedi complementari non deve però, in ogni caso, far dimenticare la prudenza nella somministrazione: ogni singolo caso andrà infatti accuratamente valutato dal sanitario prima di procedere con la scelta della terapia.

Vediamo qui di seguito alcune fra le piante medicinali più conosciute per avere effetto in questo ambito; si rimanda alla sempre più cospicua letteratura scientifica tutto quanto concerne effetti clinici e controindicazioni.

Avena Uno *stato depressivo* più *costante* o che compaia in una *persona anziana* può avvalersi di questa pianta, che fra l'altro può aumentare l'appetito (segno che l'organismo cerca di recuperare energie).

Biancospino In associazione con la *passiflora* (vedi oltre) il biancospino, noto soprattutto per la sua attività elettiva sul sistema cardiovascolare e le sue proprietà *miorilassanti*, può essere impiegato per l'*insonnia con risvegli frequenti*, *incubi* e sensazione di tensione muscolare presente anche al mattino; oppure, per l'*insonnia accompagnata da ipereccitabilità cardiaca* (palpitazioni o tachicardia) e *agitazione psichica*.

Camomilla Risulta particolarmente efficace per quanto riguarda l'*insonnia di soggetti irritabili*, irrequieti, ipersensibili alle contrarietà o al dolore fisico, di umore instabile, pronti a scattare per un nonnulla. Tendono sovente ad addormentarsi solo alle prime luci dell'alba e a dormire poi durante il mattino.

Escoltzia Detta anche papavero californiano, ed entrata ormai a buon diritto nel novero delle piante ad azione ipnoinducente, è un rimedio ad ampio spettro e molto maneggevole, indicato nella maggior parte dei *disturbi del sonno*. In associazione per esempio alla *passiflora*, può essere utilizzata in presenza di *difficoltà di addormentamento* accompagnata anche da *risveglio precoce*, con la sensazione di essere ancora più stanchi di quando ci si è coricati.

Fagus sylvatica Per ripristinare o intensificare la funzionalità del sistema immunitario, spesso compromessa nei *prolungati stati depressivi*, la gemmoterapia consiglia il macerato glicerico 1DH di *Fagus sylvatica* (50 gocce 1-2 volte al giorno) associato a quello di *Rosa canina* (stesse dosi) ed eventualmente a quello di *Ribes nigrum* nel caso occorresse un'azione antinfiammatoria e anallergica.

Lavanda, menta, salvia Se l'umore è soggetto a *continui sbalzi*, con variazioni cicliche che durano qualche settimana o giorno, o addirittura si alternano nel corso della stessa giornata (tipicamente, l'umore è pessimo al mattino e migliora con il trascorrere della giornata), dopo aver escluso la presenza di alterazioni organiche quali problemi di glicemia o disfunzioni ormonali si può procedere all'utilizzo di rimedi erboristici che riequilibrano il tono dell'umore. Tra gli infusi, fra l'altro di sapore gradevole, ricordiamo la *menta* – che rialza secondo numerosi Autori il tono vitale di base –, la *salvia*, la *lavanda*. In particolare, si può usare la *lavanda*, con la sua spiccata azione riequilibrante il sistema nervoso, benché non rientri specificamente tra le piante ad azione ipnoinducente, quando siano presenti una sintomatologia ansiosa e un tono dell'umore depresso. Questo può portare a un'*insonnia tenace globale*, con *sonno leggero* e disturbato e/o *risvegli anticipati*. L'uso di queste piante è quasi sempre compatibile con altre terapie più convenzionali.

Luppolo Pianta molto interessante in caso di *umore ciclotimico*, è indicato fra l'altro per gli sbalzi d'umore correlati alla menopausa. È anche uno dei rimedi più validi per quanto riguarda le *insonnie in corso di cambiamenti biologici*, quindi spesso su base ormonale. È indicato soprattutto in caso di *risvegli notturni* con difficoltà di addormentamento in *soggetti neurastenici* o con *problemi neurovegetativi*. Per la sua componente ormonale, il luppolo è controindicato nelle donne in età fertile, mentre è interessante in menopausa. Può diminuire il desiderio sessuale.

Meliloto Quando sia presente *bruxismo* (tensione mandibolare, con digrignamento dei denti) si può ricorrere a questa pianta, che svolge una certa attività spasmolitica e sembra indicata anche per regolarizzare le fasi del sonno nelle *insonnie "costituzionali"* dei brevi dormitori.

Passiflora Questa è una delle piante più versatili per quanto riguarda i *disturbi del sonno*: è infatti sedativa, ipnotica, antispasmodica. È indicata pertanto in caso di *difficoltà di addormentamento*, in particolare in persone ipersensibili ai cambiamenti (vedi oltre). Fra gli altri vantaggi offerti da questa pianta, vi è una certa maneggevolezza e la mancanza di effetto depressivo. La passiflora può essere utilizzata anche quando la *tensione muscolare* sia tale da non permettere uno stato di rilassamento e quindi l'intervento del sonno. È ancora una volta il rimedio d'elezione anche nelle situazioni di *insonnia occasionale*, in quanto appare particolarmente indicata proprio a soggetti ipersensibili e influenzabili, facili ai *cambiamenti ciclici d'umore* e che accentuano la gravità dei propri sintomi in concomitanza con variazioni ambientali o soggettive. Si può trattare per esempio di individui *meteoropatici*, tendenti alla rimuginazione su situazioni del passato, oppure preoccupati per eventi futuri.

Quercus pedunculata*, *Sequoia gigantea La gemmoterapia indica l'associazione di questi macerati glicerici (50 gocce al mattino ed eventualmente la stessa dose al pomeriggio di ciascuno) come un eccellente *tonico nervoso* e *generale*. L'azione di questi gemmoderivati sembra esprimersi soprattutto a livello delle ghiandole surrenali, che mettono in attività i sistemi difensivi e adattativi dell'intero organismo.

Tiglio*, *Tilia tomentosa Nelle *insonnie di soggetti serotini*, o affetti da concomitanti problemi digestivi (vengono svegliati per esempio da una sensazione di *fame notturna*, o meglio da crampi dello stomaco), può essere utile il *tiglio* (dosi: 30-40 gocce di macerato glicerico 1-3 volte al giorno, da preferire inoltre in soggetti predisposti all'ipertensione arteriosa.

Aromi

È indiscutibile che i profumi siano in grado di modificare uno stato d'animo, come chiunque può personalmente sperimentare. L'olfatto è d'altra parte l'unico dei cinque sensi ad avere un collegamento diretto, senza alcuna stazione intermedia, con le aree cerebrali deputate alle emozioni e ai ricordi. È per questo che alcuni profumi rimangono indelebili nella memoria e che risentendoli anche a distanza di anni possano comunicare sensazioni vivissime, ricomponendo nei minimi particolari atmosfere già vissute.

Al di là della sfera soggettiva, comunque, tale per cui in teoria qualunque aroma, se associato a qualcosa di particolarmente gradevole o importante, può fungere da apportatore di serenità e benessere, vi sono in aromaterapia numerose essenze utilizzate per migliorare il tono dell'umore. La loro azione si esercita soprattutto a livello olfattivo, perciò si consiglia il loro uso nell'ambiente (lampade per aromi, bastoncini da bruciare, portaprofumi) e personale (profumazione personale, bagni). Gli stessi aromi si possono però applicare anche nel massaggio, in particolare di alcune zone (torace, nuca, dorso, zone corrispondenti ai *chakra*, palme delle mani, piante dei piedi) particolarmente ricettive. Quest'ultima pratica, fra l'altro, offre la possibilità di far sentire il soggetto accolto, accudito, non isolato. In alternativa, anche l'automassaggio può comunque essere considerato benefico, in quanto permette una sorta di autoriconoscimento, senz'altro significativo in uno stato depressivo.

Basilico Sacro a Lakshmī, dea della bellezza, della fertilità e della fortuna e incarnazione femminile di Vishnu, l'Assoluto, in India un tipo di basilico, detto *tulasī*, è venerato e salutato ogni giorno dagli abitanti della casa, ed è protagonista di un rito di purificazione e protezione che ogni anno "marita" la pianta al dio, rappresentato da una pietra nera. Chi pianta e coltiva religiosamente la *tulasī* avrà il privilegio, dopo la morte, di salire al cospetto di Vishnu circondato da dieci milioni di parenti (fate bene i vostri conti, quindi, se la cosa non vi garba!). Considerato una vera panacea nei paesi d'origine (Asia e Africa), il basilico è espressione di un'energia femminile protettrice e vivificante: gli spiriti malevoli, si dice, hanno orrore del suo aroma, tanto che in molti dialetti africani il suo nome significa "scacciadiavoli". Greci e romani la ritenevano una pianta adatta ai riti funebri ma anche a quelli amorosi, essendo reputata afrodisiaca. In Sicilia era simbolo di amore ricambiato, cosicché una ragazza, se voleva far sapere di essere innamorata, ne metteva un vaso al balcone. Dal punto di vista terapeutico, si riconosce all'aroma un notevole potere decontratturante, utile negli *spasmi viscerali di origine emotiva* e nei *mal di testa da tensione o da nevralgie*. Le qualità nervine di questa essenza sono intense, al punto che è sconsigliata in caso di epilessia e in gravidanza. Dal momento che può risultare un po' irritante sulla cute, si consiglia sempre un'attenta diluizione. È indicato nelle *insonnie digestive* tipiche delle persone che "rimuginano" le loro preoccupazioni di notte e nelle *insonnie da superlavoro intellettuale* o di soggetti particolarmente nervosi ed emotivi, con una certa labilità digestiva e tendenza alle *emicranie*. È poi utile nelle crisi di fegato e nelle *indigestioni* (i Pesci amano pasticciare) e nell'*affaticamento fisico e intellettuale*, sia con *insonnia* sia con *letargia*. Si dice, fra l'altro, che questo aroma risvegli l'attenzione, la precisione e la *memoria*, cose decisamente utili ai Pesci, ispirati ma distratti. A livello psichico, il basilico sembra adatto in particolare a equilibrare soggetti i cui slanci emotivi sovrastano la saggezza e la ragione, che oscillano fra realtà e sogno, amore spirituale e affettività personale, spesso incuranti d'altro, persi in nebulosità inaccessibili, quasi disincarnati.

Un uso particolare dell'aroma, che consigliamo a tutti i superemotivi alle prese con esami e colloqui importanti: inalatene una goccia messa su un fazzoletto prima della prova fatidica. Oltre che allentare le tensioni, tenervi svegli e schiarirvi le idee, vi darà quel pizzico di coraggio in più e quella prontezza di riflessi che certo non disprezzerete. Oppure, fate un bagno o una doccia prima di uscire massaggiandovi con una o due gocce di olio essenziale, per ritemprare l'organismo e sollevare l'umore.

Benzoino Quasi tutte le essenze che esercitano un'azione benefica sull'apparato respiratorio *innalzano il tono dell'umore*. È probabile che, oltre a un effetto diretto sulle strutture nervose e a livello neuro-ormonale, questo risultato si debba anche al fatto che aprono il respiro, il che dà una sensazione di benessere quasi immediata. Il benzoino è fra queste essenze, e dà una sensazione di calda accoglienza. Se ne consiglia anche il massaggio, unito magari a poche gocce di essenza di *gelsomino*.

Bergamotto Si può usare solo o in associazione ad altre essenze ad azione regolarizzante il tono dell'umore, per esempio la rosa o la lavanda, e specialmente quando al *tono depresso* si accompagnino *preoccupazioni infondate* e ansia. Si dice che il suo aroma apra il cuore a ricevere e quindi a riconoscere l'amore.

Camomilla Adatta soprattutto alla *depressione* conseguente una grossa frustrazione o a un dispiacere, quindi *reattiva*. Si può somministrare con tranquillità anche ai bambini, in particolare a quelli capricciosi, nervosi, volubili, incontentabili. Il suo profumo sembra l'ideale per chi debba superare momenti di rabbia o sconforto, o sia in generale in una condizione di malumore che ne condiziona anche la qualità del *sonno*.

Eucalipto Come rafforzatore del sistema immunitario e agente balsamico, ci si può a ragione attendere da questa essenza anche un'attività *antidepressiva* sul tono dell'umore. Infatti, un massaggio per esempio sulle piante dei piedi con quest'olio essenziale, opportunamente diluito in olio vegetale, riattiva e rimette in circolo le energie. È indicato soprattutto nella *depressione reattiva*.

Finocchio L'aroma dolce e penetrante di questa pianta può instillare il buonumore e riequilibrare l'ambito emotivo. Si dice che incentivi il buonsenso e lo stare "con i piedi per terra". È anche rilassante, e si addice anche a chi soffre di *sbalzi d'umore*. Vietato però ai bambini e agli epilettici, e in gravidanza.

Gelsomino È davvero un ottimo *antidepressivo* naturale, in grado di stimolare e scuotere chi si sente indifferente, apatico, demotivato. Stimola all'apertura e alla curiosità verso l'ambiente esterno. Si può usare per la profumazione sia ambientale sia personale. Perfetto per massaggi rilassanti e ritempranti e per il bagno. Si dice abbia anche un notevole effetto *afrodisiaco*.

Lavanda Riequilibra anch'essa il tono dell'umore. È indicata pertanto sia a chi altalena fra eccitazione e depressione, sia a chi ha un umore costantemente volto al pessimismo, magari facendosi prendere dall'agitazione per un nonnulla. È quindi stimolante e antidepressiva in caso di *umore triste e malinconico*, calmante e rasserenante in caso di *eccitazione emotiva*. L'aroma, per quanto solitamente gradito a tutti, a qualcuno può dare proprio fastidio. In questo caso, meglio ovviamente cominciare con un'essenza diversa (per esempio, quella di rosa, di camomilla, di bergamotto o gelsomino) oppure miscelare la lavanda a un'essenza maggiormente gradita. Questa essenza davvero versatile si presta a essere usata anche in caso di *insonnia da turbe nervose*.

Limone Su molte persone questa essenza ha proprio un effetto *risvegliante*, permettendo una sorta di ricarica mentale. Ottima anche nella profumazione di ambienti (in alternativa, si può utilizzare il *lemongrass*). Per molti il suo aroma è *stimolante*, per altri decisamente *calmante*: l'aspetto soggettivo è nel caso di questa essenza decisamente preponderante. Di solito, riesce calmante su strutture psicologiche decisamente razionali, apparentemente fredde e poco inclini all'emotività.

Maggiorana Indicata in caso di *ipereccitabilità* anche sessuale e *insonnia accompagnata da crampi* o *tensione muscolare*.

Melissa L'ideale per un'*insonnia da paura* (per esempio per un esame), con sensazione di peso o di *crampi addominali*, *palpitazioni*, *umore depresso* o comunque alterato. Da usare con cautela in caso di disturbi tiroidei.

Menta Anche in questo caso l'azione sull'aspetto mentale è preponderante. Questa essenza sembra *schiarire le idee* ed è inoltre indicata quando vi sia uno stato concomitante di *debilitazione generale*. Un'azione per certi versi similare si può riscontrare con l'essenza di *pino*.

Neroli *Preoccupazioni* cui non si riesce a reagire in modo positivo, che tolgono il sonno e rendono l'umore impossibile: ecco un'ottima occasione per utilizzare questa essenza, costosa ma eccellente sotto tutti i punti di vista. In questo caso, ne basta una goccia da massaggiare sul plesso solare.

Rosa Riequilibrante e rasserenante per eccellenza, può essere somministrata praticamente a tutti. *Spossatezza* e *cattivo umore* ne avranno certo un giovamento.

Rosmarino Indicato soprattutto nei *risvegli precoci* con sensazione di non aver riposato, vuoti di memoria durante il giorno, *apatia*. Si può inalarne l'aroma anche durante le ore diurne, ponendolo nelle apposite lampade o nei diffusori. In molte persone, però, è talmente risvegliante che può indurre insonnia. In questo caso, non usatela dal tardo pomeriggio.

Ylang-ylang Anche questo aroma così intenso ed esotico ha un'attività interessante sul sistema nervoso centrale. Se ben tollerato, infatti, può *sciogliere le tensioni* e *risollevare il morale*. Si può miscelare a *rosa*, *neroli*, *basilico*, *maggiorana*.

Oligoelementi

Rame-Oro-Argento Il trattamento delle sindromi depressive con l'oligoterapia ha spesso del sorprendente, specialmente per la rapidità con cui in genere si ottengono i risultati.

In effetti, gli oligoelementi attivano innanzitutto e incentivano le risorse di riequilibrio e autoguarigione dell'organismo, senza spegnere o coprire i sintomi come di regola avviene con i farmaci antidepressivi tradizionali. Abbinati agli opportuni rimedi di fito- o gemmoterapia, gli oligoelementi possono pertanto costituire un eccellente presidio per tutti i casi in cui si voglia ricondurre il soggetto a reagire alla sua sintomatologia in tempi ragionevoli.

L'associazione di oligoelementi che più si avvicina al quadro *depressivo* è senza dubbio quella *anergica* o del *Rame-Oro-Argento*. L'individuo appartenente a questa diatesi appare in effetti demotivato, indifferente, abulico, senza energie, indeciso o confuso, oppure totalmente scettico; è deconcentrato, lamenta mancanza di memoria; si fa scivolare tutto addosso, sente di non avere più forze per reagire.

Dal punto di vista somatico, ha un evidente calo delle difese immunitarie, motivo per il quale è soggetto a malattie che si cronicizzano anziché evolvere verso la guarigione. Così, possono essere concomitanti a questo stato depressivo infezioni recidivanti, malattie reumatiche e degenerative, alterazioni del sangue (anemie, eccessivo aumento o diminuzione dei globuli bianchi).

La qualità del *sonno* è pessima, *senza recupero*, anche se sovente è presente *eccessiva sonnolenza diurna*. Ci può essere anche la sensazione o la tendenza a un generale "invecchiamento": la pelle appare spenta, lo sguardo senza vivacità, i gesti lenti e pesanti. L'eloquio è monocorde, la mimica facciale inespressiva.

Non occorre naturalmente che siano presenti tutti questi sintomi, per diagnosticare la necessità di somministrare l'associazione diatesica Rame-Oro-Argento: basta tenere presente che questo è il rimedio oligoterapico proprio agli stati in cui è carente la capacità di autodifesa. In effetti, sembra che questa associazione stimoli l'attività del tessuto corticosurrenalico, deputato appunto a far fronte agli stati di emergenza. Le dosi di questo rimedio sono solitamente di 1 dose al mattino per qualche giorno (fino a 7-10) e poi a giorni alterni, fino ad arrivare a 1 dose ogni 3-7 giorni. Accanto al rimedio diatesico, è utile somministrare poi qualche dose quotidiana (2-5) di *Litio*, sempre in forma catalitica. Questo oligoelemento esplica un'attività *ansiolitica*, oltre che *regolatrice sul tono dell'umore*. Si ricorda che tra i rari farmaci sintetici che interferiscono negativamente con gli oligoelementi catalitici ci sono quelli psicotropi (in particolare, i neurolettici) – i quali solitamente deprimono la reattività generale dell'organismo –, gli immunosoppressori e i cortisonici.

Omeopatia

L'*insonnia occasionale* può essere trattata con *Ignatia* 7CH, 1 dose alla sera prima di dormire, se interviene in un soggetto tendenzialmente ansioso e in seguito a una contrarietà, mentre se è accompagnata da una eccessiva attività mentale e preoccupazioni è indicata *Coffea cruda* 7CH, sempre 1 dose alla sera.

Ai Pesci può essere poi indicata, per la loro tendenza a strafare con cibi, stimolanti, farmaci, *Nux vomica* 9CH, 1 dose serale, se la *difficoltà di addormentamento* è dovuta a eccessi alimentari o di caffè.

Fiori di Bach

La floriterapia costituisce senza dubbio un interessante supporto nell'alleviare sia gli stati depressivi sia le situazioni di insonnia o eccessiva sonnolenza. La sua azione, infatti, è volta a riequilibrare gli stati d'animo negativi. La cura è inoltre mirata al problema specifico di ogni soggetto, cosicché è necessario personalizzare il rimedio, magari utilizzando più fiori contemporaneamente.

Aspen Questo rimedio è adatto a chi va soggetto a paure mentali, inesplicabili o relative a circostanze inquietanti e vaghe (paura del buio, dei fantasmi, di oscure presenze; nei bambini, dell'"uomo nero" o di dormire da soli). Sono spesso presenti fenomeni quali il parlare nel sonno e gli *incubi con improvviso risveglio* e *con timore di riaddormentarsi*.

Cherry Plum Rappresenta uno stato acuto, caratterizzato da un'estrema tensione fisica e mentale, che si manifesta in particolare con il timore o la sensazione di perdere il controllo, e di commettere quindi contro la propria volontà qualcosa di terribile per sé o per gli altri. Non si riesce letteralmente a stare fermi, né a calmarsi o a "scaricarsi". Nei bambini, questo stato – che è comunque solitamente transitorio – può condurre all'*enuresi notturna*. Negli adulti, può essere presente una sorta di *rifiuto dell'addormentamento*: l'impossibilità ad abbandonarsi al sonno è legata in questo caso al timore di compiere qualche azione indesiderata nel momento in cui viene meno la coscienza. Questo stato d'animo può inoltre condurre a *risvegli notturni o anticipati*, da interpretare come tentativi di recuperare al più presto la padronanza di sé e tenere sotto controllo la situazione.

Clematis In verità, non c'è rimedio più adatto alla tipologia Pesci di questo: adatto a chi sogna a occhi aperti, perso nel suo mondo fantastico, da cui non ama tornare, dotato spesso di eccellenti doti artistiche e umane, ma anche afflitto dai disturbi dovuti all'*incuria di sé* o dall'*eccessiva sonnolenza diurna*, magari accompagnata da *insonnia* nelle ore da dedicare al riposo.

Elm Se questo soggetto non può dormire, o meglio se *si sveglia troppo presto*, è perché si sente gravato di responsabilità e impegni cui teme di non riuscire a far fronte, anche se in realtà alla fine risulta perfettamente all'altezza dei compiti che si è assunto. Si tratta perciò di una sensazione transitoria di incapacità e intolleranza; l'insonnia può avere carattere periodico e ciclico. Poiché è associato a situazioni di "incontenibilità" fisica o emotiva, è indicato, insieme a Cherry Plum, nell'*enuresi notturna* dei bambini.

Gentian È il rimedio floreale che forse meglio riassume lo stato di *sconforto* e la *reazione depressiva* fisiologica a seguito di un evento luttuoso o vissuto come tale. Non è necessario perciò che si tratti di un avvenimento particolarmente drammatico per l'equilibrio psichico, fisico o sociale (lutto, fallimento sentimentale, lavorativo, scolastico), ma comunque la persona colpita sa a cosa far risalire la propria depressione. Il soggetto appare scoraggiato e ha fondamentalmente timore che ciò che lo ha colpito possa succedere nuovamente, o che le sue conseguenze siano assolutamente irreparabili. Per difendersi da queste eventualità, predispone un atteggiamento di scetticismo e di svalutazione a priori delle proprie o altrui capacità di migliorare la situazione. Non riesce a credere per esempio che valga la pena di intraprendere uno sforzo in grado di risollevarlo, anche se in fondo lo vorrebbe.

Gorse L'atteggiamento prevalente è in questo caso quello della *resa*. Il soggetto, cioè, è talmente esausto psicologicamente da avere l'impressione che non si riprenderà mai più. Tuttavia, si può convincerlo a un ulteriore tentativo, anche se non sarà certo supportato da una reale volontà di guarigione. Questa infatti è attesa dall'esterno, come un evento quasi "magico", al quale però non si riesce a credere di poter collaborare.

Hornbeam Quando si ha bisogno di questo rimedio, ci si sente come dopo una *notte in bianco*, o come quando si è costretti a svegliarsi molto prima del solito: la testa pesante, gli occhi pesti, un senso di *affaticamento mentale* maggiore di quando si era andati a letto. Si pensa di non riuscire a connettere prima di essere ricorsi al *caffè* o altri *stimolanti*, e spesso se ne abusa. Tipicamente, però, questa spossatezza mentale e psicologica è assente nel momento in cui accade qualcosa di veramente piacevole che allontana dalla solita routine.

Impatiens La velocità di pensiero e di azione caratterizza lo stato Impatiens al punto che risulta irritante e insopportabile tutto ciò che non si adegua a questo andamento. In particolare, ogni situazione vissuta come una perdita di tempo provoca una sgradevole, angosciosa sensazione. Persino le ore di sonno possono rientrare in questo concetto, cosicché spesso chi si riconosce in questa tipologia è già costituzionalmente uno che dedica al riposo notturno un numero esiguo di ore, salvo poi crollare letteralmente per brevi intervalli di spossatezza. Sono frequenti sia i *disturbi dell'addormentamento* sia i *risvegli notturni* e *anticipati*, tutti sintomi di un'iperattività della coscienza e dell'efficienza diurne.

Mimulus Questo rimedio è dedicato a un individuo di grande sensibilità e poco corazzato verso il mondo esterno, vissuto come una fonte di continue minacce. Ha infatti paura di situazioni e oggetti concreti (rimanere chiuso in ascensore, essere rapinato, morso da un animale, entrare in certi luoghi, malattie, incidenti) ed è ipersensibile a qualunque stimolo ambientale un po' più forte del consueto (*caldo*, *freddo*, *rumori*, *luce*) che possa *impedirgli* in particolare di *prendere sonno*.

Mustard Si può parlare sovente, in questo caso, di un atteggiamento costituzionalmente malinconico, che di solito fra l'altro è ben tollerato dal soggetto stesso. Oppure, è quel tipo di depressione, anche transitoria, che prende inspiegabilmente (perché magari di origine ormonale: premestruo, climaterio) e che si può accompagnare a un pianto sommesso, o a una *tristezza che non ha apparenti ragioni*. Questa situazione può associarsi anche a *insonnia*, specie caratterizzata da *risveglio anticipato*.

Oak Poiché è un individuo generalmente forte e affidabile, abituato a far fronte con coraggio e tenacia alle incombenze quotidiane e dotato di un encomiabile senso del dovere, il tipo Oak dimentica spesso i doveri verso se stesso e le proprie esigenze di relax, divertimento, rigenerazione fisica e mentale. Questo suo non arrendersi mai, neppure di fronte ai segnali di stanchezza ed esaurimento che giungono dall'organismo, può condurre a stati di affaticamento cronici, riconoscibili fra l'altro anche dalla *difficoltà di addormentamento.*

Olive In questo caso, è presente una situazione di *cronico affaticamento* sia fisico sia mentale: essa presuppone la necessità di molte ore di sonno che però, purtroppo, nel soggetto Olive risulta raramente ristoratore. L'organismo è in pratica così stanco ed esaurito da non permettere una buona qualità del riposo. Sono pertanto di frequente riscontro sia le *difficoltà nell'addormentamento* sia i *risvegli notturni.*

Rock Water In questo caso, l'impossibilità a completare il ciclo del *sonno ristoratore* è da ascrivere a un atteggiamento che considera l'abbandono alla passività e all'incoscienza un evento in qualche modo riprovevole per se stessi e per il proprio ideale di vita. Questo soggetto tende fra l'altro a limitare spontaneamente le ore dedicate al riposo, in nome di una disciplina interiore a cui si vuole sottoporre in vista del raggiungimento o del mantenimento di una immagine interiore di sé perfetta.

Scleranthus Rimedio utile quando la persona in questione è soggetta a *sbalzi d'umore* o a periodi altalenanti fra la depressione e l'eccitazione, o quando siano presenti *insonnia* e *sonnolenza diurna.*

Star of Bethlehem Una delle conseguenze di un evento traumatico può essere un blocco emotivo, che si esprime con una perdita di vitalità, creatività, voglia di fare, disponibilità al contatto, all'apertura, alla ricettività. Questo rimedio è dunque utile in tutti i casi in cui la *depressione* sia *insorta in seguito a un evento* che abbia "spiazzato" il soggetto.

Sweet Chestnut La *disperazione* è qui al culmine, tanto che non si riesce neppure a comunicarla agli altri. Ci si sente completamente vuoti, come dopo aver perso tutto. Questo stato d'animo può essere paragonato a quello di un dolore profondissimo che non riesce a trovare sfogo nelle lacrime. Si nutre però intimamente la speranza che possa accadere qualcosa a mutare la situazione.

Vervain Adatto a un soggetto di natura entusiasta, ma che può esaurirsi perché sovraccarica il suo sistema nervoso e il suo organismo in generale. I *disturbi del sonno* di cui può soffrire si possono far risalire in questo caso alla difficoltà a cambiare marcia e a rilassarsi, non essendo in grado di concedersi riposo fisico né mentale. Vervain è utile anche in caso di *bambini* iperattivi, *difficili da mettere a letto.*

Walnut Questo rimedio è indicato per l'ipersensibilità a un cambiamento intervenuto nella propria vita o semplicemente nell'ambiente. Può trattarsi indifferentemente di cambiamenti su basi interiori: biologici (*pubertà*, *gravidanza*, *menopausa*), sociali (*matrimonio*, *divorzio*, *uscita dalla famiglia*), *lavorativi*, un *viaggio* o semplicemente l'abbandonare una situazione pregressa per una nuova. Il soggetto in stato Walnut negativo è notevolmente recettivo rispetto allo stato d'animo altrui e all'atmosfera emotiva che lo circonda, tendendo ad assorbirla. Il rimedio è utile per esempio nelle *insonnie* dovute a un *cambiamento* (di letto, posto, abitudini, durante un viaggio, nell'adattamento a un fuso orario, o in presenza di quelli più profondi elencati prima).

White Chestnut Caratterizzato da un'attività mentale e immaginativa frenetica e ripetitiva – un pensiero o una serie di immagini di cui non riesce a liberarsi –, il tipo White Chestnut va frequentemente incontro a *problemi dell'addormentamento* e del sonno in genere. Come un ritornello ossessivo, infatti, il corso dei pensieri torna sempre nello stesso punto, su oggetti che obiettivamente non richiederebbero il continuo impegno della mente e che sviano comunque l'attenzione dalla realtà, impedendo oltretutto di dormire. Vi può essere anche tensione delle mascelle e *digrignamento dei denti durante il sonno.*

Wild Rose Più che lo sconforto, è presente qui uno stato di totale *apatia* e indifferenza al mondo o alla situazione in cui ci si trova. Niente più dà gioia, ci si sente al di là di qualunque aspettativa. Tutto ha lo stesso colore uniforme, si vegeta anziché vivere, come chi ha accettato cupamente e supinamente il proprio destino.

Cromoterapia

L'uso combinato e alternato del *verde* e del *viola* potrebbe dare i migliori risultati nella cura dei disturbi tipici del segno, in quanto sono fra i colori che hanno una relazione più stretta con la sfera emotiva. Il verde è il colore rasserenante per eccellenza (è in mezzo alla scala cromatica), eleva il tono dell'umore e sembra in grado in molti casi di riequilibrare l'attività del *sistema neurovegetativo.* Il viola inibisce le eventuali iperattività dei sistemi nervoso e circolatorio, dunque può essere indicato negli stati di nervosismo che si scaricano sulla funzionalità corporea (*somatizza-*

zioni). Inoltre, è un colore che facilita l'emersione di uno stato di calma concentrazione.

Un uso particolare della cromoterapia, che consigliamo caldamente ai Pesci, è di irradiare la luce anche sulla pianta dei piedi, ambito governato dal segno e in loro particolarmente sensibile e recettivo, o di farsi praticare questa tecnica in associazione alla riflessologia plantare.

Bibliografia

Bibliografia astrologica

BARBAULT, ANDRÉ, *Trattato pratico di astrologia*, Astrolabio Ubaldini, Roma 1979.

BIRION, STEFANO, *Ipotesi di un co-domicilio della Luna nel Leone e del Sole nel Cancro*, "Linguaggio Astrale", n. 107, rivista ufficiale del Centro italiano di astrologia.

BORDONI, GRAZIA, *Sintesi e interpretazione del tema natale*, Armenia, Milano 1996.

CAPITANI, ANTONIO, *Zodiacando*, Greco & Greco, Milano 1991.

CHEVALIER, JEAN e GHEERBRANDT, ALAIN, *Dizionario dei simboli*, BUR-Biblioteca Universale Rizzoli, Milano 1999.

CINTI, DECIO, *Dizionario mitologico*, Sonzogno, Milano 1989.

GAMBASSI, MARCO, *La lettura astrologica delle carte astronomiche*, relazione agli Atti del II Congresso internazionale di Venezia organizzato dal Centro italiano di astrologia, 7-9 novembre 1997.

GIANQUINTO PUGGIONI, PINA, *Transiti di fine millennio: segnali celesti dai grandi segni del cielo*, relazione agli Atti del II Congresso della Delegazione lombarda del Centro italiano di astrologia, 28-29 novembre 1998.

GOUCHON, HENRI-J., *Dizionario di astrologia*, Armenia, Milano 2001.

GRAVES, ROBERT, *I miti greci*, Longanesi, Milano 2005.

LA BARBERA, M. LUISA, *Breve corso di astrologia*, Sonzogno, Milano 1996.

La Bibbia, nuovissima versione dai testi originali, Paoline Editoriale Libri, Milano 1991.

MORPURGO, LISA, *Il convitato di pietra. Trattato di astrologia dialettica*, Longanesi, Milano 1990.
—, *Introduzione all'astrologia*, Longanesi, Milano 1982.
—, *Lezioni di astrologia. La natura delle case*, Longanesi, Milano 1983.
—, *Lezioni di astrologia. La natura dei pianeti*, Longanesi, Milano 1986.
—, *Lezioni di astrologia. La natura dei segni*, Longanesi, Milano 1989.
PAGANIN, ADRIANA, *Trattato scientifico-pratico di astrocartomanzia*, R.A. Idea, 2000, Milano 1993.
RAMPINO CAVADINI, ADRIANA, *Principi di Astrologia Medica*, Hoepli, Milano 1989.
SEMENTOVSKY, KURILO NICOLA, *Astrologia. Trattato completo teorico-pratico*, Hoepli, Milano 1986.
SICUTERI, ROBERTO, *Astrologia e mito*, Astrolabio Ubaldini, Roma 1978.
ZOLI, MARIO, *Miti e simboli dello Zodiaco per coppie opposte e complementari*, Dispensa del corso omonimo, Biblioteca del Centro italiano di astrologia.

Bibliografia medica

AA. VV., *Guida pratica di fitoterapia*, Giuseppe Maria Ricchiuto Editore, Verona 1991.
AA. VV., *Prevenire e curare le intolleranze alimentari*, Sonzogno, Milano 1994.
AMBER, REUBEN B.,*Cromoterapia. Colori e qualità della vita*, Xenia, Milano 1989.
BACH, EDWARD, *Guarire con i fiori*, IPSA Editore, Palermo 1989.
BIANCHI, IVO, *Gli oligoelementi nella pratica terapeutica*, Guna Editore, Milano 1994.
BRIGO, BRUNO, *La fitoterapia e gemmoterapia nella pratica clinica*, Laboratoires Boiron 1990.
CATTABIANI, ALFREDO, *Florario*, Mondadori, Milano 1996.
DE CHIRICO, TOMMASO, *Omeopatia*, Armenia, Milano 1992.
FRANCHOMME, P. e PÉNOËL, D., *L'aromathérapie exactement*, Nouvelles éditions Roger Jollois, Limoges 1995.
HUNT, ROLAND, *Guarire con i colori*, MEB, Padova 1991.
LAWLESS, JULIA, *Enciclopedia degli oli essenziali*, Tecniche Nuove, Milano 1994.

MAILHEBIAU, PHILIPPE, *La nouvelle aromathérapie*, Éditions Jakin, Lausanne 1994.
MCINTYRE, ANNE, *Guida completa ai fiori della salute*, Corbaccio, Milano 1997.
MERATI, LUISA e MANTELLINI, BARBARA (a cura di), *La medicina complementare nella pratica clinica*, Masson, Milano 2005.
PARISI, MARIA GRAZIA, *Salute e benessere con i fiori di Bach*, Sonzogno, Milano 1997.
—, *Un aroma per amico*, in "Astra", nn. 4-12, 1998 e 1-3, 1999.
— (a cura di), *Dispense di Medicina Naturale*, nn. 1-36, in "Riza Psicosomatica", nn. 143-178, Edizioni Riza, Milano 1993-1995.
POMMIER, LOUIS, *Dictionnaire homéopathique*, Maloine S.A. Éditeur, 1985.
RODALE, J.I. *et al.*, *Il libro completo dei minerali per la salute*, Giunti Barbera, Firenze 1988.
TÉTAU, MAX, *Gemmoterapia. Nuovi studi clinici*, IPSA Editore, Palermo 1989.
VALNET, JEAN, *Cura delle malattie con le essenze delle piante*, Giunti Barbera, Firenze 1988.

Piccolo glossario di astrologia

Acqua Elemento cui appartengono i segni del Cancro, dello Scorpione, dei Pesci. Simboleggia la sensibilità, l'emotività, l'intuito.

Aria Elemento cui appartengono i segni dei Gemelli, della Bilancia, dell'Acquario. Simboleggia il pensiero, la lucidità di giudizio, la curiosità intellettuale.

Ascendente Segno che sta sorgendo a est nel momento in cui nasce un individuo. Oltre che simboleggiare alcune componenti fondamentali della personalità, l'Ascendente rappresenta l'aspetto esteriore, il corpo fisico in toto, l'impatto immediato che la persona esercita sugli altri. L'Ascendente dà origine alla casa prima ed è sinonimo di "punto sorgente".

Aspetto Distanza angolare fra due pianeti o fra un pianeta e un punto qualsiasi del tema natale (Ascendente, Mediocielo, Nodo lunare ecc.). Si misura in gradi di Zodiaco. Il termine "aspetto" è sinonimo di "angolazione", "angolatura", "orbita".

Caduta Segno zodiacale in cui un pianeta si trova in posizione di massima debolezza ed esprime, di conseguenza, con molta fatica le proprie caratteristiche. Il segno di caduta di un pianeta si trova in opposizione al suo segno di esaltazione. Esempio: il Sole trova la propria esaltazione nell'Ariete e la propria caduta nell'opposto segno della Bilancia.

Cardinale Segno che dà inizio a una stagione (Ariete-primavera, Cancro-estate, Bilancia-autunno, Capricorno-inverno). Si definiscono "cardinali" anche la prima, la quarta, la settima e la decima casa.

Casa Settore del tema natale che simboleggia determinati ambiti della vita. Le case sono dodici e sono così ripartite: casa prima (la personalità, l'aspetto fisico, le realizzazioni personali); casa seconda (i beni materiali, i valori in senso lato, i punti fermi); casa terza (la comunicazione, i piccoli viaggi, i fratelli, i parenti e l'ambiente circostante); casa quarta (le radici, la famiglia, la casa, il concepimento); casa quinta (la creatività, i figli, l'innamoramento, i divertimenti); casa sesta (il quotidiano, il lavoro dipendente, la salute, gli animali domestici); casa settima (i rapporti interpersonali, il matrimonio, i contratti, le vertenze legali); casa ottava (la morte come crisi trasformativa, il denaro liquido, l'eros profondo); casa nona (i lunghi viaggi, il lontano, la cultura, l'insegnamento); casa decima (le ambizioni, il lavoro autonomo e dirigenziale, l'indipendenza); casa undicesima (le amicizie, i clienti, l'equilibrio interiore); casa dodicesima (la spiritualità, la solitudine cercata o imposta, le prove, l'astrologia).

Chirone Corpo celeste compreso fra l'orbita di Marte e quella di Giove. Date le sue dimensioni, non può essere definito né un asteroide né un pianeta. Secondo osservazioni recenti, si tratterebbe di una cometa spenta catturata dal campo gravitazionale di Giove.

Congiunzione Aspetto fra due pianeti. Si verifica quando due corpi celesti si trovano a una distanza massima di 10 gradi l'uno dall'altro. La sua qualità dipende dai pianeti coinvolti nell'aspetto.

Cuspide Punto di inizio di una casa.

Decade o **decano** Porzione di segno zodiacale dell'ampiezza di 10 gradi. Ogni segno, avendo un'estensione di 30 gradi, comprende tre decadi (o decani).

Discendente Punto del tema natale collocato a ovest e diametralmente opposto all'Ascendente. Dà origine alla casa settima. Sinonimo di "punto tramontante".

Domicilio Segno zodiacale in cui un pianeta esprime in modo particolarmente efficace le proprie caratteristiche (poiché è come se si trovasse "a casa propria"). Di un pianeta domiciliato in un segno, si dice anche che esso "governa", "regge", è "maestro" di quel segno.

Eclittica Orbita apparente descritta dal Sole in un anno intorno alla Terra.

Equinozi Momenti dell'anno in cui iniziano la primavera e l'autunno. Corrispondono all'ingresso del Sole, rispettivamente, nel segno dell'Ariete e in quello della Bilancia.

Esaltazione Segno zodiacale in cui un pianeta esprime al massimo, in senso positivo o in senso negativo, le proprie caratteristiche.

Esilio Segno zodiacale in cui un pianeta si trova a disagio e non riesce a esprimere efficacemente le proprie potenzialità (poiché è come se si trovasse "lontano da casa"). Il segno di esilio di un pianeta si trova in opposizione al suo segno di domicilio. Esempio: la Luna trova il proprio domicilio nel segno del Cancro e il proprio esilio nell'opposto segno del Capricorno.

Femminile Genere cui appartengono, secondo la tradizione, i seguenti segni: Toro, Cancro, Vergine, Scorpione, Capricorno, Pesci.

Fisso Segno che si colloca nella parte centrale di ogni stagione (Toro-primavera, Leone-estate, Scorpione-autunno, Acquario-inverno). Si definiscono "fisse" anche la seconda, la quinta, l'ottava e l'undicesima casa.

Fondocielo Punto più basso del tema natale, in corrispondenza del nord (la mappa di nascita si osserva infatti ribaltando i punti cardinali). Dà origine alla casa quarta. Sinonimo di "Imo cielo".

Fuoco Elemento cui appartengono i segni dell'Ariete, del Leone, del Sagittario. Simboleggia l'impeto, il coraggio, la forza.

Lilith (o **Luna nera**) Secondo fuoco dell'orbita lunare. Non è dunque un pianeta, ma un punto immateriale del cielo.

Luminari Termine con il quale si identificano il Sole e la Luna.

Maschile Genere cui appartengono, secondo la tradizione, i seguenti segni: Ariete, Gemelli, Leone, Bilancia, Sagittario, Acquario.

Mediocielo Punto più elevato del tema natale, in corrispondenza del sud. Dà origine alla casa decima.

Meridiano Linea verticale che in un tema natale unisce il Mediocielo al Fondocielo.

Mobile Segno che si colloca alla fine di ogni stagione (Gemelli-primavera, Vergine-estate, Sagittario-autunno, Pesci-inverno). Si definiscono "mobili" anche la terza, la sesta, la nona e la dodicesima casa.

Nodi lunari Punti virtuali in cui l'eclittica si interseca con l'orbita lunare attorno alla Terra. Si suddividono in Nodo lunare nord e Nodo lunare sud.

Novilunio Momento in cui si verifica la congiunzione esatta del Sole con la Luna. Avviene ogni 28-29 giorni circa. Sinonimo di "Luna nuova".

Opposizione Aspetto di 180 gradi (ritenuto difficile ma non negativo).

Orizzonte Linea orizzontale che in un tema natale unisce l'Ascendente al Discendente.

Plenilunio Momento in cui si verifica l'opposizione Sole-Luna. Avviene ogni 28-29 giorni circa. Sinonimo di "Luna piena".

Primo quarto Momento in cui, dopo il novilunio, fra Sole e Luna si forma un aspetto di quadratura. Si verifica ogni 28-29 giorni circa. La Luna, in cielo, assume la forma a "D" e si trova nella fase "crescente".

Quadrato o **quadratura** Aspetto di 90 gradi (ritenuto dissonante).

Quinconce Aspetto di 150 gradi (ritenuto disarmonico).

Retrogrado Si dice di un pianeta che sembra percorrere il proprio cammino nel cielo all'indietro anziché in senso diretto. In realtà si tratta di un'illusione ottica dovuta alle variazioni di velocità della Terra nel suo orbitare attorno al Sole.

Rivoluzione Moto della Terra attorno al Sole, che determina la scansione degli anni. Per descrivere un anello completo attorno al Sole, la Terra impiega 365 giorni circa.

Rivoluzione solare Oroscopo che si redige per il giorno del compleanno e che permette di formulare previsioni fino al compleanno successivo. Si basa sul ritorno annuale del Sole sullo stesso grado che esso occupava alla nascita, contemplando le posizioni dei pianeti nel giorno dell'anniversario personale.

Rotazione Movimento della Terra attorno al proprio asse (come se fosse una trottola). Ha una durata di 24 ore circa e determina l'alternarsi di notte e dì.

Segno Dodicesima parte del cerchio zodiacale. Ha un'estensione di 30 gradi ed è una porzione virtuale di cielo che scaturisce da una suddivisione simbolica dello Zodiaco e che nulla ha a che vedere con le "costellazioni", le quali posseggono invece una propria fisicità in quanto formate da ammassi stellari.

Sestile Aspetto di 60 gradi (ritenuto benefico).

Sinastria Oroscopo di coppia. Si analizza confrontando gli aspetti che si formano fra i rispettivi pianeti natali di due persone.

Solstizi Momenti dell'anno in cui iniziano l'estate e l'inverno. Corrispondono all'ingresso del Sole, rispettivamente, nel segno del Cancro e in quello del Capricorno.

Stellium Gruppo di pianeti (minimo tre) che in un tema natale si trovano nello stesso segno o nella stessa casa.

Terra Elemeno cui appartengono i segni del Toro, della Vergine, del Capricorno. Simboleggia la concretezza, la logica, la sensorialità e la sensualità.

Transito Aspetto significativo che un pianeta, nel proprio girovagare sullo Zodiaco, forma con un altro pianeta del tema natale. Si utilizza in astrologia revisionale.

Trigono Aspetto di 120 gradi (ritenuto armonioso).

Ultimo quarto Momento in cui, dopo il plenilunio, fra Sole e Luna si forma un aspetto di quadratura. Si verifica ogni 28-29 giorni circa. La Luna, in cielo, assume la forma a "C".

Zodiaco Cintura immaginaria che circonda la Terra e griglia di riferimento per ogni calcolo astrologico. La sua suddivisione in dodici parti uguali si basa su criteri simbolici, mitologici, stagionali e antropologici. In greco, il termine "Zodiaco" significa "cerchio della vita".

Indice

Stampa Grafica Sipiel
Milano, giugno 2006